陇上学人文存

LONGSHANG XUEREN WENCUN

陇上学人文存

张学军　卷

张学军　著　李朝东　编选

甘肃人民出版社

图书在版编目（ＣＩＰ）数据

陇上学人文存. 张学军卷 ／ 范鹏，王福生总主编 ；
张学军著 ；李朝东编选. -- 兰州 ：甘肃人民出版社，
2016.12

ISBN 978-7-226-05050-7

Ⅰ. ①陇… Ⅱ. ①范… ②王… ③张… ④李… Ⅲ.
①社会科学－文集②哲学－文集 Ⅳ. ①C53②B-53

中国版本图书馆CIP数据核字(2016)第297335号

出 版 人：王永生
责任编辑：贾　文
封面设计：王林强

陇上学人文存·张学军卷

范鹏　王福生　总主编

张学军　著　李朝东　编选

甘肃人民出版社出版发行

（730030　兰州市读者大道 568 号）

兰州新华印刷厂印刷

开本 890 毫米×1240 毫米　1/32　印张 12.75　插页 7　字数 332 千
2016 年 12 月第 1 版　　2016 年 12 月第 1 次印刷
印数：1~1000 册

ISBN 978-7-226-05050-7　定价：60.00 元

（图书若有破损、缺页可随时与印厂联系）

总　序

陇者甘肃，历史悠久，文化醇厚。陇上学人，或生于斯长于斯的本地学者，或外来而其学术成就多产于甘肃者。学人是学术活动的主体，就《陇上学人文存》（以下简称《文存》）的选编范围而言，我们这里所说的学术主要指人文社会科学研究。《文存》精选中华人民共和国成立以来，甘肃人文社会科学领域成就卓著的专家学者的代表性著作，每人辑为一卷，或标时代之识，或为学问之精，或开风气之先，或补学科之白，均编者以为足以存当代而传后世之作。《文存》力求以此丛集荟萃的方式，全面立体地展示新中国为甘肃学术文化发展提供的良好环境和陇上学人不负新时代期望而为我国人文社会科学事业做出的新贡献，也力求呈现陇上学人所接续的先秦以来颇具地域特色的学根文脉。

陇原乃中华文明发祥地之一，人文学脉悠远隆盛，纯朴百姓崇文达理，文化氛围日渐浓厚，学术土壤积久而沃，在科学文化特别是人文学术领域的探索可远溯至伏羲时代，大地湾文化遗存、举世无双的甘肃彩陶、陇东早期周文化对农耕文明的贡献、秦先祖扫六合以统一中国，奠定了甘肃在中国文化史上始源性和奠基性的重要地位；汉唐盛世，甘肃作为中西交通的要道，内承中华主体文化熏陶，外接经中亚而来的异域文明，风云际会，相摩相荡，得天独厚而人才辈出，学术思想繁荣发达，为中华文明做出了重要贡献。

近代以来，甘肃相对于逐渐开放的东南沿海而言成为偏远之地，反而少受战乱影响，学术得以继续繁荣。抗日战争期间作为大后方，接纳了不少内地著名学府和学者，使陇上学术空前活跃。新中国成立之后，人文社会科学领域的专家学者更是为国家民族的新生而欢欣鼓舞，全力投入到祖国新的学术事业之中，取得了一大批重要的研究成果，涌现出众多知名专家，在历史、文献、文学、民族、考古、美学、宗教等领域的研究均居全国前列，影响广泛而深远。新中国成立之后，人文社会科学几次对当代学术具有重大影响的争鸣，不仅都有甘肃学者的声音，而且在美学三大学派（客观派、主观派、关系派）、史学"五朵金花"（史学在新中国成立之后重点研究的历史分期、土地制度史、农民战争史等五个方面的重点问题）等领域，陇上学人成为十分引人注目的代表性人物。改革开放以来，甘肃学者更是如鱼得水，继承并发扬了关陇学人既注重学理求索又崇尚经世致用的优良传统，形成了甘肃学者新的风范。宋代西北学者张载有言："为天地立心，为生民立命，为往圣继绝学，为万世开太平"，此乃中华学人贯通古今、一脉相承的文化使命，其本质正是发源于陇原的《易》之生生不已的刚健精神，《文存》乃此一精神在现代陇上得到了大力弘扬与传承的最佳证明。

《文存》启动于中华人民共和国成立六十周年之际，在选择入编对象时，我们首先注重了两个代表性：一是代表性的学者，二是代表性的成果，欲以此构成一部个案式的甘肃当代学术史，亦以此传先贤学术命脉，为后进立治学标杆。此议为我甘肃省社会科学院首倡，随之得到政界主要领导、学界精英与社会各界广泛认同与政府大力支持，此宏愿因此而得以付诸实施。

为保证选编的权威性，编委会专门成立了由十几位省内人文社会科学领域著名学者组成的专家指导委员会，并通过召开专题会议研讨、发放推荐表格和学术机构、个人举荐等多种方式确定入选者。为使读者对作者的学术成就、治学特色和重要贡献有比较准确和全面的了解，在出版社选配业务精良的责任编辑的同时，编委会为每一卷配备了一位学术编辑，负责选编并撰写前言。由于我院已经完成《甘肃省志·社会科学志》（古代至1990年卷，1990至

2000年卷）的编辑出版工作，为《文存》的选编提供了坚实的基础和基本依据，加之同行专家对这一时期甘肃人文社会科学发展的研究，使《文存》能够比较充分地反映同期内甘肃人文社会科学的基本状况。

我们的愿望是坚持十年，《文存》年出十卷，到2019年中华人民共和国成立七十周年之际达至百卷规模。若经努力此百卷终能完整问世，则从1949至2009年六十年间陇上学人以"人一之、我十之，人十之、我百之"的甘肃精神献身学术、追求真理的轨迹和脉络或可大体清晰。如此长卷宏图实为新中国六十年间甘肃人文社会科学全部成果的一个缩影，亦为此期间甘肃人文社会科学学术业绩的一次全面检阅，堪作后辈学者学习先贤的范本，是陇上学人献给祖国母亲的一份厚礼。此一理想若能实现，百卷巨著蔚为大观，《文存》和它所承载的学术精神必可存于当代，传之后世，陇上学人和学术亦可因此而无愧于我们所处的伟大时代，并有所报于生养我们的淳厚故土。

因我们眼界和学术水平的局限，选编过程中必定会出现未曾意料的问题，我们衷心期望读者能够及时教正，以使《文存》的后续选编工作日臻完善。

是为序。

2009年12月26日

目　录

编选前言

这本集子，是张学军教授五十多年教学和科研的结晶，反映着教授的思想追求、性格品质和满腔热血的爱国情怀。

张学军教授生于 1935 年 12 月，出生地是东北吉林省大安县的农村，父亲是一位乡村医生。在日本侵略者的铁蹄下，他自懂事以来不敢说自己是中国人。1945 年日本投降后，才敢说自己是中国人。见过解放军后，他把父母起的名字"学君"改成"学军"，以此表明心迹：学习解放军，为祖国为人民贡献一生。1955 年中学毕业，考入北京俄语学院留苏预备部，一年后公派留学苏联，在列宁格勒大学（现圣彼得堡国立大学）哲学系学习。这期间，姐姐从国内去信说："你现在到了天堂，应该好好学习，报效祖国。"他回信说："这里也不是天堂，有穷人、有小偷、有酒鬼，有许多二战造成的单身家庭……我们应该用自己的双手在祖国大地上建设天堂。"这信被他弟弟（当时在清华大学学习）看见，就在同学中说了此事，1957 年反右时险些被划成右派。1960 年张学军以优异成绩毕业回国，当时很兴奋，抱着满腔热诚想为国家干一番事业。没想到回来后都要参加反修防修学习班，批判《一个人的遭遇》《第四十一个》等苏联电影，并让每人都发表感想；还让大家参观自 1957 年以来大学生写的大字报，并表明态度。他觉得国内气氛很紧张，要小心谨慎。同年 9 月，按照"服从组织分配"的原则，他来到了甘肃师范大学（现西北师范大学）的政治教育系，从此和师范教育结下了跨世纪的终生缘分。

这时正是"困难时期"，组织上号召要同人民同甘苦共患难，粮食供给量减为二十来斤，还得用柳树叶充饥。这个时期，一些同志常常问他在苏联的生活，他就如实陈述，如说苏联的食堂，主食不要钱，只买菜就行了；还说过"我们的事情搞的很'左'，这都是苏联犯过的错误，为什么我们还要犯呢？""我们口头上坚持唯物主义，实际上搞的是唯心主义和形而上学"，"苏共二十大批判斯大林完全正确，个人崇拜会给国际共运带来麻烦"；在教研室会上，他和别人争论，"'百分之九十九地学习毛著'（当时他不知道这是林彪说的），那毛泽东思想从哪里来的，不学马列著作，怎么能懂得毛泽东思想？"这些言论都被汇报给总支（这些言论，在"文革"中被当作修正主义批了10年）。1962年党内小整风，他被批判为修正主义，停止了他担任马克思主义哲学的课程，让他去准备讲授欧洲哲学史。这就使他和西欧哲学史结下了不解之缘，这也是在甘肃各高校开设最早的欧哲史课程。

在学习、研究西方哲学史的过程中，他特别注意马克思对西方哲学家和哲学学说的评价。马克思评价文艺复兴以来的思想家时说，他们是历史上的巨人，他们除了个人的优秀品质和能力外，主要是他们能够不受统治阶级的局限，超越了自己的时代；又说，人文学者，应该像狄德罗那样，将一生贡献给真理和正义。张学军教授受到启发，把马克思的话，当作研究学问、进行科研的终生目标和方向：超越阶级与执政者的局限，把一生献给真理和正义；站在历史进步和人民立场的高度，审视一切事物和问题，"不畏浮云遮望眼，只缘身在最高层"。这不仅成了他做人的座右铭，而且成了他教学和科研的指针。所以，他敢于解放思想，破除迷信，厘清旧观念，探索新思路。

他在主编《西欧哲学史稿》一书中，通过《绪言》阐述了他对西欧哲学史的总体思考。他认为，哲学史不仅是人类的文明史（马克思语）、认识史（列宁语），而且是思想解放的历史。各时代的哲学都只是人类精神文明进步过程中的一个环节、一个部分、一个阶段，没有一个哲学派别具有绝对的终极真理的特权，正所谓"江山代有才人出，各领风骚数百年"。否定绝对的终极真理，就是肯定人类思想的进步，否则就会停滞不前、死水一潭。这种思想，在 20 世纪 80 年代中期，在某些人看来，简直是大逆不道。

他在此书中还特别论述了思想解放的伟大战士布鲁诺，和 18 世纪法国唯物主义的战斗无神论。他们坚决地批判了宗教神学，提出了"烈焰（即暴力镇压）焚毁不了真理"，教父们鼓吹神学迷信，无非是打着神学旗号，宣传他们自己的思想；上帝的旨意，不过是教父的旨意，叫人们迷信他们的权威和地位。这些论述，很难不让读者联想到，二十世纪中叶的中国大搞类似的神学迷信和个人崇拜，是多么荒唐、多么愚蠢的历史大倒退。

在介绍康德《未来形而上学导论》中，张学军高度评价了康德在哲学史上的地位，论证了康德所发起的德国古典哲学革命，即重新恢复了形而上学作为亚里士多德意义上的第一哲学的含义。并在此基础上发展了自文艺复兴以来哲学强调的人类理性统治世界的传统，突出论述了理性的能动性和创造性。他吸收了唯理论和经验论的合理成分，论述了感性认识不是单纯的感官直接获得的感性经验，而是先验的直观形式呈现的表象，因而是感官用时空形式构造表象的能力，简称为表象能力。知性认识，康德用自然科学的不容置疑的基本原理，论证为规则能力。即用逻辑概念和判断的先天形式，规定感性材料的联系和规则，因此，人为自然立法。理性认识，则运用概念和范畴，超出感性经验范围，作超验的先天综合推理，去探索最终原因和最高本体。康德认为，这是人类理性的本性所决定的，它永远要追求本原，而又永远达不到。在人类认识的每一阶段，康德都突出了人的主观能动性，突出了理性统治世界的哲学传统。他认为，理性不是机械的服从自然，而是像法官一样，强制自然回答理性提出的问题。这种理性的理念，一方面能扩大知识，深入世界本身；另一方面，超验运用知性概念范畴，必然产生谬误——先验的假象，即二律背反。换句话说，理性用知性范畴去探讨超验的世界本体和最终原因，必然造成"纯理性的诡辩"，即关于本体问题的两种相反的命题，都是正确的。康德称之为理性的

"辩证法"。康德对理性辩证法的探讨，对哲学史有着十分重要的理论意义。第一，它加深了人类对本体论的思考；第二，它揭露了理性的矛盾，为后来哲学探讨本体论与辩证法的统一、辩证矛盾的普遍性开辟了道路，批判了旧形而上学"非此即彼"的独断论的片面性。第三，它限定了人类知识的范围，使人类理智不致于陷入思辨空想，因此，康德提出，既要在经验范围内扩大知识，又要保留道德、宗教作为人类实践利益的理智前提及信仰基础。他在《实践理性批判》中认为，神的启示、自然秩序、个人幸福和欲望等等，只能提供行为的明智准则，而不能成为道德法则的基础和源泉。道德法则的源泉和基础是人类理性的自由意志。他把卢梭的"人民主权说"政治原则，即自我立法又自我遵守的自由意志，改造成伦理道德的基础；反对封建神学的禁欲主义，也反对近代的功利主义，把人突出为世界的主体，人凭借自己理性的自由意志，按"善良意志"（即良心）和"应当"（即道德义务）去行动。这就是康德所谓的先天的绝对的道德律令，即"绝对命令"，也是人的道德自律（意志自律）的最高原则。康德的实践理性论证了人的主体性，人以理性的自由为指导，不断追求自身的完善化，这样的道德法则，才对全人类整体普遍有效，因而，也是审核任何国家的政治和法律的标准尺度。当然，康德的道德观还有许多弊端。

黑格尔继承和发展了康德关于人的主体性和理性的能动性等观点，又克服了康德的不可知论和分割知性与理性、思维与存在、理论与实践的关系等方面的错误，发展了理性的辩证法等思想。

张学军教授在 20 世纪 80 年代初，即极"左"思潮在学术领域还占主导地位的条件下，敢于打破极"左"思潮的桎梏，在《黑格尔哲学秘密初探》和《试探黑格尔辩证法的意蕴》等文章中，对黑格尔给予很高的评价。

张学军教授认为，关于黑格尔哲学的秘密问题，是理解黑格尔哲学的关键和钥匙。但在这个问题上却众说纷纭。应该按照黑格尔本人的思想，去寻找这个秘密。黑格尔自己明确地说："照我看来……一切问题的关键在于：不仅把真实的东西或真理理解和表述为实体，而且同样理解和表述为主体。"①他还着重指出，"实体在本质上即是主体"，《精神现象学》通过对意识经由自我意识到精神的发展过程的描述，最终要证明，实体作为"意识的经验对象"的运动过程，即实体自我展开并"表明它自己本质上就是主体"的过程。

张学军教授对实体即主体这一思想，给予了很高评价，认为这一思想是黑格尔哲学的奥秘所在，是理解黑格尔的绝对精神及其整个体系的钥匙，实体即主体这一思想也就是绝对精神的"最高本质"（黑格尔语）。这是因为：第一，绝对精神（即真理），不是一种铸成的硬币，可随时拿来就用，而是一个过程及此过程的一切收获物的全部总和的整体。第二，人认识事物，不是把物搬入头脑中来，而仅仅是用概念来表述事物，即把事物的普遍性、本质性和规律性用概念表述出来。因此，离开概念就无法认识事物，而离开了事物概念就成为空壳。第三，理性的本能就在于把概念理解为事物的内在核心和真实本质。黑格尔说，理性的本性恰恰在于确信自身即是一自为存在，又把这种存在理解为现实呈现着的客观对象的实质。也就是说，理性能够认识，"它自身即是它的世界，它的世界即是它自身"。张学军教授认为，黑格尔在对精神形成和发展过程及其表现形态的考察中，不仅继承了十七八世纪以来伟大哲学家所达到的一些优秀成果，强调人的主体性和理性的能动性等，而且进一步试图解决被近代哲学所截然对立的主观与客观、思维与存在、概念与事物的矛盾，并在对立面的统一中找到出路，把实体与主体统一起来。不仅承认只有事物的普遍性、本质性和规律性才能进入思维，而且思维也能深入了客观事物的本质和规律，并成为本质和规律的表现方式。这就有说服力地论证了只有客观实体（即世界实质、普遍本质和规律）才是作为主体的思维的真实内容，离开实体，主体就不成其为精神；同时，思维又能主动地深入自己的真实

①恩格斯：《精神现象学》上卷，商务印书馆，1979年版，第10页。

内容（客观实在），因此，实体是主体的真正的精神性本质，主体的真正内容实际上是实体的发展及过程的全部总和。这样的思想就是绝对精神的真正内涵。

张学军教授评价黑格尔的"实体即主体"思想，指出这个命题是整个黑格尔哲学体系的灵魂和基础，在此基础上论证了一系列重大的认识论问题和哲学命题，从而使他更深刻、更卓越地发展了理论思维的一些优秀成果。这种评价，在 20 世纪 80 年代初极"左"思想在学术领域还占主导地位条件下，是要有很大学术勇气的。实际上，1980 年在安徽召开全国西方哲学史研讨会期间，贺麟先生表明了对黑格尔的客观看法，北大一教师就站出来，指名道姓的批判贺先生吹捧黑氏唯心主义。

在对黑格尔辩证法的评价中，张学军教授更是大胆地指出，对黑氏辩证法的传统理解和认识是不公正的：说黑氏辩证法是唯心的概念辩证法，是头脚倒置的，在它现有形态下是完全不适用的。这些责难是不全面的。事实上，黑格尔总是在三个相互联系、相辅相成的意义上，论述和运用辩证法的。他既把辩证法当作认识发展的"绝对方法"，又把它看作逻辑概念矛盾发展的过程，同时他论述了辩证法是一切客观事物运动和发展的根本法则。关于这后一层意思，可以看看黑格尔的论述。黑格尔说：辩证法就其本质而言，乃是承认矛盾进展是"支配一切事物和整个有限世界的法则"[1]，"辩证法是实在世界中一切运动、一切生命、一切事业之推动的原则"，"是遍在于自然界和精神界之各特殊领域和特殊形态内的法则"[2]。听一听这些论述，就可以看出，说黑氏辩证法仅仅是唯心的概念辩证法，这和实际相差有多远了。张学军教授敢于挑战权威的观点，这不仅要有学术勇气，还要有雄厚的理论功底，这是令学者们表示敬佩的。

---

[1]黑格尔：《小逻辑》，商务印书馆，1960 年版，第 187 页。
[2]黑格尔：《小逻辑》，商务印书馆，1960 年版，第 190 页。

张学军教授不仅研究哲学史，还着力研究马克思主义哲学，探讨为什么在 20 世纪中期中国会发生"文革"这样的浩劫？为什么苏联共产党执政 70 年后会彻底崩溃？到底马克思主义理论出了什么问题？对这些问题，应该从根本理论上去探讨，因为毕竟都打着马克思主义的旗帜。他先后写了《论实践是检验真理的唯一标准》（这是 1978 年甘肃省内配合全国大讨论发表的第一篇文章）、《马克思主义的本质在于创造》、《没有现代化大生产，就没有巩固的社会主义》、《马克思和精神文明》等。

张学军教授指出，实践标准是马克思主义的基本原理，任何人、任何理论和言论，都要接受实践检验；马克思主义只有不断发展、不断创造，才有生命力，才能成为革命事业的行动指南；把马克思主义理论当作教条，当作棍子去压人去打人，只能导致神学迷信，似乎只要背诵几句语录，一切问题都会迎刃而解；一切唯心主义者都把他们的理论视为"最高真理"，加以绝对化，用来衡量一切，甚至在任何法庭上都成了辨别真伪、善恶的法律准绳。这是一种蒙昧主义的愚昧。他还指出，没有现代化大生产、没有劳动生产率的极大提高，在小农生产的基础上，就不可能建立巩固的社会主义。在论述精神文明时，他提出，文明是人对自己本质的自觉和实现过程。人们在改造世界的活动中不仅改造着外部自然界，创造着人化的自然，而且改造着自己，创造着自己本身；这种活动所创造的物质财富和精神财富以及政治法律制度等，作为人类活动的形式和结果，都是"以感性的、外在的、有用的对象形式，以异化的形式摆在我们面前的、人的对象化了的本质力量"①。张学军教授的论述，让我们不要仅仅看到物质财富和精神财富的有形表现，更应该看人的思想觉悟的提高，使大多数人认识到自己的本质力量和自己的历史使命。

在《马克思对黑格尔历史观的批判继承和发展》《法律是统治

---

①马克思：《1844 年经济学哲学手稿》，人民出版社，1979 年版，第 80-81 页。

阶级意志的表现吗？》在这些文章中，张学军教授更加深刻地指出，历史目的论和权力意志论对我们理论界的影响，会造成极为严重的后果。他说，当权者把某个伟人的理论所构想的"理想社会"当作目标，并按自己对"理想社会"的理解去治理国家，这就预先把一种理性目的赋予了历史，就可以宣称自己代表社会理性，从而为他们的独裁统治制造理论根据，人民大众就成为他们实现理性目的的工具。这种思想是典型的历史目的论。马克思和恩格斯指出，历史的发展"并不是把人当作达到自己目的的工具来利用的"，某种精神或意志的实现，"历史不过是追求着自己目的的人的活动"及其对外部世界产生的各种各样的影响的总和，"是人类本身的发展过程"①。理论的任务，不是为历史创造一个理性的公式或目的，而是"通过一切迂回曲折的道路去探索这一过程的依次发展的阶段，并且透过一切表面的偶然性揭示这一过程的内在规律性"②。在我们传统的理论和政策阐释中，总是把法律看作统治阶级意志的表现。张学军教授引证大量的历史资料说明，世界著名法典从形成过程来看绝不是统治者意志的表现，乃是人类社会文明发展的表现。人民才是法的主体，法则标志着人民对自身利益、地位和权利的自觉与维护。马克思对权力意志论的法律观念，进行了深刻的批判。在批判"真正的社会主义"各式各样的代表时指出，国家作为统治阶级维护他们共同利益的形式，却采取了代表全社会的虚假形式，"由此便产生了一种错觉，好像法律是以意志为基础的，而且是以脱离现实基础的自由意志为基础"③这是一种"把权利（利益）归结为纯粹意志的法律幻想"④。客观现实的生产方式的发展状况，决定人们的财产关系和权利关系，法律关系不过是和他们的生产方

①《马克思恩格斯全集》第 2 卷，人民出版社，1972 年版，第 118–119 页。
②马克思恩格斯选集》第 3 卷，人民出版社，1972 年版，第 63 页。
③马克思恩格斯选集》第 1 卷，人民出版社，1972 年版，第 69–70 页。
④马克思恩格斯选集》第 1 卷，人民出版社，1972 年版，第 71 页。

式相适应的社会关系的一种表现而已；人们"按照自己社会关系创造了相应的原理"和法律规范。由此可见，我们传统的法律观念，是完全违背马克思主义的，是为掌权者的权力意志制造理论根据，因而在我国的执法中权力意志起着很重要作用，在推进"依法治国中"光荣意志时，有干扰，这就严重阻碍了法治国家的建设。张学军教授的论证具有极其重要的现实意义。

张学军教授在 1996 年退休以后，仍然坚持理论研究，他对《马克思恩格斯全集》从头至尾重新翻阅和研读，并做了大量笔记。这使他把社会主义建设中的现实问题和马克思的思想对照研究，从而对一系列重要理论问题提出了不曾被传统思想所能容纳的思想。这些思想实际上为社会主义各项改革，特别是为政治体制改革提供了一些新的思路。

关于所有制问题，张学军教授有两篇文章，即《公与私的历史反思》和《论财富的个人占有》。所有制是社会生产力发展的形式，它是随生产力发展的水平和状况的改变而改变的，社会生产力的发展不断变化，作为它的形式的所有制也需要不断调整。所有制又是社会财富积累的形式，不同的积累方式就会带来不同的社会后果。从历史上看，任何一个社会都不是只存在一种所有制，而是存在多种所有制形式，当然只有一种所有制占主导地位。几千年来，私有制和公有制孰优孰劣，一直都争论不休；马克思在《共产党宣言》和《资本论》中，要消灭的仅仅是资本主义私有制，而不是要消灭一切私有制或私人占有制，而且他还强调要允许个人占有制，并提出社会主义公有制应该是联合起来的个人所有制。这些思想和我国传统强调的公有制（即国有制），和"一大二公"、"割私有制的尾巴"等提法是不相容的。我国经济体制改革实践证明马克思的思想是正确的，我国的所有制状况也已采取多元化，以适应不同的生产力发展状况。同时，张学军教授也指出，个人占有财富是公民权利和社会地位的保障，是个人自由和尊严的基础，是充分发挥每个人的社会积极性和创造性的支柱。剥夺个人占有财富的权利，实际上就是剥夺了人的自由，剥夺了人的生存和发展权利。这样的历史教训是极其深刻的。

张学军教授对权力过分集中不受监督的权力，因而是一种绝对的权力；绝对权力从历史上来看会给人类社会造成巨大的悲剧。苏联的经验和我国"文革"阶段的教训告诉我们，这种绝对权力凌驾于社会之上，管控着社会，不仅不能解放全社会，而且使广大人民群众远离了政治权力，使少数人在权力的宝座上为所欲为，各级官吏作为阶级统治暴力机关的执行者，利用这种权力作威作福，任意扩大阶级斗争和专政的打击面，以权谋私，培植自己的势力。这样的绝对权力就产生绝对腐败。因此，对马克思的警告的忽略让我国人民付出了惨痛的代价。

张学军教授在论述"三个代表"重要思想与和谐社会思想时，高度赞扬了新时期党的领导人，吸收中苏党执政经验和教训，提出了三个代表思想与和谐社会思想以及全面改革开放思想等，是马克思主义思想的回归，并在吸收人类优秀思想文化成果的基础上发展了马克思主义，创立了中国特色社会主义思想体系。并在这种思想指导下，领导中国人民创造了发展和复兴的奇迹，令全世界为之瞩目。在这些问题上，张学军教授着重论述了三个代表思想与和谐社会思想的理论意义和现实的实践意义。

总之，张学军教授敢于深入传统上的理论禁区，探索我国政治体制改革的马克思主义理论的依据和新的改革思路，这是我们理论工作者所敬佩和称赞的，这也为青年理论工作者树立了鲜明榜样。最后，我用张学军教授的话结束此文："头上有大师的星光指引，心中有理论信念在坚守：吾爱吾师，吾更爱真理。"

李朝东

2015 年 10 月 25 日

于兰州

思想解放的伟大战士布鲁诺

历史上曾有过一些翻天覆地的时代，它使人类世世代代不能忘怀。这些时代塑造的"巨人"，作为伟大时代的精华，在历史上永远放射着光辉。发生在欧洲中世纪和近代之交的文艺复兴运动，就是一个把人类从宗教迷信的蒙昧统治下解放出来的伟大时代。这一时代产生的许多先进的思想家、科学家，不畏封建势力的迫害，在黑暗中燃起烛火，勇敢地探索了解放的道路，并为此献出了生命。16世纪意大利的唯物主义者布鲁诺就是这些伟大人物中的最英勇无畏的思想解放斗士之一。

一

乔尔丹诺·布鲁诺（1548—1600），生活于文艺复兴的末期。这时，封建制度已经日益瓦解，资本主义经济关系从没落的封建社会里形成起来，随之而来的是在复兴古代文化的旗帜下掀起了思想文化革命。

16世纪的意大利，虽然被誉为"欧洲的学校"，最早的资本主义关系、古典文学、古典画派、最初的人文主义思潮等都发源于此；但是，它和欧洲其他国家一样，仍然受着罗马天主教会的严酷控制，忍受着封建诸侯割据的痛苦，只能在回忆中追溯逝去的"黄金时代"。

正是在这样的时代，布鲁诺于1548年诞生在那不勒斯附近的小城诺拉。他在15岁时，由于家境贫寒，被父母送进了那不勒斯的多米尼克派的修道院。在这里,经院习气和神学桎梏不能满足年轻的布鲁诺追求知识的欲望,他通过顽强的自修,攻读了哲学和科学,还研究了意大利人文主义者、自然科学家和自然哲学家的著作,特别是哥白尼的著作引起了他的极大的兴趣,并对他的世界观产生了重要的影响。十年修道院的生活没有把他变成虔诚的信徒,反而使他成为憎恶经院哲学和神学家的当时最博学的人之一。但是,在知识即罪恶的社会里,博学的代价却是迫害。这迫使他走上了同宗教神学公开对抗的道路。1573年他得到牧师的教职,两年后被控为"异端"。他不为自己申辩,以抛弃僧侣袈裟作为回答。在迫害的追逐下,他不得不踏上长期漂泊国外的流亡生活的途程。

布鲁诺先后流浪于瑞士、法国、英国和德国,达十五年以上。他到处宣传新的唯物主义世界观,反对经院哲学和教会,向统治人类长达一千五百年多年的宗教神学发动了积极的进攻;为此,他到处都遭到了经院哲学家和正统天主教会的仇视和迫害。他在日内瓦由于批判加尔文教,遭到监禁;1579年后又因在法国各大学讲授新的天文学和哲学,受到法国黑暗势力攻击;1583年他来到英国,在牛津大学演讲反对托勒密的宇宙哲学,遭到牛津大学经院哲学家和神学家围攻,展开激烈论战;此后,他在伦敦,发表了自己的主要著作,对经院哲学和教会提出了公开挑战,这些著作是:《论原因、本原和统一》《论无限性、宇宙和诸世界》《灰堆上的华筵》《驱逐趾高气扬的野兽》《飞马和野驴的秘密学说》。1585年他返回巴黎,又组织了大规模的辩论会反对宗教神学,因而被驱逐,来到德国。1590年他在法兰克福完成了其他一些著作。布鲁诺的著作是对封建专制暴政、等级制度、教会专横、贵族僧侣的慵懒与腐化的无情揭露和鞭挞,它们像锋利的匕首,刺向封建黑暗势力。

但是,流亡、迫害并没有削弱他反对一切中世纪黑暗势力的斗争意志,相反更加激励他坚定、乐观地投入了宣传进步世界观的激烈战斗。反动教会把这位思想解放的伟大战士看作是眼中钉、肉中刺,必欲除之而后快。1592 年威尼斯的一个贵族,秉承教会的旨意邀请布鲁诺回国。布鲁诺毫不畏惧地接受了邀请。他明知死亡在等待着他,但为了宣传真理,"唤醒沉睡的万众",他不顾个人安危,毅然回到意大利,以致落入教会的罗网,被宗教裁判所逮捕入狱。尽管宗教裁判所对他用尽了酷刑,逼他放弃自己的观点,但他丝毫不动摇。经过 8 年的折磨, 他在 1600 年 2 月 17 日被烧死在罗马鲜花广场上。当时"神圣法庭"宣判说:"对他尽可能柔和,并且不采取流血的手段。"这本来是宗教裁判所判处火刑的虚伪的饰词。布鲁诺当即回答:"你们宣读判词,比我听到它还要显得恐惧。"就这样,布鲁诺为宣传真理而勇敢地献出了自己的生命。

二

布鲁诺是经院哲学和教会的公开的不可调和的敌人。他在人文主义思潮和自然科学变革的启发下,走上了争取思想自由的道路。但是,他比他们更坚决、更彻底地同中世纪黑暗势力决裂了。人文主义者大多是在教会允许的范围内宣传古代文化和人的个性解放;甚至连杰出的自然科学家哥白尼、伽利略等,也不敢公开蔑视教会神学的权威。布鲁诺则公开号召人们起来同中世纪黑暗腐朽势力进行斗争。他说:"人生在世不为别的,就是一种斗争状态。"为真理而斗争的战士,应当"什么也不怕,为了热爱神圣事物而轻视其他快乐,对自己的生命毫不挂虑"①。他认为,为科学而殉难,从根本上来看是引向真理、光明和正义的先导。他还提出,人类的历史就是智慧进步的历史,就

---

①《布鲁诺意大利文对话集》,1958 年佛罗伦萨版,第 988 页。

是智慧战胜愚昧、光明战胜黑暗、正义战胜罪恶的历史。这种历史观虽然是唯心主义的,但在当时却有革命的意义。布鲁诺正是据此提出了变革腐朽的社会的要求。他说:"如果没有变化,没有变易,没有盛衰兴替,就不会有适宜的东西,良好的东西,愉快的东西"(同上,第571页)。他主张变革,相信智慧能拯救人类,反对教会神学的蒙昧统治,这在当时是具有进步意义的。

布鲁诺把经院哲学家和神学家称为懒汉、迂儒、骗子、小丑、无赖,因为他们只靠咀嚼《圣经》文字过活,他们所了解的只是"文字的外壳而不是事物的核心",只会背诵圣经词句而不知道事物本身。这群迂儒的"无知、自恃和蛮横",使最善良的神本身都会无法忍受。在《飞马和野驴的秘密学说》中,布鲁诺辛辣地讽刺了经院哲学家,他让一头驴来练习经院哲学的本领,叫它解决这样一个问题:是变为驴的人好呢,还是变为人的驴子好呢? 他虽然还不能揭穿宗教迷信和神学的社会历史根源与认识论根源,但是,他对经院哲学和神学的批判却是尖锐的、无情的。他嘲笑教会的信条,反对神学统治,还猛烈地抨击了教会的掠夺和僧院的财产,要求把这些财产收归国有。

布鲁诺在反对教会和神学的斗争中,宣传无神论。他坚决地否定了神创造一切、统治一切的宗教信条,否定了神学高于科学与哲学的蒙昧主义谬论。他说,哲学跟神学毫无共同之处,哲学的目的是认识统一的自然界,而不是给世界创造一个超自然的上帝;真理只有一个,对它的认识是科学的事情,而不是宗教的事情。他公开宣称,凌驾世界之上并支配世界的神是不存在的,除了无限的物质的宇宙,什么都不存在。他说:"任何东西都是物体……在无限的宇宙和无数的事物之外找不到神",自然界"就是万物的神"[①]。这使他的无神论覆盖了

---

① 《论原因、本原和统一》,人民出版社,1934年俄文版,俄语版,第177页。

一层泛神论的外衣，这层外衣使他的无神论观点更容易被当时人们所接受。

布鲁诺反对教会和神学的斗争是和反对封建专制与等级制度联系在一起的。他不承认封建专制王国的权威，不承认自己是它的当然的驯服的奴隶，他把自己看作"宇宙公民"，宣称一切人——不列颠人和意大利人、男人和女人、主教、王公、逻辑学家和一般平民，大家都是平等的。他把封建黑暗势力看作是卑鄙无耻而又自命不凡的骗子、无赖和野驴；他号召人们从沉睡中醒来，战胜"自命不凡的无知"，争取精神的自由。总之，布鲁诺不仅同占统治地位的教会和经验哲学展开了不可调和的斗争，而且把这种斗争变成了抨击整个封建制度的斗争；在这两方面，他都远远地高出于自己同时代的任何人，表现出了思想解放战士的大无畏的革命精神。

三

在哲学观点上，布鲁诺同样表现出了大无畏的革命精神，敢于打破长期以来被奉为"绝对权威"的亚里士多德、柏拉图和托勒密的体系，恢复和发展了古希腊罗马哲学的唯物主义路线和自发辩证法的因素，并且根据当时自然科学的成就，做出了许多重要的理论概括，从而丰富了唯物主义哲学。

首先，布鲁诺不仅打倒了神的天国，而且否定了封建专制君主"以我为中心"的理论根据"宇宙中心"论。他认为，宇宙是统一的、无限的、永恒的、物质的。在我们太阳系之外，存在着无数的世界，我们所能看到的只是宇宙的非常渺小的一部分；恒星都是灼热的巨大的天体，是另外一些行星的太阳，地球在无限的宇宙中只是一粒尘埃；存在着无数的太阳和无数的地球，它们各自形成自己的世界。因此，宇宙根本没有中心，也没有界限，无数的世界在无限的宇宙中产生着、灭亡着，又永恒地存在着；宇宙不是谁创造的，也不可能被消灭，它既不增加，也不减少。布鲁诺的宇宙观是以哥白尼的学说为基础的，但比他更前进了一步，用出色的预见补充了哥白尼体系的不足，远远超出了当时自然科学的水平，彻底粉碎了教会用宇宙哲学的"中心论"来论证上帝、专制君主的"绝对权威"的一切企图。

布鲁诺不仅论证了宇宙的无限性，而且提出和论述了物质不灭和物质统一性的思想。他认为，宇宙的实体是物质，物质是"现实的基础和本原"，是统一的永恒的唯一存在；从物质中产生了一切自然形态。例如，种子变成茎、穗，长出粮食，吃后产生胃液、血液和精子，并形成胚胎，生长成人，人死变成尸体，化为泥土或别的什么东西，"如此类推以至于一切自然形式"，因此，"在自然界中，尽管形式变化无穷，彼此相续，但永远是同一个物质。"①在这里，布鲁诺一方面肯定了物质运动产生了变化无穷的自然形态，另一方面用各种自然形态的客观存在和相互转化，论证了物质本原的客观实在性和世界的物质统一性。这比古代朴素唯物主义把始基归结为某种具体物质形态的观点大大前进了一步。

布鲁诺还大胆地打倒了神的意志、神为自然立法的宗教观念，发展了古代自发辩证法，并试图用自然科学的新成果来说明自然界的辩证发展变化的规律性。他认为宇宙有统一的法则，并试图揭示这个法则。他提出，在宇宙的统一中有对立面的一致。在自然界的极大和极小中，对立面达到一致。比如，最小弧和最小的弦是相等的，半径无限大的圆周和切线是一致的；此外，在开始和终结中，在无限和转变中，对立面都是一致的。在这里，布鲁诺发展了古代辩证法，提出了整体和部分的统一、物质和形式的统一、无限和有限的统一、极大和极小的统一等等，猜到了世界的普遍联系，作出了对立面统一的结论。他说："一个对立面是另一个（对立面）的开始"，"消灭不是别的什么，而正是产生;产生不是别的什么,而正是消灭。爱就是恨,恨也就是爱";"许多毒物也是良药","总之,谁要认识自然界的最大秘密,就请他去观察和研究矛盾和对立面的极大和极小吧!"①布鲁诺依据这一思想,批判了亚里士多德否认对立面统一的观点,恢复了古代辩证法家关于万物的普遍可变性和流动性的学说。但是,他没有把对立统一的原则和物质运动的"内在原则"或"普遍的逻各斯"(他叫作"世界灵魂")统一起来,他从对立统一中只看到整个宇宙的和谐,把运动的"内在原则"归结为"世界灵魂",认为万物都有灵魂,没有摆脱物活论的陈腐观念。

在认识论上,布鲁诺同样打破了神学枷锁,彻底否定了神的启示和信仰真理;他不赞成片面的经验论,更倾向于唯理论。怀疑是他的认识论的基本前提。在他看来,不论是大多数人公认的观点或古代的权威,还是占统治地位的经院哲理和教会信条,都不能盲目相信,必须对它们持怀疑的态度。凡是希望研究哲学的人,都应从怀疑开始。我们应该怀疑人们所迷信的一切——怀疑被教会奉为神圣不可侵犯的一切、怀疑被所谓公认的权威推崇为"绝对真理"的一切。可见,布鲁诺的怀疑原则绝不是怀疑主义,它只是要求人们推翻教会权威和经院信条,以批判的态度对待古代的和公认的传统观念。他说:"唯一的权威应该是理智和自由研究。"他认为,自然界是唯一的认识对象,感觉是有限的,不能达到事物的本质,只有理性才能达到真理,给予我们一个完整的世界图画,揭示事物的联系、统一和本原。但是,理性必须与自然对象相一致,最好的哲学应当是"最符合于自然的真理"的哲学。总之,布鲁诺在他的时代所能达到的水平上,坚持了唯物主义的认识论。

①布鲁诺:《论原因、本原和统一》,人民出版社,1934年俄文版,第208-210页。

布鲁诺作为伟大的唯物主义者和无神论者，把自己的一生全部献给了宣传、发展科学和进步世界观的斗争；他的一生是同封建专制、教会统治和经院哲学进行残酷斗争的一生。他用自己的生命和学说，在封建政权和教会神权的巨大锁链上打开了缺口，为人类从中世纪黑暗势力统治下解放出来，开拓了道路。尽管他的哲学还有泛神论、物活论和一些过时的荒谬观点，但这只能归咎于历史条件和科学的发展水平的局限，我们是不能苛求于他的。他作为思想解放的大无畏战士，永远载入了史册。正如他在临刑时所说的："火并不能把我征服，未来的世纪会了解我，知道我的价值的。"

18 世纪法国唯物主义者战斗的无神论

18 世纪法国唯物主义者从唯物主义出发,有力地批判了宗教神学,沉重地打击了当时占统治地位的教会黑暗势力,发展了战斗的无神论,为反对宗教迷信和宣传无神论作出了光辉的榜样。无产阶级革命导师曾经多次高度评价法国唯物主义者的战斗的无神论,并要求马克思主义者都要以他们为学习的榜样,把反对宗教迷信的斗争进行到底。但是林彪、"四人帮"一伙长期以来不仅不宣传无神论,反而肆无忌惮地大搞封建迷信和新的造神运动,致使许多人不了解无神论特别是法国唯物主义者的战斗的无神论为何物。在打倒"四人帮"之后的今天,在为实现现代化的斗争中,我们应该在宣传马克思主义哲学的同时宣传战斗的无神论。为此,特将 18 世纪法国唯物主义者的战斗的无神论做一简略介绍。

一

法国唯物主义者完全否定了宗教神学和教会黑暗势力,把宗教和教会看作是科学和理性的最凶恶的敌人,是禁锢人民的精神枷锁,是社会生活和发展的最大祸害,因而全面地展开了反对宗教和教会的不可调和的思想斗争。狄德罗说:"我仇恨一切神君,不管他们叫什么名字……我们既不需要僧侣,也不需要神"①。霍尔巴赫也坚定地指

---

① 《狄德罗全集》,人民出版社,1935 年俄文版,第 2 卷,第 134 页。

出："人们的利益要求我们正式要彻底地摧毁宗教偏见……合乎理性的哲学必须把自己献给消灭宗教的事业。"法国唯物主义者把坚决地反对宗教和教会的斗争看作是哲学的最重要的任务之一，以致当时在法国，"哲学家"一词就意味着"无神论者"。

这种战斗的无神论的出现，只能由当时法国的社会历史条件来说明。在 18 世纪的法国，教会和僧侣是极端反动的黑暗势力，是封建专制制度的最有力的支柱，它们本身就是占有大量土地、财富和农奴的大封建主，是阻碍发展资本主义生产和经济关系的巨大障碍；宗教神学则是封建制度和专制暴政的精神支柱，封建制度的一切罪恶（剥削、压迫和专横等），都可以在教会的教条中找到"神圣"的根据；宗教蒙昧主义严酷地禁锢着人们的头脑，疯狂地迫害着"亵渎"神明的异端思想和不虔诚的"危险的公民"，严重堵塞了科学探索和思想发展的道路；僧侣们口头上宣扬的禁欲主义跟他们的营私舞弊、穷奢极欲和荒淫腐化恰好形成鲜明对照，从而彻底暴露了宗教在道义上的虚伪性。所有这一切，不仅激起了广大平民阶层和进步势力的普遍仇恨，而且造就了法国革命启蒙运动的思想家、唯物主义者和无神论者。他们意识到，要推翻黑暗的蒙昧的旧制度，建立"理性王国"就必须反对教会和僧侣，批判神学教条，把人们的思想从宗教的精神枷锁下解放出来，使之面向现实的世界，谋求人世间的幸福。

他们在反对宗教和教会的斗争中，依据唯物主义学说从理论上分析了宗教的本质及其产生的根源，从逻辑上揭露了宗教教义的自相矛盾及其荒谬性和欺骗性，并从启蒙主义的立场出发批判了宗教和教会的反动的社会政治作用及其危害。

法国唯物主义者系统地揭露了宗教产生和存在的认识论根源，对宗教的本质起源持有典型的启蒙主义观点。他们认为，宗教是愚昧无知和恐惧的产物。人们的愚昧无知和对未知的自然力的恐惧，被神甫、僧侣和诡诈的人利用来进行欺骗,从而虚构出神的观念和各种迷信。霍尔巴赫说:物质、恐惧、灾难总是人们关于神的观念的最初源泉;由于对自然原因无知,人们创造了神,借以寄托希望和排遣恐惧;"人们传染上了各种迷信,这是他们的恐惧和无知的结果"①。在他们看来,对自然原因的无知和恐惧使人创造了神,神的特征和性格不过是人按照自己的面貌想象、夸大和虚构的,欺骗把它们变成了森严可怖的超自然的力量。在这里,他们试图分析宗教产生的社会根据,但是,他们仅仅看到,国王、立法者和骗子为了巩固自己的统治地位,谋取私利,奴役人民,千方百计地利用和支持宗教迷信,使它得以确立起来,以便"恫吓和愚弄人的理性"②。这种观点,在本质上仍然没有跳出社会意识的范围来考察宗教问题。然而,在他们的观点中有一点是很清楚的,即宗教乃是人们对现实世界的一种虚幻的歪曲的观念,它是用来愚弄人的理性,奴役人民和维护专制统治的工具。正是这一点使他们在批判宗教和宣传无神论上远远超过了 17 世纪的思想家,也高出于同时代的其他思想家。

他们依据唯物主义的基本原理,从理论上对宗教基本教义做了逻辑的批判,揭露和批驳了上帝存在、灵魂不死和自由意志等说教自相矛盾的极其荒谬性。他们认为,既然整个宇宙是无限的,永恒的,统一的,并只有一个物质实体,物质又是能动的,是自身原因,精神也是物质的产物和属性,那么,在宇宙中根本就没有上帝的地盘,也没有任何超自然的独立力量。因此,自然界既不是上帝创造的,也不是上帝推动的。狄德罗说:关于站在宇宙之外的任何实体的设想本身都是

①《神圣的瘟疫》,见《十八世纪法国哲学》,三联书店,1958 年版,第 562 页。
②霍尔巴赫:《健全的思想》,商务印书馆,1966 年版,第 27 页。

非常荒谬的,因为"上帝是没有的;上帝创造世界是一种妄想"①。霍尔巴赫说:"上帝的存在是一切宗教的基础",但也正是"一切宗教中最不足信的东西",因为上帝是一种不反映任何实在的虚构的概念,"崇拜上帝,无异于崇拜人的想象创造的虚构物,或者简直就是崇拜乌有的东西"。在解释什么是上帝时,他说:"上帝是僧侣的同义语,或者是神学事务的经理,僧侣的老管家,供应圣军的全权代办……上帝的话就是教士的话;上帝的王国就是僧侣的停尸室;上帝的意志就是圣仆的意志。侮辱上帝就是侮辱僧侣。当人们说上帝震怒的时候,这就意味着教士的肝脏出了毛病。一旦教士一词用来代替上帝,神学就会变成最简单的一门科学了。由此可见,世界上没有真正的不信神者;因为一个头脑清醒的人会否定僧侣的存在吗?"②在这种冷嘲热讽的抨击中,霍尔巴赫清楚地否定了上帝的存在,指出上帝不过是僧侣们为了保持和巩固自己的利益,贯彻自己的意志而假托的地上权力的代名词;僧侣们要人们崇拜神,实际上不过是崇拜他们自己。

同时,他们指出,所谓灵魂不死也是荒谬的。霍尔巴赫认为,人作为自然界的一部分服从于自然的共同规律,起初不过是一个颗粒在子宫内和同类的物质配合同化,自然成长为人;人的感觉、观念、情欲、意志、行为等,也不过是他的机体的性质和运动的必然结果。"灵魂根本不应当与身体分开,它就是身体本身,只不过我们从身体活着的时候所具有的某些作用,某些存在方式和活动方式去看,才把它称为灵魂。"神学家为了维护自己的特权,才创造了非物质的不朽的灵魂,以便把自己说成是通晓和超度不死灵魂的经办人。设想这种在身体死后还存在的不朽灵魂,无异于说人们可以无目而视、无耳而闻、

①《狄德罗哲学选集》,三联书店,1956年版,第6页。
②霍尔巴赫:《袖珍神学》,商务印书馆,1972年版,第76页。

无手而能触、无头而会想。这是极其荒谬的。

他们还从唯物主义决定论出发，批驳了神学的自由意志论。霍尔巴赫说，神学既然说决定人的意志的灵魂是上帝赋予的，那么所谓人的意志自由，实际上乃是上帝的意志自由，而上帝的意志不过就是僧侣的意志；人的"自由意志"与上帝的意志不一致时，人"就可能招致万劫不复的毁灭"。他认为，实际上，人来到人间生于什么环境，受何种教育，都不是由他自己选择的；人们的欲望和行为都是由他的意志所不能改变的环境和事件预先决定的。因此，"人们的自由意志也是一种纯粹的幻想"。

法国唯物主义者用锋利的语言、机智的讽刺，有力地揭露和批驳了宗教教义的自相矛盾及其虚伪性和欺骗性。狄德罗说，按照教义，上帝是仁慈的，可是他却用灾难、饥饿、战争和疾病来惩罚人类，他却喜欢把人们打入地狱，让他们在那里受苦、呻吟、流血、流泪，仁慈的上帝竟会喜欢把自己浸在信徒们的眼泪和血泊里！上帝赋予人以理性，可是又要求牺牲人的理性。这正像我拿着烛火引导自己在黑夜的森林中走路，神学家却来告诉我吹灭火烛能更好地找到路。"既然把无辜者杀死是保证他们得享无限的幸福"，而让他们活着则是他们的"一种永恒的不幸"，那么，"宗教的训诫和社会的法律禁止杀害无辜，岂非实际上是很荒谬并且很残酷的吗？"如果人天生就有罪，那么，按照这个教条，就不应该让人降生，除了一脚把自己的孩子"踏在地上踩个稀烂，或生下来就把他扼死以外，还有什么好办法"。用这种办法可以使人"免了下地狱的危险，并可以保证他得幸福"[1]，上帝是全知全能和正义的吗？可是，僧侣们却以上帝的名义无耻地、残酷地压迫和掠夺人民；这该诅咒的上帝从来没有兑现他的美好预言和计划，对

①《狄德罗哲学选集》，三联书店，1956 年版，第 3、36、49、48 页。

他的无辜子民的苦难熟视无睹,这能叫作全能和正义吗?"这算什么全能的实体?它什么都不会做……它像平常人一样凶恶、偏袒、残酷、嫉妒、暴虐、报复,它也像人一样在自己的所有尝试中都遭到失败……这个实体毫无意义,为了解释自然而编造的幽灵是和自然本身相矛盾的:它不能解释一切,反而到处都造成混乱"(霍尔巴赫:《自然体系》俄文版,第281页)。

二

法国唯物主义者的无神论的战斗性,还表现在他们从政治、经济和道德方面深刻地揭露和批判了宗教的反动作用及其危害。

他们明确地指出,宗教是封建专制奴役和压迫人民的工具,是鞭挞人类的鞭子,是愚弄理性、散布狂热、助长保证、引起纷争、制造罪恶、败坏道德的祸根。霍尔巴赫写道:"宗教是一种麻醉人民的艺术,其目的在于诱骗人民不去注意当权者在这个世界上给他们带来的罪恶。当权者用看不见的力量来迷惑人们,迫使他们顺从地忍受着看得见的力量给他们造成的痛苦;向他们预示,如果忍受今世的痛苦,便有希望得到来世的幸福"[1],他谈到基督教时指出:"基督教过去之所以得到传播,只是因为专制制度庇护了它,和所有宗教一样,基督教也是专制制度最可靠的保卫者。"他们看出,封建统治者——以神的名义"行使着无上的绝对权力",利用恐怖进行专制统治,"神被用来为暴政的放肆和罪行作辩解",从天上来的神启和恫吓成了暴君和歹徒发号施令、为所欲为的工具。

爱尔维修也指出,宗教和教会是封建专制的政治支柱,它竭力为帝王的无限权力、为剥削和奴役人民作辩护。他认为,宗教神权是造

---

[1] 霍尔巴赫:《被揭穿了的基督教》,人民出版社,1936年俄文版,第336页。

成许多国家政治腐败、贫穷落后、愚昧无知，以致没落衰亡的原因。凡是天主教会对国家事务起着决定作用或成为国家教会的地方，社会进步就非常迟缓，工业和贸易的发展就会受到阻碍，人民就陷入愚昧无知的状态；凡是天主教横行霸道的国家，迟早会没落衰亡。僧侣们拥有的巨大权力，曾使西班牙、葡萄牙这些国家濒临贫穷破产的境地。同时，宗教也是引起教派纷争和宗教战争的罪魁。他根据宗教史的材料揭露说："宗教在任何地方都点起了不宽容的火把，搞得尸横遍野，血流成河，城市焚烧，帝国残破；而它们从来不曾使人们变好"，因此，他们把宗教称为"神圣的瘟疫"，认为它不仅毁灭了国家，而且毁灭了人类文明，扼杀人的理性，把人变成了奴隶和野兽。"教会要求人民做什么呢？"爱尔维修自问自答地说："盲目地服从，绝对地信仰和陷于精神错乱的恐怖"，教会不是把人变成天使，而是变成奴隶，力图窒息人的一切现实的愿望和要求，使人变成残疾。教会极端害怕自由思想的哲学家和科学家，不惜用尽一切酷刑和宗教裁判所的判决及火堆来对付这些人，害怕他们用真理和阳光把一个建立在谬误、愚昧和黑暗上的帝国推翻。

　　他们在经济方面也揭露了教会僧侣不仅和封建统治者一样贪婪无忌，而且还打着神圣的招牌搜刮掠夺。　天主教会在法国拥有将近全国四分之一的土地，每年收租近十亿里弗（当时法国币制单位）；教会还借"十一税"、宗教仪式的酬金、出卖赎罪券和各种"圣物"等手段，贪得无厌地进行勒索。爱尔维修揭露说，僧侣为了骗取信徒更多的财务，就在神圣的讲坛上说：当银币掉进僧盘发出当当当的声音时，那些在涤罪所里的人就会哈哈哈地笑起来，感谢替他们祈祷和赎罪的人。法国唯物主义者指出，教会僧侣不仅贪得无厌、骄奢淫逸，而且冷酷无情、野心勃勃，为了发财致富和掌握权力不惜采取一切手段，玩弄阴谋诡计，使自己成为地上有钱有势的主宰。这正是他们和封建统治者相互勾结,掠夺人民,维护专制剥削制度的原因。

法国唯物主义者也无情地揭露和批判了宗教道德和禁欲主义的虚伪性及其丑恶本质。他们从人性论出发,认为人应享有人间的幸福,按人的自然本性和理性,人有满足自己愿望和生活乐趣的权利,而宗教却让人们牺牲人间的幸福换取虚幻的阴间幸福,把人们引入了神秘主义和禁欲主义的泥潭。狄德罗通过《一个修女的回忆》,深刻地揭露了教会以上帝的名义加给一个年轻的修女的阴森、凄惨、悲怆的教堂生活,形象地暴露了教堂的黑暗、灭绝人性、违反自然道德的罪恶。可是,教会和僧侣却大言不惭地说什么宗教有利于限制恶劣行径,使人道德高尚。法国唯物主义者反驳说,人们任何时候都没有像现在这样沽名钓誉、贪得无厌、卑鄙无耻、冷酷无情,因为现在他们借口说,宗教允许或命令他们这样做;在这种情况下,宗教总是赋予人的天然兽性以不可克服的力量和圣洁的灵光,允许他们用上帝的名义和神圣的权威来为丑恶行径和犯罪活动进行辩护,逍遥法外。他们依据教会的罪恶史揭露了在宗教伪善的道德辞令掩盖下的血腥罪行——大批地屠杀无辜的人民、残酷地烧死有思想的人、无情地搜刮、荒淫无耻地生活。爱尔维修说:"请把你的眼睛东西南北看一看,不论什么地方都可以看见宗教的神剑举起来对准妇女、儿童和老人的胸膛,整个大地冒着为虚幻的上帝或最高存在而牺牲的人的热血,呈现为一个由于不宽容而造成的极大的、令人恶心的、可怕的尸骸所"。因此,宗教不仅不是道德的基础,而且是一切社会罪恶的根源。霍尔巴赫尖锐地指出"神是一个屠夫,一个民贼,一个什么都能干得出的暴君",宗教"对于人们来说乃是一个分裂、狂暴、罪行的来源"。他认为,只有理智健全的无神论者,才能成为道德高尚的人,因为他不承认来世,只着眼于现时,对于实现人间的幸福才真正有兴趣。

三

在揭露和批判宗教的斗争中，法国唯物主义者比 17 世纪哲学家，甚至比霍布斯和斯宾诺莎这样的无神论者都大大前进了一步，表现出前所未有的坚定的战斗精神。因此，教会和反动政府竞相迫害他们，不惜采用一切可能最残酷的手段，从查禁书刊、焚毁著作、恐怖活动到直接镇压、监禁和驱逐，无所不用其极。伏尔泰、狄德罗和其他反对宗教，宣传启蒙主义和无神论思想的人，都曾在不同时间被投入了巴士底狱、威赛堡垒和其他监狱。但是，他们坚信，理智会战胜迷信，真理会战胜谬误。虽然宗教的统治根深蒂固，要打破宗教偏见的精神枷锁，每一步都要花费无穷的气力，但是，"压迫引起人心的反抗；它逼迫人们仔细考查自己苦难的原因；灾难是一根强有力的针，刺得人心转向真理的方面。被激怒了的理性对于胡思乱想来说是多么可怕啊！理性撕掉它的假面具，一直追踪到它的老巢"。因此，尽管他们一再遭到迫害，却毫不动摇，无所畏惧，信心坚定地继续战斗。他们不仅无情地批判了宗教神学，而且也批判了自然神论的不彻底性。霍尔巴赫说，虽然自然神论者也是在破除宗教的骗局，但他们却又说宗教对人民是必需的，这岂不是等于说，毒药对人民是有益的，毒害人民以防他们滥用自己的力量是必要的？可是，保留宗教，迟早必定产生出神学统治的同样结果。

在社会动荡和无神论兴起的双重打击下，宗教的绝对统治动摇了，那种牺牲现世换取来世幸福的欺骗说教被人们当作笑料抛弃了；僧院生活失去了往日的灵光和吸引力，不仅修道院的人数逐渐减少，就是教士和信徒的虔诚也徒有其名而已，即使是牧师也以矢志奉神为耻辱，也不能不读《百科全书》以填补他们那空虚的灵魂。可见，法国唯物主义者、无神论者的斗争，在打击宗教神学的绝对统治，把人们从宗教精神枷锁下解放出来、启发人们反抗封建专制方面,确实起了鼓舞和组织的革命作用,为法国资产阶级革命做了思想准备。恩格斯和列宁都曾高度评价法国唯物主义者的无神论思想。恩格斯说:"这些著作,是法兰西精神在形式和内容上迄今最高贵的成就,而且,如果考虑到当时的科学水平,在内容上今天也还是非常之高,而在形式上是永远赶不上的。"①列宁也称赞说:"18世纪老无神论者所写的那些锋利的、生动的、有才华的政论,机智地公开地打击了当时盛行的僧侣主义。"②

但是,不能不看到,法国唯物主义者对宗教的批判仍然不免带有自己时代的局限性。这一方面表现在他们不了解宗教产生的社会经济根源,没有也不可能从当时极其低下的物质生活状态出发来说明宗教产生的社会经济根源。很显然,正是极其低下的生产力决定了人们在自然力面前的软弱无力;而在阶级社会里,私有制使生产资料支配人,人成为物的奴隶。这样,人们在自然力和社会力量的压迫面前软弱无能的状态,就成为宗教存在和传播的社会经济基础,而私有制度及其所产生的阶级分化和阶级剥削则是宗教产生和存在的最深刻的社会根源。法国唯物主义者虽然看到了统治阶级利用了宗教、宗教维护封建暴政,但把这种暴君和宗教的联盟常常归结为坏蛋的欺骗等思想上的原因,不是从社会物质生活条件中,而是从意识本身中去寻找原因。

与此相联系的另一个方面,是他们没有也不可能找到消灭宗教迷信的真正途径和实际办法。他们所看到的消灭宗教的唯一途径,就是宣传无神论,启发人的理性和觉悟,就是教育人民。他们相信,科学、艺术和手工业将赋予人们控制自然力的力量,人们有了知识,恐

---

① 《马克思恩格斯论宗教》,人民出版社,1954年版,第112页。
② 《列宁选集》第4卷,人民出版社,1972年版,第606页。

惧就会消散,宗教偏见就会消灭。同时,他们也承认,消灭暴政和僧侣是消灭宗教的一种实际办法。因为,神的权力是站在帝王的权力之上的,宗教赋予帝王"以无可争辩的真理的权杖";而僧侣在人间的职务就在于迫害理性、编造和散布关于非人间的虚幻世界的"荒谬绝伦的故事"。因此,只有消灭专制暴君和僧侣,才能消灭宗教。这种观点,本质上没有超出唯心史观的范围,把消灭宗教只是看作一种启蒙的政治的行动。他们之中的个别人,如狄德罗也承认,这种对宗教的启蒙主义态度是很脆弱的。他说:"一般来说,我们不知道,在某一民族中怎样产生了宗教偏见,更不知道这些偏见怎样消灭。"①这说明法国唯物主义者还不能解决消灭宗教的问题。但是,他们都相信,没有宗教的社会是不可能的,即将来临的社会一定是无神论者的社会。他们不知道,只要社会压迫存在,社会就不能摆脱宗教。列宁指出,法国唯物主义者的这种观点,没有超出资产阶级的肤浅的狭隘的文化主义,"同宗教作斗争不应该限于抽象的、思想上的宣传,不能把它归结为这样的宣传,而应该把这一斗争同消灭产生宗教的社会根源的阶级运动的具体时间联系起来"②,这就是说,对天国的批判应该变为对地上王国的批判,消灭私有制和阶级压迫,消灭使人异化的一切社会条件,才能最终地有效地消灭宗教。

尽管法国唯物主义者有这样那样的历史局限性,但他们毕竟第一次高举起战斗的无神论的旗帜,并把唯物主义、无神论和推翻封建制度的革命要求有机地结合起来,为人类从封建羁绊和宗教桎梏下解放出来开拓了道路。因此,法国唯物主义者的无神论,永远是人类思想史上的光辉一页。

---

① 《狄德罗全集》,人民出版社,俄文版第 2 卷,第 133 页。
② 《列宁选集》第 2 卷,人民出版社,1972 年版,第 378 页。

烈焰焚毁不了真理

1600 年 2 月,春风吹拂着意大利半岛。可是,在罗马教廷的宗教裁判所里,仍然是一派严冬的景象。"神圣法庭"正在审讯叛教者。

2 月 9 日清晨,一位身体瘦弱不堪、两眼却炯炯有神的叛教者被押到"法庭"。这是一间阴森可怖的地下审讯室,几只跳动的烛火,照出拱形屋顶下面的几个面如死灰的脸。唯有当啷当啷的脚镣声,才打破了这死一般的沉寂。

"你是散步异端的叛徒乔尔丹诺·布鲁诺吗?"——枢机主教开始审问了。

"不,我是唯物主义者布鲁诺。"像以往一样,这位无畏的战士针分相对地回答。

"你亵渎上帝,攻击教会,离经叛道,笃信唯物主义邪说,还不构成叛教的异端罪吗?"

布鲁诺蔑视地看了主教一眼,把目光移向穹形屋顶,凛然答道:"我只相信感觉和理智所能理解的东西,感觉告诉我们千变万化的事物是客观存在的,但是这些形式总是保持着同一种物质。"

稍停,他把犀利的目光直逼主教:"难道这世界不是物质的吗?难道这物质的世界不是变化无穷的吗?难道这变化无穷的世界不是在遵循着物质运动的自然规律吗?请问,这哪里有上帝的地盘呢?!"布鲁诺脸上浮现出轻蔑的一笑。

这淋漓痛快的驳斥，使枢机主教暴跳如雷。他大声吼叫着："难道你把经院哲学的权威安瑟伦关于上帝存在的证明也要推翻吗？"

"那不过是文字的外壳，而不是现实的事物的实质。"布鲁诺冷笑一声，继续说，"我们只应面向事实，接触自然。最好的学说应该是符合于自然的真理。"

"住口！"枢机主教恼羞成怒，敲着桌子站起来，嘴唇哆嗦着骂道："你、你、你这个顽固不化的叛徒，难道……"他已经理屈词穷，再也想不出适当的词儿来，只有再一次蛮横地重复着："难道这不构成渎神罪、异端罪吗？"

不知是谁审讯谁，这场审讯和以往一样，又这样结束了。布鲁诺又被押回囚室，进行"最后的忏悔"。

布鲁诺，这位文艺复兴时期意大利杰出的唯物论哲学家，1548年生于那不勒斯附近的诺拉。由于家境贫寒，父母把他送进修道院，幻想用自己的虔诚求得上帝的保佑。但是，15岁的布鲁诺在修道院看到的是什么呢？他看到的是僧侣们的慵懒和无知，是教会的专横和腐化。这使他不能不怀疑教会的信条。他如饥似渴地钻研古代的、阿拉伯的和人文主义的哲学以及当代的自然科学著作，特别是哥白尼的学说，走上了独立探索真理的道路。

在年轻的、博学的布鲁诺面前，摆着两种前途：一种是他放弃自己的观点，去获得牧师甚至是主教的闪着灵光的头衔；另一种是坚信真理，宣传真理，然而触犯教规，要被视为可怕的异端罪，在那个天主教占绝对统治的时代，要受到残酷的迫害，甚至丢掉性命。布鲁诺毅然选择了后一种前途，他把宣传真理、唤醒万众，当作自己的神圣使命。他坚信，真理会战胜谬误，光明会战胜黑暗。

27岁时，布鲁诺抛弃了僧侣的袈裟，走上了宣传科学和真理的更广阔的道路。他先到了罗马，在这里没有人敢公开支持他，只有宗教裁判所在四处追踪他。

30 岁,他踏上异国土地,在日内瓦,由于反对加尔文教被投入监狱。

31 岁,他来到法国,先后在图鲁斯大学和巴黎大学讲授新的天文学和哲学,引起了法国天主教会和加尔文教会的围攻。

35 岁,由于法国驻英国大使卡斯代尔那的帮助来到英国,在牛津大学发表演讲,批判被教会奉为不可侵犯的托勒密地心说及其神学结论,同该院的经院哲学家和神学家展开了公开的激烈的辩论。

37 岁,又同大使一起返回巴黎,并组织了大规模的辩论会,批判了被经院哲学家视为"绝对权威"的亚里士多德关于"纯粹的形式"和"消极的质料"的观点,因而被驱逐。

此后,在德国又漂泊了 6 年。

20 年来,无论是那不勒斯修道院,还是罗马教廷,不论是正统的天主教还是打着改革招牌的新教,都竞相迫害他。然而他丝毫没有动摇自己的意志。在颠沛流离的生活中,他写下了《论原因、本原和统一》《论无限性、宇宙和诸世界》《驱逐趾高气扬的野兽》《飞马和野驴的秘密学说》等著作,热情地宣传了唯物主义和无神论学说,把哥白尼点燃的火种,散布到整个欧洲。

1592 年,布鲁诺毅然回到意大利,遂落入宗教裁判所的魔掌,在罗马教廷的囚牢里,他受尽了各种酷刑的折磨,但是,8 年的狱中生活,把他锻炼得更坚强。他不需要忏悔,他已经抱定了为真理而献身,为科学而殉难的信念。

1600 年 2 月 27 日,宗教裁判所对布鲁诺作最后宣判。

"这是最后的机会,如果你愿意做忏悔,放弃自己的信念……"枢机主教发问道。

"我不能够。"布鲁诺没容他说完,"我不愿意放弃,我没有可放弃的事物。"面对这些不学无术而又自命不凡，摧残科学，窒息真理的刽子手们，布鲁诺又一次以极大的愤怒痛斥他们："难道你们的牢笼和酷刑能改变人们用经验和理智所证明的事实，消灭无限的、统一的、物质的无数世界吗？教会奉为神圣不可侵犯的一切，声誉载道的权威称为绝对真理的一切，人们所迷信的一切，难道不值得怀疑吗？一切旧东西、旧信仰，难道不应该被抛弃吗？没有变化，没有盛衰兴替，不就是没有适宜的东西，良好的东西，愉快的东西吗？……"

主教们听着，仿佛听到了对他们死刑的宣判。这帮虚伪的披着宗教外衣的杀人魔王，终于对布鲁诺作了宣判：

"仁慈的主，我们已仁至义尽，他却顽固不化。但你启示我们对他要尽可能柔和，不采取流血的手段，让火来洗涤他那罪恶的灵魂吧。阿门！"

布鲁诺轻蔑地回答"你们宣读判词，比我听到判词还要显得恐惧。"

布鲁诺被押赴刑场。

初春的天空布满乌云，罗马街头没有一点春意。人们紧裹着黑袍，低垂着头，谨防不期而至的寒潮的袭击。在罗马鲜花广场，人们在默默地祈祷，几个狂热的信徒在咒骂："烧死魔鬼！"

布鲁诺只穿着一件白布衫，在阵阵寒风中泰然走着。他用不着防备寒潮来袭，他就是从朔风寒流中走过来的，这时，胸中正翻腾着的火焰——愤怒的火焰，希望的火焰，真理的火焰。他向火刑堆走去，仿佛是向光明走去，他似乎没有察觉周围的一切，眼前呈现一片令人炫目的火光。火光中，他似乎看到了故乡的维苏威火山。啊！这吞没腐化的火山，现在还神秘地沉默着的火山，你什么时候再爆发呢？

刽子手们的吆喝声，使他从朦胧的冥想中回到现实，重新镇定起来，从容不迫地走上火刑堆。

烈火燃烧起来了，火焰吞噬着这位伟大唯物论哲学家的身躯。面对惊恐的人们，布鲁诺大声宣告：

"火，并不能把我征服，未来的世界会了解我、知道我的价值的。"

是的，火，并不能把真理征服，而真理将在烈火中放出光辉。

烈火吞噬了你，然而你是永生的。烈火中，你的形象更高大。后世的人们，永远，永远地纪念你——人类思想解放的先驱。

欧洲哲学史绪论

一

哲学史是人类理论思维按照内在的必然规律形成和发展的历史。所谓理论思维，就是以概念及原理的形式表述出来的对世界的普遍本质和普遍规律的认识。这种认识是以自然知识和社会知识为基础的，是一个历史发展过程。就这个意义来说，"哲学史，简略地说，就是整个认识的历史"①。

列宁的这一概括包含着极其丰富和深刻的内容：第一，哲学史不是个别学科（如逻辑学、心理学、人本学以及具体自然科学等）的历史，不能用个别学科的历史考察或这些学科在各个时代机械相加代替哲学史，而是从人类整个认识的广阔领域和发展的角度来探索人类对世界整体的根本性看法和观点的理论表述的形成和发展史；第二，哲学史不是某个哲学派别或学说的历史，既不是某种唯心主义体系用作自我论证的历史，也不是某种唯物主义学说离开人类认识的发展而孤立地形成和演变的过程，而是把各种哲学体系与派别放在它们赖以产生和发展的历史条件下，当作人类整个认识史的不同环节、方面与阶段来考察，考察它们的利弊得失及其相互联系与转化的规律，考察真理怎样通过各种哲学体系与派别的错综复杂的斗争为

①《列宁全集》第38卷，人民出版社，1959年版，第399页。

自己开辟道路;第三,哲学史不同于一般的人类历史和阶级斗争史,不能用唯物史观斗争的一般原理代替对理论思维发展过程的研究,而是要探讨各个时代在改造世界的社会实践基础上怎样总结和概括了认识世界的经验教训,并运用这种理论总结如何影响了实践的发展。因此,哲学史作为人类认识史,反映着人类在以往时代从事改造世界的过程中不断取得进步,并作出理论总结和概括的历程。它既是人类用自己的生命和血汗浇铸起来的纪念碑,又是标志着人类智慧成长进步历程的记录。

但是,哲学史不是一旦铸成就凝固不变的僵死物,它作为人类认识史,充满着各种哲学体系、派别、学说和观点的矛盾斗争、相互联系与相互转化,它就是这些体系、派别和学说矛盾斗争与相互联系的统一整体,是矛盾发屏的过程就像汇集无数细流、奔腾向前的江河一样,理论思维的发展也需要不断地冲破各种阻拦,汇合一切真理的水滴,迂回曲折地为真理开拓着更加广阔的道路。因为,哲学作为理论思维,始终存在着思维对存在、精神对物质、主体对客体的关系问题。各派哲学又对这一哲学基本问题的不同理解和处理,就形成了不同的哲学路线,最基本的是两条根本对立的哲学路线,即唯物主义和唯心主义。这种情况决定,理论思维的发展始终是在思维与存在、精神与物质、主体与客体的矛盾中向前推进的,因此,哲学史归根到底贯穿着唯物主义和唯心主义的矛盾斗争。同时,在这个斗争中又交错着辩证法和形而上学、反映论和先验论、理性主义和非理性主义、哲学和宗教、真理和谬误、理论和实践的矛盾斗争等等。这些矛盾不仅决定了哲学之所以区别于其他科学的特殊本质及其纷繁复杂的流派,而且决定了哲学发展的基本趋势和规律。哲学史正是人类理论思维这种矛盾发展的一面镜子,把人类在漫长历史中认识世界的成败得失的正反两方面的经验,给我们再现出来,使我们从祖先那里吸取历史的教训,吸取那些宝贵的营养,也记得前车之鉴,引以为戒。总之,哲学史是一门科学。它不是各种哲学体系、派别、学说的简单堆积,也不是各个哲学家的骨灰安寝室,更不是圣人、神仙的八百罗汉殿。各种哲学体系和派别、各个哲学家和学说、各种哲学概念和观点等等的出现、流行、衰落,没有一个是偶然发生的,都有一定的历史根源和必然性,有它们形成与演变的客观基础和历史过程。哲学史就是要揭示各种哲学观点、学说、体系和派别形成和演变的基础、条件及其内容和相互关系,即揭示人类理论思维发生、发展的内在规律性。

我们研究欧洲哲学史,不是因为像资产阶级反动思想家所说的那样,欧洲是什么世界文明的"中心",而是因为,其一,欧洲经历了人类历史上的一些典型的社会形态,在这些社会形态里孕育出来的哲学思想也具有一种典型形态的意义;其二,这些哲学思想最后导致了当代最有影响的马克思主义哲学的出现,为了理解和发展马克思主义哲学,也必须研究它以前的哲学思想的发生、发展过程。

二

哲学思想的发展史遵循着社会生活的基本规律,即社会存在决定社会意识的规律。具体地说,物质生产以及由此产生的经济生活条件是现实历史的基础,一切历史事变、一切政治变革和一切理论观念,都应由这个基础来说明,并且只有从这个基础上引申出来时才能得到说明。因此,不应当用每个时代的哲学或用每个时代人们对永恒真理和正义的认识,去解释该时代和历史的进程,"不是在每个时代中寻找某种范畴,而是始终站在现实历史的基础上,不是从观念出发来解释实践,而是从物质实践出发来解释观念的东西"①。从这一基本

---

① 《马克思恩格斯选集》第 1 卷,人民出版社,1972 版,第 43 页。

立场出发,我们首先应当把哲学的发展史看作同思维过程一样,是一个自然历史过程。一方面,这是由于人类社会的历史虽然有它自己的产生和发展过程,但只有在人的意识中反映出来时,才成为现实的自觉的历史。哲学史作为人类产生和发展过程的自觉意识,乃"是人的真正的自然史"①。另一方面,"人们的社会历史始终只是他们的个体发展的历史",整个人类理论思维的发展也是通过一代接续一代的个体思维的发展体现和积累起来的。这些个人不是偶然闪现的神秘"天才",而是自己时代培育出的思想家。因此,哲学史作为整个人类理论思维的发展过程,不是一些历史上神秘天才的汇集,而是各个时代的精神精华的揭示,因而这种历史不是把数千年心力都付于苍烟落照,只落得几许钟声在历史上回荡;也不是只有对立斗争,相互推翻,相互打倒,只留下一些"早已击溃和早已埋葬了的哲学观点"以及死亡了的哲学家,而是具有内在联系和规律性的、由低级向高级的发展过程。这种规律性同样是不以人们意志为转移的,通过大量的偶然性和迂回曲折的路线为自己开拓着道路。这种规律性正是我们研究哲学史所要着重探讨的。

哲学思想发展的主要动力,不是纯粹思想的力量,而是社会物质生产的实践和自然科学的进步。恩格斯指出:"推动哲学家前进的,决不像他们所想象的那样,只是纯粹思想的力量,恰恰相反,真正推动他们前进的,主要是自然科学和工业的强大而日益迅速的进步"②。这是因为,首先,哲学作为理论思维,不仅是以人同外部世界的分离、自觉的人同本能的人的区分和语言文字的形成为前提的,而且它的最本质和最切近的基础正是人作为能动的主体对外部世界的改造以及

①马克思:《1844年经济学哲学手稿》,人民出版社,1979年版,第122页。
②《马克思恩格斯选集》第4卷,人民出版社,1972版,第222页。

在这种实践中所形成的把握着某种本质性的抽象概念和范畴。然而自觉人的划分和抽象概念范畴的形成，都是由于劳动并在劳动过程中产生和发展的。正如恩格斯所指出的："人的思维的最本质和最切近的基础，正是人所引起的自然界的变化，而不单独是自然界本身；人的智力是按人如何学会改变自然界而发展的。"这就是说，理论思维能力本身也是在改造世界的实践基础上，在认识世界的过程中形成和发展起来的。其次，哲学作为对于自然知识和社会知识的概括与总结，是以生产力的一定发展（较有把握地控制一定的自然力）、生产经验的积累和脑力劳动与体力劳动的社会分工以及社会矛盾的展开为前提的。没有可进行理论概括的材料，没有能够进行概括的人，没有要求进行概括的社会需要，很显然，哲学不可能发展起来。只有具备了这些前提，"从这个时候起意识才能真实地……想象某种东西……才能摆脱世界而去构造'纯粹的'理论、神学、哲学、道德等等"①。就这种意义来说，哲学本身就是人类社会实践和自然科学发展的产物。最后，哲学作为理论认识，不仅受着客观世界本身发展的历史状况限制，而且更重要的是受着人类社会实践（其中最基本的是物质生产）和自然科学知识的水平的制约。从历史上来看，社会实践的每一次重大变革，或迟或速地总要引起人们在观念上的变革；而自然科学所获得的每一次划时代的成就，都会变革哲学的形态。因此，理论思维能力同社会实践的需要与自然科学水平的矛盾，与此相连的毫无遗漏地从所有联系中把握世界总体的理论要求和认识主体在实践上所受到的客观与主观的限制的矛盾，乃是"所有智力进步的主要杠杆"②。

马克思说："理论的对立本身的解决，只有通过实践的途径，只有借

①《马克思恩格斯选集》第 1 卷，人民出版社，1972 年版，第 36 页。
②《马克思恩格斯选集》第 3 卷，人民出版社，1972 年版，第 76 页。

助于人的实践的力量,才是可能的";唯物主义和唯心主义的矛盾斗争的解决,"绝不仅仅是认识的任务,而是一个现实的、生活上的任务"。如果哲学史把它只是当作理论问题,那么就不能解决这一矛盾。所以,在每个时代,一种哲学的兴起和另一种哲学的衰落,都只能用该时代社会实践的状况及其所引起的社会变革和自然科学的进步说明;只有透彻地考察后者,才能深刻地理解前者。哲学的一定历史形式的形成、发展和衰落,都不是纯粹思想的力量造成的,也不可能仅仅用理论批判或思想斗争来消灭、打倒或产生和发展的;只有社会实践和自然科学的日益迅速的进步,才推动哲学不断打破愚昧无知、宗教迷信和各种僵死体系以及错误观念的束缚,不断提高人类理论思维的能力。

三

哲学史作为理论思维发展的自然历史过程,既充满许多矛盾,又具有连贯性和统一性。列宁指出:"自然界在人的思想中的反映,应当了解为不是'僵死',不是'抽象的',不是没有运动的,不是没有矛盾的,而是处在运动的永恒过程中,处在矛盾的产生和解决永恒过程中的。"①在人类认识进程中存在着许多矛盾,如:思维与存在、主体与客体的矛盾,现象与本质、特殊与一般、绝对与相对、真理与谬误的矛盾,固定的体系与变动的内容、理论与实践、理论与信仰的矛盾,分析与综合、归纳与演绎的矛盾等等。这些矛盾及其不同的解决,就形成了不同历史条件下的丰富多彩的哲学派别及其具体的内容与形式。每一种哲学派别、体系和学说都是人类认识进程上的一个阶段、环节或方面;整个进程就是这些矛盾的产生和解决的永恒过程。因此,仅仅用一种派别的矛盾斗争或一对范畴的矛盾发展来概括整个哲学发

---

①《列宁全集》第 38 卷,人民出版社,1959 年版,第 208 页。

展的规律性，不足以揭示和说明丰富多彩的哲学思想的具体内容和形式。同时，哲学在不同历史条件下所具有的不同具体内容和形式，既不应归结为某一种派别或范畴的对立，也不应简单地把它们相互对立起来，只看作是相互推翻、相互打倒的关系，而应把它们放在矛盾发展的洪流中，当作理论思维进程的具有内在联系和发展必然性的不同形态、阶段、环节和方面来把握，当作对立方面的统一来认识。如果把这些不同、对立和矛盾看作是凝固不变的、互不联系的，那么这正是"反辩证法的实质"①。

如果说，哲学史就是整个认识的历史，而人类的认识发展从总体上来看就是通过无数相对真理不断接近绝对真理的、由低级向高级的无限深化过程，那么哲学史就可以看作是理论思维对真理的永恒的、无止境的探索和接近的过程。哲学史上的各种体系、学说和观点，因而都应当作理论思维接近真理进程上的不同形态、阶段、环节和方面来考察。这就是说，首先，每一种哲学体系和学说都有着自己的历史根据，都构成理论思维发展进程上的一个成分；其次，各种哲学体系和学说作为理论思维进程的形态、阶段、环节和方面，其总和才构成具有某种内在联系的统一的发展过程；再次，每一形态都是由于自身的矛盾而向后一形态过渡的环节，后者则是前者的扬弃过程，从而形成发展的线索；最后，即使是哲学唯心主义也包含着"人的无限复杂的（辩证的）认识的一个成分"，构成人类整个认识的曲折道路上的一个片断、阶段和环节，而且无疑的是"生长在活生生的、结果实的、真实的、强大的、全能的、客观的、绝对的人类认识这棵活生生的树上的一朵不结果实的花"②。总的来说，在理论思维无限发展的长河中，

①《列宁全集》第38卷,人民出版社,1959年版,第245页。

②《列宁全集》第38卷,人民出版社,1959年版,第411-412页。

任何一种体系，学说和观点都不具有最终完成的包罗万象的永恒真理的性质。因为，客观世界的发展变化永远没有完结，人类的社会实践也没有完结，人们对于真理的认识也就永远没有完结。正如恩格斯所指的："包罗万象的、最终完成的关于自然和历史的认识的体系，是和辩证思维的基本规律相矛盾的；但是这绝不排斥，反而肯定，对整个外部世界的有系统的认识是可以一代一代地得到巨大发展的。"①

哲学思想的发展过程，由于自身的复杂矛盾及其不同方式的解决，呈现出螺旋式上升的曲线，也就是说，哲学思想发展史不是直线式的（不是沿着直线进行的），"而是无限地近似于一串圆圈、近似于螺旋的曲线"②。这种螺旋式上升的曲线或者叫做哲学史上的近似的一串圆圈，正是辩证法否定之否定规律的具体表现。黑格尔最先注意到哲学史的这个规律，在总结前人哲学史的经验教训的基础上正确地指出："全部哲学史是一有必然性的、有次序的进程。"每一发展阶段和过程的结果，又是更高一级发展阶段和过程的开端。"那最新的哲学就是所有各先行原则的结果，所以没有任何哲学是完全被推翻了的。那被推翻了的并不是这个哲学的原则，而只不过是这个原则的绝对性、究竟至上性。"每一个新的阶段都是对先行阶段的扬弃，任何阶段或形态都不是绝对的、最终完成的，而且离开整个进程就没有一个阶段或形态能够真实存在。"新精神的开端乃是各种文化形成的一个彻底变革的产物，乃是走完各种错综复杂的道路并作出各种艰苦的奋斗努力而后取得的代价。这个开端乃是继承了过去并扩展了自己以后重返自身的全体"③。因此，哲学思想的发展，每经历一个圆圈，

---

①《马克思恩格斯选集》第 3 卷，人民出版社，1972 年版，第 64 页。
②《列宁全集》第 38 卷，人民出版社，1959 年版，第 411 页。
③黑格尔：《精神现象学》上卷，人民出版社，1959 年版，第 7 页。

都使理论思维更趋丰富、更趋深邃、更趋完善。列宁指出,这种思想都构成"整个人类思想发展的大圆圈(螺旋)"上的一个环节。①而整个哲学史的发展路线,则是曲折的近似圆圈式的,即呈现为螺旋式上升的过程,并非像一条直线随着时间次序抽象地向着无穷发展。这里说的是整个哲学史的大圆圈,不能把这种辩证发展仅仅归结为某一种体系(如理念论或绝对精神),某一种学说(宇宙论与人事论)或某一对范畴(如主体与客体)的圆圈式发展,应该把这种螺旋上升的发展过程看作是每一种哲学体系、学说、观念和范畴都必然遵循的普遍规律,即整个哲学史的规律性。

　　哲学思想的发展过程本身就体现着历史和逻辑的一致性。历史的进程,通过无数偶然的事变和情况,甚至经过暂时的倒退,展示着必然的规律性;而逻辑则是对历史过程的理论概括和总结。恩格斯说:"历史从哪里开始,思想进程也应当从哪里开始,而思想进程的进一步发展不过是历史过程在抽象的、理论上前后一贯的形式上的反映;这种反映是经过修正的,然而是按照现实的历史过程本身的规律修正的,这时,每一个要素可以在它完全成熟并有典范形式的发展点上加以考察。"②这就是说,哲学的历史发展,既是人类的实践经验的产生和发展过程,又是这一过程在理论上的反映,即理解和概括的运动;它不仅保存了现实历史的"以往发展的全部丰富成果"和形态,而且揭示着历史过程本身的规律性;整个哲学思想的发展及其每一个历史形态,只能从以往发展的全部总和中找到自己的历史证明和逻辑联系;那种离开总的历史过程的逻辑联系,或离开逻辑联系的孤立抽出的个别历史事实和因素,都不能阐明哲学的发展史;只有历史和

---

①《列宁全集》第 38 卷,人民出版社,1959 年版,第 271 页。

②《马克思恩格斯选集》第 2 卷,人民出版社,1972 年版,第 122 页。

逻辑的统一，才能保证在逻辑联系的必然阶段和典范形式上阐明每一种历史形态。因此，列宁曾经多次指出"整个人类认识（全部科学）的真正的一般进程"，就是概念（认识）在存在中（即在现实历史的过程和现象中）揭露本质和规律的逻辑进程，而逻辑不过是"关于世界的全部具体内容及对它的认识的发展的学说"，换句话说，逻辑是思想史的概括，"思想史应当和思维规律相合"①。因此，哲学史的任务就在于，不仅要揭示哲学按照时间次序在各个发展阶段上一幕接一幕的历史形态，而且应当善于从各个历史形态的内容里揭示理论思维及其借以表现的概念范畴和基本原理的内在的逻辑必然性与发展规律性。

四

哲学思想的变革，常常是社会变革的前导。哲学思想的发展绝不是仅仅在一些思想家头脑中翻腾的波涛，它对人类社会的发展也起着积极的作用。正如恩格斯所指出的："政治、法律、哲学、宗教、文学、艺术等的发展是以经济发展为基础的。但是，它们又都相互影响并对经济基础发生影响。"②因此，并不是只有经济状况才是积极的原因，而思想理论都不过是消极的结果。那些存在于人们头脑中的思想，特别是表现着基本阶级的进步要求的先进思想理论，一旦掌握群众，就会变成改造社会的物质力量。从另一个方面来看，理论思维作为历史发展的概括和总结，在一定程度上把握着历史的规律和自己的客观对象，因而在某种程度上或在某个方面总是能够使人们成为客观世界和历史规律的主人，使哲学成为指导人们行动的灵魂。马克思指

---

①《列宁全集》第 38 卷，人民出版社，1959 年版，第 89—90、355 页。

②《马克思恩格斯全集》第 4 卷，人民出版社，第 506 页。

出:"任何真正的哲学都是自己时代精神的精华……它的文明的活的灵魂"①。这是因为,首先,哲学不论就其内容来说还是就其表现来说,在整个历史过程中都是既受自己时代的现实世界制约,又对自己时代产生反作用;每一哲学体系和学说不仅属于自己的时代,受自己时代的制约和限制,而且作为知识的结晶和以往认识的理论概括,是历史发展某一阶段的全部精神财富的中心环节。其次,每一种哲学只能满足产生它的那个时代的要求,并且作为对自己时代的自觉认识,它在自己的特殊形式下表现着这个时代的精神实质和要求。再次,每一种哲学的历史地位和命运总是由它满足自己时代的需求程度来决定的:它为自己的时代寻找前进的方向、道路和方法,又在这个意义上铸造和影响自己时代的整个现实。因此,哲学在所有的时代都不只是某些特殊人格(哲学家)的天才头脑的产物,而是自己时代的产物,它的产生和存在是以该时代的社会实践的要求和自然科学水平为前提的;而哲学思想的变革,通常既是全部以往时代所积累起来的遗产,是自己时代的社会发展需要的呼声,又是社会政治变革的先导。

但是,必须看到,这个时代精神绝不是超世界之上的非人格化的绝对精神,也不是神赐予的特殊人格的精神,而是代表着历史时代并在其中扮演主角的那个阶级的精神。在阶级社会中,哲学总是一定阶级认识世界和改造世界的现实需要的产物和理论表现;各阶级之所以需要哲学,并不是因为它有什么神秘的作用和性质,而是由于它能够给人提供理论和方法的指导;他们需要运用理论思维来观察本阶级的命运、国家和民族的命运,总结和概括本阶级的经验与要求,以便对人民群众进行思想鼓励或精神统治。各个阶级如何对待、运用和解释某种哲学,都是以它自己的阶级性质、利益和要求为依据的。从

---

① 《马克思恩格斯全集》第 1 卷,人民出版社,1956 年版,第 121 页。

欧洲哲学史来看,在无产阶级出现之前,各派哲学基本上都是剥削阶级的意识形态;这些阶级在自己发展的不同阶段,往往采取不同的哲学思想;而在某一个阶级内部,不同阶层和派别也往往采取不同的哲学思想。因此,不应该把某种哲学思想和某个特定阶级等同起来,也不应该把唯物主义和唯心主义的斗争简单地归结为革命阶级和反动阶级的斗争。然而,一般来说,反动统治阶级在它走向没落的过程中,不敢正视现实,不愿承认历史发展的规律,因而总是不能理智地采取某种哲学作为自己的指导,而是被它们的狭隘的既得利益盲目的左右着,把神秘主义和非理性主义的错误思想奉为圭臬,以至像柏拉图这样的哲学家也不得不幻想由哲学家当国王,可是这在阶级社会是办不到的。每当它们要支配哲学,要求哲学只为它们的统治和私刑进行辩护时,哲学就变成了奴仆,成了辩护学,哲学的发展就受到阻碍,只有各时代的先进阶级,由于它代表着整个社会进步的利益和方向,并能够程度不同地敢于正视现实和要求认识社会的结构及其发展变化,因而能够在已有的优秀思想材料基础上回答当时世界发展提出的种种问题,推进哲学的发展,并把哲学当作自己的理论武器。总之,哲学作为理论思维,虽然是一定阶级的世界观,但是只要该阶级已走向没落,它就丧失了理论上的无畏精神,而被对职位和收入的担忧、对长官意志和好恶的应和、对传统权威和成见的顾虑、"直到极其卑劣地向上爬的思想"所困扰,它就不能成为已往的认识史的必然继续,不能担负起引导社会进步的历史使命;哲学作为"科学愈是毫无顾忌和大公无私"、实事求是,"它就愈加符合工人的利益和愿望",就愈加符合于人类社会进步和绝大多数人民群众的根本利益和愿望,才能担负地起推动社会进步的历史使命。在这个意义上可以说,哲学上不同派别的斗争,"归根到底表现着现代社会中敌对阶级的倾向和思想体系"。

五

在实现四个现代化、建设高度文明和高度民主的社会主义国家的新历史时期，我们研究哲学史具有重要的现实意义。因为，一个民族想要站起来，屹立于世界民族之林，要走在历史和科学发展的最前列，并生气勃勃地迅速前进，就一刻也不能没有"建立在通晓思维历史和成就的基础上的理论思维"①。一个民族如果不能在头脑中突破旧世界的成就，不能在理论思维上站在前列，就不能改造现实的世界，就不能在实践上有所突破、有所创新；可是，如果不能吸收以往历史的优秀成果和经验教训，就不能在理论思维上走在前列。因此，研究哲学史对于建设社会主义精神文明具有十分重要的意义。具体来说，这种意义表现在以下几个方面：

第一，为了完整地准确地掌握和发展马克思主义哲学。哲学史特别是欧洲哲学史，包含着人类历史上各阶级社会典型形态下的思想精华，总结了人类认识史上的丰富的经验教训，因此它也蕴含着马克思主义哲学产生的理论根源和历史的必然性。我们只有在学习哲学史中，在掌握人类历史本身的全部思想内容和数千年哲学与自然科学发展的全部思想内容的基础上，才能真正掌握作为整个人类思想史上一切优秀成果的科学概括和总结的马克思主义哲学及其全部的思想内容；它是人类文明发展的必然结果，但它又没有结束真理，只是开辟了认识真理的道路。历史在前进，理论也在发展，新的时代给我们提出了新问题、新情况、新任务，要求我们总结新的经验，作出新的理论概括；这种新的理论概括必须从以往的思想材料出发，充分记取历史上的经验教训，才能丰富和发展马克思主义哲学。否则，我们

①《马克思恩格斯全集》第 20 卷，人民出版社，1971 年版，第 552 页。

就会背离哲学思想发展的规律性,失去先进的科学理论的指导,就会迷失前进的方向。

第二,为了培养、锻炼和提高理论思维的能力,哲学史就是理论思维发生、发展和不断丰富的历史,它揭示着理论思维在各个历史时代的发展动力、表现形态、具体内容和客观规律性及正反两方面的经验教训。这为我们掌握和完善科学的思维方法提供了极其丰富和宝贵的借鉴。要建设四个现代化,要发展科学,就必须掌握和发展理论思维和科学的思维方法,没有理论思维和科学的思维方法,任何事业都不能成功。恩格斯指出,为了锻炼和提高理论思维能力,"除了学习以往的哲学,直到现在还没有别的手段"①。只有充分地吸取历史上的经验教训,批判地继承和发展思想史上的一切合理因素,才能打开我们的思想境界,不至抱残守缺、安于一隅,才能使我们的思想像波涛滚滚的长江一样,离开源头愈远,就愈加宽阔浩荡。这种生气勃勃的精神和宽广而严谨的思维,对于提高整个中华民族的科学文化水平和加快四化建设的步伐,都是绝对必需的思想前提。

第三,为了建设社会主义精神文明服务,也就是为了树立以共产主义思想为核心的人生观和社会理想。社会主义精神文明不能离开人类文明发展的大道,而是在批判继承以往的优秀成果的基础上建立起来的。哲学史作为各个时代的精神精华的阐发,为我们吸收古今中外的优秀思想成果、探索人生价值和社会理想、回答当代的社会问题提供了解决的途径、探索的方向和正确的方法论;整个哲学史可以说是通过人们对外部世界和自己时代的认识、结构和规律的探索,对自身本质和历史使命的自觉,树立和论证了人的意识能动性、社会主体性和历史创造性。它所揭示的正是人类自身成长和不屈不挠奋斗

①《马克思恩格斯全集》第 20 卷,人民出版社,1971 年版,382 页。

的历程和精神。正如马克思所指出的："历史不过是追求着自己目的的人的活动而已。"①这是几千年来哲学史探索的主题和目的,在这方面它高举理性批判的旗帜,批判各种颓废主义和怀疑主义、享乐主义和禁欲主义、专制主义和封建主义、抽象的人道主义和利己主义、形而上学和有神论等等,确立乐观进取、科学进步的人生观和社会理想,提供了宝贵的借鉴。

第四,为了树立正确的思想路线,也就是说直接为解放思想、破除迷信、从实际出发、实事求是服务的。哲学史就是一部思想解放的历史,破除迷信的历史。哲学思想的每一步都要求,从宗教迷信的枷锁下解放出来,发展科学知识;从旧制度及其传统观念的束缚下解放出来,认识新事物,研究新问题;从唯心主义的僵化体系和哲学怪论的麻醉下解放出来,科学地把握世界及其规律;从愚昧落后和盲目必然性统治的王国中解放出来,进入"自由王国"。因此,哲学的发展史"实在是一种连续不断的觉醒",更确切地说,是各个在历史上扮演主角的阶级的思想觉醒。马克思曾经强调指出:无产阶级的社会革命,"在破除一切对于过去事物的迷信以前,是不能开始实现自身的任务的"②。这说明,在哲学史上没有一个永恒的终极的绝对真理体系,理论思维要随着社会实践和各门科学的发展而不断发展,要解放思想、破除迷信,要注重探讨当代社会提出的迫切问题和总结各门科学所取得的最新成果,否则哲学的发展就失去了生命力;但是,哲学的发展史,不是否定过去、割断历史,而是在批判继承以往一切优秀成果基础上开拓理论思维的新形态、新内容、新方法的过程。

总而言之,由于学习和研究哲学史具有这些方面的意义,我们应

---

①《马克思恩格斯全集》第 2 卷,人民出版社,1957 年版,第 118 119 页。

②《马克思恩格斯选集》第 1 卷,人民出版社,1957 年版,第 600 页。

该把哲学史的研究和对现实的迫切问题的探讨以及对各门科学的最新成果的理论概括结合起来，特别是和马克思主义哲学原理的研究与宣传结合起来，当作社会主义精神文明建设的一个不可或缺的重要组成部分重视起来。

18 世纪末至 19 世纪初德国古典哲学

18 世纪末至 19 世纪初的德国，一方面由于受到英法资产阶级革命、英国工业革命和拿破仑战争等历史事件的冲击与开导，另一方面，由于自身资本主义关系的发展，把软弱的资产阶级推上了历史舞台，其思想代表人物觉察到历史提到面前的课题，吸取了 17、18 世纪哲学思想的营养和新的自然科学的积极成果，创立了德国古典哲学。恩格斯指出："在法国发生政治革命的同时，德国发生了哲学革命，这个革命是由康德开始的，他推翻了前世纪末欧洲各大学所采用的陈旧的莱布尼茨的形而上学体系。费希特和谢林开始了哲学的改造工作，黑格尔完成了新的体系。"①在黑格尔哲学体系解体过程中又出现了费尔巴哈的唯物论。

德国古典哲学是处在欧美资产阶级革命潮流冲击下的德国资产阶级革命前夕的哲学。如果说在 15、16 世纪的德国工业（特别是在采矿和冶金业）中出现了资本主义萌芽，当时德国的经济"完全处于当时各国的水平上"②，那么，直到 19 世纪初，德国资本主义的发展，竟然比英法等先进资本主义国家还落后一个多世纪。德国资产阶级还处于形成过程中，还不能用自己的双脚站立起来，这种落后状态是由德国的政治经济状况决定的。

---

①《马克思恩格斯全集》第 1 卷,人民出版社,1956 年版,第 588 页。
②《马克思恩格斯全集》第 21 卷,人民出版社,1965 年版,第 460 页。

直到 18 世纪末，德国基本上还是一个落后的封建割据的国家，它在经济上，由于 16 世纪以后，国际贸易要道的转移和大西洋航路的开发而失去了国际市场，使它的主要工业部门采矿业和冶金业得不到发展；以农业和手工业为主的封建经济，农奴制的生产关系以及其他城市中的行会制度等等，仍然保持着统治地位，也使资本主义的发展缺乏国内市场。在政治上由于全欧洲性的 30 年战争（1618—1648 年）不仅使德国社会经济遭受严重破坏，而且使德国处于周围列强的瓜分之下，德国诸侯割据的状态得到确认，从此分裂为 300 多个各自为政的诸侯小国，直到 19 世纪初仍然有 5 个王国，9 个选地侯国和许许多多公国、侯国、自由市以及领地。其中普鲁士、奥地利、萨克森等是势力最大的几个王国。而德意志神圣罗马帝国的称号只是徒有虚名，德意志不过是这片广大地域的一个地理上的概念，既没有民族的统一，也没有政治上的统一。各王国肆无忌惮的搜刮和压榨人民，人民在苛捐杂税和农奴制下呻吟。这种政治经济状况严重阻碍了资本主义关系的发展，使德国资产阶级从诞生的第一天起就完全依附于封建领主和反动贵族不能形成一个足以同封建势力抗衡的阶级。这一切就决定了德国资产阶级的先天的软弱性和妥协性。它一方面对落后的封建制度不满，要求发展资本主义关系，另一方面又没有条件和力量以革命的方式解决德国社会发展提出的主要课题。恩格斯描述当时德国社会状况时曾深刻指出："这是一堆正在腐朽和解体的讨厌的东西，没有一个人感到舒服，国内的手工业商业、工业和农业极端凋敝，农民手工业者和企业主遭受双重的苦难。政府的搜刮、商业的不景气，连贵族和王公都感到难受，尽管他们榨尽了臣民的膏血，他们的收入还是弥补不了他们日益庞大的支出。一切都很糟糕，不满情绪笼罩了全国。没有教育，没有影响群众意识的工具，没有出版自由，没有社会舆论，甚至连较大宗的对外贸易也没有，除了卑鄙和自私就什么也没有。一种卑鄙的、奴颜婢膝的、可怜的商人习气渗透了全体人民。一切都乱透了，动摇了，眼看就要坍塌了，简直没有一线好转的希望，因为这个民族连清除已经死亡了的制度的腐烂的尸骸的力量都没有。"[1]

　　腐朽不堪的德国只有靠外力的推动才能向前迈进一步。18 世纪末至 19 世纪初的一系列重大历史事件和德国内部的社会动荡，不断地冲击着德国的封建制度。18 世纪末叶的美国独立战争，不仅有力地支持和推动了欧洲反封建的革命运动，"为欧洲的中等阶级鸣起警钟"（马克思语），而且使德国的雇佣军和其他殖民军一起全部葬身异域，震惊了欧洲和德国。从英国开始的工业革命导致了以农业和手工业为主的德国经济的破坏，德国分散的封建经济因蒸汽机的广泛采用和英国工业势力的迅速扩张而被弄得完全瘫痪了。法国资产阶级革命，更加突然地"像霹雳一样击中了这个叫作德国的混乱世界"[2]；法国革命军队在反对外国干涉的战争中不仅打败了各国的反动军队，而且打击了封建专制制度，特别是在德国战场上赶走了成群的贵族主教和修道院长，也赶走了在这样漫长的时期中，在历史上只起了傀儡作用的全部小王公。1807 年又同俄国签订《提尔西特和约》，迫使普鲁士失去了 1/3 的领土，付出 1 亿法郎赔款，还需裁减军队；拿破仑的征服，还宣告了长久以来只有形式上存在的神圣罗马帝国的终结，消灭了一批德意志小公国，建立了莱茵联盟，威斯特伐利亚王国和华沙大公国，并在那里颁布宪法，解放农奴，取消行会制度，扫除封建关系。这一切外来的冲击都加速了德国封建关系和专制制度的瓦解，迫使德国不得不采取一些社会改革，特别是拿破仑战争，不仅给德国带

---

①《马克思恩格斯全集》第 2 卷，人民出版社，1957 年版，633–634 页。
②《马克思恩格斯全集》第 2 卷，人民出版社，1957 年版，第 635 页。

来了莫大的民族耻辱,"而且同时,它又是德国走向民族复兴的转变"。普鲁士国王弗里德里希威廉三世面对外界革命风潮的压力和被法俄瓜分的危险,不得不进行社会改革,1807—1812年宣布废除农奴制,允许城市有一定自治权,改革行政机构,加强中央集权,改革军队。马克思指出:"普鲁士被击溃后(1807年的提尔西特合约),他的政府感到只有经过一次巨大的社会更新大变动才能挽救他自己和全国。他在封建王朝的范围内,把法国革命的成果小规模地移植到普鲁士去"①设立联邦议会,废除农奴制取消行会限制等就是对法国革命成果的移植。这使资产阶级能够有限的参与地方政权,使农民得到人身自由,为资本主义经济发展创造了条件,这些改革,虽然是保守的,有限的,仍不失为一种进步。正如马克思指出的,虽然普鲁士的社会改革是君主尝赐的有限改革,但是这些变革取消了统治阶级的最恶劣的特权,改变了旧社会的经济基础。"他为普鲁士进入资本主义时代揭开了序幕,为德意志在民族独立精神基础上的真正统一打开了大门,因为正如恩格斯所说的:普鲁士成了德国现代历史的中心,是决定德国未来命运的战场。尽管在1814年维也纳会议以后,各国反动势力都粉墨登场极力恢复封建秩序,事实上也只是暂时防止爆发新的革命运动而已,德国社会的变革,不管人们喜欢与否,已是既成的事实,德国开始进入德意志联邦时期。紧跟欧洲大陆的主要国家如法国向社会迈进,但是德国资产阶级出世太晚了,当他走上历史舞台的时候,无产阶级已经相当强大,掀起了自己的独立运动。在这样的历史条件下,德国资产阶级一方面不满现实要求政治自由和国家的统一,向往革命;另一方面又害怕革命不敢采取实际的革命行动,特别是在法国雅阁宾党人采取革命恐怖行动,广大群众勇猛地投入战

①马克思:《法兰西内战》,人民出版社1964年版,第112页。

斗以后,德国资产阶级被惊破了胆,甘愿在瓦解着的封建制度庇护下祈求缓慢的发展,用政治上的妥协来谋取经济上的实际利益,把希望寄托在普鲁士国王的恩赐和自上而下的改良上。这样,德国资产阶级既不是采取英国方式也不是采取法国方式,而是采取自己的德国方式来表达自己的愿望,追求自己的理想,不敢采取实际行动,使他只好偏重于抽象原则的探索以代替对现实权力的直接追求。这使德国资产阶级在政治上毫无建树。只求走一条在封建贵族首倡下由君主政权实行的,自上而下的发展资本主义的改良道路。而在思想上则把革命的愿望隐藏在晦涩难懂的、纯粹思辨的形式中,只能在头脑中酝酿着革命。因此马克思指出,"德国资产阶级只是用抽象的思维活动,伴随了现代各国的发展而没有积极参加这种发展的实际斗争",也就是说他只是在思想中、哲学中经历了自己的未来的历史,而在实际上却承受着德国现实的痛苦①。德国古典哲学,正是在这一历史时期德国资产阶级成长过程的理论表现,它反映了资产阶级要求改变现实的愿望,成为德国政治变革的前导。

德国古典哲学,不仅有复杂多变的重大历史事件和自身处于矛盾之中的德国资产阶级作为自己的社会基础,而且有一系列重大的自然科学发展作为自己的自然科学基础。18 世纪下半叶到 19 世纪初,自然科学在各方面都完成了一些重要发现,揭示了自然界的发展变化,在形而上学观点的链条上打开了一个又一个缺口。首先,天文学方面的进步,打开了僵硬的形而上学自然观的第一个缺口。康德1755 年发表了《宇宙发展史概论》,提出了星云假说,其中包含着辩证自然观继续进步的起点。18 世纪末,法国科学家拉普拉斯(1749—1827),用详细的数学证明了星云假说,充实了天体演化论的内容。这

---

① 《马克思恩格斯全集》第 1 卷,人民出版社,1956 年版,第 462–458 页。

一发现的意义在于以发展变化的图景,还原了自然界的本来面目。其次,地质学由英国的赫顿(1726—1797)和德国的魏纳(1749—1817)的发现,从地壳的成分分布和挖掘出的绝种的植物化石这些确凿的事实,作出了地球及地上整个生物界都经历着时间上的历史,经历着形成和演化的过程。再次,生物学(包括古生物学,解剖学,生理学)方面的新发现。如法国毕丰(1707—1788)提出的生物变异性的揣测和人猿同源说。德国的卡·弗·沃尔夫(1733—1794)提出的包含进化论思想萌芽的种源说第一次打击了物种不变的学说,法国生物学家拉马克(1744—1829)的进化论提出了环境引起生物体的变异和获得性遗传的观点等。这一切,不但表明动植物个别物种日益密切的联系起来,而且整个有机界的发展具有惊人的历史联系。最后,物理和化学也有了巨大进步,科学家已经开始系统地研究物质运动的非机械的形式。法国科学家拉瓦锡(1743—1794)推翻了燃素说,奠定了氧化还原说,为论证机械力和热的转化提供了科学根据;英国的道尔顿的倍比定律的发现,揭示了物质的质变对它的量变的依赖关系,此外电学发现了两极对立的阳电和阴电,确立了带电体相互作用的定律,发现了化学过程与电学过程的联系(如电解现象),等。

总之,新的自然观在其基本点上逐渐完备起来,那种不从联系和发展看问题的形而上学观点已经动摇了,这种自然观的变革和当时社会历史上的变革一起,在很大程度上使德国古典哲学家具有了辩证法的思想。

在上述社会基础和自然科学基础上产生的德国古典哲学之所以被称为一场哲学革命,主要是因为:第一,它继承和发展了18世纪法国启蒙思想和18世纪末至19世纪初的德国启蒙思想,不仅一般的揭露和批判了封建专制宗教神学与经院哲学,而且用他们的理论原则和辩证发展的观点,对启蒙思想做了详细的理论论证,从而推动了德国反封建的自由思想的发展和德国民族统一及民族文化的发展。从理论上概括了英法资产阶级革命以来的一系列重大历史事变，突出了人的主体问题，论证了变革现实追求理想实现合理状态的人的权利。第二，它推翻了统治欧洲哲学界几百年之久的形而上学的思辨体系，特别是推翻了陈腐的莱布尼茨—沃尔夫的哲学体系，使人类理论思维不再追求超自然的、与人的性格格格不入的神秘实体，从而转向论证精神和理性的能动作用，系统地探讨了理性的起源形式和结构的内在逻辑及精神发展的内在必然性与规律性。它虽然是抽象地发展了精神的能动性及思维的内在逻辑，但仍不失为人类理论思维的一个划时代的阶段。第三，它打击了传统的僵化的形而上学思想方法，发展了辩证法的思想方法，在德国古典哲学中有着丰富的辩证法思想，特别是黑格尔全面地、有意识地叙述了辩证法的一般运动形式①，从而构成了哲学史辩证法发展的第二个历史形态，即唯心主义的概念辩证法。

正是这些方面使德国古典哲学在哲学发展史上占有了重要地位，成为马克思主义的重要理论来源之一，但是德国古典哲学，正像它所代表的资产阶级一样，也有自己的历史局限性和保守的方面，这就是他们精心构造的庞大的唯心主义体系以及他们不敢同普鲁士专制制度进行公开的正面斗争，把他们的不满和追求，埋藏在过分茂密的抽象思辨之中。当 19 世纪 40 年代革命高潮来临之际，德国古典哲学，由于自身的局限性，就已经解体了，被历史潮流撇在一旁，挤到后台去了。

一、康德哲学思想的形成

伊曼努尔·康德(1724—1804)是德国古典哲学的创始人。他出生

---

① 《马克思恩格斯选集》第 2 卷，人民出版社，1977 年版，第 218 页。

于东普鲁士的海滨城市哥尼斯堡（即苏联的加里宁格勒）的一个制革手工业者家庭，双亲都是新教徒。康德曾回忆说，虔信派家庭教育，特别是母亲的教诲，对他一生都有很大影响，培育了他的优良品质，勤奋刻苦，严格，稳重，乐天，不为任何欲念所动的内心宁静和不为任何纠纷激怒而产生仇恨的情感，同时也不缺乏反对专横压迫的革新精神。他一生几乎全是在哥尼斯堡度过的，他既不追逐名利，也不攀附权势，更不受财富和情欲的纷扰。他的生活从外表来看，秩序井然，单调刻板。但是他的内心生活却充满了探索、追求和激烈的搏斗。因此，康德的一生，就是他那些著作及著作中包含的使他激动不已的思想的形成和发展的历程。

1740 年康德考入哥尼斯堡大学哲学系，从此以后他的思想基本上是在启蒙运动的熏陶下成长的，法国启蒙运动所具有的那种鲜明的反宗教和教会，反封建专制，宣传民主自由和理性的思想冲击着腐败的德国；德国的政治形式也发生了变化，腓特烈二世于 1740 年即位，以后实行开明君主制，注重和鼓励学术发展，放松宗教控制，因而使德国的启蒙运动得以兴起。康德的大学老师，马丁·克努真（1713—1751）虽是沃尔夫主义者，但对英国的自然科学很有兴趣。他使康德熟悉了英国自然科学和牛顿的思想，熟悉了西欧历代哲学家的著作，并指导康德独立撰写物理学著作。这一切使康德在大学毕业后迈出了他精神发展的第一步。1746 年他拿出付印的第一部著作《论对活力的正确评价》，虽然本身没有什么学术价值，但却表明了康德思想的发端，他在该书开头引用塞涅卡的名言："不要重蹈前人的覆辙，而要走你所应该走的路。"他认为自己已经选定了道路，"任何东西都不应该妨碍我沿着这条道路走下去"[1]。他所选择的道路是什么呢，这部

---

[1]《康德传》，商务印书馆，1981 年版，第 17 页。

书，表明他要求用理性来批判一切偏见，不管这些偏见来自哪里，即使像笛卡尔、牛顿和莱布尼茨这样的权威，有时也不免犯错误。而一个青年学者在理性指引下，却可能发现某一领域的真理，因此他要求打破任何所谓权威的传统观念的束缚，只听从理性。这是他在启蒙运动影响下迈出的第一步，在以后 9 年的家庭教师生涯中，他积累了教学经验，打下了进一步从事学术研究的基础，这时他把理性又指向了当时学术界的一个根本性问题——宇宙形成和演化的问题。

1754 年康德应柏林科学院征文写了《宇宙论和根据牛顿理论试论宇宙的结构，星体的构成和它们按物质运动一般规律运动的原因》《关于从物理学观点考察地球是否已经衰老的问题》两篇文章。1755 年他把这两篇文章扩展为一部书《关于诸天体的一般发展史和一般理论，或根据牛顿原理试论整个宇宙的结构及其机械起源》，[①]虽然柏林科学院把奖金授予维护传统的宇宙不变论的神父，但是康德在自己著作中提出的星云假说和潮汐延缓地球自转的假说却得到后人的高度赞扬。

康德认为，宇宙是物质的，在无限空间中充满着原始的分散的云状的物质微粒，即原始星云，这是宇宙的最初状态。它们由于引力而不断凝聚，由于排斥力而发生旋转，从而形成有规则的、运行的天体系统。他用物质微粒的吸引和排斥来说明天体的形成和演化，认为这两种力就足以说明大自然的有序的发展，这两种力是这样简单确实和普遍，以致这两种力相互作用引起的运动，可以说是"自然界的永恒生命"。整个宇宙都是发展变化的，我们所在的自然界经历了千秋万代，才达到现在的状态，可是太阳系仅仅是无限宇宙的一个天体，在无限宇宙中有的天体在诞生，有的在消亡，太阳系也是要灭亡的。

---

①《宇宙发展史概论》，上海人民出版社，1972 年版。

"一切有限的东西,一切有开始和起源的东西,它们自身里面就包含着它们是有限的这个本质上的特点,它们一定要消灭,一定有一个终结。"而从旧天体的灰烬中又会按照混沌物质的必然规律产生新的天体。

可见康德的星云假说基本上坚持了唯物主义和辩证法的观点,力图从物质的原始星云出发来说明天体的形成和演化,把宇宙看成是由于吸引力和排斥的对立统一而不断运动和发展的过程沉重,这打击了宗教神学和牛顿的机械论与第一推动力的观点,推翻了自然界永恒不变的谬论,他认为原始星云就包涵着自然发展成天体的完善结构和协调运行的原因,根本不需要借助于超自然力量,不需要上帝的直接插手;而牛顿不去钻研反而离开自然的基本规律,把宇宙的结构和运动的原因归之于上帝的直接意志,这对哲学家来说是一个苦恼的决断。恩格斯高度评价了这一假说的理论意义,指出这一假说是"从哥白尼以来天文学取得的最大进步",把辩证法引入自然界,在形而上学自然观上"打开了第一个缺口"①。这个假说也"包含着一切继续进步的起点",这就是说康德的星云假说有力地推动了新的辩证自然观和近代自然科学的发展。在这个意义上我们可以说,康德的星云假说是他用理性批判神学、批判传统权威所取得的具有革命意义的一个重要成果,即他所发动的自然观上的革命。

康德从天体演化的普遍规律出发,还考察了人类的起源,确信除地球外其他天体上也必然存在着有理智的生命,现在没有将来也会有,正像地球上的人类也是自然界长期演化的结果。康德进而肯定,人所有的一切概念、观念和思维能力也都是宇宙万物作用于人体,"而在人的心灵中造成的",精神必须借助于肉体才能取得必要的能

---

①恩格斯:《反杜林论》,人民出版社,1970年版,第54页。

力。这就使康德接近了法国唯物主义者关于人和人的精神是物质发展到一定阶段的产物的观点,并且直接驳斥了唯心主义唯理论(特别是莱布尼茨学派)把精神看作独立实体和否定肉体与心灵的相互作用的观点。同时康德还肯定了世界的可知性,乐观地相信就宇宙结构的简单和精确的规律和天文学力学发展水平来说,"给我物质,我就用它造出一个宇宙来! 这就是说,给我物质,我将给你指出,宇宙是怎样由此形成的。因为如果有了在本质上具有吸引力的物质,那么大体上就不难找出形成宇宙体系的原因。"①并且将来总会有一天,"人类精神能就近认识一下宇宙那些遥远的星体及其卓越的结构"。

　　康德的这些唯物主义和辩证法的思想,很明显地都浸透着启蒙运动的理性主义精神。但是由于启蒙运动本身的不彻底性和当时自然科学水平的限制,康德也和当时其他哲学家一样,没有摆脱形而上学和神学观念的影响。他把天体运动一律归结为力学的机械运动,他所说的发展,还带有从熄灭到再生的循环论的特点,而且他认为除了原始星云还有一个最终的"原始原因",上帝作为"原始原因"是混沌物质的创造者和宇宙运动的设计者。他说正因为有混沌物质及其有规律的有秩序的运动,"所以有一个上帝存在"。总之,康德这个时期的思想,从主导方面来看,是在启蒙运动的影响下,坚持了自然科学的唯物主义和辩证法的立场,并由此出发,试图批判莱布尼茨的唯心主义和牛顿的形而上学观点,但是他的批判还是不彻底的。

　　1755 年康德获得硕士学位,获得哥尼斯堡大学编外讲师的资格,从此开始了在大学讲坛的教学活动。他在求职论文《对形而上学认识论基本原理的新解释》和 1756 年关于里斯本地震的两篇文章及一本书,以及 1759 年关于乐观主义的文章中,进一步发展了他的理性主

----

①康德:《宇宙发展史概论》,上海人民出版社,1972 年版,第 17、224 页。

义倾向，首先他围绕莱布尼茨的充足理由律，对事物存在的基础和对事物认识的基础进行研究，以对木卫蚀观察结果在远地点上和预算时间不一致为例论证说，现实事物和我们的认识，二者并不一致，因而他把现实基础和逻辑基础区别开来认为，二者是不一致的。这个问题虽然孕育了他后来的不可知论的萌芽，但在当时他确实看到了理解沃尔夫所主张的意志自由的出路。普鲁士国王威廉一世曾经驱逐主张意志自由的沃尔夫，因为他认为沃尔夫的意志自由是为逃脱罪责辩护的。康德认为自由和一切有根据的思想并不矛盾，自由并不是全凭偶然意向的随意性，而是行为的理性规定。在这里他试图把莱布尼茨—沃尔夫学派的意志自由和牛顿的物理规律调和起来。其次，关于地震原因的探讨，实质上是针对一切皆善的宗教观念和莱布尼茨学派的先定和谐说的。伏尔泰就地震的悲惨后果，指出"至善上帝""一切皆善"等等，"现在想来竟是残酷的骗人话"。康德一方面相信伏尔泰的观点，但比伏尔泰更加科学地考察了地震的漫长历史，得出结论说地震的一切的现象和灾难都只能说明"大自然所做的一切"，地震是由于地质的长期的自然过程引起的，另一方面他却维护着宇宙和谐说，认为地震灾难对人是有好处的，免得世人孤芳自赏，自以为是上帝的唯一宠儿。在他看来，整个宇宙都是上帝的智慧产物，他关于乐观主义的文章，更加强调这一思想，认为上帝作为包罗一切的最大现实和总体是最完善、最美好的，个人是一钱不值的，许多人的不幸难道不正好在于死亡来得太晚吗？在这里，康德所理解的最大现实与总体的和谐显然同神学概念是不同的，但是他仍然试图调和自然科学与神学观念的矛盾，并且没有超出莱布尼茨—沃尔夫学派的思想体系。

18世纪60年代初以后，康德的思想有了明显的变化。他把自己的早期著作，特别是带有莱布尼茨—沃尔夫主义明显影响的著作称作教条主义的迷梦。什么东西把康德从书斋学者的教条主义迷梦中唤醒了呢？主要的有三件事：第一，菲特烈二世与奥、法、俄的战争（1756—1762）几乎使德国一败涂地，只是由于俄国女皇叶卡捷琳娜二世政变掌权的意外事件才挽救了德国的绝望处境。在这段时期康德曾两次提出教授职位的申请，自认为从任讲师以来在教学和科研上都是积极努力的，论文公开答辩和一系列学术文章可以证明他是有资格取得教授职位的，但是却没有得到当局的知遇，这两件事情也不能不使他看到现实的一切并不是最美好的。第二，他的朋友约翰·哈曼的精神蜕变给他提出难题。约翰·哈曼热衷于经商，破产后沉迷于《圣经》，康德想按沃尔夫学派的精神劝朋友走上启蒙道路，哈曼却写了《苏格拉底回想录》作为回答，提出一系列问题，如：哲学家迄今还不能像判定金币那样确实地制订出一个评判真理的标准；启蒙的逻辑信条禁止矛盾，这使思想过分抽象，因为真理恰好存在于矛盾之中；理智既然对现实的矛盾无能为力，那就只好求助于内感的信仰，信仰内心的上帝是人类不可避免的命运，沃尔夫学派的繁琐哲学脱离生活和自然界，凭抽象主宰世界，实际上是把自己手脚捆绑起来，因为人类认识的全部丰富性就在于感觉形象，抽象观念是片面的。哈曼精神蜕变提出的问题使康德对自己的信念产生怀疑，从而使他对休莫的怀疑态度和不可知论感到亲切。休谟启发他对理论认识的形而上学作批判性的重新考察。其三，康德从 1762 年以来钻研卢梭著作对他的思想转变进行新的探索以及导致后来创立批判哲学都起了极其重要的作用。他不仅打破作息惯例，全天埋头阅读卢梭著作，而且在房间里挂起了唯一的卢梭肖像，他把卢梭比作"第二个牛顿"，牛顿的定理帮助他发现了无限纷繁的宇宙的规律，而卢梭的学说则帮助他窥探到复杂万端的人类及其心灵的奥秘。康德自己承认正是卢梭把他从书斋学者，自恃渊博，迷信知识万能的教条主义迷梦中唤醒,使他发现了人,"学会了尊敬人"。

康德的思想觉醒表现在 18 世纪 60 年代的一系列文章讲课和随笔札记之中。首先他对沃尔夫学派的逻辑以及用哲学论据证明神学原理的做法提出挑战,他认为沃尔夫学派当作支柱的逻辑是"泥足巨人",因为概念是怎样形成的,理智怎样把感性材料变为思维对象的,哲学原理是否具有几何定理那样明晰的可靠性等等,这些问题都是需要研究的。这表明康德把自己的哲学方向指向了理性本身(理性的构成合理性的能力),想要探索新的认识论的最初愿望。他试图把哲学和神学道德及自然科学区别开来,认为哲学应该根据可靠的经验材料去探索普遍的规律,就像牛顿应用这种方法在自然科学上取得了伟大的成果那样,但是哲学必须跟自然科学(比如数学)有本质的不同。哲学的概念(如自由、因果性等)不像数学的概念,那样是有单位相加而构成的组织性概念,而是从人的思维能力(如判断的能力)中产生的;哲学也跟神学不同,神学仅仅依据内心体验而追求信仰,所以康德主张不能把真理和信仰,知识和道德混为一谈。门德尔松当时评论这些思想时指出,"康德是用可怕的革命威胁德国科学院的勇敢的人"。这个评价是深刻的,这个评价也适用于他把负值概念引入哲学的要求。负值概念被他解释为对立统一的问题,他指出逻辑把矛盾对立看作是背理,但对逻辑是正确的,对现实可能是错误的。现实的矛盾对立却是真实的,正如两种相反的力作用于一个物体或悲喜交加、正负数运算、善恶转化等,其结果并不是无,而是某种真实存在的东西,所以他要求哲学应当吸取对立统一定律,作为自己的思考方法,可见这也是对传统逻辑和哲学发动革命的预告。

其次,康德对形而上学研究的传统主题(灵魂、世界和上帝)提出了质疑和新见解,灵魂是一个简单的实体吗?如果答案是肯定的,那么心灵就应占有一定空间,从而是物质的、可测度的,但是谁能想象出一立方寸的精神是什么样子的吗？如果不是这样，精神就是没有形体的，那它又怎样在宇宙中存在和活动呢，康德认为唯一的可能理解是通过意识存在这一事实，得知心灵具有内在的性质，正如磁力是一种看不见然而存在的能力，这为后来研究人的先验思维能力提供了思想来源。关于世界，康德认为它不是由零碎的各个部分组成的，而是一个统一的整体，并且是从过去到将来贯穿始终的统一的链条，但是，这样的世界就跟他刚刚发现的、具有主体性的人发生了矛盾。如果人只是世界链条上的一环，那么人的主体性又是怎样表现的呢？这时康德还不能找到一个明确的答案，只是到后来他把世界当作一个理念才以先验哲学的方式解决了这个问题。至于谈到上帝，他认为我们既不能凭自己的经验也不能凭别人的经验来确证上帝的存在，只能通过理智的一系列推理才能得出世界上存在着某种崇高的绝对的必然的存在者这个结论（后来他把这个思想概括得更简练，上帝只是理性的一个假设）。他不直接否定上帝存在，只是证明这是上帝存在的唯一可能的根据。而且他追随法国启蒙主义者断言，怀疑上帝存在并不等于破坏道德的基础，道德和宗教是两码事，道德可以没有宗教而存在，事实上就有这样的道德民族不知有上帝的无神论者，可以是有道德的人，可是没有道德的宗教偏见和没有道德的上帝，却是可怕的，这常常是培育狡猾和骗人的伪善者的温床。因此康德主张把道德当作人类的最高法庭，要求人们按照道德本性去行事，这为他后来的实践理性的基本准则提供了思想来源。总之康德认为这些思辨形而上学问题同"视灵者"的幻想毫无二致，行而上学者和"视灵者"一样，常常陷于胡言乱语，把自己的幻想当作事物的真正秩序，这种思辨的幻想，只能把人们引入黑暗王国（指教会），这种打开无形王国大门的钥匙必然也能打开尘世的钱柜。他要求真正的科学必须依靠经验，只有经验才是认识的根本，形而上学问题对科学很少有所帮助，这说明康德不仅同沃尔夫学派的形而上学彻底决裂了，而且像法国启蒙运动者那样更加激进地批判了宗教。因此他的这些思想遭到当时神学界和维也纳天主教会的讨伐，大学当局也责问他是否相信上帝。

最后康德在卢梭的影响下对自由、矛盾发展和文明的弊端也有了新的见解。他对自由的理解，这时已经不止在抽象思辨中转圈子，而是具有了更加广阔的社会意义。他认为自由是作为主体的人的权利，他使人超出动物之上，可是恶劣的社会关系却使人不得不处于比动物更不如的隶属和依附状态，到处都被束缚着；自由是同这种隶属依附相对立的，服从他人的意志比起服从外在必然性来，其残酷和难以忍受的程度不知要高多少倍，这种依附于他人的人，已经不是一个人而成了别人的附属品。在人类的天性中，奴性是最大的恶，它表现为对暴力的屈服，对物质上舒适和奢侈的依赖及追求，对传统和权威观念的盲从等，而对观念的盲从，就更加愚蠢和更应遭到蔑视。自由必须消除这种奴性卑劣的社会关系，不仅使人丧失自由，还把人类活动的产物变成某种异己的敌对东西，使善也可能变成恶，这正如人们对科学的片面使用和利己的支配，不仅不能使理性和知识得到提高和完善，反而使理性遭到歪曲和践踏，使科学事业狭隘和缺乏崇高目的，成为少数人在学术上蛮横霸道的工具。康德主张要改变这种状况，消除科学带来的弊端，必须用哲学来监督和指导科学，这就是说他已不再盲目的相信理性（科学）万能了。另外，他要求对理性和科学做哲学的考察和监督，使科学为人类谋幸福。他说，"这是使科学人道化的基础，即科学的人性标准"。康德认为他的哲学的任务就在于消除使人屈辱的状态和克服科学的弊端，建立符合人的需要的科学。他说，"这种符合人的需要的科学就是我所研究的科学及能够恰当的给人指出它在世界上所占的位置的科学，它能够教给我们要想成为一个人，我们应该做什么"。因此我们说从此以后人作为主体的问题，成了康德哲学探讨的中心，知识的价值取决于道德价值，而道德价值取决于人的自由意志，所以全部问题就在于如何从人的主体角度来重新考察人的知识和行为。

从上述这些思想转变的表现可以看出，康德经过 24 年的探索和追求所积累起来的这些思想成果，像晶莹的露珠，点点滴滴都滋润着新的生命，融汇和孕育了一个新的哲学体系——批判哲学。

1770 年，康德被国王委任为逻辑和形而上学编内正教授。他答辩的教授职位论文《论感觉界和理智界的形式和原则》和他在致朋友信中多次提到的已着手撰写的《感性和理性的界限》一书，正是试图把感性与理性、现象与本体区别开来，阐明概念作为思维能力的产物是如何能同事物的实际本质相符合的（即科学是如何可能的），从而提供"揭示全部形而上学秘密的钥匙"。这一切都预示着康德的主要哲学著作的诞生，康德又花了 10 年的心血，埋头研究和写作又加上当时狂飙文化运动和美国独立战争，这些外在的推动，终于在 1780 年完成了《纯粹理性批判》（1781 年出版），从而在近代欧洲哲学史上掀起了一场哲学革命。后来又陆续出版了他的其他著作，如《实践理性批判》（1788 年），《判断力批判》（1790 年）和通俗扼要阐述他的主要思想的《未来形而上学导论》（1783 年）和《道德形而上学原理》（中译本称《道德形而上学探本》,（1785 年），晚年还出版了《永久和平论》（1795 年）等等。他用这些著作（主要是三大批判）完成了先验唯心主义的哲学体系。1804 年 2 月 12 日，康德带着满意的心情安息了，正像他自己所说的（后又刻在他的墓碑上）:"在我头上有众星的天空，在我心中有道德的法则。"

二、康德哲学的历史意义和基本特征

康德的批判哲学，既是欧洲近代资产阶级启蒙思想的当然继承和理论总结，又是德国古典哲学的开端，因而在近代欧洲哲学史上掀起了一场哲学革命。海涅说，从《纯粹理性批判》的发表起，"德国开始了一场精神革命"，这次精神革命和法国的政治革命一样是同过去时代同样的决裂以及对传统的一切尊敬的废除。对于德国来说，这部书便是砍掉统治德国精神领域的自然神论头颅的大刀。马克思也指出"……康德的哲学……是法国革命的德国理论"①。"即使从历史的观点来看，理论的解放对德国也有特别实际的意义。德国的革命过去就是理论性的，这就是宗教改革。正像当时的革命是从僧侣的头脑开始的一样，现在的革命则是从哲学家的头脑中开始的。"②这些评价都说明，康德的批判哲学，不仅对于欧洲哲学思想的发展具有划时代的革命意义，而且对于德国的社会发展也起着政治变革的前导作用。

康德哲学的革命意义首先表现在他在坚持启蒙主义的理性尺度的基础上提出和论证了人的主体性。教会和经院哲学宣称上帝创造一切，人是上帝的奴仆，只能服从命运。而17、18世纪欧洲各国哲学的基本倾向就是反对教权主义和经院哲学。宣扬人类的理性力量和科学知识。处于上升时期资产阶级先进的哲学家们论证说人的理性和知识能够使人变成自然界的主人，要求按照理性和科学改造自然和社会。培根最早提出了树立人类理智的权威，批判各种假象的迷误，理智依赖经验获得的知识是巨大的力量，是人类福祉和尊严的基础，它能扩大人对自然的统治。笛卡尔也曾提出创立和发展实践哲学，用"理性的自然之光"揭示宇宙的一切秘密，才能战胜扼杀人类理性的经院哲学，才能使人类掌握有益于生活的科学知识和各种物体的力量，从而使人成为自然界的统治者和主人。法国著名的启蒙主义

---

① 《马克思恩格斯全集》第1卷，人民出版社，1956年版，第100页。
② 《马克思恩格斯选集》第1卷，人民出版社，1956年版，第9页。

者卢梭更加鲜明、更加坚决地要求，必须按照理性改造一切不合理的社会状态，消灭社会不平等，消灭使人异化的封建专制和大私有制，建立主权属于平民的国家。这个时期的先进哲学家都围绕着合理改造自然、改造社会的必要性和途径这个时代的主题进行着探索，并且在人类的理性中看到了出路。他们真诚地相信，理性能使人类获得必要的知识，从黑暗蒙昧中觉醒，成为世界的主宰，自然观、社会和国家制度等等一切都必须在理性法庭面前受到审判，理性成了衡量一切的唯一尺度。康德继承了 17、18 世纪欧洲各国哲学的这一进步的传统，尽管他在政治上不像卢梭或百科全书派那样锋芒毕露和旗帜鲜明，但是他的思想从第一篇文章发表到《纯粹理性批判》问世，一直是沿着同一方向前进的，正如他在《纯粹理性批判》序言中所说的，我们这个时代是真正批判的时代，一切都要受到理性的批判。"宗教企图躲在神圣的后面，法律企图躲在尊严的后面，而结果正引起人们对他们的怀疑，失去人们对他们真诚尊敬的地位。因为只有经得起理性的自由公开检查的东西，才博得理性的尊敬。"[1]他所谓的批判，一方面是指用理性标准衡量分析判定一切事物是否具有合理性的存在根据，另一方面，是指对理性本身的层次结构和能力界限作出分析与判定。康德认为只有通过这种理性的批判，才能真正树立理性思维的"绝对的、具体的、自由的、至高无上的权威"，否定任何外在的权威，"一切权威，只有通过思维才有校准"。因为人的理性(思维着的自我意识)无止境地把人提高到其他一切被人任意处置的存在物之上，使人能够克服一切障碍，成为独立与自觉的自由主体;并且知识的价值也取决于道德的价值，而道德的价值又取决于作为主体的人的自由意志。因此，康德说他的哲学依据时代的要求就是要通过对驾驭万物

①《康德哲学著作选读》，商务印书馆，1963 年版，第 7 页。

的理性本身的考察来确认人和人类的权利。这种哲学不同于以前,一切形而上学才是为人所需要的科学,它能教导人在天地万物之间占据他的应得的位置以及它该怎么做。这样一来,他就把哲学的主要问题概括为"我能知道什么,我应该做什么,我可以希望什么?"他的三部主要著作就是分别解决这三个问题的。

所以康德哲学的价值和意义,主要是在于它在继承和总结17、18世纪欧洲各国哲学,特别是启蒙主义的理性原则的基础上,第一次非常突出地提出了人的主体性问题,把它当作哲学的中心问题加以全面系统的理论思考。他把人类的精神当作独立自主的创造者,尽管人是一种有限的存在,人不是神,但是人借助自己的理性,能够为自然界立法,为自己的行为立法,创造一个以人为立法者的世界。因此,理性和理性所成就的东西使人永远高于兽性生活,成为主宰世界的自由主体。如果否定和蔑视理性就将使人失去他所特有的自由,也就不合乎目的,用它为世人的利益服务,那么就会使人堕落为比任何兽类还更兽性的东西,尽管康德把理性看作人的本性,对上世纪的哲学作了唯心主义的总结和发展,但这并不能减低他对人的理性人的主体性和人生价值的理论考察所具有的理论意义。正是康德为欧洲理论思维奠定了批判的优良传统,使他不为任何专横武断的错误学说和偏见、传统所蒙蔽,向前迈出的每一步都应是对以往积累起来的,优秀精神财富的辩证理解和创造性考察。

其次,康德哲学的革命意义,还表现在他在对人类灵性的批判考察中系统地论证了意识的能动性,从而在认识论上完成了哥白尼式的革命。近代哲学都把外部世界理解为按牛顿的力学原理和欧几里得几何学形式构成的,机械的个别的僵死的自然存在。因而是和人的主动的认识和活动相对立的,应当加以克服的客体,甚至是人的异己的存在,同时大多数近代哲学家又都天真地相信人的意识能够认识外部世界,毫不怀疑理性能够跟客体相符和唯理论者如笛卡尔,把理性视为不证自明的公理,认为理性的自然之光能照亮自然界;经验论者(如洛克)虽然试图打破唯理论的天赋观念和能力,探讨人类知识的可靠性和范围,但是却把理性归结为感觉,认为凡是理智中的东西都是先存在于感觉中的。抽象思维,不过是简单观念的机械组合。法国唯物主义者的观点,仍然是消极的反映论,把抽象观念视为经验现象共性的一种表述和符号。至于理性如何起作用,怎么能具有普遍性和必然性,他们都不去深究,至多把理性看作是依据逻辑同一律进行推理的功能。这样休谟就提出了怀疑,人的认识怎样能和外部世界相符合呢,就是说理性怎么能具有普遍性与必然性呢? 他断然否定了人的认识具有普遍性与必然性走上了不可知论的道路。康德既不走入唯理论那种认识主体与认识对象相脱离的老路,也不走唯物主义的消极反应论的被动道路,因为两者都不能解决人类知识、科学的普遍性与必然性问题。

康德在纯粹理性批判第二版序言中, 关于他的哲学的基本出发点作了这样的表述:以往的哲学家们都认定我们的一切知识必须与客体相符合。可是这种假定借助概念, 建立关于客体的某种先天规定,以扩大知识的一切尝试,都宣告失败了,因此我们必须尝试着走另一条路,即假定对象应当符合我们的知识,看看是否能更加顺利的解决形而上学的任务。这种假定更符合关于对象的先天知识之可能性的要求。先天知识,应当在对象授予我们之前就确立了关于对象的某种东西①。也就是说以往的形而上学之所以没有找到科学的可靠道路,是因为哲学家们只在概念里瞎摸,完全不靠经验,结果到处碰壁。近代的数学和自然科学为理性知识提供了一个榜样:"理性必须一只

①康德:《纯粹理性批判》,商务印书馆,1961 年版,第 12 页。

手拿着原则,拿着那些唯一能使符合一致的现象称为规律的原则,另一只手拿着自己按照那些原则设计的实验"①,走在认识之前,强迫自然回答他所提出的问题,并且只是认识他自己按方案造出的东西。按照这个榜样来改造则先就要假定认识对象必须跟认识主体相结合,正像哥白尼在天文学上所进行的革命那样。把原来被认定是运动的天体解释成地球观测者围绕旋转的中心,如果认识天体的运动,就必须把地球的运动计算在内。康德认为为了发现对象的真实,运动也必须把认识主体的运动计算到对象中去,就是说正视主体,只有承认自己所特有的能力和作用时,才能理解外部现象世界。因此证明认识主体具有先天认识能力先天的形式和基本规律,这种先天认识能力及其形式是一切经验知识可能性的先验条件,并且这种能力不是无条件的,而是有限的,只能涉及现象,不能认识自在之物。"这就是纯粹理性批判的任务",这些任务的解决会给哲学带来一个全面的革命。

康德把认识能力及其形式看作是人类先天固有的构成知识的先验条件,并把普遍性和必然性看作是主观认识形成的属性,这就使他的观点陷入了主观唯心主义,他自己称之为先验唯心主义。但是他的认识论,却包含着克服以往认识论的局限性的途径和深刻的合理内容。因为在他看来,认识并不是消极的、被动的,反映认识的进程也不是消极反应所获得的感性材料的简单累积。人的先天认识能力即所谓自我意识的综合统一性在对象出现之前就规定了认识对象的先验形式和规律,也就是说认识主体自我意识的先天形式和规律规定着认识对象所遵循的那些普遍必然的法则,思维主体在对象身上所认识到的只是主体自己加给他的东西,对象是认识主体自己创造的,人对外部世界的认识,并不像小学生听老师讲课,而是像法官那样强迫

---

①《西方哲学原著选读》下卷,商务印书馆,1982年版,第241页。

证人回答他所提出的问题,这是康德的认识论,在欧洲哲学史上第一次自觉地系统地论述了人类意识的能动性问题, 正是这种意识能动性,使人能够支配对象世界,成为自然的统治者。

再次,康德哲学对形而上学的基础本身提出了怀疑,并从理论上论证了形而上学问题是不能得到理性的证明的。培根曾经把经院的形而上学当作假象加以抛弃,要求人们从积累经验中发展自然科学,法国启蒙主义者则更加坚决地把形而上学问题当作神学偏见和社会罪恶来批判与嘲讽,而唯心主义唯理论者,总是这样或那样地为形而上学问题进行辩护, 特别是在德国各大学占统治地位的莱布尼茨—沃尔夫学派更是把形而上学问题当作他们的思想核心。这样就向康德提出了问题,形而上学问题,合理性原则没有矛盾吗? 形而上学是可能的吗? 他的主要著作《纯粹理性批判》提出这个问题,并做了明确的回答,作为科学的形而上学是不可能的,他从人类的理性能力和把世界分为现象与自在之物的二重化出发, 认为形而上学的原理和概念不可能是来自经验的,那么只能是经验以外的先天知识,或者说是出于纯粹理性的先天知识,但是这种知识是用纯粹理性的一些原理无法证明的。因为关于灵魂不死、整个世界和上帝至善,等等这些形而上学的主要命题,不仅不能扩大我们的理性知识,而且在运用我们的理性知识进行论证时, 不论在论据上还是在证明上总是相互矛盾的。这就摧毁了形而上学,而过去维护形而上学的一切主张和尝试,不是导致独断论, 就是导致怀疑论,理性追求终极的绝对知识的向往,却始终得不到满足。"这是因为在这个领域里实在说来人们还不能掌握确实可靠的衡量标准用语,区别什么是真知灼见,什么是无稽之谈"①,"因此形而上学就像泡沫一样,漂浮在表面上,一掬取出来就

---

①康德:《未来形而上学导论》,商务印书馆,1982 年版,第 34、36 页。

破灭了。"他的一些命题和理念只是一些超验的幻想，即徒劳无益的虚假智慧。这些虚假智慧是由人们长期在传统观念支配下把主观的必然性当成客观的必然性，从而把在生活实践中指导理智和意志的虚假观念当作是可能的实有的，甚至是必不可少的。

康德对这个问题的分析的最后结论是"我们不能承认，作为科学的形而上学是实有的"，因为灵魂世界和上帝这些理念，"只是理性的设定，并不是实有的。"可见康德不仅对形而上学作为科学的可能性提出了怀疑，而且对形而上学赖以存在的基本问题做出了详细的理论反驳。虽然他没有像法国启蒙主义者那样，带着革命的义愤和敏锐的机智，直截了当地抛弃形而上学观念，但是他却用严密的逻辑论证掘掉了形而上学的科学基础，把理性的科学和宗教迷信严格区别开来，从而在实质上同样的否定了形而上学，在否定了现有的一切形而上学观念之后，康德却要求建立一种能够作为科学出现的"未来形而上学"。这种作为科学的未来形而上学，不可避免地要建立在先验哲学的基础上，因为我们有确实把握说某些纯粹先天综合知识是实有的、既定的。并由于理性，才具有无可置疑的可靠性。《纯粹理性批判》的任务就在于论证先天综合知识是怎样可能的（而不需要再问它是否可能因为它是实有的）。只有这个问题的解决，才能证明作为科学的形而上学能否存在，也就是说先验哲学必然先于一切形而上学而存在。可是先验哲学却阻止理性知识，给信仰留下了地盘。这样在理论理性中被驱逐的上帝又在实践理性中被请了回来，这说明康德同法国启蒙主义者相比，还是不够彻底的。这种不彻底，反映了德国市民阶级的软弱性和妥协性，尽管有这种不彻底性，但是在当时的历史条件下任何对传统形而上学的怀疑和限制，本身就已经是对占统治地位的神学信仰和封建势力的反叛。

此外，康德哲学的革命意义，还表现在他开创了近代欧洲哲学史上思维辩证法的先河,他不仅把辩证法引入自然观,打开了形而上学自然观的第一个缺口,而且他要求哲学必须从自然科学那里吸取表现着对立统一的负值概念,并详细地论证了范畴的三分法和理性的二律背反,肯定了理性矛盾的必然性,还试图论证自由与必然的统一。这一切都为德国古典哲学,特别是黑格尔哲学的概念辩证法开辟了道路。但是必须指出,康德哲学虽然包含着辩证思维的思想萌芽,可是从整体上来看还是受形而上学思想方法束缚的,这又是他的不彻底性的表现。

康德哲学的上述革命性和不彻底性也表现在他的政治思想上在法国启蒙运动,特别是在卢梭的民主主义影响下,他对德国的农奴制度和封建专制表示不满,而不是像莱布尼茨和沃尔夫那样,把德国的君主专制制度说成是最完善的君主统治下的尽可能最完善的国家;他认为德国诸侯割据的专制政体是一小撮王公贵族为所欲为的不合理的世袭领地。他接受了自由、平等、共和等资产阶级革命思想要求确立人的共同权利,并针对当时德国的不合理的现实,指出最恶劣最无人性的就是奴役人,使人陷入畜类的境地,因此他认为自由和平等是每个人的人格不可或缺不可侵犯的权利。他也同样接受卢梭的社会契约论的思想,认为国家是由社会契约产生并以法制为基础的,"立法权只能属于人民",在一切国家制度中,实行三权分立的代议制的共和国是唯一合理的国家形式,但是康德把自由共和等看作是实践理性的不证自明的公设,是一切有理性的人应当努力追求,却又永远不能实现的理想。这样就把他的革命要求推到了无法达到的彼岸世界,他主张改革不合理的社会制度,然而却认为这种改革只能由君主通过改良来实现,而不能由人民群众通过革命的方式来实现。尽管专制统治者暴虐无道,臣民也应当服从,不能表示抱怨,不能做任何的反抗。这反映了 18 世纪末德国市民阶级的软弱性和妥协性,他们不敢用革命行动去实现自己阶级的物质利益和政治要求,因而在政治实践上不得不驱除封建专制制度,这正如马克思和恩格斯所指出的,"在康德那里,我们又发现了以现实的阶级利益为基础的法国自由主义在德国所采取的特有形式,不管康德或德国市民(康德是他们利益的粉饰者),都没有觉察到资产阶级的这些理论思想是以物质利益和由物质生产关系所决定的意志为基础的。因此康德把这种理论的表达,和他所表达的利益割裂开来,并把法国资产阶级意志、由物质动机的限定变为自由意志、自在和自为的意志、人类意识的纯粹自我规定,从而就把这种意志变为纯粹思想上的概念规定和道德假设"①。

康德哲学的革命意义和不彻底性使它具有了一个基本特征,这就是调和与折中,列宁对此做了经典论述:"康德哲学的基本特征是调和唯物主义和唯心主义,使二者妥协,使各自相互对立的哲学派别结合在一个体系中。当康德承认在我们之外有某种东西,某种自在之物同我们表象相应存在的时候,他是唯物主义者;当康德宣称这个自在之物是不可认识的超验的彼岸的时候,他是唯心主义者。在康德承认经验、感觉是我们知识的唯一来源时,他是把自己的哲学引向感觉论,并且在一定的条件下,通过感觉论而引向唯物主义。在康德承认是空间、时间、因果性等等的先天性时,他就把自己的哲学引向唯心主义。"列宁的论述为我们深刻理解康德哲学提供了一把钥匙。

康德企图调和唯物主义和唯心主义,他承认外部世界是在我们之外存在的,并能刺激我们的感官,从而产生感觉的客体。但是他认为这种自在的客体是自在之物,我们虽然感知到它对感觉的作用,却

---

①《德意志意识形态》,《马克思恩格斯全集》第3卷,人民出版社,1972年版,第213页。

不能感知到它本身是什么样子；我们所感知的，只是自在之物的现象，即它作用于我们的感官而在我们心中引起的感觉表象。这样一来，康德就在自在之物和现象之间掘了一条不可逾越的鸿沟。把统一的世界二重化，一个是对于认识主体才存在的，可知的此岸的现象；一个是不可知的彼岸的自在之物。这种对世界的形而上学的分割贯穿于康德哲学的始终，使他具有了二元论的倾向，割裂了思维与存在的统一性。

康德还企图调和经验论与唯理论，他认为经验论与唯理论各执一端，带有很大的片面性，只有二者的结合才能提供真正的知识，因为在他看来知识起源于经验，这是毫无疑问的。但经验，仅仅提供知识的材料，不具有普遍性和必然性；要构成真正的知识还必须在感觉经验上加上人的认识能力所提供的先天形式和规律。也就是说，只有用人类理智的先天形式和范畴去整理杂乱的感性经验材料，才能构成具有普遍必然性的知识。康德把这种由先天形式和经验材料结合起来的知识叫作"先天综合命题"，他认为这种先天综合命题完全克服了唯理论和经验论的片面性，他的哲学所要研究的就是人的认识能力如何可能提供先天形式，从而使关于现象的主观经验材料成了具有客观的普遍必然性的知识。康德在调和经验论和唯理论的过程中过分夸大了意识的能动作用，试图用意识来规定世界的规律性，从而走上了主观唯心主义的道路。

康德哲学的这个基本特征，表明他既不满足于自然科学家的自发唯物主义和经验论的消极反应论，也不同意唯心主义唯理论盲目的相信理性力量和怀疑论否定理性作用的观点，因为这些学说都没有对人的认识能力做全面的考察，因而对理性及其范畴，在认识中的作用缺乏真正的理解。因此，康德经过长期探索和动摇之后采取了一种独特的立场，认为哲学研究的出发点应该是在认识客观事物之前先对人的认识能力作一番批判的考察（人的认识能力有哪些形式，有什么界限等）。他说唯有对理性认识能力的这种批判，才能铲除普遍有害于公众的唯物主义定命论、无神论、无信仰、狂信、迷信以及主要有害于学派而尚难传达于公众的唯心主义怀疑论。所以，他把自己的哲学称为批判哲学。同时由于他认为对认识能力的批判是要找出先于一切经验就固有的一套认识形式，这些先天的认识形式被看作是一切经验，成为具有普遍必然性知识的先验条件。实质上，康德哲学不过是带有调和性质的主观唯心主义和不可知论。

三、康德的认识论

康德认识论研究的中心课题

康德认为以往的认识论只是要求知识与客体相符合，不是陷入怀疑论，否定客观的普遍必然的知识，否定理性的力量本身，就是陷入独断论，把主观自身的观念当作客观存在的实质，因而都不能说明人类认识的特点和能力。他要求根据数学和自然科学所提供的原理和经验来批判考察人类认识能力。数学和自然科学的光辉成就表明，人类能够获得具有普遍性和必然性的知识（如数学和力学的基本原理），这是不容置疑的。因此认识论所要研究的中心问题就不是普遍必然性知识是否可能，而是它们如何可能。

康德在探讨和总结近代自然科学的方法论中，认为一切知识都开始于经验，并在经验基础上不断扩大人们知识的范围，但是从杂乱零碎的感觉经验中是不能归纳出具有普遍性和必然性的，那些数学是与自然科学的基本原理和因果联系的。那么，这些原理所具有的普遍性和必然性是从哪里来的呢？在他看来，那就必定是来自于自然科学家运用自己认识能力做出的理论假设。换句话说，来自于人的先天认识能力本身。所以康德说，虽然一切知识都开始于经验，但并不能说经验是知识的唯一来源，因为经验永远不能说明知识的真正普遍性和严格的必然性。普遍性和必然性只能是先天知识的可靠标准，因此人类知识必定还有一个来源，即先天的认识能力。

这样一来，康德的认识论，既不是像经验论所做的那样，把一切知识都归结为感觉经验，只是消极地连接和归纳感觉印象；也不是像唯理论所断定的那样撇弃感觉经验，把一切知识都归结为理性自身的先天观念，只是从事概念的消极演绎。他认为具有普遍性和必然性的科学知识之所以可能，是因为它有两个来源和两个方面，一是感官提供的后天的经验材料，一是认识能力本身提供的先天的普遍必然性形式。因此，人的认识活动不是消极地使主体适应于客体，而是认识主体运用自己所固有的综合统一性的能力，对经验材料及知识的质料进行加工改造，纳入先天认识形式中，从而形成具有普遍性和必然性的科学知识，以及同它相符合的认识对象（即现象）。这样，先天的普遍必然性形式和后天的感性经验材料的结合剂，构成了具有普遍必然性的科学知识，又保证了这样构成的知识与认识对象的相符合。但是由于感性经验，只能达到物作用于感官，而在我们之内所产生的表象（即现象），却不知道事物本身是什么样子，并且这种感性表象作为现象，"就其自身来说，绝不可以把它当作存在于我们表象能力之外的对象""自在之物"。所以，先天认识形式也只能加工整理感性经验提供的现象，而不能认识自在之物。

在这里我们看到康德试图克服经验论和唯理论各自的片面性，要求更深入的研究人类认识的机制，并突出了人类认识的能动性，这是他的一大贡献，但是由于他仍不能解决从生动的感觉到抽象思维的转化，从而把个别与一般现象与本质、感性与理性等都截然割裂开来，这样就把当时自然科学知识的普遍性和必然性形而上学的绝对化当作先天知识的标准和依据。因此，他的认识论把普遍性和必然性知识如何可能的问题变成了先天知识如何可能的问题。康德的认识论正式提出和论证了，从时空感性直观到纯粹知性概念范畴等所谓先天的认识形式。他在《纯粹理性批判》中，把人的认识能力分为三个环节或三个阶段，即感性、知性和理性，并用先验感性论、先验分析论和先验辨证论分别论述了这三种不同认识能力所固有的先天形式及其不同的功用与界限。

关于感性的学说

康德所说的感性是指通过我们被对象所刺激的方式来获得表象的能力。这种感受对象获得表象的能力，所产生的知识，他称为感性直观(即感性知识)。感性直观就是人借助感官接触外界对象而产生的表象。在这里康德认为作为我们感官对象而存在于我们之外的物是实有的，并且是作用于感官使我们产生感觉的来源，这当然是唯物主义反映论的前提，但是他认为一方面感性直观作为对象的表象，并不是物本身的特性和属性的某种反应。因为这些特性和属性并不属于自在之物本身，而且仅属于现象之列，因而感官所提供的仅仅是一种与主体状态的改变有关的经验质料;另一方面，既然感官接触对象就能产生关于对象的表象，那就说明我们在接触对象之前，就有一种感受对象获得表象的能力，这种能力是先于经验的先天感性认识能力，它能按照先天的感性形式把经验材料安排在一定的关系中。没有这种先天的感性形式，经验材料只是一堆杂乱无章的、无定形的质料，并不能构成知识，没有经验材料先天的感性形式，也只是一些空洞的形式，也不能构成关于对象的知识。由此康德便走上了所谓先验论的道路。

感性直观的先天形式(或叫纯粹形式，即先于经验的形式)，在康德看来就是时间和空间。这样康德就把时间和空间，不是如实地看作客观事物本身存在的形式，而是错误的说成认识主体先天固有的感性直观的纯粹形式。他力图证明,感性直观的纯粹先天形式(时间和空间),是我们之所以能进行感性认识活动和构成感性对象,并获得感兴经验(感性知识)的先验条件。康德为了论证这种观点提出了关于时空的先验论,列举了时空作为感性直观的先天形式的几种理由如下:

第一,时空不是从外界事物得来的经验概念。因为如果我们的感性直观总是按照事物本身那样来表现它的话,那么就绝对没有先天的直观,直观就永远是经验的。可是"我"本身的质料和属性在认识时并不能挪到我们的感觉和表象中来,而我们的感性直观又能按照事物刺激我们的方式样式来表现它,这说明我们的感性直观有一种能够先行于对象实在并成为知识条件的先天形式。因此,讲到关于外部对象的状态经验时,就已经预先应用主观的先天形式了。

第二,时间和空间。作为感性直观的纯粹形式先行于对象的,实在现象在现象中,首先是对象在事实上成为可能。比如,两个全等的三角形之所以全等(二者符合一致),或者只有三条直线成直角的相交于一点,这些都只能在直观里找到根据而不能从概念里推论出来。这就是说,一切东西都是按照它们被我们表现的那样呈现给我们。因此感性直观的先天形式,乃是使我们对现象的认识成为可能的根据,因而是一切经验的基础和条件。我们可以设想一个没有对象的空间,却不能设想没有空间的对象。

第三,时间与空间只能是纯粹直观,而不是表示一般事物关系的普遍概念。因为一方面空间和时间都只能有一个任何具体的空间和时间,只是这个整体的部分。因而只能在整体的直观中得到表象,另一方面感性的对象仅仅是表象及作为作用于我们感官时在我们之内所产生的表象,而不是物本身,也就是来白先天。

第四,空间和时间作为纯直观是被表象为一个无限的给予的量,因而能够包含无限的事物,就是说对于一切经验都具有普遍必然的、客观有效性。而作为概念则不能包含无限的事物,因此时间和空间作为内感觉和外感觉的先验形式使算数和几何学的公理具有了普遍性与必然性,从而使数学可能成为科学。

康德通过这些"阐明",试图论证空间和时间是感性直观的先天性形式。因而对一切感性经验都具有普遍必然和客观有效性,他的论证概括起来,主要包括3点内容:(1)空间和时间不是从经验中得来的,而是先验的;(2)空间和时间作为我们内外感觉的主观形式是感性经验的先验条件,而不是知性的概念;(3)空间和时间不是自在之物的存在形式,而只是现象的普遍必然的存在形式。因此他的论证虽然试图说明认识主体具有主观能动性,但把时空归结为人类主观构造的形式,即不是人存在于客观的时空中,而是时空依赖于人。这就为他的主观唯心主义的不可知论开拓了道路,因为在他看来人们只有借助时空这种先天直观形式才能把外界事物呈现为一定的经验,表象获得感性知识。这就是说感性知识从一开始就带有先天的烙印,而不会是外界事物本来面貌的模本,只能是人对外界事物的表象。就像人生来带着一副永远摘不掉的有色眼镜看事物一样,一切事物都带上了这副有色眼镜的色彩,至于事物本来是什么样子,那是无法知道的,因此感性直观的先天性是永远影响着我们。关于对象的表象,换句话说感性只能认识我们的先天直观形式呈现给我们的关于外界事物的表象,而不能认识外界事物本身。感性并不表象自在之物本身,而只表象自在之物的现象。感性借助先天形式"才使仅仅为现象的这些对象本身首先成为可能的"。既然一切作为对象而提供给我们的东西都一定在直观里提供给我们,因此康德认为现象是主观的产物。并不是自在之物的客观表象,正像我们的手和耳同他们在镜子里的影像虽然在各方面都相等,但我们却不能把影像放到原来的手和耳的位置上去一样，认识对象绝不是按照其本身所具有的那样而只是物向我们所表象的那些现象，即由感性直观得来的表象，因此，现象绝不是自在之物，在自在之物上不是这样，但是在现象上却是这样的。自在之物是不可知的，这样，康德的观点，一方面为否定莱布尼茨—沃尔夫论证灵魂上帝存在形而上学做了准备，另一方面，又为他的主观唯心主义先验论和设想超感性世界的存在提供了理论根据。正如列宁指出的"否定时间和空间的客观实在性，在理论上就是糊涂的哲学思想。但实践上就是向信仰主义投降或对他束手无策"[1]。

关于知性的学说

先验分析论(先验范畴论)研究了知性。康德所谓的知性，是指意识从其自身产生概念的能力，也就是把零散的无联系的感性材料经过意识的综合统一形成有规律性的知识的先天认识能力，即运用先天逻辑形式(概念、判断等)思维感性直观所提供的对象的能力。康德认为没有感性就没有对象提供给我们，但是感性直观只能提供关于事物的表象而不能提供表象之间的联系和规律；而知性却能通过它所固有的先天概念来综合统一感性表象，没有知性，就无法把感性所提供的材料加以思维。所以康德把感性和知性看作人类知识的两个来源。感性，作为接受表象的能力只能提供关于对象的材料，而知性作为思维感性对象的能力却能主动创造概念，用以整理加工感性对象。这两者都是不可缺少的，各有各的功能，知性不能直观，感性不能思维；但二者又是密切联系着的。思维无内容是空的，直观无概念是盲的[2]。唯有二者结合，即把感性对象归摄于概念之下才能产生知识。

在康德看来，知性和感性结合的根源在于自我意识(或称为自我

---

[1]《列宁选集》第 2 卷，人民出版社，1972 年版，第 179 页。
[2]《纯粹理性批判》，商务印书馆，1961 年版，第 71 页。

或统觉)的综合统一性。因为首先,人类认识就其内容来说,虽然是由感性直观给予的,但就形式和逻辑来说,只是先验的,存在心里的主体的活动方式。当我们说"我"认识对象的时候,这意思是说我们的主体给感性直观的各种确定加进了自我的综合统一性。如果我们不意识自己所思维的东西和我们前一瞬间所思维的东西是同一的,那么任何瞬间所思考的对象都会是一个完全陌生的对象。也就是说没有意识的统一性和联系性,因而也就永远不能形成各种规定性的一个整体。比如在数学中有一些数字而没有单位,就绝不会有相加的总和,因而也就不会有关于这些数的知识。因此没有意识的综合统一性,也就没有感性对象的统一和联系,因而也就没有任何知识。所以,自我意识的综合统一性,是关于对象的各种规定性在概念中必然的联系在一起的先验根据。其次,这种结合活动,纯粹是意识的自发活动,"凡是我们自己没有事先结合的都不能意识到是在对象里结合着的"。这就是说,感性直观的各种确定既然只能涉及现象而不能涉及物本身。那么它们的结合就不是对象本身所给予的,也不能是以感官为媒介的。"我思"必须能伴随着"我"的一切表象;因为不这样,"我"就会意识到不能被思维的某一个东西。因此一切表象,对于主题,"我思"都有一种必然的关系,"我思"必须能伴随着"我"的一切表象,因为不这样,"我"就会意识不到能被思维的某一个东西。因此一切表象,对于主体"我思"都有一种必然的关系。"我思"便构成了一切意识中的同一性,因此综合统一性是知性的,自发的结合活动没有知性的结合活动就不能有关于任何对象的意识。换句话说,一切结合都是知性所作出的。在这个意义上可以说知性本身不过是把直观的各种确定先验地结合起来,并把它们置于自我意识的统一性之下的能力。此自我意识的综合统一是一切知识的原始的不可变的先验条件,是我们一切知识的最高原理。最后,自我意识的综合统一性作为一切知识的最高原理,乃是知识的一种客观条件。在康德看来,离开自我意识的综合统一性,什么东西都不能被思维(被认识到即把直观的各种确定归摄于自我意识的综合统一性之下)。因为在直观的一切确定中没有"我思"作为它们共有的同一性,就不能被我们思维。因此"自我意识,同时又是对象的一切复杂确定的意识"《康德哲学原著选读》,第80页。简单地说,自我意识的综合统一性是思维中一切结合的普遍条件,或者说一切思想都是意识的统一性。因此自我意识的综合统一性,不只是"我"在认识一个对象时所必须遵守的条件,而且也是任何直观成为"我"的对象所必须服从的一种条件;没有这种综合的统一性,直观的各种确定就不能统一在对象的概念里。"正因为在他里面所给予的各种确定是必然的关系与一个'我思'的,所以自我意识的综合统一性才是一切知识的一种客观条件"。

上述这些论证是康德关于知性的先验统一性原理的阐述。康德看到在认识活动中人的理性是主动的,是理解认识过程的焦点,理性所特有的主动性就在于它的综合统一性,但是他把这种综合统一作用看作是认识的先天的、必然的和普遍的条件。没有这种先天的条件,认识和知识都是不可能的,这样他就在唯心主义先验论的基础上更加深入地论述了意识的能动作用。感性直观是主体利用时空先天形式接收来的零散的单个的表象,因而只是属于个人的,是主观的、偶然的感性。只具有这种心灵的接受性,而不能综合。意识的能动性,主要表现在自我意识的综合统一性上,原始的永远不变的自我统一,虽非经验的自我(感性的个体),却能把多样性的感性经验归设于一个自我意识之下,认识的奥秘就在于自我意识利用自身的统一性来综合杂乱的感性经验;并且这种综合不是经验的综合(即感性表象的罗列和复制),而是创造性的综合及按照知性所固有的先天逻辑形式进行的综合。从而把范畴和判断的先验规律性赋予感性材料,这样就使主观的杂乱的感性表象转化为关于对象的客观的知识。因此自我意识的综合统一性既是知识可能性的先验条件，又是知识对象可能性的先验条件。

康德认为先天的逻辑形式及规则是自我意识综合统一性的体现，是思维的普遍的逻辑机能，进而是知识普遍性和必然性的基础，知性的功能就在于借助先天的逻辑形式及其规则来思维对象，即按先天逻辑规则把诸表象结合到一个意识里来。康德说"思维就是借助于概念，而得到认识"，而"把表象结合在一个意识里就是判断"，自我意识的综合统一作用在逻辑上就表现为运用概念和判断的能力。因此，知性的功能在逻辑上就是运用概念进行判断和推理的能力。他把知性的纯粹概念称为范畴，并从传统逻辑关于判断的分类中引出 12 个范畴，他把这 12 个范畴分为四个类，列出一个范畴表如下。

1. 量的范畴：单一性、多样性、全体性；
2. 质的范畴：实在性、否定性限制性；
3. 关系的范畴：实体性、因果性、交互性；
4. 样式的范畴：可能性、存在性、必然性。

康德把这些范畴不是看作客观世界及其规律的概括和反映，而是看作人类知性先天固有的逻辑形式和规则。这些逻辑形式和规则本身是没有内容的，单纯的思维形式是完全先天确实的。因而是思维的绝对的、必然的规则，因为我们借助这些思维规则完全先天地思考对象，而思考对象就是把诸表象结合到一个概念中来。康德把这种活动称为综合。这种综合总是以自我意识的先验统一性为基础的，正如算数的运算。总是以十进位法为共同统一的基础来进行的一样。因此概念范畴不是从对象中来的，而是以自我的统一性和能动性为前提的先验思维形式。

康德从这种唯心的先验论出发，把概念范畴看作是知识普遍性和必然性的基础。因为概念范畴作为思维的绝对必然的规则完全是先验的,应用于各种直观对象的。概念范畴就是思维的一个对象的前提和工具。所谓思维对象,就是借助概念范畴把感性材料构成某种对象的知识,知性正是借助先验的思维形式才能理解直观杂多内容中任何东西,就是思维一个对象。因此,"一般地说来知性是知识的能力",或者说是思维对象的能力,而概念范畴则不过是知识可能性的先验条件。就是说,概念范畴只有应用于综合感性经验时才能构成关于对象的知识,从而才使自然科学成为真正的知识,这样康德就对概念范畴在认识中的作用和界限作出了明确规定。概念范畴的作用,正是由于知性,只有借助它们才能思维对象。就是说,概念范畴应用于综合无联系的、杂乱的感性经验,就把内在联系规律性和统一性加给了对象,从而既产生了严格意义上的科学知识,也同时构成了我们认识的对象。他举例说,感性经验只告诉我们,太阳晒和石头热这些在时间上先后相继出现的孤立事实,并没有告诉我们二者之间的内在联系,只有当知性用因果范畴去思维,它才把因果联系加给它们。从而作出一个具有普遍性和必然性的判断:太阳晒热的石头,或者说太阳晒是石头热的原因。同样,物理学的基本原理也都是应用范畴进行综合统一的产物,它们的普遍性和必然性也都是应用于范畴的结果。而范畴借助于这种应用也获得了客观的实在性,这样自我意识运用先天思维形式综合后天的感性材料,使之统一起来,构成了具有普遍必然性和客观有效性的科学知识。康德由此断言,自然界的最高立法必须是在我们心中,即在我们的理智中,而且必须不是通过经验在自然界里去寻找自然界的普遍法则,相反,理智是自然界的普遍秩序的来源。也就是说,思维着的理性自身实为自然界之立法者。这些就是康德试图建立先天综合知识的重要理论根据,同时也是他为知性规定的范围和界限。

从康德的知性学说中我们看到,虽然他全面的、系统的论证了他的唯心主义先验论，把人的认识过程不是看作在实践中反应或接近客观事物自身的发展规律的过程，反倒是向客观事物强加规律的过程；不是我们的认识必须与对象相符合，反而是对象必须和我们的知识相符合；不是对象构造意识，反倒是知性构造对象，这无疑是一种或多或少减弱了的、冲淡了的信仰主义①。但是康德在认识论上比18世纪其他哲学家确实前进了一大步，这表现在：第一，他把自我意识的综合统一性及其体现范畴看作是人类意识的能动作用，是一切知识可能性的先天条件，没有思维对感性材料的改造制作的创造性活动，即没有知识，也不会有知识对象。合乎规律的知识对象及自然界是知性的创造活动的产物，是被人的知性普遍法则规定了的存在。因此，人不仅能够把自己的理性看作自然界的立法者，而且甚至可以看作是自然界的创造者。因为作为知识对象的自然界不论在形式上或在规律上，都不能受思维的统摄。在这个意义上，对于人类的理智（认识能力）来说，凡是符合理性的，即由理性创造的才是真实的，人只能理解它自己所创造的东西，人的认识对象是人自己创造的。第二，与前者相适应，在认识方法上，康德强调人的认识特征不是消极被动的反映和简单的记录自然，而是主动地有计划的审问自然。他说理性不容其自身无目地、机械地为自然所支配，依据固定法则之判断原理指示其进行途径。而强抑自然以答复理性自身所规定之问题。"理性之受教于自然，非如学生之受教于教师，一切垂听教师之所言者，乃如受任之法官，强迫证人答复彼自身所构成之问题"。这样，康德就深入地阐明了人类理性的功能和主体在认识活动中的主导地位，从而不仅把对理性本身的研究提高到一个新阶段，而且提高了理性的地位，沉重打击了宗教神学的绝对统治。第三，康德所提出的知性功能

---

① 列宁：《唯物主义和经验批判主义》，人民出版社，1972 年版，第 148 页。

的一系列重要问题,如自我意识的综合统一性问题、知识的普遍性和必然性如何可能的问题及认识者的精神在概念上的种种创造怎么会与自然界的事物普遍必然的相互吻合呢？都对认识论的后来的发展起到了积极的促进作用。虽然康德本人对这些问题的解决,由于受到当时机械自然科学的限制,是呆板、机械的,他的认识模式和机制是经不住实践检验的、先验的。他用思维的必然性来解决事物的规律性的做法也是头足倒置的。现代自然科学和哲学的成就打破了康德的这些局限性,但是也不得不像康德那样探索自然科学自身不能证明自己的真理的认识论基础和人类认识的创造性的能动性。特别是不同的民族不同的社会文化,不同的语言系统不同的世界观等等,都会造成不同的概念结构及其方式。它们怎么会跟观察到的事物相一致,这个康德式的老问题仍旧存在。正是这个问题引起了现代各派哲学向探索理性的深度和广度发展。第四,康德的认识论,不是像 17、18 世纪的"形而上学"那样,从理性万能推导出至高上帝的存在,而是给理性规定了范围和界限。他的新言论证明知性范畴离不开经验材料,否则只是空架子,不能形成知性,因而范畴虽是先天的却只能应用于经验的对象, 即只适用于现象世界并为现象世界确定规则。除此之外,没有任何别的用处,这就是说知性通过它的范畴只能对来自感性的表象进行加工和改造,而不能认识自在之物本身。这样就不仅把自然科学限制在作为现象世界的自然界的范围之内,而且把知识领域和作为自在之物的信仰领域严格地区别开来。把自在之物排斥于科学认识的范围之外, 这表明康德的唯心主义先验论是和自在之物不可知论内在的联系在一起的,先验论不仅论证了自在之物不可知,而且否定了宗教神学的知性论据。

关于理性的学说

康德认为,人的认识活动从感性开始,经过知性,上升到理性才达到最高阶段,再没有超过理性的更高级能力了。感性给知性提供杂多的直观表象,知性通过纯粹概念,将这些表象综合在一起。而理性,则将知性所得到的各种知识,原则定律等等加以综合统一,这就是说理性和感性、知性不同,感性和知性都没有超出经验的范围,它们的对象是感性表象它们的先天形式,都只应用于感性经验材料。而任何感性经验都只是现象世界的东西,因而是有条件的,相对的不完整的。理性则不与感性经验发生关系,仅仅应用于知性知识的综合。它具有一种不断向纵深扩展,并建立知识的最高最完整体系的倾向。超出经验范围的限制,去追求无条件的、绝对的完整的统一也就是要求认识现象世界背后的本体界。康德认为在充满杂多有限材料的感性经验范围内不可能找到无限的绝对的永恒的第一原因和最终本体,对感性和知性超出经验范围就无能为力,并且不可避免地要陷入谬误之中。就像太阳围绕着地球转的命题在经验范围内被常识证明为真而在超出经验范围时就成为谬误一样。因此,在感性和知性所考察的范围内,不可能建立起科学的形而上学(即第一哲学),只有在理性考察的超验的本体界的基础上才能建立科学的形而上学,即关于作为全部经验知识的最终根据的、无条件的、绝对的完整统一体。但是建立科学的形而上学不是要无限地扩展理性,主要是且仅仅是要限制人类理性和一般科学的应用范围。"其作用不在于发现真理,而只在于防止错误"①,这就是说理性的主要功能和任务在于,把知性的知识再加以综合统一,归摄于思维的最高最完整的体系,以把握全部经验的无条件的、绝对的第一性原理。因此,以康德说理性不过是综合整理知性材料而使之归摄于思维的最高统一的一种最高能力,或简要地说是原理的能力,而知性仅是一种规则的能力。

①《纯粹理性批判》,商务印书馆,1961年版,第544页。

康德把关于全部经验的、无条件的、绝对的完整统一体的纯粹理性概念称之为理念。这一术语来自柏拉图,他把理念看作是世界的原型和本体。理念虽是超验的,却是人类认识的最终目的;理念又是人的一切行为趋向道德完善的指导。康德吸取了柏拉图的思想,认为柏拉图把理念看作既是超验的思辨原理,又是人们行为的实践指导。就是说理念具有思辨性和实践性双重职能。这使康德看到了解决他所遇到的认识难题的出路。一个难题是与经验相反的结论(命题)——为什么会真,并高于经验的问题。如哥白尼的太阳中心说虽违反经验,却是真的,这是由于理性的思辨能力不受经验的限制,并能纠正经验的错误,得出比一般科学更高的原理,因为理性的对象就是作为全部经验的绝对完整统一体的理念,它并不是任何人所能经验到的,只能靠理性的思辨能力来把握。另一个难题就是科学知识要接受实践理性支配的问题。知性虽然能够回答自然科学如何可能的问题,却不能回答自然科学如何使用的问题。因为如何使用的问题,取决于使用者的道德标准和目的,这就需要超出自然科学范围之上去追溯合理支配科学知识的理念。康德认为正是理念的双重职能使人类的认识能够超出经验科学之外,去探索凌驾经验科学之上的具有决定作用的逻辑上的第一性原理。

康德把超验的理念分为三种,与此相应的推理能力也有三种。一种理念名为"灵魂"及一切精神现象的无条件的、绝对的完整统一体,他称之为心理学的理念,与此相应的推理是先验的谬误推理,由此求得思维主体自身的所有断然综合的无条件的、绝对统一。第二种理念命名为宇宙和世界及一切物理现象的无条件的、绝对的完整统一体,这是宇宙学的理念。与此相应的推理是纯粹理性的二律背反。由此求得现象的条件系列总和的假定综合的无条件的绝对统一。第三种理念命名为上帝,即作为前面两者的统一体的最高条件。就是神学的理念与此相应的推理是纯粹理性的理想，由此求得主客体所有条件的选择综合的绝对统一（最高存在者）。康德认为这三个理念是在现象之外的自在之物，即作为现象背后的超验根据本体论问题。纯粹理性之所以能够具有这些先验的理念，这是因为，第一，在推理的大前提和小前提中理性的直接对象并不是感性直观，而是知性的范畴和判断。因此理性作为把知性规则统摄原理的能力，永远不能直接适用于经验对象，只能通过概念从普遍中认识特殊，从而能够给予知性的各种知识以先验的统一性。第二，理性在逻辑的用途上，是为知性的有条件的知识去寻找那些构成三段论式的无条件的普遍原理。正是这些原理，包摄和先验规定了一切知性判断在经验范围内使用的普遍条件。第三，理性的最高原理既然永远不能适用于经验对象，那么它就不具有任何客观的真理，只不过是逻辑上的总根据（或叫"公准"）。它使我们的知识尽可能去接近完整性上升到理性所能达到的最高统一性，因此康德说先验的理念恰恰就是任何被给出作为有条件的东西的条件之总和的概念。也就是说，作为一切有条件的东西只是综合根据的、无条件的东西之概念。康德的这些论述既是关于理性的功能及其理念的逻辑根据的论证，又是对理性功能和理念使用范围的限制。

康德认为理念是人类理性永远追求而又永远不可能达到的知识的绝对完整的统一体。他虽能给经验事物提供范型，但却是没有经验对象的。在经验范围内，没有任何事物能够同它完全符合。正如人类自由应当是制定国家宪法的"理念"，然而古往今来的一切国家的宪法却都没有也不可能符合这个理念，因此理念是人类理性永远追求和日益接近的目标，可是又绝不会在现象世界中实现。这就是说理念是我们不能认识的，因为首先它作为绝对完整的统一体，既不能被任何人经验到也不能在经验对象的有条件的系列中显示出来。其次，理性除了知性范畴之外，并没有可以把握作为自在之物的理念的其他认识工具，而理性要去认识自在之物，就不可避免地把那些只适用于现象的知性范畴做超验的使用。这样做的结果，是理性必然会把跟知性相关联的主观必然性，错误地作为自在之物的客观必然性。并从相对且有条件的东西出发去推论那绝对的无条件的东西，从而造成先验的假象。但是康德又指出理念并非只是虚构，而是从理性本身的性质产生的（即按照理性追求知识的一切条件的、绝对统一的要求而建立起来的）。因而理念对于知性的整个用途具有必然的关系，一方面它作为综合统一知性知识的指导原则可以推动知性在现象领域内不断扩大知识向着不可达到的自在之物继续前进；另一方面理念所造成的先验假象即超验运用知性范畴所必然产生的谬误暴露了纯粹理性的、自然的不可避免的辩证法。

理念作为所有知性对象可能设想的绝对总和的一个盖然性概念。通过必然性推理不可避免地把主观的实在性误认为客观的实在性。康德称这种推理是"纯粹理性的诡辩活动"，因为理性运用知性范畴去规定超验的本体这本身就是诡辩的、不合乎理性的。但却是理性不可避免的，从而使它自己陷入不可解决的矛盾之中，因此称为理性的辩证法。这种辩证法最充分地体现在关于世界这一理念的"二律背反"（即矛盾对立）之中。康德从四类范畴中，引出四个"二律背反"。

第一，正题：世界在时间和空间上有限。

反题：世界在时间和空间上无限。

第二，正题：世界上的一切都是由单一的东西构成的。

反题：没有单一的东西，一切都是复合的。

第三，正题：世界上有出于自由的原因。

反题：没有自由，一切都是自然。

第四，正题：在世界凶的系列里有某种必然的存在体。

反题：里边没有必然的东西，在这个系列里，一切都是偶然的。

康德认为这四个"二律背反"都是关于现象系列的无条件的综合统一性（绝对总体的完整性）的。而每一类范畴都包含着现象系列的一个有条件的综合。纯粹理性运用这些知性范畴通过现象的有条件系列去推论无条件的绝对总体——作为无限本体的"世界"，这样就必然陷入不可解决的矛盾。因为在经验科学范围内，世界的现象系列的每个环节都是被条件规定了的，是有前因后果的，而且这些条件和因果系列是无穷的，没完没了的。可是理性的自然趋向却是要求确定一切经验条件总和的绝对不受条件限制的，最终根据——哲学上的无限本体而这一些无限的本体作为理念，必定是在经验之外，超出自然科学范围之外因而并不只是用于现象的知性范畴所能论证的对象。而是只有理想性，没有现实性的理性的理念。因此就不应该用知性范畴来推论这个无限的本体，但是理性又没有别的认识工具，只能用知性范畴来推论这个无限的本体。这样就把本来属于自在之物的本体界（理念世界）当作了知性立法的现象界，从而产生了假象的矛盾。康德说二律背反的辩证论证最有力的把哲学从他的教条主义的迷梦中唤醒，并且促使他去从事一种艰难的事业——对理性本身进行批判。他认为科学的哲学的任务就在于揭露这种假想的矛盾，使我们不至于把主观的原则当作客观实在来欺骗自己，因此二律背反的论证，"并非是要论证某种片面的主张（命题）。而是要探讨理性所有学说的互相冲突及其冲突的原因"。

康德举出的四个"二律背反"，每一个都由两个相互冲突的命题构成的。其中每一个命题都是经验所不能确定也不能推翻的，并不可以从理论上加以证明的。康德用反证法对每个命题都做了论证。首先假定一个论题的反面并证明其谬误，然后得出结论，既然论题的反面是错误的，那就只有这个论题本身是正确的，例如他对第一个二律悖反就做了如下的论证：

正题：主张世界在时间上有限，即有始有终。

证明先假定世界在时间上无始无终，那就是说在每一个已知的时间之前已经有一个无限系列的时间过去了。可是既然说有无限系列的时间已经过去，那就是说它是有终结的。因此，假定世界在时间上无始无终的说法是不能成立的，所以应承认世界在时间上有限。

反题：主张世界在时间上无限，即无始无终。

证明先假定世界有开始，那么开始之前就有一个虚空的时间，而在虚空的时间内不可能有什么东西存在和发生。世界不能产生于无。只能从一种状态过渡到另一种状态，每一状态都有开始，但是世界本身却不能有开始，所以世界是无限的。

康德用这种形式逻辑的归谬法不仅论证了世界有限还是无限；是单一的还是复合的；是必然的还是偶然的；是绝对的还是相对的等等，而且还论证了灵魂是不是实体和灵魂死与不死，以及上帝存在还是不存在。在他看来，正反双方都持之有故，言之成理。各自的论证都符合通常的形式逻辑推理，谁也驳不倒谁，但是这种论证是似是而非的，正反题都是错误的。因为有限和无限单一和复多，必然和偶然以及实体存在等等都是关于现象的范畴，而世界、灵魂、上帝等则是属于自在之物的本体论问题。因此运用知性范畴来规定本体论问题，这样就是把本体论错误地当作现象了。这就像把两个互相矛盾的、不可结合的概念结合到了一个命题里（如"一个四方的圆形是不圆的"）一样，是荒谬的。所以康德在批判二律背反的论证时指出，这种二律背反纯然是先验的假象所造成的冲突，作为自在之物的本体并非是现象系列的现实的绝对总和的统一，而只是理性从现象系列的一切条件中追溯整个条件总和的一种设想，即我们关于本体的一种理想性的思想。因此，二律背反归根到底，不过是证明了理念作为自在之物是不可知的。人们用说明现象的范畴去规定它们,这就像说自在之物是感性的或感性经验是自在的一样是自相矛盾的。

从康德的论证中我们可以看到,他的主要错误在于,一方面,他由于割裂了现象和本体的联系,看不到现实世界本身的矛盾,把矛盾仅仅归结为理性的先验假象了。而任何回避否认和取消现实矛盾的尝试,都会引起新的更坏的矛盾;另一方面,从论证方法上来说,他固守着形式逻辑的同一律不能突破"非此即彼"的形而上学思维的局限;此外,他的反证法本身就已经预先把应当证明的东西(如世界有开始)拿来用作已知条件当作前提,这在逻辑上也是站不住脚的。尽管如此,康德关于二律背反的论证在哲学史上仍然具有深刻的理论意义,这表现在以下几个方面。

第一,二律背反是对本体论问题的更加深入的理论思考。关于世界的起源和始基问题是哲学史上由来已久的问题,古代自然哲学家,就在感性实物中寻找世界的起源和始基,他们所提出的问题是哲学的本体论问题(如本原,第一因等),但是用的方法却是自然科学的经验方法,后来柏拉图的理念论是通过否定实物世界来确立一个理念世界,并把它看作是实物世界的原型和本体,从理念中推论出现实世界。在中世纪则把这种思想发展成上帝创世说,在近代经验论者夸大感觉的作用认为感性经验就是从自然界中找到本原,而唯理论者则认为只有理性才能提供关于世界本原和最终根据的知识。特别是莱布尼茨—沃尔夫学派尽管忽视感性经验,却把本体论问题降低为经验的一个环节,用知性概念去推论无限本体。康德认为这样的观点都属于先验的假象,因为感性经验所提供的现象世界是一个无穷系列的长河。其中任何环节都是有条件制约的,不是绝对的。因而只有在现象世界之外,在经验之外才能提出世界的始基,如"绝对无条件的整体","第一因"等问题。因此,这些问题不是经验科学的对象,而是哲学、宗教和道德的对象。只有哲学、宗教、道德才能解决这些没有经验对象与之相适应而只在理性中存在的"至大无外"的作为绝对完整统一体的理念。这样，他就在先验唯心主义基础上把哲学史上的宇宙论问题提到一个新的理论高度，并为建立一种新的本体论（他称之为科学的形而上学）作了初步探索。

第二，二律背反揭露了理性的矛盾，为后来的哲学家探讨本体论与辩证法的统一、辩证矛盾的普遍性开辟了道路。康德在总结当时哲学和自然科学的成果基础上，从时空、实体性、因果性加必然性等四个方面概括了宇宙论的最根本的问题，并揭示出本体自身所固有的矛盾（有限与无限、单一与复多、自由与必然、绝对与相对等）。虽然康德否认作为自在之物的客观世界本身有矛盾，并割裂了这些矛盾的方面。但是二律背反的提出却尖锐地暴露了以往形而上学独断论的片面性。它们各执一端，又自认为掌握了终极真理，力图排斥和贬低对立观点，实际上都是从同样的"非此即彼"的形而上学思想方法看问题的。康德看到了这种"非此即彼"的形而上学方法不能全面的把握客观真理，它得出任何命题都可以有一个反命题，"这样就使理性泄露了自己的隐蔽的辩证法"，也就是说，当人们透过现象去把握事物的本质时，人的认识必然发生矛盾。黑格尔对康德这一思想给予了高度的评价，他说："康德这种思想认为知性的范畴所引起的理性世界的矛盾，乃是本质的，并且是必然的。这必须认为是近代哲学一个最重要的和最深刻的一种进步"[①]。

第三，二律背反在一定意义上表现了调和哲学史上两条路线的倾向。康德清楚地看到哲学史上两条路线的对立和斗争，他说二律背反的"正反两种主张实构成伊壁鸠鲁派与柏拉图派之对峙。"这就是

---

①《小逻辑》，商务印书馆，1980 年版，第 131 页。

说,正题表现了柏拉图派的思想。认为世界是有开始的。作为思维主体的灵魂是单一的,不灭的。自我出于理念的行动超出了自然的强制必然性因而是自由的。整个世界及其秩序都是由一个最高的绝对存在者决定的,并由此得到统一和合乎目的的联结。康德认为,这种思想正是"道德宗教之柱石"。至于反题则表现了伊壁鸠鲁派的思想,恰好剥夺了道德和宗教的一切权能和势力。因为,世界既然是无限的,就不可能有作为世界"第一因"的创世主。世界也就只能按自身的必然性相互连接,人的意志也不可能具有超出必然的自由,一切事物(包括人的灵魂)都是可分割的、能够消灭的。康德认为,这种思想的实际作用在于最大限度地扩大我们的知性知识,克服对理性任务的曲解,使人类理智不致陷入思辨空想;但是它却使我们除了自然以外"便一无所知"。康德看到这两派的对立,但又认为二者各有所偏。因此他主张,既要在经验范围内扩大知识,又要保留道德宗教作为我们实践利益的理智前提及信仰。只是不让后者使用"科学的名义和庄严而已"。为此,他把纯粹理性和实践理性、经验科学领域和道德信仰领域严格地区别开来。认为各自在自己的领域都有存在的理由,它们不能相互代替或干涉。这样就调和了两派哲学的对立。

第四,二律背反更加彻底地割裂了德性与理性、现象与本体、认识论与本体论的联系,得出了不可知论的结论。康德从感性直观开始,一步一步地否认感觉形式(时空观念)、思维形式(概念、判断)以及理性思维的矛盾是客观事物在人脑中的反映,而把它们说成是主观心理状态,人脑固有的知识形式和理性自生的"假象",从而系统地把现象与本体、感性与理性、思维与存在、认识论与本体论割裂开来。论证了主观唯心主义的先验论和自在之物不可知论,宣称人的认识能力是有限度的。他认为,只有先验地把这些不可割裂的东西分开,限制理性,才不至于使理性的运用发生悖妄的错误。这就是康德认识论贯穿始终的轴心。他不知道社会实践是对不可知论的最令人信服的驳斥，因而他既不能解决认识论问题也不能解决本体论问题。然而，这却使哲学家们一直争论不休的哲学根本问题，以新的方式尖锐地提到理论思维面前，使这个问题不仅具有历来的认识论意义，而且具有本体论意义。德国古典哲学继康德之后的发展，正是沿着克服康德的割裂、统一认识论和本体论的方向前进的。但是，康德为了解决这种割裂和不可知论所造成的困境，不仅划分了纯粹理性和实践理性，而且把实践理性置于理论理性之上。他认为本体论问题虽然是理论理性(人的思维和科学知识)所不能解决的，但却是人类理性不可避免的，并且只有在实践(他所指的是理性的自由活动)中才能加以体会的问题。因为，二律背反打破了理论教条主义的迷梦。这对理性思辨是不幸的，但对于人的实践本性说却是有益的：它给实践理性提供了自由活动的条件。当人一旦失去行动的时候，那些纯系理性思辨的矛盾就会被当作梦中幻影加以抛弃，而"只按实践的利害关系选择他的原则"。实践理性迫使人们按照道德命令、按照理念信仰采取自己的行动。这样，理念便拆除了一切经验界限的樊篱而去占领了一个全新的实践领域。因此，二律背反及其导致的不可知论是康德哲学从纯粹理性向实践理性过渡的一个重要环节。

四、康德的伦理学说

康德的《实践理性批判》是在唯心主义先验论基础上建立起来的道德哲学。这种道德哲学是和康德之前的一些道德哲学相对立的。康德之前的一些哲学家不是从神的启示中寻找道德训诫，就是从自然秩序或追求幸福的本性中寻找道德法则的源泉。康德在道德哲学上所完成的类似哥白尼式的革命，被人们称作"卢梭主义的革命"。因为，正是卢梭在《社会契约论》中所提出的政治原则启发了康德。卢梭宣称"服从自己制定的法律就是自由"。只有公民积极参与立法，而不是消极地服从，国家权力才是合法的。康德吸取了卢梭的人民主权说的思想，并把它们发展成为道德哲学的依据。他认为，神的启示、自然秩序和个人幸福等等，只能提供明智的准则，而不能建立道德的法则；道德法则的源泉乃是公民的自由意志本身。这样，卢梭的自我立法及自我遵守的政治上的自主原则，就被康德改造成伦理学上的自由意志。

康德认为，道德的基础就是"善良意志"，即"这种本身值得极端尊重。不再讲别的而自身就是善的意志"①。这种所谓"善良意志"，就是一种好的道德动机，绝不掺杂丝毫感情上的好恶、趋利避害和对行为效果的任何考虑等外部因素，否则就是动机不纯。不善良因而也就是不道德的，凡是真正道德的行为必是出自善良意志的。因此，这种善良意志要求，一方面，意志不仅能够而且必须只以自身为格准（最高准则），出于自愿并发自内心，"完全与意志的对象的任何特性无关"①。不受任何外部因素的干扰，彻底摆脱了现实欲望和个人利益的束缚。只问动机不管效果，纯粹出于尊重理性自身的道德律，按"应该"而行动。另一方面，意志自身的取舍（选择）格准必须具有普遍道德律的意义，这就要求人们对别人采取你希望他对你的那种态度，做那些大家都应该做的事。康德说："无论做什么，总应该做到你的意志遵循的准则永远同时能够成为一条普遍的立法原理。"②这种无任何条件、无任何目的、又丝毫不计后果的，只以"善良意志"为基础的行为原则，康德称之为"实践理性"先天，规定的绝对的道德律令即"绝对命令"。因此这种"绝对命令"，乃是真正的"意志自律"，是道德的最高原则。

---

①《实践理性批判》，商务印书馆，1961 年版，第 68 页。

　　康德的善良意志的说教,是直接和 18 世纪法国唯物主义的功利主义伦理学相对立的。法国唯物主义者为了抨击封建神学的禁欲主义,公开鼓吹资产阶级的功利主义。把追求个人幸福、趋乐避苦、满足物质利益当作道德的最高准则。这种经验主义的幸福观,实际上是法国资产阶级力图通过革命夺取政治上和经济上的统治地位的理论表现。而康德认为,这种趋乐避苦,追求私利的幸福观,实际上是动物的本性,或者说是人的兽性展现。这种幸福可以因人而异、因时而异,是受条件制约的,没有客观普遍的必然意义,因而不能算道德的准则。康德看到了这种功利主义的弊端,这是有进步意义的,但是他主张的不计利害、不讲身价、不问效果、只管动机"善良"的"唯动机论",把善良意志抬到无论在世界之内还是世界之外的一切事物之上。认为除善良意志之外,什么东西也不可能是无限制的好的。善良意志,即使毫无成就,也会像珠宝那样自己发光,具有自身的全部价值。"它的有用或无结果对于这个价值既不能增加分毫,也不能减少分毫。"一切出自善良意志的行为本身就闪烁着全部道德价值的光辉。这样,康德就使善良意志完全脱离了社会的物质生活基础,脱离了感性存在的现实的人。恩格斯指出:"人们自觉地或不自觉地,归根到底总是从他们阶级地位所依据的实际关系中——从他们进行生产和交换的经济关系中,吸取自己的道德观念。"[①]而"康德只侈谈'善良意志',哪怕这个善良意志毫无效果他也心安理得。……康德的这个善良意志完全符合于德国市民的软弱、受压迫和贫乏的情况。"事实上,道德的基础和法则,不是软弱、玄虚的善良意志的命令,而是以一定经济关系为基础的社会和利益的要求。康德割裂道德与其物质利益基础的联系,只满足于抽象道德法则的命令、这种软弱、贫乏和玄虚的主观唯心的

---

　　①《马克思恩格斯全集》第 3 卷,人民出版社,第 211–212 页。

道德观,无疑是德国市民软弱性和妥协性的表现。

但是,康德的伦理学并不仅仅是主观唯心的形式主义道德说教,它在反对法国人的功利主义的效果论的基础上又有新的建树:探讨了人类的道德格准和道德义务。他认为,要认识和衡量我们行为的全部价值就必须考虑义务这个概念。如果我们的意志受制于利害得失,感情好恶或贪求幸福,不愿作出丝毫个人牺牲。"那就阻碍了道德法则对人的影响",因而行动也就不会符合道德标准。他说,在大多数情况下,人们的行为总是为了一个自我,"亲爱的自我总是占着重要的地位"。而"义务是往往需要自我牺牲的"《道德形而上学探本》,第22页。真正的道德行为必然是发自于道德义务心的行为,纯粹为了道德义务和人类的精神完善,而牺牲个人幸福。因此道德义务就是纯粹出于善良意志的"绝对命令"。康德认为,这是无条件的、先验的、纯粹理性的实践规律。在他看来,义务是意志自律的基本体现,是道德的最牢固的支柱。只有出于善良意志的义务,才使我们的行为具有道德价值。因此一切道德教育的真正任务,就是要人们用神圣的义务来指导自己的行为,使"行为不但要合于义务,而且要发于义务"。如果人们的目的在于有益公众而获得荣誉,那么他的行为虽然可以合乎义务,却是只值得赞美而不值得敬重的,因为这种行为的格准没有道德价值。许多富有同情心的人,尽管没有任何好虚荣或自利的动机,以他人的快乐如意而感到内心的愉快,然而不管这类行为与义务多么一致,只要以个人自身的愉悦为归宿,仍然不具有道德价值。总之,出于善良意志的道德义务是不考虑任何后果,不受感性欲望和利害关系的制约的,否则就是对神圣义务的亵渎。例如"不说谎",如果不追求某种目的和效果,而是出于义务,那就是道德行为的表现;如果是顾忌说谎的后果会给自己带来不利,那么"不说谎"就是出于某种外部的压力,受某种条件和目的的制约的,因而也就不配称为道德行为。所以康德主张："应该为义务本身而尽义务。"就是说,人的行为不要考虑行为对象的后果,而只出自善良意志而尽义务。道德的崇高意义和价值,就在于一切行为都应该出自神圣的义务。他说:"义务啊! 你是一个崇高而伟大的字眼! 你丝毫不取媚人,丝毫不奉承人,而只是要求人服从。你即使要唤起人的意志,你也不会使人见而生厌、望而生畏的东西来威胁人。你只提出一条规律,那条规律就自然深入人心。而且,在这个规律之前,一切好恶不论知何暗自抵制,也都得默然无语! "

在这里,康德把道德义务当作无条件的绝对要求。主张为整体利益而牺牲个人幸福,用道德义务来命令和管束自己。按义务对自己行为绝对负责等等,这些伦理思想和准则,对于提高人们的道德修养和知识境界是有一定的启发和借鉴作用。人们对自己的阶级、民族和国家, 无疑负有无条件的道德义务;并且对伟大事业和社会理想的追求,总是要以自我牺牲为前提的,正如普列汉诺夫所指出的:"道德的基础不是对个人幸福的追求,而是对主体的幸福,即对部落、民族、阶级、人类幸福的追求……总是要以或多或少的自我牺牲为前提的。"[1]

可是,实践理性的"绝对命令",在现实生活中即在经验的感性世界中照例是得不到执行的。康德看到了善良意志和现实生活的彼此背离,也注意到在现实生活中德和福的背离。有德者未必有福,而"享受幸福者反多恶德"。面对理想与现实的背离,他不得不用"二律背反"来解释。他认为,人作为感性存在者,是自然界(现象界)的一部分,受自然规律的支配,受感性欲望和私利的支配,因而是没有自由意志的;人作为理性存在者,是属于"自在之物"世界的,可以超越现象界不受自然规律和感性欲望的支配, 因而能够按照理性自身规定

---

①《普列汉诺夫哲学著作选集》第 1 卷,第 55 页。

的原则去行动,这说明意志是自由的。康德所谓自由,是指意志摆脱自然必然性而由自己规定自己的法则并按这个法则来行动。他说:"我们必须假设有一个摆脱感性世界而依理性世界法则决定自己意志的能力。即所谓自由"。这个自由就是意志的"自律"。意志受自然必然性的支配而行动则是意志的"他律"。在他看来,人既然是感性存在者,那么要彻底摆脱自然规律和感性欲望的支配,实际上是不可能的。现实生活使人们无法排除欲望、私利、职业、金钱、权势等外在因素影响。这样一来,人的意志也就不可能是绝对自由的。因而,"自由意志""意志自律""绝对命令""善良意志"都不过是一个"应当",即人们应当努力追求但又永远不能实现的道德理想。

我们看到,正当法国资产阶级举起"自由"的旗帜去追求实现自己的政治经济利益和独立自主的统治的时候,康德却仅仅是把自由、自律看作是道德上应有的假设,看作是排斥感性欲望和物质利益的所谓"善良意志"的一个应有的规定,看作是人们可望而不可及的理想。这种自由观无疑反映了德国市民幻想自由又不敢进行实际斗争去实现自由的矛盾精神状态。正如马克思和恩格斯指出的,康德把法国资产阶级的有物质动机的意志,"变成纯粹思想上的概念规定和道德假设"。康德的道德理想割裂人的精神要求和物质生活的联系,并把二者对立起来。只满足于纯粹理性的概念规定和对道德理想的向往,这样就把现实的人变成了排斥物质生活、只有概念规定的某种脱离现实社会关系的纯粹理性主体。这种思想虽然是唯心主义的,但却是继承和发展了自文艺复兴以来特别是法国启蒙主义所代表的进步思想方向。

在康德看来,道德规律虽然在感性世界不能实现,但在理性世界人作为理性存在者却具有自由意志,这不仅是人同宇宙万物的根本区别,而且是保证执行"绝对命令"的必要条件。人作为理性存在者是凌驾于感性物质生活之上的。具体的物质东西虽有一定的价值,却没有自我意识或意志,只能被利用来作为达到一定目的的手段;具有自我意识的人则不能像物质那样被用作手段。在任何时候、任何人,甚至上帝,都不能把人只是当作工具来利用。因此,康德提出人是自身的目的,是客观的自在的目的本身,人不具有市场价格,只拥有尊严和人格;每个人都要善于主宰自己,不要使自己被当作任意利用的工具或成为物的奴隶,"要使财物受你支配,而不要使你受财物的摆布"。康德认为,这就是他的抽象的道德律令所具有的实质性内容。这样,康德的道德规律尽管采取了抽象的思辨形式,仍然表现了德国市民要求从封建桎梏下解放个性的资产阶级愿望。他不仅论证了人的主体性,而且把人的道德修养和自身完善化当作实践理性的目的。在这个基础上,他憧憬建立一个同德国专制制度对抗的、依据自由原则构成的道德王国,即由一切有理性者所组成的"目的国"。他说,"每个人应当将他自己和别人总不只当作工具,始终认为这是目的——这是一切有理性者都服从的规律。这样由共同客观规律的关系就产生了由一切有理性者组成的系统,这个系统可以叫作目的国。"他强调指出:"在目的国度中,人就是目的本身;那就是说,没有人(甚至神)可以把他单单当作手段。他自己永远是一个目的;因此以我们自己为化身的人的本质,对我们自身说一定是神圣的。"康德所幻想的"目的国",实质上无非是以抽象的伦理观念形式表现的资产阶级理想化了的"自由、平等、博爱的王国",他和法国人的不同点只是在于他把这个目的国变成了一个不能实现的理想。

康德为了解决理想和现实、道德和幸福的矛盾,又提出了以"至善"来协调统一道德和幸福的对立。他认为,讲道德虽然绝不是为了幸福,可是,有道德的人也不应总是吃苦受罪,而应当有资格配享幸福。因此,只有道德和幸福协调地结合起来,才是道德生活所追求的最高目标,才是所谓"至善"。他说"寻求纯粹实践理性的无制约的对象全体,那就是所谓的'至善'。"也就是说,至善是实践理所追求的最完善的道德境界。然而,现实的人是不可能达到实践理性的最高目标——"至善"的。即不可能实现道德和幸福的协调统一;"至善"的实现只能推到"彼岸世界"。也就是说,人们只有凭借信仰和寄托的方式才能达到"至善"。这样就必须一方面,假设灵魂是不死的。"至善"只有在这个假设之下"才在实践上是可能的";另一方面假设存在一个至高无上的、扬善惩恶的全能上帝。"至善只有在神的存在下才能实现"。人们如果没有对灵魂和上帝这种假设的信念,便只会去追求现世的幸福,那么至善就既无可能也无法达到了。于是,在《纯粹到理性批判》中被驱逐出科学范围的自由意志、灵魂不死、上帝,在《实践理性批判》中又被请了回来。在康德看来,上帝存在、灵魂不死等从科学知识观点看是站不住脚的,但作为道德生活的信念即实践理性的"假设"却是不可缺少的。这无疑表现了康德试图调和科学与宗教的软弱性与妥协性的一面。然而康德的道德神学是和当时正统神学以及莱布尼茨—沃尔夫的理性神学不同的。康德把上帝只是看作"至善"的化身,即道德的假设,或者说人类实践理性需要的影子,并不是实际存在的创世主。上帝不是道德的原因或基础,只是道德生活的结果,是人们追求道德完善化的归宿,这都有一定的反封建意义。

总之,康德的伦理学作为德国市民的社会要求的理论表现,也同它所代表的阶级一样,是有两面性的。一方面。它脱离社会物质生活条件用思辨的概念来推演道德原则,把意志自由当作道德生活的基石;它割裂行为的动机和效果的联系,片面强调动机,只满足于软弱、贫乏的"善良意志";它抹杀了道德法则的阶级性和历史性,妄图建立一种超阶级、超民族、超时代,永恒不变的普遍道德法则;它把道德和幸福形而上学地对立起来,把幸福诉之于来世,把现实矛盾的解决当作理想推到"彼岸世界",并提出灵魂不死和上帝存在作为道德完善与来世幸福的保证。所有这些思想都是唯心主义的,是德国资产阶级软弱性和妥协性的表现,是康德伦理学的保守且消极的方面。另一方面,康德伦理学也有积极的意义。这表现在,第一,它论证了人的主体性。我们的道德法则不是任何神赏善罚恶的启示,也不是任何人的欲望和私利的玩偶,而是以人自身完善化为目的。又由人自己规定和自觉遵循的法则,并且这些法则只有合乎理性,为人类整体利益服务,才能产生并普遍有效。这不仅是法国资产阶级的"自由、平等、博爱"的革命口号的德国翻版,而且本身就是对封建制度的叛逆。他主张,道德法则不是政治上的专制化的行政命令或法律规定,相反,道德法则本身就是审核任何国家的政治和法律的标准与尺度。所有政治法律在道德法则面前都不得不弯下双膝。第二,康德的"绝对命令"学说强调,道德法则和道德义务是义无反顾的责任、无与匹敌的力量。个人负有为人类利益、为社会正义而献身的不容推卸的义务。人只有遵守道德法则、履行道德义务才有道德价值和人生的意义,才配享人的尊严。这些思想不仅对于提高人们的精神境界有积极的意义,而且论证了道德对于一个社会的重要意义。第三,康德伦理学对各种否定理性道德的思潮提出了警告。他说,任何否定理性指导的道德是"更有害和更无价值的"。他提出意志自由是道德的必要条件。他劝导人们去追求在人间建立目的王国,去追求美好的社会理想,不要以不可能实现为理由放弃对理想和至善的追求。这一切显然都反映了德国资产阶级的革命要求。

康德哲学作为处于上升时期的德国资产阶级的思想代表,自始至终都表现了这个阶级的二重性。其中占主导地位的是它反封建、要求革命的一面。这在康德哲学里表现在,第一,他提出天体自然发生发展的学说,打破了形而上学自然观的长期统治,为近代的宇宙发展论奠定了基础；第二，他论证了人类认识的能动性。揭露了思维与存在，感性与理性、必然与自由、现象与本质以及动机与效果、理想与现实等等矛盾对立，从理论上推翻了莱布尼茨—沃尔夫的"形而上学"体系，为思维的辩证法开辟了道路；第三，他提出和论证了人的主体性问题。用"绝对命令"和"目的国"的学说论证了人的崇高使命和美好社会理想，打破了封建神学的精神枷锁。由于这些贡献，康德开始了德国的哲学革命。但是康德哲学还有消极、保守的方面，这表现在他企图调和唯物主义和唯心主义、经验论和唯理论，最终走上了不可知论和主观唯心主义道路；他调和科学和宗教、把理想和至善推到了"彼岸世界"，为信仰主义开辟了地盘；他虽揭露了各种矛盾，但却无力解决矛盾，导致割裂矛盾双方，最后走向了形而上学。

康德哲学由于本身的这种二重性和调和性质，对后世的影响也是多方面的。主观唯心主义者和不可知论者从右边批判康德，发展了他的主观唯心主义和不可知论；客观唯心主义者则批判康德对思维与存在、现象与本质的割裂，发展了思维的辩证法；而彻底的唯物主义者则从左边批判康德，既否定了一切唯心主义和不可知论，又否定了一切形而上学。

康德的《未来形而上学导论》

一

《任何一种能够作为科学出现的未来形而上学导论》(简称《未来形而上学导论》),是在《纯粹理性批判》二百年后(即 1783 年)出版的,目的在于以通俗的语言简明阐述《纯粹理性批判》的主要内容和题旨。

《纯粹理性批判》一书虽是康德经过 12 年沉思的产物,但撰写却仅仅只用了四五个月的时间;原来只想写一本小册子,不料后来竟扩大成一本巨著。这使得这本书显露出一些明显的缺点,例如有些章节内容未说清楚,语言上晦涩艰难,体系上调和折中等等。许多学者对他的著作很难理解,望而却步。有一些浅薄的评论家甚至没有深入钻研《纯粹理性批判》,便断章取义地妄加评论。如伽尔韦—菲德尔在《哥廷根学报》(1782 年 1 月号)上发表的书评,指责康德用晦涩难懂的概念说明每人都能一眼看穿的东西, 其实不过是贝克莱唯心主义的翻版。

康德为了阐明《纯粹理性批判》的主要内容和题旨,反击有些学者对他的思想的肆意歪曲和责难,决心再写一本纲要性的小册子,一方面对《纯粹理性批判》的基本原理作通俗易懂的解释,另一方面把他的"批判哲学"和贝克莱的"讨厌的唯心主义"划清界限,澄清人们对先验唯心主义的误解和歪曲。于是在 1783 年出版了这本《未来形而上学导论》。

《未来形而上学导论》全书的逻辑结构，包括三个方面的内容："导言""前言"和"《导论》的总问题"构成了全书的第一部分,起了全书绪论的作用;"先验的主要问题",包括第一、二、三编和结论,是第二部分,主要简述了《纯粹理性批判》一书的基本线索和内容;最后一部分是"总问题的解决"和"附录",总结了印证全书的题旨。

二

(一)形而上学作为科学是否可能

康德在《未来形而上学导论》一书中,开门见山地提出了形而上学作为科学是不是可能的和怎样可能的问题。他宣称:"我的目的是要说服所有那些认为形而上学有研究价值的人,让他们相信把他们的工作暂时停下来非常必要,把至今所做的一切东西都看作是没曾做过,并且首先提出'像形而上学这种东西究竟是不是可能'这一问题。"①为了研究这一问题,康德对形而上学的现状、历史与特点做了评述。

1. 形而上学的现状十分令人不满

康德认为,形而上学已经失去往日被普遍承认为真理的荣耀,成为人们所厌弃的东西,"形而上学家"成了被人耻笑和不光彩的称号。因为,人类理智对它寄予无限的希望,却始终没能得到满足。对于形而上学的现状,康德进行了批评,他认为形而上学以科学自封,把人类理智多少世纪以来用各种方式思考过的数不尽的知识,都套入它那万灵预言般的教条里,显然无法发掘新的知识;其他一切科学(主要指自然科学)都在发展,而偏偏自命为人类智慧的化身、人人都必

①康德:《未来形而上学导论》,商务印书馆,1978 年版,第 3 页。

须求教和遵循的形而上学却老是原地踏步不前，这使得许多有才能的人不愿拿自己的名誉在这门"假科学"上冒险；形而上学还不能给人们提供确实可靠的衡量真理的标准，人们更无法区别什么是真知灼见，什么是无稽之谈，这使得一些不学无术的人能够在这个领域里招摇撞骗，到处套用那些独断的教条，而不致遭到反击和揭露；维持这种"假想宝贝"的人常常以古老的传统或大家公认为由，盲目地抱定形而上学不放，谁对它表示怀疑和对新东西进行独立探索，谁就要遭到他们的反对。

在康德看来，形而上学的这种现状，迫使善于独立思考的人怀疑它的真实性，探索它作为科学的可能性的条件，并且"必不可免地要按照一种前所未闻的方案做一次根本的改革"。①显然，根本改革旧形而上学是十分必要的。

2. 休谟对旧形而上学的致命打击

康德认为，休谟从因果性概念出发，彻底否定了旧形而上学。旧形而上学历来赖以存在和自我辩护的一个重要理论基础，就是理性能够产生和认识因果的必然性连接，按照这种必然性因果连接，理性能够追踪到事物的最终原因。休谟对这种观点提出了质疑，认为理性根本没有能力把事物本身想象成是具有因果连接的。因果连接既不是理性的先天概念，也不是事物所具有的，而是在经验的影响下形成的感性表象的习惯性连接。因而他断言，理性所能认识的只是经验罢了，它不可能追踪到事物的最终原因和最终本体那里去。这也就是说，"没有，也不可能有形而上学这样的东西"。②

康德从休谟那里得到很大的启发。首先，他认为休谟的怀疑论彻

---

①康德：《未来形而上学导论》，商务印书馆，1978 年版，第 5、7 页。

②康德：《未来形而上学导论》，商务印书馆，1978 年版，第 8 页。

底打击了旧形而上学，休谟关于以经验观察为根据探索认识的内容和形式的思想，为根本改革形而上学指明了一条出路。其次，他认为休谟提出了因果概念的根源问题，即"这个概念是否能先天地被理性所思维"，是否具有"不为经验的对象所局限的使用价值"，在康德看来，为了解决因果概念的根源问题，必须深入研究理性的性质、能力及其界限。因此，康德说："我坦率地承认，就是休谟的提示在多年以前首先打破了我教条主义的迷梦，并且在我对思辨哲学的研究上给我指出来一个完全不同的方向。"[①]但是，康德又不赞成休谟的怀疑论的结论，认为他把船停靠在怀疑论的岸上，让它在那里腐朽，无所事事。康德指出："至于我，却不采取这样的做法；我是给它一个驾驶员，这个驾驶员根据从地球的知识里得来的航海术的可靠原理，并且备有一张详细的航海图和一个罗盘针，就可以安全地驾驶这只船随心所欲地到什么地方去。"[②]康德认为，根据人类已经获得的关于自然知识的可靠原理，可以为探索理性的能力和界限提供一个"航海图"和罗盘针。

3. 形而上学知识的特点

康德认为，就知识源泉来说，"形而上学知识"这一概念本身就说明它一定不是来自经验的，它必须是先天的知识，即出于纯粹理智和纯粹理性的知识。但是，这种知识又和先天的数学知识不同：它是从概念得来的理性知识，而数学知识是从概念的构造得来的理性知识；它从一般中认识个别，而数学是从个别中认识一般。因此，形而上学知识是纯粹哲学知识。

康德认为，这种出于纯粹理性的哲学知识，就其逻辑形式或基本

---

①康德：《未来形而上学导论》，商务印书馆，1978年版，第9页。
②康德：《未来形而上学导论》，商务印书馆，1978年版，第12页。

内容来说,必须是先天综合判断。因为,只有先天综合判断,既是来自纯粹理性的具有普遍必然性的知识, 又是能够扩展我们知识范围的综合命题。

康德为了说明形而上学作为科学是不是可能的, 首先把形而上学知识归结为先天综合判断, 这样他把哲学的总问题就变成了论证先天综合命题是不是可能的和如何可能的问题。为此,他把各种知识按其来源的逻辑形式作了区分,并详细阐述了分析判断和综合判断的区别。

在康德看来,区分综合判断与分析判断,探讨先天综合命题的可能性, 对于批判人类理性和研究形而上学的可能性来说是必不可少的和十分重要的。康德认为,许多哲学家正是由于看不到先天综合命题的可能性, 所以在探讨形而上学时不是沉迷于教条主义就是陷于怀疑论。因此,探讨先天综合命题的可能性,是探讨形而上学作为科学的可能性的前提和钥匙。

4. 先天综合判断是不是可能

康德在"《导论》的总问题"中进一步论证说,几千年来就形而上学总是"用纯粹理性的一些原理来论证出关于至高无上的存在体和来世的知识",[1]并让人们盲目地相信这就是不可抗拒的确然无疑的真理。

康德认为,这种旧形而上学作为科学是不可能的,因为它存在许多弊端:首先,它虽然能够具有一些确然无疑、从未被人反驳过的命题,但这些命题都是分析命题,不能扩大知识,它们仅仅是建筑形而上学的材料和工具;其次,对它的一些命题(包括它所能做出的一些综合命题)从来都没有用理性、从先天的角度来加以证明;再次,在这

----

[1]康德:《未来形而上学导论》,商务印书馆,1978 年版,第 28 页。

些命题的使用上，各派不是在主张上，就是在主张的证明上，总是互相矛盾的；最后，形而上学用以论证的方式和一切尝试，都不能满足人类理性的最重要的向往，只能使人完全灰心失望，从而导致怀疑论。因此，康德说："形而上学就是如此，它像泡沫一样漂浮在表面上，一掬取出来就破灭了。"①一些哲学家不去在深处寻找现象的原因，只热心掬取泡沫，这就摧毁了形而上学作为科学的真理性的资格。于是我们只剩下一个批判的问题了，"这个问题就是：形而上学究竟是可能的吗？"②

康德认为，根据对这个问题的回答，我们就能规定出我们未来的做法。但是，对这个问题又不能用现有的形而上学的主张来回答，而必须是从一种"尚在可能中"的科学概念上来回答，因为"我们不能承认作为科学的形而上学是实有的，但是我们有确实把握能说某些纯粹先天综合知识是实有的、既定的"，③在康德看来，不需要问它是不是可能的，只需要问它是怎样可能的。这样一来，"形而上学究竟是不是可能的"这一问题，就被康德归结为"先天综合命题是怎样可能的，或纯粹理性知识是怎样可能的"这样一个问题了。他认为，这一问题是一切理性知识之所以可能存在的根据；只有这一问题的解决，才能使我们根据它的可能性的一些原理来确定人类理性的能力及其使用的条件和范围。所以，"先天综合命题是怎样可能的"这一问题，就是《导论》的总问题。

怎样解决这个总问题呢？康德认为，他的全部先验哲学就是对这个问题的全面解决。换句话说，要想研究一切形而上学，必须先研究

①康德：《未来形而上学导论》，商务印书馆，1978年版，第29页。
②康德：《未来形而上学导论》，商务印书馆，1978年版，第30页。
③康德：《未来形而上学导论》，商务印书馆，1978年版，第31页。

先验哲学，先验哲学是任何一种能够作为科学出现的未来形而上学的可能性前提。先验哲学将分别回答:纯粹数学是怎样可能的? 纯粹自然科学是怎样可能的? 一般形而上学和作为科学的形而上学是怎样可能的? 这些问题都是为了在理性本身中寻找现有科学的源泉,并从这个源泉出发来考察和衡量理性先天认识事物的能力。

(二)纯粹数学是怎样可能的

"先验的主要问题"的第一编是"纯粹数学是怎样可能的? "在这里,康德实际上是讲,人类的感性认识是怎样可能的。他以数学知识为例,论述了先验感性论。

1. 先验感性认识之所以可能的原因

康德论证说,数学知识(它的概念和公理等)"具有完全无可置疑的可靠性,也就是说,具有绝对的必然性",[①]这是由近代科学所证实了的。那么这种数学知识及其可靠性的根源是什么呢? 他回答说,它既不根据、也不可能来源于经验,因为经验总是偶然的、个别的、也是不可靠的,这样就只能承认它是理性的一种纯粹产物,也就是一种完全先天的知识;同时,它又是综合的,即只有在直观里才能提供的知识。然而这种直观又不是经验的直观,而是纯粹的直观,即借助于时间和空间这种先天形式进行的直观。这种先天直观(时间和空间)就是数学知识可能性的第一的、最高的条件,是纯粹的数学的一切知识和判断的基础。没有这种纯粹直观,数学就寸步难行;只有这种纯粹直观,才能提供先天综合判断的质料。就像几何定理是根据空间的纯直观的,算术学是在时间里把单位一个又一个地加起来,才构成数学的概念一样。因此康德认为人类具有了纯粹直观,就使得先验感性认识有了可能。

---

①康德:《未来形而上学导论》,商务印书馆,1978年版,第38页。

2. 纯粹直观先于对象本身而存在

既然人类具有先天的纯粹直观,那么就发生了问题:对象的纯粹直观怎样能先于对象本身而存在呢?按照通常的理解,纯粹直观是对对象的直接表象,而不是回忆表象,就是说它直接观察对象,并根据对象的出现而产生。因此似乎不可能有先天的、原始的纯粹直观。但是,康德坚持说,这种纯粹直观是确实存在的。康德对先天直观存在的条件(理由)这个问题作了着重论述。

第一,他认为,感性直观并不表象事物本身,只能表象事物刺激我们感官的方式,即只涉及感官对象(康德称之为现象,现象不是物本身及其属性的表现,而仅仅是按照物感染我们的感官的方式所得到的表象)。因此,这种对象或表象,并不是按照物本身及其属性那样来表象的,因为它们并不能挪到我们的感官中来,而只是我们的主观被刺激时的状态或方式。因而感性直观是人们主观所固有的一种先天的接受能力(表象能力),只有承认这一点,才能说明为什么我们能够感知某种感官对象。

第二,他认为,纯粹直观(空间和时间)只是感性的纯粹形式,不包含感性的质料,它与内容无关。感官对象(现象)只能按照这种感性的形式而被直观,没有这种形式,我们也就不可能直观。因此,在康德看来,这种感性形式在主观上必然先行于感染我们感官的对象而成为我们的先天知识。

第三,他认为,感性直观的先天形式是感知对象的先天可能性的条件,是感性经验的先天基础。因为,先天直观的形式不仅先行于对象,而且"在现象中首先使对象在事实上成为可能"[1]的条件。正是这种先天直观,既具有先天的普遍必然性,又能提供扩张性的综合知

---

[1]康德:《未来形而上学导论》,商务印书馆,1978 年版,第 43 页。

识,所以才使数学知识成为可能。

3. 空间和时间是先天感性的形式

康德认为,空间和时间是感性直观的先天形式,是感性经验可能性的先天条件。这样既与唯物主义经验论(如牛顿和洛克的观点)划清了界限,又与唯心主义经验论(如贝克莱的观点)有所区别,同时也排斥了唯心主义唯理论(如莱布尼茨的观点)的论据。

牛顿继承笛卡尔《物理学》的观点,把空间和时间看作是客观存在的实在的东西。康德反对这个观点,认为空间和时间不是某种实在的东西,因为,自在之物是不可知的,我们只能知道自在之物和感性的关系,并不能知道自在之物本身是什么样子。我们虽能够有三角形、球形等外在直观,并且这些外在直观尽管看起来完全相同,如出于球面的相反半球上的三角形,或我们的手及其在镜子里的影像,但无论如何它们也不能重合在一起。这说明,在看起来完全相同的外在直观中存在着一种内在的差别,这种差别告诉我们,空间绝不是物本身的表象,也不是纯粹理智从物本身中推论出来的结论,而仅仅是一些感性直观,空间只有在外在直观里才能表现出来。

同时,康德认为空间和时间也不可能是完全的主观感觉或观念性的概念。贝克莱把空间和时间看作是存在于心中的观念(感觉),而莱布尼茨把空间和时间看作是有关精神实体(单子)的一些模糊的、不明晰的概念,即从作为现象与物质性东西的关系中得来的一些模糊概念。康德对这两种观点进行了批驳,因为,按照这两种观点,空间和时间就会变成某种主观随意性的假象,或根据理智演绎推论出来的概念。康德指出,事实上,空间和时间的一些特性如两个图形的全等、只有三条直线成直角地相交于一点(空间的三维性)、一连串的变化延续到无限(时间的持续性)等等,只能在直观综合中获得,而不能从主观随意性中和概念的分析推论中获得。他说,正是"先天的纯直观使综合的、毫无疑问是有效的数学命题成为可能"。①

此外,空间和时间之所以是直观的形式而不是概念,还因为它们作为先天直观的形式总是一个整体,任何空间的内部规定(即任何图形及其特征)之所以可能,只是在于它是整体空间的一个部分,部分是由整体来规定的,并通过整体才成为可能。康德认为,第一,整体与部分的关系不是靠先验演绎得来的,而是靠直观综合得来的,概念和它所概括的事物的关系则是靠先验演绎得来的;第二,在空间那里整体先于部分,先有整体后有部分,而在概念的演绎中先有部分后有整体。因此,空间和时间不是主观感觉,不是观念性的概念,也不是自在之物或它的属性,而是感性直观的先天形式。

4. 先天直观形式具有客观实在性(或客观有效性)

第一,康德认为,先天直观形式虽然先天存在于我们感性之中,但并"不是纯粹由我们幻想出来的"产物,而是实在的感官对象(即现象)的形式。虽然它绝不是自在之物本身的属性,仅仅是物感染我们感官的样式(即表象能力)的形式,但是,"只有在这种形式只在感官对象才能提供给我们"。②在他看来,先天直观形式是一切感性对象的可能性的根据,因此,它对于感性世界的一切现象都必然地客观有效。

第二,康德认为,承认先天直观形式,并不等于否认"作为我们的感官对象而存在于我们之外的物是已有的",③只是说:我们不知道这些物本身的样子,而只知道它们的现象;这些现象也必定通过感性直观才能提供给我们。这正像洛克把颜色、气味等看作是第二性的质,

①康德:《未来形而上学导论》,商务印书馆,1978年版,第45页。
②康德:《未来形而上学导论》,商务印书馆,1978年版,第48页。
③康德:《未来形而上学导论》,商务印书馆,1978年版,第50页。

无损于外物的实际存在性一样,我们把第一性的质(如广延、地位等)归之于物体的现象,同样也没有否定物体的客观实在性。

第三,康德认为,先天直观形式不会像贝克莱那样把整个感性世界变成表象甚或纯粹假象,因为有实在对象与它相对应,它只是向我们表明知识的来源和使用范围。它既能够保证人类最重要的知识之一(即数学知识)得以应用于实在的感官对象,又能使我们不会把现象当作自在之物,从而避免先验的假象。

由于上述这些原因,康德说:"对于通过先天直观形式而表象出来的事物,我保留了实在性①和客观有效性,才使他的先验哲学和传统的唯心主义区别开来,从而驱散了独断论和经验论的教条主义迷梦。"

5. 先验感性论不是传统唯心主义

康德极力想把他的先验感性论同传统的唯心主义区别开来,这是出于两个目的:一是反驳别人称他的观点是主观唯心主义的责难,二是论证自己的观点的独特性及其引起的革命。

首先,康德认为,这种区别表现在是否承认外物的客观存在。传统唯心主义否认外物的客观实在性,认为一切东西都不过是能思主体的表象;先验感性论则承认在我们之外的物是已有的,只是这些物本身可能是什么,我们一点也不知道。

其次,康德认为,我们所能感知的外物的一切属性不表现物本身,而仅仅是我们的表象,这些表象毕竟意味着实在对象的存在。如果我们把第一性的质也放在现象之列,同样也没有否认外物的存在,故不应称先验感性论为唯心主义。

再次,先验感性论在能否造成纯粹的假象这个问题上,莱布尼

①康德:《未来形而上学导论》,商务印书馆,1978 年版,第 56 页。

茨、沃尔夫学派虽认为感性是一种模糊的表象,但却承认它能表象物本身,只是不能形成清晰的意识而已,他们由此出发对康德的先验感性论观点提出诘难,认为康德由于把时空当成唯心的东西,从而把整个感性世界变成了纯粹假象。康德反驳了这种诘难,他认为造成假象有三种原因:其一,从来源上看,感性提供给理智去思考的材料,不是物本身,而是现象,把现象当作物本身,当然会造成假象。其二,从性质上看,表象本身不存在真假的问题,因而真实和梦幻之间的差别不在于表象的性质如何,而在于表象如何联结,即如何保持客体和表象在经验中的一致性或连贯性;假如把直观表象当作对象或对象实在性的概念,那就会把主观的表象样式当作客观的表象样式,从而造成错误的判断,造成假象。其三,从使用范围来看,感官的一切表象连同直观形式不存在于感性之外的客体里,它只能在感性经验的范围内使用,这样做一点也不会造成假象;相反。如果超出经验范围来使用,就会造成一种超经验的假象。因此,康德指出,先验感性论"远远没有把整个感性世界弄成为仅仅是一个假象;反之,它是保证最重要的知识之一(即数学所先天阐述的知识)得以应用于实在的对象上去以及阻止人们把它当作仅仅是假象的唯一办法。"①

最后,康德认为,根据上述的区别,不能把先验感性论与笛卡尔和贝克莱的传统唯心主义混为一谈。先验感性论虽然把现象仅仅当作表象而不是物本身,但是它没有怀疑物本身的存在,更没有否定感性经验的真实性,这就使它能够避免一切先验的假象。因此康德把自己的学说称为先验唯心主义,这里所谓的"先验"只是就先天直观形式对于一切感官对象有效性来说的,即仅仅是指认识对认识能力的关系来说的。相反,笛卡尔和贝克莱的传统唯心主义都怀疑或否定物

---

①康德:《未来形而上学导论》,商务印书馆,1978年版,第55页。

本身的存在,把感官表象或经验看作纯粹的假象,并把上帝作为最终实体的观念保留下来,这就使它们难以避免假象。康德认为,只有他的先验感性论才能揭露这些唯心主义的弊端,才是批判这些唯心主义的"真正的解毒剂",才能使人们避免一切假象。因此,他把自己的先验感性论又叫作"批判的唯心主义"。

康德的先验感性论,要求从那些经受时间考验和被近代证实的自然科学知识出发,来探讨人类认识的原理和机制;它肯定知识的经验基础,试图克服笛卡尔和贝克莱哲学所造成的假象,从而论证了主体通过自己的直观形式构造表象的主动活动,并把意识能动性问题当做哲学的中心课题提了出来。这表明他的先验感性论比以往的哲学前进了一大步。

(三)纯粹自然科学是怎样可能的

这是"先验的主要问题"的第二编所阐述的问题,实际上它系统地论述了《纯粹理性批判》一书先验范畴论的基本内容。

1. 自然、自然科学的含义

近代以来的哲学家绝大多数都盲目地相信人类的理智,认为理智能够认识自然,并把自然看作某种自在的实体。这就使假科学"形而上学"得以建立所谓的第一真理。为揭露"形而上学"独断论,打破人们的教条主义迷梦,康德认为,必须对什么是自然和自然科学作出科学的分析。

在康德看来,"自然"有两种意义:第一,"自然就是物的存在",所谓存在应理解为"按照普遍法则所规定的东西"。①这就是说,自然是指按照普遍法则所规定的存在(对象),或者说是指一般物的存在的各种规定的合乎法则性。自然不是指物自身的存在,这是因为,物自

————————

① 康德:《未来形而上学导论》,商务印书馆,1978 年版,第 57 页。

身是自在的,是在我们的经验和概念之外的,我们既不能先天地(用分析概念的办法)认识它,也不能后天地(通过经验)认识它。在康德看来,假定自然是指自在之物,那只能导致"形而上学"独断论,使我们的理智去符合物自身。

第二,自然是指规定的客体,从组成自然的内容来看,"自然就是经验之一切对象的总和"。①康德认为,我们所要探讨的只能是、并且仅仅是作为经验对象的物,只有关于它的知识才是自然科学的知识,它的实在性能够由经验来证实。至于那些不能成为经验对象的东西,则不在"自然"概念之列,关于这些东西的知识只能是超经验的、超自然的知识。这不是我们现在所要研究的内容。

接着,康德综合自然的两种意义指出,自然的本质就是"经验的一切对象的必然的合乎法则性"。②因为,第一,这里所说的自然仅仅是指一切可能经验的全部对象,而不是自在之物,然而,经验对象只能按照主观的先天法则才能发生和存在。例如,当一个事件被知觉时,它总是按照普遍的规则(任何事物都必定有原因)才发生,"假如没有这一条法则,一个知觉判断就绝不能算为经验"。③因此,经验知识的可能性是以经验所包含的那些先天提供的普遍法则为前提的,这些法则绝不是在经验之外的,也不是我们通过经验才学到的。第二,"我们实际上已经有纯粹的自然科学,先天地提供了自然所遵循的法则和无可置疑的命题所必备的全部必然性。"④在这里,康德把当时的自然科学不是当作在实践中产生和发展的东西,而是当作既定的不变的科学,并从逻辑上分析它的结构,认为普遍自然科学就是经

①康德:《未来形而上学导论》,商务印书馆,1978年版,第50页。

②康德:《未来形而上学导论》,商务印书馆,1978年版,第61页。

③康德:《未来形而上学导论》,商务印书馆,1978年版,第61页。

④康德:《未来形而上学导论》,商务印书馆,1978年版,第59页。

验知识,它既包含着经验的内容(如运动,不可入性等),同时又包含着纯粹论证性的原则,如"实体常住不变"、一切发生的事情都必定有一个原因等。康德把内容与形式作了逻辑上的分割之后,错误地得出结论说,这些普遍法则实际上完全是自然科学知识可能性的先天条件(形式)。就这个意义来说,纯粹自然科学,即先天地提供了自然所遵循的普遍法则的科学,事实上是已有的。

这样一来,"纯粹自然科学是怎样可能的"问题的实质,就可归结为"经验的可能性的先天条件怎么同时又是一切普遍的自然法则必须由之而产生的源泉"。[①]实际上,这里已包含着三个问题:经验知识可能性的先天条件(来源)是什么? 为什么经验可能性的先天条件同时又是一切普遍的自然法则? 逻辑上的规则怎样才能具有普遍的必然性和客观有效性? 康德在以后各节的阐述中主要是围绕这些问题展开的。

2. 经验可能性的先天条件

既然自然科学是建筑在经验判断的基础上的, 那么要找到经验可能性的先天条件之源泉,就必须分析经验判断。康德认为,要搞清经验判断,首先就要把经验判断和经验的判断区别开来。所谓经验的判断是指主体把直观所提供的表象(感觉、知觉)进行逻辑联结,它不借助于知性概念,例如:屋子暖、糖甜、黄莲苦等等,都是经验的判断。在康德看来,这类判断只有主观有效性,即只对一时一地的某个主体有效,因为人的感觉、知觉"仅仅是主观的东西,不能把它归之于客体,因而绝不能成为客观的东西"。[②]因此经验的判断没有任何根据含有对客体的关系,也就是说,它没有必然的普遍的客观有

---

①康德:《未来形而上学导论》,商务印书馆,1978 年版,第 62 页。

②康德:《未来形而上学导论》,商务印书馆,1978 年版,第 65 页。

效性。所谓经验判断是指借助于知性概念把感性直观(经验材料)综合起来的逻辑联结。例如,太阳晒和石头热等这些感性直观的表象,本身并不含有必然性,但是,如果在这些知觉上再加进一个因果性概念,就必然会把"石头热"联结到"太阳晒"上去,从而形成一个经验判断,即"太阳晒热了石头"。经验判断不仅对"我"一个人有效,而且在任何时候对于任何人都会有效;它不仅表示知觉对一个主体的关系,同时也表示对象的一种性质。因此,经验判断不仅在主体里对各种知觉的相互关系给以规定,而且在逻辑判断形式上也对客体作了规定。在康德看来经验判断作为把感性材料包摄在知性概念之下的综合判断,它不仅扩大了我们的知识,而且具有普遍的必然性和客观有效性。

从经验的判断和经验判断的区别中,康德看到:第一,虽然一切判断都是经验的判断,但是不能由此就反过来说,一切经验的判断都是经验判断,因为经验判断表明认识能力进入了一个新的阶段——知性阶段,这一阶段除了感性直观外,又加进来一些知性概念。第二,知性阶段的知性概念完全是先天的,来源于纯粹理智,而感性直观只有被包摄在知性概念之下,并借助于这些概念联结在一个判断里,才能变为经验知识。因此,这些先天的纯粹理智概念的职责(作用和用途),仅仅在于给感性直观规定出用作判断的一般方式或规则(法则)。在康德看来,纯粹理智概念使知性(自我意识)具有了综合统一的能力,或规则的能力,从而使具有普遍必然性和客观有效性的判断成为可能。第三,经验知识(即一般自然科学)的普遍必然性和客观有效性的源泉,既不在自在之物中(这是不能认识的),也不在对象的直接认识中(因为这是不可能的),更不在感性经验的材料中,它只能是在经验知识的先天思维形式——纯粹理智概念中。康德认为,经验的判断加上纯粹理智概念(包摄在概念之下)才能具有必然性和普遍有效性,并从中取得它的客观有效性。

3. 知性的功能和作用

康德认为，既然我们的经验知识是由感性表象和知性概念构成的,但是,知性与感性不论是在来源上、功能上还是在使用范围与客观有效性上都是不相同的。

知性的功能在于思维感性直观的对象，而感性直观只是表象对象刺激我们感官的方式。知性不能直观,感官不能思维。如果没有感性,对象就不会被我们认识,我们的思维就会变成空洞的,如果没有知性,也就没有一般的思维形式,我们就不能思维对象。因此,感性只借助先天直观形式呈现事物,获得表象的能力;而知性则借助一般逻辑形式思维对象,获得运用逻辑形式规定对象的能力。在康德看来,运用逻辑形式规定对象,把表象结合在一个意识里,这就是判断。

康德认为,要认识和说明知性的功能,就必须把判断以及判断中的理智的各个环节用图表表现出来。他把判断按量、质、关系和样式分为四类,并指出在所有的判断里,知性的全部逻辑功能都是与先天地应用于直观对象的纯粹知性概念相适应的。按照判断的分类,康德把纯粹知性概念分为四类:

"第一类量:单一性、杂多性、总体性;

第二类质:实在性、否定性、限定性;

第三类关系:实体性、因果性、共存性;

第四类样式:可能性、存在性、必然性。"[1]

康德认为,这些纯粹理性概念先天地包含在知性里面,并且体现了知性的所有综合性质的基本概念,故称为范畴。

康德的这种分类与亚里士多德的范畴表有本质的区别。亚氏的

---

①康德:《未来形而上学导论》,商务印书馆,1978 年版,第 36 页。

范畴表没有一个共同的原则贯彻其中,实为偶然搜集的结果,这是其一;其二,他把范畴称为宾位辞,用来说明本体,而不是只用以说明直观对象;其三,他的范畴表中还混杂进一些纯粹感性的形式(如时间、所处、状态等)和经验的概念(如运动),而若干基本概念却被遗漏了。康德认为,自己的分类是根据判断能力(思维能力)的共同原则系统地发展出来的,它表现了知性的全部逻辑功能,包括了知性的一切基本概念。知性也正是由于包含了这些概念,才叫作纯粹知性,只有利用这些概念,知性才能认识直观对象。在康德看来,自己的这种范畴表提供了全部自然科学的完备计划,也提供了知性思维方式,因而成为经验知识可能性的先天条件。

至于知性为什么能够把纯粹思维的逻辑形式(概念和判断)运用到感性表象(知觉)上去,或者说纯粹知性概念为什么会成为经验知识可能性的先天条件?康德认为,这是由于自我意识(先验的统觉)具有先天必然的综合统一性。所谓先验的统觉是指纯粹的、原始的、永不改变的、作为一切感性表象的主体又先于一切感性对象的自我同一的意识。它不是我们通过经验材料获得的或构成的,而是原始的;它必定先于一切经验,并使经验本身成为可能的条件,因而是纯粹的;它是一切直观材料与之相连才可能表象对象的不变主体。因此,正是这种先验的统觉具有的必然的综合统一性,才是一切概念、判断的全部逻辑功能的先天基础,而概念、判断则是这种先验的统觉所具有的必然的综合统一性的体现。康德认为,先验的统觉、通过想象再现对象,通过概念认知对象,并按照逻辑规则从一切能够并立于一个意识中的表象里造成一种联结和统一,从而构成一种经验知识(经验判断)。也就是说,纯粹知性概念在这种综合统一的过程中,永远是个普遍的、起规则作用的逻辑形式,它把直观的多样内容综合起来,把一切经验对象综合起来,形成经验知识。因此,纯粹知性概念就是经验知识如何可能性的先天条件，同时也就是经验知识的普遍性和必然性的先天根据。

康德还进一步指出，运用纯粹知性概念综合统一一切可能的经验材料的先天逻辑功能，也就是构成经验自然知识的先天原则，因而也就是形而下的自然科学普遍规则。康德把这种原则概括为四条：第一，直观的公理；第二，知觉的预感；第三，经验的类比（类推）；第四，一般经验思维规则的公则。这个形而下的自然科学普遍原则，是从知性功能及其性质中得出来的，是纯粹知性概念的客观应用之法则，因而也是经验思维（作为知觉联结）必须遵循的逻辑规则，所以，康德又把它叫作自然知识的方法学说。

4. 纯粹知性概念的客观有效性和使用范围

既然纯粹知性概念是以先验统觉所具有的必然的综合统一性为基础的，那么这些概念为什么会具有客观有效性呢？它们的客观有效性的范围（即使用范围）又是什么呢？对这个问题的不同回答是康德的先验知性论同休谟的怀疑主义与形而上学独断论相区别的重要标志。

休谟完全否定概念的客观有效性，认为概念（比如因果性概念）是从经验中得来的，是感性表象的习惯性联结，而不是物和物的必然性联结。因此，他认为把主观上的习惯性联结当作客观上的物与物的必然性联结，这是任何清醒的理性所不可取的、不允许的。在休谟看来，因果性概念是"形而上学的难关"。康德认为，经验就其质料来说固然没有普遍必然性的联结，而且概念的必然性当作物本身的必然性也是错误的。在这两点上，休谟很有道理。但是休谟把物的存在建筑在主体（表象）上，并把主体当作独立实体，用以说明物与物的依存关系，这也同样是不可理解的、错误的。因为，第一，自在之物作为刺激我们感官获得表象的源泉，是客观实在的；第二，我们关于现象世界的具有普遍必然性的经验知识是既定的,是不容置疑的;第三,纯粹知性概念及其原则,不是从经验中得来的,而是先于一切经验建立起来的。

康德为了避免休谟提出的"形而上学的难关",于是只好诉诸人类的先天能力。但是,这种先天的纯粹知性概念及其原则为什么会具有普遍必然性和客观有效性呢? 他认为是:

第一,先验统觉所具有的综合统一性,不仅对"我"一个人或某个人有效,而且对一切主体都有效,正是先验的统觉所具有的综合统一性才使概念能够包摄(归纳、概括、整理、联结、综合)一切可能的现象。先验统觉所具有的综合统一性是保证概念及其原则具有普遍必然性和客观有效性的先天基础。

第二,既然一切现象都能被包摄在概念之下,那么概念就不仅对主体有效,而且对客体也有效。所以,康德指出,正是在这里,我们"从基础上消除了休谟的怀疑",①"给纯粹理智概念恢复了它们应有的先天来源,给普遍的自然法则恢复了它们作为理智法则应有的有效性。"②

形而上学独断论和休谟的怀疑论正好相反,虽然不否定概念及其原则的客观有效性,但却否定概念及其原则是一切可能经验的原则,他们把概念及其原则看作是关于自在之物的原则,康德对此进行了批评。他认为这些形而上学独断论者是一些盲目相信理智概念的普遍有效性的教条主义思想家,他们对纯粹理智的性质和功能从未加以思考,也没有能力加以思考,因而也就从未思考过纯粹理智概念及其原则的普遍有效性的界限(使用范围)的问题。这样就使他们不

---

①康德:《未来形而上学导论》,商务印书馆,1978 年版,第 79 页。
②康德:《未来形而上学导论》,商务印书馆,1978 年版,第 83 页。

知不觉地超出经验对象之外，而陷入了幻想的领域。

因此，康德认为，只有明确划定纯粹理智概念及其原则的普遍有效性的界限（使用范围），才算真正理解了知性的性质和功能，才能真正获得可靠的经验自然科学知识。那么，纯粹理智概念及其原则的普遍有效性的界限是什么呢？康德回答说："纯粹理智概念一旦离开了经验的对象而设计自在之物（本体）时，就毫无意义。纯粹理智概念只是（打个比喻说）好像字母一样，把现象拼写出来以便把它作为经验来读。从理智概念对感性世界的关系上得出来的原则只供我们的理智在经验上使用；一旦超出经验，这些经验就成为毫无客观实在性的任意结合。"①总之，它们只能在经验的领域中使用，在经验范围内才有普遍必然性和客观有效性。

5. 纯粹理智所能达到的最高成就乃是回答自然界是怎样可能的

康德认为，明确了纯粹理智的功能及其普遍有效性的界限，也就明确了先验哲学所能达到的最高成就，这就回答了自然界作为一切可能经验对象的综合是怎样可能的问题。这一问题实际上包括两个方面：一是指在质料意义上，自然界作为现象的总和从直观上来说是怎样可能的？或者说，感觉对象是怎样可能的？这已由先验感性论解决了。二是指在形式意义上，自然界作为各种规则（即现象被思维联结在一个经验里的法则，亚里士多德称之为形式）的总和是怎样可能的？这已在先验逻辑的分析论中阐述了。这样一来，先验哲学也就论证了自然界一切经验对象总和，不论从质料上还是形式上来看，都是由思维主体自己建立的，而思维（知性）的先天逻辑规则也就是一切可能经验的先天原则，因而也就是自然界的普遍法则。

康德宣称，这就是先验哲学所能达到的最高峰，具体说来：第一，

---

①康德：《未来形而上学导论》，商务印书馆，1978年版，第83页。

自然界作为认识的客体是由感性经验材料和知性的逻辑规则构成的。第二,自然界(作为一切经验的总和)的普遍法则不是从任何经验里获得的,经验本身也只有借助于知性的先天逻辑规则才能成立,这些法则的根据不在对象本身中,而在意识的综合统一能力之中。第三,自然界的最高立法必须是在我们心中,即在我们的理智中,因此,"理智的(先天)法则不是理智从自然界来的,而是理智给自然界规定的"。①第四,既然自然界的普遍法则是建筑在理智的原始逻辑法则上的,那么我们完全可以说,"自然界的普遍法则能够而且必须先天(即不依靠任何经验)被认识的,并且作为理智在一切经验的使用上的根据。"②因此,自然界的普遍法则是可以先天被认识的,我们能够认识世界是我们自己所规定的世界。

对上述问题的回答,既是康德先验哲学达到的最高成就,也是他对知性能力的总结和限制。他的整个分析都是建筑在本质和现象、内容和形式的分割基础之上的,这样就使主体和客体结合起来,只有依赖主体自身的能动性,并把这种能动性夸大和绝对化为一种先天的能力。康德通过对知性能力的分析,肯定了人类知识的可靠性,论证了主体对客体的能动性,这为后来的德国古典哲学进一步阐述思维辩证法开拓了道路。

(四)一般形而上学是怎样可能的

康德关于"先验的主要问题"的最后一个问题,是论述形而上学的实质和特点,实际上就是理性对客体自身的认识问题。

1. 一般形而上学的实质和特点

康德认为,纯粹数学是怎样可能和纯粹自然科学是怎样可能这

---

①康德:《未来形而上学导论》,商务印书馆,1978 年版,第 92 页。
②康德:《未来形而上学导论》,商务印书馆,1978 年版,第 93 页。

两个问题的解决，其目的是为了建立作为科学的形而上学寻找确实可靠的道路和可能性，形而上学和纯粹数学、纯粹自然科学不同，"形而上学除了对待那些永远应用在经验之内的自然界概念之外，还要对待纯粹理性概念。"①因为，其一，理智在承认现象的实在性时，也就承认了作为现象基础的自在之物的存在；其二，纯粹理智概念（如实体、实在性等）由于完全独立于经验，不包含任何感性现象，从而似乎涉及了自在之物（本体）自身似的；第三，理智概念本身还包含着一种必然的规定性，这是经验所达不到的。这样，理智就不知不觉地超出经验范围使用概念，在经验知识大厦之旁又建造了一个规模更大的副厦，里面装的全都是理智存在体（思维存在体）。所以，康德认为，形而上学要研究的东西和形而上学知识本身是永远不能由任何经验来证明或揭露的，因而只有主观上的实在性和必然性。由于形而上学本身的这种超经验的性质，要解决它怎样可能的问题，就必须探讨那些作为自在之物的纯粹理性概念的性质。

纯粹理性概念怎样可能和为什么可能超出经验呢？康德认为，这个问题实际上就是理性和知性概念的区别。

第一，从来源上来看，理性固有的特点就在于不满足一般经验，而要求不断探索全部可能经验的绝对的整体统一性的根据。"而全部可能经验的绝对的整体本身并不是一个经验"，②它不能用纯粹理智概念来表述，而只能用纯粹理性概念来表述。纯粹理性概念就是关于全部可能经验的绝对整体的超验的完整性和统一性，它既是作为不能在任何经验中表现出来的关于思维存在体的反思性概念，又是作为一切经验对象的超验根据（本体）的必然性概念。因此，康德又把它

———————————

①康德：《未来形而上学导论》，商务印书馆，1978年版，第103页。

②康德：《未来形而上学导论》，商务印书馆，1978年版，第104页。

称为理念,并且认为在理性本身的性质里已包含着理念的根据。与此相反,纯粹理智概念(即范畴)来源于理智的性质,它以先验的统觉的综合统一能力为依据。

第二,从使用范围来看,纯粹理性概念作为关于全部可能经验的绝对完整的统一整体的理念,不是任何经验所能提供的,它超出了任何可能的经验而变成了超经验的。但纯粹理智概念则只能在经验范围内使用。这样一种划分和限制,使纯粹理性概念在超经验的领域里具有了主观上的必然性。

第三,从逻辑证明上来看,知性范畴是综合统一表象的一种逻辑形式,其使用范围不能超出经验之外;而理念的运用必然超出经验之外,必然违背常规的逻辑,把判断的主观根据当成客观根据,从而必然产生假象。而理性本身的超验性质决定,先验逻辑的任务就是预先防止把只适用于主体本身的理念运用到自在之物之上。

康德认为,把握理念和范畴的区别,不仅对于掌握理念的特点来说十分重要,而且对于建立一种科学的形而上学来说更是重要的。这种重要意义在康德看来主要有:

第一,这种区分使我们明确了理性理念的性质和特点,从而为建立科学的形而上学提供了一个确实可行的前提。过去的一切形而上学混淆了理念和范畴的界限,不能弄清理性理念的超验性质。也就是说,既不认识所使用的材料,也不知道这些材料适合做什么,因而完全不可能建立科学的形而上学。

第二,这种区分可以使我们认清理性本身的辩证性质。理性由于理念的超经验性质,故没有经验对象与之相适应,也没有经验范围以外的特殊对象。理性用知性概念规定理念,必然会产生不可避免的假象,因而按其性质来说它是辩证的(即矛盾的)。

第三,这种区分不仅能把两种不同的知识区别开来,而且还暴露了范畴和理念有共同的来源,即人的认识能力本身。他认为,根据人的认识能力和各种不同功能,可以有把握地推演出不同种类的概念及其使用范围:范围用于经验领域,构成自然科学知识;理念只使用于全部可能经验的绝对完整的统一整体,从而构成超验的知识。在康德看来,理念对于知性的经验使用毫无意义,它不过"仅用以使理智认识得以尽可能接近那个理念所指的完整性而已"。①

经过理性与知性的区分,康德认为,这就可以从理性能力本身中引申出它所具有的三种理念,即灵魂、世界、上帝。这三种理念都可以在人类的推理功能里找到其逻辑上的先验来源。康德认为,从形式上来看,推理功能把知性判断包摄在一种先天的形式之中,即把主体、客体和思维的一切对象及其条件综合在一个无条件(绝对)的统一体中。

2. 纯粹理性的辩证法

康德认为,理念既没有与自己相应的具体的直观,又没有别的认识工具,它不可避免地要把知性范畴扩大到超验的领域。这样一来,知性范畴就被无止境地扩大而超出经验的使用界限,把经验条件系列不适当地加于无条件的统一整体,用具有客观有效性的范畴去规定只有主观有效性的思维存在体,从而错误地把理念当作自在客体(本体),把理念的主观必然性当作了客观的必然性。这就是纯粹理性的不可避免的先验假象(迷误)。先验辩证法的任务就在于揭示这种假象,找出造成这种假象的逻辑矛盾——概念与其内容的矛盾、相对与绝对的矛盾、认识目的及其手段的矛盾等等。由此康德得出结论:理念在经验中没有对象可用于范畴的综合,因而从理念中不可能引申出任何一种经验事实和现象,任何经验事实和现象也不能证明理

①康德:《未来形而上学导论》,商务印书馆,1978年版,第110页。

念的实在性。所以旧形而上学关于本体的学说是不能成立的。

在上述思想基础上，康德具体分析了形而上学各门学科的迷误：

第一，对心理学理念的分析。康德系统地批判了莱布尼茨—沃尔夫关于灵魂的形而上学学说。按照这种学说，灵魂是实体性的东西，是一切事物的最终主体，因而是不可毁灭的本体。康德用以下几个论据驳斥了这种说法。

首先，他认为，每一个事物及其属性都是现象(偶性)，从其中不可能找到它们所归属的最终主体，因此，哲学家们历来断定的"真正的主体(即一切属性所归属的基础)也就是实体性东西本身"的观点是不能成立的，在康德看来，主体和实体是绝对分离的。

其次，自我意识具有综合的功能，它不是认识的对象，更不是关于绝对主体的概念，而是表象与思维及其对象的关系而已。因此，"自我"不具有实体性和常住性。

再次，实体概念必须包含常住性(不可分性)。灵魂作为实体的常住性只在可能的经验中(人活着的时候)才能得到证明，在人死以后，(全部经验结束后)是得不到证明的。

最后，如果把灵魂想象成一个单一的实体，就等于说把一个对象想象成完全不能由感官来表象的东西一样，这是荒谬的。所以，我们只能在经验上作出这种设想，但不能在自在之物的联结上得到证明。

康德对灵魂的形而上学学说批判的实质，不在于论证灵魂作为单纯的不死的实体是否存在，而在于说明灵魂的存在是不能得到证明的，是不可知的。他认为，哲学家们要认识灵魂，阐明它的属性，必然要犯一个逻辑错误——谬误推理。

第二，对于宇宙学理念的分析。康德认为，纯粹理性的超验使用必然引起矛盾。这种矛盾在考察宇宙学理念时表现得最为突出。这种矛盾之所以造成，一方面是由于把灵魂、世界、上帝这三个理念作为认识对象,当作自在之物,而自在之物是不可认识的;另一方面是由于用知性范畴去规定这三个自在之物。由于知性范畴是相对的有限的,而自在之物是绝对的无限的,因此用有限的知性范畴去规定无限的自在之物,就必然要陷入矛盾。

康德提出,对宇宙学理念的逻辑论证,同范畴的分类相适应也有四种对立的命题,他称之为纯粹理性的辩证推理,即所谓的"二律背反"。他认为,这种辩证的矛盾(理性的相互冲突、对立的命题)是人类理性的本性造成的,是任何哲学技巧都无法阻止的,"因而是不可避免的,是永远不能终止的"。①在这里,康德从错误的前提出发却得出了一个辩证的结论:理性必然包含着矛盾。

那么,怎样解决纯粹理性的矛盾呢? 康德认为,解决纯粹理性的矛盾,普通形式逻辑是无能为力的,只有靠先验逻辑。先验逻辑把现象和自在之物区别开来,把经验材料和认识形式区别开来,把知性和理性区别开来,并且严格规定了它们的各自使用范围,这就使我们认清了纯粹理性的矛盾不过是由于人类理性把感性世界当成自在之物;把经验的普遍有效性原则视为自在之物的普遍有效原则;把知性概念作超验使用,所造成的一种先验的辩证假象。按照先验逻辑,既然正题和反题的逻辑证明都是严密的、正确的,那么这种情况只能说明,正反题所论证的对象本身不是真实存在的,而仅仅是思维存在体。

康德进一步认为,先验假象最有力地把哲学从教条主义的迷梦中唤醒过来,暴露了它本身所具有的隐蔽的辩证法,即揭露了掩藏在理性中的从经验出发推论本体、把主观必然性当成客观必然性的错误。这种错误的实质就在于概念及其使用之间自相矛盾,正如说"一

①康德:《未来形而上学导论》,商务印书馆,1978年版,第135页。

个四方的圆形是圆的或方的"都是错误的一样,用经验范畴规定理性本体,就等于说自在存在着一个感性世界,或可以经验到一个自在之物,这显然是自相矛盾的。

第三,对神学理念的分析。在这个问题上,康德认为在《纯粹理性批判》中所分析的上帝存在的本体论证明、宇宙论证明、自然神论证明等,"已经讲得很易懂,很明确,并且很解决问题了"。①所以,他在这里讲的很简单,只限于指出神学理念之所以会造成先验假象的原因。康德认为,神学理念不像前两种理念那样从经验出发逐渐上升去追寻条件系列的绝对完整性,而是在同经验完全断绝的情况下,从一种绝对完整合理的概念出发,把它作为一切的最终根据、最高目的、原始存在体,用以推论和规定其他一切事物的可能性和实在性,就像从一百个塔拉(德国古银币单位)的概念中推出一百个实有的塔拉一样。在康德看来,造成这种先验假象的原因在于:我们把思维的主观设想当成事物本身的客观情况了,"把为了满足我们的理性之用的必要的假设,当成一个信条了"。②

3. 先验理念的价值和界线规定

既然理念不是真实存在的,它仅仅是思维存在体,那么,为什么还不能取消这些理念呢?换句话说,这些理念在理论上和实践上有什么价值呢?康德在"关于先验的理念的总附释"和"关于纯粹理性的界线规定"中,对此作了明确的回答。

第一,"先验的理念表示理性的特殊用途,即作为理智使用上的一个体系一性原则。"③经验知识尽管有自然法则,但对许多问题

①康德:《未来形而上学导论》,商务印书馆,1978年版,第120页。
②康德:《未来形而上学导论》,商务印书馆,1978年版,第135页。
③康德:《未来形而上学导论》,商务印书馆,1978年版,第137页。

(如物体为什么会互相吸引？生物为什么有生殖能力？等等)不能理解,它是有限的,而且也没找到经验对象的最终根据。与此不同,理念却可以引导经验知识达到思辨使用上的绝对完整性和统一性。

第二,理念作为经验的绝对整体的使用界线是"只用于可能的经验",不能用于超验的自在之物。这种对纯粹理性使用界线的规定不是对人类理性的限制,而是要给人类理性找到一个实现的基础;它要求人们不要去做超验的幻想,而要埋头于对经验的追求,并引导我们的理性在具体科学上发现新问题、新性质、新力量和法则,不致把理念当作超验的终极真理而停止追求。

第三,理念是我们的理性不能逃避的追求和永远不能实现的理想,那么它就不仅给纯粹理性的使用划定了界线,而且也把我们理性的已知和完全未知联结起来。康德认为现象永远以自在的东西为前提,它要求我们设想一个思维存在体,并对感性世界和思维存在体的关系作出判断,正像对一艘轮船的造船工程师的关系作出判断一样。

第四,理念作为已知和未知的界线,不仅给理性的使用规定了一个理论上统一性原则,而且给理性的使用提出了一个实践上普遍有效的原则。在康德看来,理念把我们的理性限制在已知和未知的关系上,并不妨碍理性去追求一切经验的最高根据和最高目的。理念本身能够把我们的概念(观念)从经验的枷锁中解放出来,在我们面前构筑和展现一个经验所绝对达不到的道德上的理想境界,从而给我们提供了在实践上绝对需要的普遍道德目的。

总之,康德认为,肯定理念的价值和作用,也就否定了旧形而上学的独断论和休谟的怀疑论,为建立科学的形而上学奠定了先验逻辑的基础。理念作为纯粹理性的界线,一方面是"现象世界"所包含(全部经验总和)的东西,另一方面又是属于"本体世界",作为理性追求的最高根据和道德实践的最高目的的东西。

（五）作为科学的形而上学怎样可能

"总问题的解决"，这是康德对他的整个《未来形而上学导论》题旨的简明总结。这个总问题就是"作为科学的形而上学怎样才可能？"

康德指出："形而上学，作为理性的一种自然趋向来说，是实在的"，[①]因为，追求全部经验知识的整体，是人类理性的一种自然趋向，而形而上学正是作为对这种自然趋向的纯粹思辨考察而出现的科学。

但是，康德又认为如果仅就形而上学的内容来说，它又是辩证的、虚假。旧形而上学家把它当作实证科学，从中得出至上原则和最终根据，并用以解释一切，实际上他们都是在盲目地跟着错误的假象跑。

只有批判哲学才包含着使形而上学变为科学的可能性。康德认为，建立在已被先验逻辑揭示出来的理性本身的特性、作用和使用界线这一基础上的形而上学，才是最完备、最稳固的。但是，康德又指出，现在的问题已不在于知道科学的形而上学是怎样可能的，而是在于怎样才能实现这个事业，他期待一些有识之士去共同努力。

三

康德的《未来形而上学导论》是在《纯粹理性批判》基础上写出来的。《纯粹理性批判》对理性能力的全部领域和范围作出了详细的规定，而《未来形而上学导论》则是《纯粹理性批判》的纲要性的"预备课"，它使我们能够从整体上概览全貌，突出题旨。

事实上，《未来形而上学导论》不仅仅是《纯粹理性批判》的缩写刚要，而且对《纯粹理性批判》的基本思想有所发展。《未来形而上学

---

①康德：《未来形而上学导论》，商务印书馆，1978年版，第160页。

导论》一书的宗旨,就是打破古老的、陈旧的思想方式,把人们从形而上学独断论和怀疑论中解放出来,引向"严谨思维基础"上的科学大道,为未来的科学的形而上学(即哲学)的建立奠定理论基础。正是在这一意义上,本书成为未来的任何一种科学形而上学的导言,成为对旧形而上学进行革命性批判的武器。

康德在《未来形而上学导论》一书中,寄望于未来的科学的形而上学。虽然旧形而上学已声名狼藉,受人冷漠,但是他相信,人们的冷漠标志着理性的成熟,旧的哲学的失败正召唤我们去重整理性的旗鼓。先验哲学为建立未来的科学的形而上学探寻到了正确的途径,但要建立这门科学还需有识之士的共同努力。这样,康德就为哲学的发展提出了一个十分重要的课题,这就是,一方面怎样解决既不脱离经验又不局限于经验(即理论和实践的关系)的问题,另一方面又怎样解决从个别到一般、从有限到无限、从相对到绝对、从已知到未知、从现象到本质等等过渡桥梁的问题。这个课题的提出及其解决的预示,包含着一个新的辩证世界观的雏形。特别是经康德论证过的主体的能动性、理性的辩证法、理论理性和实践理性的关系等等,不仅为以后德国古典哲学的发展指明了新的方向,奠定了理论基础,而且对现代西方哲学中的科学主义思潮和人本主义思潮都产生了直接的重要影响。

参考书目:

康德:《纯粹理性批判》,商务印书馆,1982 年版。

李质明:康德《导论》评述,福建人民出版社,1984 年版。

卡尔·福尔伦德:《康德生平》,商务印书馆,1986 年版。

阿尔森·古留加:《康德传》,商务印书馆,1981 年版。

试探黑格尔辩证法的意蕴

　　黑格尔哲学诞生以来,迄今150多年了。在这漫长的时间里,各派哲学家围绕黑格尔的辩证法一直争论不休。在黑格尔的直接信徒中,有人把黑格尔辩证法奉为绝对的"世界模式",有人则把他的辩证法和唯心主义体系的一切当作污水倒掉。在现代西方学者中间,有人把黑格尔的辩证法当作什么问题都不能解决的"空套子",有人则视它为实用主义的辩护术;有些人虽然承认辩证法,但认为它只能是唯心主义或人类情感上的,不可能有唯物主义的辩证法,自然界没有辩证法;马克思主义哲学家们对黑格尔辩证法的评价也并不一致,一些马克思主义的注释者们把黑格尔辩证法称为德国贵族对法国革命的反动或反动保守的辩护术,甚至把它称为"完全不适用的"神秘主义的思辨。

　　对黑格尔辩证法的评价之所以如此众说纷纭、褒贬各异,不仅是由于各派哲学家的立场截然不同所致,而且是由于对以下三个问题没有一个实事求是的看法。第一,黑格尔辩证法是否构成人类理论思维发展的历史的一个必然环节?我们的回答是肯定的。不了解整个人类理论思维发展的历史,就不能正确理解黑格尔辩证法的意义。第二,黑格尔辩证法是自己时代精神的精华,还是个别天才头脑的抽象物?我们的回答只能是前者而不是后者。如果把黑格尔辩证法当作个别天才头脑的产物,那就无从理解黑格尔辩证法的合理性。第三,黑格尔辩证法到底包含哪些内容和含义,对这个问题正是本文所要着重论述的,不能肯定前两个问题就不能正确解决第三个问题。

马克思、恩格斯把黑格尔辩证法称为他们的哲学体系中的"合理内核""珍宝""伟大的历史功绩";列宁则常常用"深刻真理的内核""关于辩证法的最好阐述""辩证法的精华"等语词称道黑格尔的辩证法,并在哲学笔记拾取了无数珍珠。可是,我们现有的哲学教科书和哲学史教本对黑格尔辩证法的内容的阐述和评价,却不是这样。在这些著作中,常常采用两种手法回避对问题的实质做成正面的阐述,其一是抽象肯定辩证法是黑格尔的伟大历史功绩,但却没有具体内容;其二是分析批判黑格尔辩证法的局限性来代替对他的辩证法本身的阐述。这种状况是不正常的,不能令人满意的。据说,造成这种状况的原因是:谁原原本本地阐述黑格尔辩证法,就会有被扣上"黑格尔主义信徒"之虑和马克思主义辩证法的原则界限,就有被攻击为宣扬唯心主义、贬低马克思主义历史功绩之患,等等。打倒"四人帮"之后,哲学思想获得解放,也有的同志开始探索黑格尔辩证法的内容,但这种探索还是初步的,还必须尊重黑格尔哲学的实际材料和内在逻辑。从他的著作的实际材料出发,剖析他关于辩证法的意蕴,不应该按照马克思主义辩证法的概念到黑格尔著作中去找例证,以充作黑格尔的辩证法。当然,本文也不能算是范例,而只能算是一种尝试。

黑格尔在论述和运用辩证法时,总是在三个相互联系、互为环节、相辅相成的意义上使用这个概念的。他把辩证法既看作是认识的"绝对方法",又看作是逻辑概念的矛盾进展和一切事物的根本法则。

首先,黑格尔把辩证法看作是人类认识的矛盾进展的历程,是认识真理的"绝对方法"。

黑格尔说,"哲学的要求可以说是这样的:吾人的心灵,作为感觉和直观,以感性事物为对象;作者想象,以意象为对象;作为意志,以目标为对象。但就心灵之相反于或仅是相异于它自身的这些存在状态,与它的对象而言,复要求它自身之最高的内在的满足于思想中,而以思想为它的对象。如是,则心灵在最深的意义下,便可说是回复它的自身了。"[①]在黑格尔看来,人的认识进程,是和人类的历史进程相一致的。认识的各种形态不是同等并行的、相互独立的,而是相互联系、构成发展链条的各个环节。最初的环节是感觉和直观,这是"达到精神内容的最低级形式",它具有感性的具体性、个别性和直接性,第二个环节是知性(理智),它是"那只能产生有限形式,而只能在有限形式中活动的思想",它以思想与客观的对立为中心,产生和支持着各种概念、范畴的抽象性、孤立性、差别性,因而彼此对立着;第三个环节也是最高的环节,则是理性,"理性的斗争即在于努力将知性所执着的分别,加以克服",因此,理性就其本质而言,不仅"包含有对感觉或直观之一种提高",而是对直接经验和知性的否定,这种情形就好像人的饮食全凭借食物,且消灭掉食物一样,思想之对于感性经验和知性概念也是一样"不知感恩"的,因为思想之所以成为思想,全凭有感性材料,且全凭消化或否定直接经验材料。"在这种意义下,思想不只是仅仅的思想,即乃是把握永恒和绝对实在的最高形式,严格来说,亦可说是唯一形式。"

黑格尔认为,认识真理可以有种种不同的方法,而每一种认识方法都只是一种思想形式,这些思想形式构成了矛盾进展的过程。他指出,"认识思想本身的性质即是矛盾进展的",这就是辩证法。"对于此种见解的发挥,构成逻辑学上一个主要的课题。"在这里,黑格尔把辩证法正式理解为人类认识的矛盾进展的历程和认识真理的最完善"绝对方法"。

在这方面,黑格尔继承了苏格拉底的方法、柏拉图的辩证法,他

---

①黑格尔:《小逻辑》,商务印出版,1960年版,第62–63页。

把方法称为辩证法,认为苏格拉底的主要观点是引导人们"从具体事物发展到普遍的原则,并使潜在于人们意识中的概念明确呈现出来"。他还赞扬这种方法的"伟大之处,就在于它能使抽象的观念具体化,使抽象的观念得到发展",并让抽象的一般观念"内部解体自行发展"。同样,他认为柏拉图的辩证法就在于"揭示出特殊的东西的有限性及其中所包含的否定性,并指出特殊的东西事实上并不是它本身那样,而必然要过渡到它的反面,它是有局限性的,有一个否定它的东西,而这东西对于它是本质的。这个辩证就是思想的运动。"①但是,这还不是柏拉图辩证法的全部含义。真正辩证法的使命,"就在于对那由搅乱特殊东西而产生的共相,即在其自身之内予以规定,并即在共相之内消解其对立。因而这种对于矛盾的消解就是一个肯定的过程。所以共相就被规定为在自身中消解着并且消解了矛盾和对立的东西,同时也就被规定为具体的或本身具体的东西。因此这种辩证法是思辨的,它表明了两个相互否定的对立面的结合。"②他称赞柏拉图的辩证法"在哲学史上,亦即一般地在世界史上划时代的贡献"。然而,黑格尔对这种辩证法也不是完全赞同的。他批评苏格拉底的方法是"主观式的辩证法",批评柏拉图的辩证法"常常仅仅是从个别的观点出发的形式论证"。从这些评论里,我们暂且不问黑格尔对苏格拉底和柏拉图的评价是否准确,只注重他对辩证法的理解:他把人们的认识从个别到一般、从具体到抽象的进展过程,看作是矛盾运动的过程,并把这个过程叫作辩证法。他还引用柏拉图的话说,"对纯粹思想本身的考察,就叫做辩证法。"

黑格尔在继承这些思想的基础上,更进一步向前推进了这些思

---

①黑格尔·《小逻辑》,商务印出馆,1960 年版,第 202 页。
②黑格尔:《小逻辑》,商务印出馆,1960 年版,第 202-203 页。

想:第一,他把人的认识以及整个思想当作是一个发展过程,从低级到高级,从个别到一般,从具体到抽象再到理性的具体的过程。而感觉、表象、想象、知性、理性等都是这个过程上的一个环节,一个阶段;第二,这个认识过程是矛盾进展的历程,不仅各个阶段具有内在矛盾,而且整个过程充满矛盾,如主观与客观的矛盾,观念与存在物的矛盾、个别与一般的矛盾、具体与抽象的矛盾、直接性与间接性的矛盾等等,认识过程正是这些矛盾运动的结果;第三,从感性到知性再到理性的过程,就是思想从自在到自为的自己回复自己本身的过程,因此,黑格尔把这种认识矛盾进展称作辩证法或认识的"绝对方法",并认为这种辩证法才"是哲学的真正方法"。因为,它不是外在的形式,而是关于自己内容的内部自己运动的形式的意识,也就是说,是它自身的内在的必然发展的形式,要认识这种内在的必然发展"就是内容在自己身上所具有的、推动自己前进的辩证法"。黑格尔说:"没有一种可以算作科学的阐述而不遵循这种方法的过程",因为这种辩证法"就是事情(研究对象)本身的过程"。可见,在这些思想中,包含着黑格尔关于辩证法认识过程的哲学方法及其合理的辩证思想。

其次,黑格尔把辩证法当作概念的内在的必然的前进运动,即逻辑推演的矛盾运动。黑格尔认为,认识从低级到高级阶段,即理性阶段,思想的矛盾运动并未终止,而是真正获得了内在的必然性。因为,理性本身就是矛盾的,理性的任务就在于使有限的概念、范畴自己限制自己,自己揭示自己的对方并成为对方。扬弃自己的有限性和抽象性,解决自身的矛盾,形成无限的、普遍的、具体的理念。研究概念自身的矛盾运动,就是逻辑学的任务。他说:"逻辑学是研究思想、思想的形式和法则的科学。"这里的思想是指理念而言的,"理念并不是形式的思想所构成,而乃是思想的特有形式或法则自身发展而成的全体,这些形式和法则,乃是思想自身建立的,绝不是独立外在于思想的现成的事物。"①这种"由其自身以决定其自身的限度,并揭示其自身的缺陷"的思想活动,"便叫作思想的矛盾进展"②。因此,黑格尔在本质上就把理性看作是辩证的。他批评形而上学的"非此即彼"的思想方法,认为这种思想方法把抽象的同一当作最高原则、排除了矛盾,是不符合理性本质的。他赞扬康德的"二律背反"是"近代哲学界一个最重要的和最深刻的进步",因为,这个"二律背反"宣示了"理性世界的矛盾乃是本质的,并且是必然的",矛盾是理性"思想的本质",所以,他把这些思想称为康德的辩证法。但他也批评康德在这里"仅停滞在物自身不可知的消极结果里,而没有进一步达到对于理性矛盾之真正的积极意义的认识"。依照黑格尔的观点,"理性矛盾的真正积极的意义乃在于认识凡一切真实之物都包含有相反的成分于其中。因此认识或把握一个对象,也就是要觉察到此对象为相反的成分之具体的统一"③。也就是说,从理性的矛盾中,不应该得出世界不可知的结论,而应该承认一切真实之物都是矛盾的统一体,理性能够把握这种矛盾的统一体。

黑格尔认为,辩证法的出发点乃是"就事物本身的存在和过程加以客观的考察",以揭示概念与其表述的客观过程的矛盾,"揭示出片面的知性范畴的有限性",超出知性范畴,借助"思考深入于事物的实质",达到思想与存在的一致,"理性与实在的调解"。而这种思想与存在的一致,"理性与实在的调解",就是真理,就是理念。这不仅是逻辑学的职务,而且是"哲学的最高目的"④。

---

①《小逻辑》,商务印出版,1960 年版,第 74 页。
②《小逻辑》,商务印出版,1960 年版,第 129 页。
③《小逻辑》,商务印出版,1960 年版,第 144 页。
④《小逻辑》,商务印出版,1960 年版,第 189、89、55 页。

根据逻辑学的研究方法,"概念是从它本身发展起来的",这种发展纯粹是概念自己规定自己,自己发挥自己,在自身中愈来愈丰富,以致最后带着一切收获达到作为对立统一体的具体真理——理念。因此,黑格尔说:"概念的运动原则不仅消融而且产生普遍物的特殊化,我把这个原则叫作辩证法。"①可见,黑格尔在这里,把概念的内在矛盾运动,称为辩证法。正因为如此,他才把与辩证法毫不相干的埃利亚派的芝诺、智者学派、诡辩派、经院哲学等等的思想称为辩证法,他的理由就是在于这些人也研究了"概念自身的运动";他认为,辩证法本身就是概念自身的矛盾运动。他的逻辑学,正是在研究概念的内在矛盾运动的过程中,阐释了后来被恩格斯称为辩证法的三大规律——质量互变规律、对立统一规律和否定之否定规律——和一系列相互联系的范畴。虽然黑格尔本人没有直接的把三大规律和一系列范畴概括为辩证法的三大内容,但他却明确地把这些规律和范畴的运动,称之为"总念的内在法则",其真正的含义就是指辩证的法则。他从逻辑学的角度,把这些规律和范畴的运动,看成是"总念的内在法则",即概念的内在的必然的矛盾进展的法则。他在逻辑学中,正是按照这些法则来阐述各个概念、范畴的运动的;特别是在《逻辑学》第三篇总念论中,他总是从辩证法的角度来叙述判断和推理。因此,列宁曾经指出,《逻辑学》这部分"差不多是关于辩证法的最好的阐述,就在这里,可以说是特别天才地指明了逻辑和认识论的一致"。②同样,列宁对黑格尔整个逻辑学的评价也是非常明确而赞赏地指出:"黑格尔逻辑学的总结和概要、最高成就和实质,就是辩证的方法,——这是绝妙的。"③这里的辩证

①《法哲学原理》,商务印书馆,1962 年版,第 38 页。
②《列宁全集》第 38 卷,人民出版社,1959 年版,第 205 页。
③《列宁全集》第 38 卷,人民出版社,1959 年版,第 253 页。

法,主要是从辩证逻辑的角度来说的。黑格尔逻辑学确实包含了关于辩证逻辑的极其丰富的思想和深刻的探索。

最后,在黑格尔那里,辩证法还有一个含义,这就是支配一切事物和整个世界的法则。关于这一层意思,不仅在《逻辑学》中有集中的论述,而且在《自然哲学》和《历史哲学》中都有论述。

在《逻辑学》中,黑格尔反对把辩证法看作是制造概念表面上的矛盾的一种"肤浅的技术"或单凭主观上的机智而进行的"辩难之术"。他认为,辩证法究其本质而言,乃是承认矛盾进展是"支配一切事物和整个有限世界的法则"①,并构成了一切事物的真实本质。他说:"辩证法是实在世界中一切运动,一切生命,一切事业之推动的原则。同样,辩证法又是知识范围内一切真正科学知识的灵魂。"②在考察了哲学史上各派哲学对待辩证法的态度后,黑格尔强调说,不管有些哲学观点如何竭力反对辩证法,"我们却不可以为只限于在哲学意识里才有辩证或矛盾进展原则。"辩证法或者矛盾进展法则,实质上乃是遍于"自然界和精神界之各特殊领域和特殊形态内"的法则,"举凡环绕着我们的一切事物,均可认作是矛盾进展法则的一个例证。"③一切有限之物的变灭无常,一切星球的运动、物理的元素和气象的变化、政治生活中的自由和奴役、极端无政府主义和极端专制主义的相互转易,道德修养上的谦虚和骄傲,良心与邪恶的对立,生理和心理学上的痛苦和快乐的相互过渡等等,不是别的,正是辩证法或矛盾进展法则的表现。这一切表明,辩证法或者矛盾进展法则,乃是构成自然现象和精神现象的基本原则。因此,"一切事物皆命定了免

---

① 《小逻辑》,商务印出版,1960 年版,第 187 页。
② 《小逻辑》,商务印出版,1960 年版,第 188 页。
③ 《小逻辑》,商务印出版,1960 年版,第 190 页。

不掉矛盾","矛盾是一普遍而无法抵抗的力量，在这个大力之前，无论在表面上如何稳定坚固的事物，没有一个，能够支持不摇。"①

从黑格尔的这些论述中，可以清楚地看到，他并不是像我们阐述黑格尔辩证法的著作所说的，即黑格尔把辩证法则从外面加给自然界，他承认辩证法是自然界的内在的普遍的矛盾进展法则，这个思想从下面的论述中也可以得到证明。黑格尔在批判那种认为对立双方彼此不相干的形而上学观点时指出："哲学的目的就是扫除这种各不相涉的外在性，并进而确知事物的必然性。……外在的别物便显得是与自己正相对立的自己的别物。譬如无机物便不仅认作有机物以外的某种别物，而须认作有机物的必然的对立者。两者间彼此皆有本质的联系。"同时他还说："在近代自然科学里，最初在磁石里所发现的两极性的对立，渐被认作渗透于整个自然界的普遍自然律。这无疑将可认作科学的一重大进步……"②"一切都是相反的。事实上无论在天上或在地上，无论精神界或自然界，绝没有像知性所固执的那种'非此即彼'的抽象物，无论什么可以说上存在的东西，必定是具体的，包含有区别和对立与其自身。"③在《自然哲学》中，黑格尔承认，自然界中的自然、物质、运动、时空都是一种矛盾。比如他说："运动的本质就在于空间与时间的直接统一，运动乃是通过空间而现实存在的时间，也是通过时间才真正区别开来的空间。"并认为这是运动本身所具有的辩证法。他还说："……辩证法构成了地球的物理生命，构成了气象学的过程。"在生物界也是如此，生命就是矛盾，就是"一般对立的合一，而非仅仅是概念与实在对立的合一"，因为生物"经常在自身中包

①《小逻辑》，人民出版社，1959年版，第190—191页。
②《小逻辑》，人民出版社，1959年版，第266页。
③《小逻辑》，人民出版社，1959年版，第266—267页。

含着异物"，"包含着与自身的矛盾，并且能够承认这种矛盾"，没有矛盾也就没有生命。因此，他宣称，一切都是矛盾，没有矛盾就没有一切，"因为什么东西都没有的地方，也就不会有矛盾。"

从上述实例中可以看到，黑格尔在这里对辩证法的理解，基本上和马克思、恩格斯对辩证法的理解是一致的。他们都把辩证法理解为关于一切事物和整个世界（包括自然、社会和思维）发展变化的普遍规律的科学。但他们之间也有原则性的区别，这些区别主要是：第一，黑格尔是从唯心主义立场出发的，而马克思和恩格斯则是从唯物主义立场出发的；第二，黑格尔对辩证法的阐述带有晦涩的思辨性和神秘性，甚至还把矛盾运动的推动力比作上帝的力量，马克思和恩格斯则打破了这种晦涩的思辨性和神秘性，以朴实而严整的逻辑性和科学性把辩证法阐述出来了；第三，黑格尔本人还没有确切地概括出辩证法的定义和内容，只有马克思主义才完全地阐发了辩证法。

总而言之，黑格尔对辩证法的理解，包含三个方面的内容，既有认识过程的辩证法，又有辩证逻辑中的概念、判断、推理的矛盾运动，即所谓理性的矛盾进展，还有辩证法的本来意义。不仅如此，而且还肯定了哲学观点和方法论的统一、逻辑和历史的统一、逻辑过程与客观对象的进程的统一、辩证法与认识论以及逻辑学的统一。因此，黑格尔辩证法包含着极其丰富的宝贵的内容。那种把黑格尔辩证法说成只是概念辩证法的观点，是不符合实际的，是没有根据的。同样，现代西方有些学者根本否定黑格尔辩证法或只是承认它是感情上的辩证法的一切观点，也是完全站不住脚的。

黑格尔哲学秘密初探

——论黑格尔的实体即主体的思想

黑格尔哲学的秘密何在？这一问题,谁都知道,是研究黑格尔哲学的关键,是打开黑格尔哲学奥秘的钥匙。但是,研究黑格尔哲学的人对这一问题的回答,却是各种各样的:有的人在黑格尔的康德起源中,有的人在反理性的泛悲剧主义中,有的人在辩证法的戏剧化所造成的"哲学喜剧"中,有的人在经济学和哲学的结合中,有的人在"反思论说"中,有的人在思维与存在同一性的命题中,有的人在"否定性的辩证法"中等等,看到了黑格尔哲学的秘密。这些看法,按照黑格尔的说法,可以说只是达到真理的一个环节、方面或因素,还不是真理本身,因为真理是一个发展过程及其结果的全体。因此,把黑格尔哲学中的某一个别概念、命题或观点当作这一哲学的秘密和关键的做法,不免蔽于一隅,并和黑格尔哲学的实质相违背。黑格尔本人也会宣称,他不知道这样的"秘密"！同样,仅仅把"合理内核"看作是黑格尔哲学的秘密的做法,也不免带有探索者本人的主观性质。

一

黑格尔哲学的秘密究竟是什么呢？黑格尔自己就明确地说:"照我看来……一切问题的关键在于:不仅把真实的东西或真理理解和表述为实体,而且同样理解和表述为主体。"[1]他还着重指出,"说实体

---

[1]《精神现象学》上卷,商务印书馆,1979年版,第10页。

在本质上即是主体",或者说真理只作为体系才是现实的,这乃是绝对精神"所要表达的观念"①。可见,在黑格尔看来,把实体表述为主体,这是理解他的哲学即"新时代的哲学"的基础和关键,是打开绝对精神奥秘的钥匙。

《精神现象学》从整体上来看,也正是说明这一思想,这一思想的"正确性只能由体系的陈述本身来予以证明"。黑格尔在《精神现象学》里,通过对意识经自我意识到精神的过程的描述,归根到底是要证明实体作为"意识的经验对象"的运动过程,即是实体自我展开并"表明它自己本质上就是主体"的过程,也即是作为绝对知识的科学形成的发展道路。"当实体已完全表明其自己即是主体的时候,精神也就使它的具体存在与它的本质同一了,它既是它自己又是它自己的对象……存在于是被绝对中介了,成了实体性的内容……或者说,就是概念。到这个时候,精神现象学就终结了。"②因为,《精神现象学》所考察的,就是精神的来源、形成、实质、形态和作用等等,这一切又是在精神自身矛盾的展开——在自我异化并返回自身的运动中表现出来,并且"在绝对知识中结束了"这种运动,扬弃了意识所固有的主体与客体的矛盾,返回自身获得了概念式的形式。这种概念式理解了的精神的奥秘,"就是绝对概念",绝对概念的自身异化即是实体,它返回自身即是重建的主体,也就是说,异化即是自身,实体即主体。这就是黑格尔所谓的绝对精神的"最高的本质",这也是精神现象学所得出的最终结论。

由此可见,《精神现象学》从头至尾所极力阐述和证明的就是"实体即主体"这一思想,被黑格尔称之为绝对精神的"最高的本质"和新

①《精神现象学》上卷,商务印书馆,1979 年版,第 15 页。
②《精神现象学》上卷,商务印书馆,1979 年版,第 23、24 页。

时代哲学的"奥秘"。为了证明这一思想,他从精神的形成和实质方面作了详尽的论证。现在,我就黑格尔的论证作一具体分析,虽然不免有些简略,但自信是忠实于原著的。

首先,绝对精神或真理"不是一种铸成了的硬币,可以现成地拿过来就用",而是一个过程以及在此过程中的一切收获物的全部总和的整体,就好像"所有的参加者都为之酩酊大醉的一席豪饮",当每个豪饮者在离开酒席时就立即陷于瓦解一样。这就是说,绝对精神只有作为这个过程及其一切收获物的全部总和的整体,才是真理。因而,就这个意义来说,它乃是整个认识过程中的结果和产物。在这里,黑格尔提出,真理是一个认识过程,是对这一过程的总结,并且只有在这个过程中才有意义;同时,这一思想还包含着一个深刻的内核:不应把真理当作万古不变的原则或神圣不可侵犯的教条,现成地到处套用。

他在具体分析认识过程即精神的形成过程时,考察和揭示了感性、知性、理性的一些本质性的特征,并从中概括出他的哲学的最基本的思想。黑格尔认为,感性的确定性、直接性就在于它"在我的直接的视、听等等之内",也就是说,这里一棵树或一所房子等都是"亲眼看见的直接性"。可是,在感性认识的阶段上,每一个别,如这个、这里、这时等等都是用一般的"这个""这里""这时"来表现的,因而在感性的表述中,个别和特殊的确定性却消失了,"在这一认识过程中没有消失的就是那个作为共相的我"。这种认识就在于"将那种在现实里只以个别的形式现成存在着的东西以普遍的形式表述出来"。如烟盒旁的这把小刀,在人的认识中表述为"这把小刀"一般了。在这里,黑格尔承认个别事物的客观存在和人的认识开始于感觉,看到感性认识的直接性和具体性是同它的逻辑表述相矛盾的。这一切表明,一方面黑格尔是在17、18世纪哲学家的知识论的基本思想基础上前进的,另一方面他比前辈们的思想更敏锐,试图揭示认识中的个别和一般、事物和表述等矛盾。但是,这里也暴露出黑格尔的客观唯心主义思想的实质。因为,他断言,感性确定性的真理在于作为共相的在认识过程中没有消失的"我",而感性的具体事物被看作是没有真实性的存在并在认识过程中消失了,只有普遍性、共相绝对化了。

黑格尔认为,感性还不能认识到它自己的真理(即共相),感性知觉只是把普遍性、共相当作"事物一般"或"纯粹本质"的规定性,因而把"事物一般"或"纯粹本质"表述为众多规定性的集合体,例如把盐了解为白色、咸味、立方形和一定重量等的集合,并且"所有这些众多的特质都存在于这一个简单的这里"。只有知性才能把这些规定性当作不同的环节保持在它们的统一中;知性通过分析,从个别中分离出普遍,并从这些作为规定性的普遍性中区分出本质与非本质的环节,把不同的环节统摄于概念中。因此,在概念的形式中,人"所认识的应该不是事物的非本质的东西,而应该是事物自己赖以将自身从一般存在的普遍连续性中分离出来的东西,应该是事物赖以将自己从他物中分离出来而成其为自为的存在的东西",即事物的本质。也就是说,概念乃是"已经把无关重要的感性现实的存在从自身中清除了的"本质性。但是,知性还"不知究竟对于认识是本质而必要的东西是否对于事物也是同样的",只是把这种本质当作静止的抽象的规定性——普遍性或共相;这种抽象的普遍性不过是认知的片面性、有限性的表现。因而这种抽象的普遍性或静止的本质性,在辩证法运动中都是"一些趋向于消失或保持不住的环节"。知性只是"将具体的精神的统一性当作一抽象的无精神性的同一性",即没达到主观与客观、主体与对象、无限与有限的统一,没有抓住客观事物本质的同一性。黑格尔看到了概念反映着事物的内在本质这一特征,看到了概念是存在及其本质的矛盾统一。这些思想对于人类理论思维的发展都有重要的意义，正是这些思想成了黑格尔批判康德不可知论的理论出发点。但是，黑格尔在这里把概念和事物的本质混淆在一起，认为概念是事物的内在核心、真实本质。这样就把主观形式和客观内容等同起来，构成了他的绝对精神的雏形。

黑格尔认为，抽象的普遍性或静止的本质性和感性现象的存在之间的矛盾，是知性所不能解决的，只有理性才能解决。因为，理性的本性就在于使概念作为本质性的"人为的系统""符合于自然的系统，并且只表述自然的系统"。也就是说，理性的本能，就在于把概念看作不仅与认识有本质关系，而且也应该与事物的本质规定性有关，即把概念理解为事物的内在核心和真实本质。换句话说，理性才真正达到了概念与存在的统一，克服了知性概念的抽象的普遍性，使普遍性或共相（概念）不仅对于意识来说"具有一个本质性或一个自为存在"，而且"作为现在的和现实的东西而呈现着的"理性自身的对象和内容。因此，黑格尔说，理性恰恰就是"确信其自身即是一切实在这一确定性"，理性认识到这种确定性即是自己的真理性，也就是认识到了"它的自身即是它的世界、它的世界即是它的自身"，这时"理性就成了精神"。总之，在这个阶段上，概念、范畴既是"按其普遍真实意义而被规定为自在而又自为存在着的本质"，又是"对于意识具有对象性的形式"，也就是说，概念对于意识来说是自我的抽象的共相或形式，而对于客观事物来说则是体现着本质性的实体。这种规定的实质就在于表述了主体即实体或实体即主体的知识：实体就是"自在而又自为地存在着的精神实质"。这种认识的最后形态就是绝对知识，即以概念的形式把握到的、作为自在自为地存在着的本质的精神，或者说，是对精神自身的概念式的把握。

在黑格尔对精神形成过程及其实质和形态的考察中，我们可以看到，他不仅继成了17、18世纪伟大哲学家所达到的一些优秀成果和思想传统,如承认意识是一个由浅入深的发展过程,强调理性、知识和科学的重要作用等理性主义与辩证法思想,而且在这个基础上,他更进一步试图解决近代哲学所尖锐对立起来的主观与客观、思维与存在、概念与事物的矛盾,并且他在这些对立面的统一中看到了出路、看到了秘密。所以,他在自己的第一部重要著作中通过对精神形成过程及其实质和形态的考察,论证了只有普遍性、本质性、规律性的客观实体,才能进入意识;思维不仅能深入客观事物的普遍本质,而且成为本质、规律的唯一真实的表现方式。因而也就论证了实体即主体这一基本思想。这就是说,只有世界的实质、普遍本质和必然性的规律(即实体),才是作为主体的思维的真实内容;离开实体,主体就不成其为精神,就会变成空泛的外壳;同时,思维又能主动地深入自己的真实内容,获得并回归到自己的本质自身。因此,实体是主体的真正的精神性本质,主体的真正内容和活动实际上是实体的发展和展开的全部总和。

二

黑格尔不仅在《精神现象学》中,通过对精神的形成过程及其实质和形态的阐述,论证了实体即主体这一思想是理解一切问题的关键,是他的整个哲学体系的出发点和归宿,而且在《哲学全书》的第一部《逻辑学》中,特别是在《小逻辑》的导言、逻辑学概念的初步规定和绝对理念以及 1830 年 9 月写的第三版序言等几部分中,更集中、更深入地论证了"实体即主体"这一贯彻他整个哲学体系首尾的基本思想,并且是他直到逝世前夕一贯坚持的基本思想。

现在,我们来看一看黑格尔是怎样论述这一思想的。

首先,黑格尔提出,思维不论就形式来说还是就其内容来说,都是"自身实现的普遍体"①。就形式来说或就形式逻辑的表面意义来说，思维通常被看作是精神的许多活动或能力之一，与感觉、直观、想象、欲望、意志等并列在一起，被视为主观意识的一种形式。但是，黑格尔指出，思维本身、思维活动的产物、思维的形式或规定性，事实上都是普遍的抽象的东西。因为，当我说"我"时，这意思是指脱去了个别人的感觉、情绪、欲望、意志等，并排除一切别的事物的"我"，因此，"我"是一个自在自为地普遍性，是纯粹的自身联系，是内在的普遍性自己本身。同时，"我"又是具有能动性的普遍，因此思维作为能思的"我"，"便可称为自身实现的普遍体"，即"存在着的能思的主体"。在这里，黑格尔力图从其他认识形态和心理形式中区分出思维，正确地看到了思维的普遍性、能动性和主体性。这正是他比近代其他哲学家都要高出一头的地方。但是，他通往唯心主义的桥梁也正是包括在这里：他把思维和普遍性完全等同起来了。

就思维的内容来说，黑格尔认为，"思维对经验科学的内容及其所提供的诸规定加以吸取"，或者说，感性材料"经过思维的加工"，必有所改变，提高到"这些现象的普遍本质的理念里"，并且"只按事情本身的必然性发展"出自己的内容。这样，不仅"对象的真实本性才可呈现于意识面前"，而且扬弃了直接性的东西，达到了"实体性的东西"。因为，思维通过反思才达到"包含有事物的本质、内在实质、真理"的普遍概念，即理念；这理念不是排斥一切个别事物的单纯抽象的普遍性，而是扬弃了个别性、保持了一切丰富性的普遍性。因而，这样的思维，就不只是作为主体的自我意识的私有的特殊状态、行动或形式的思维了，而是"达到事物的本质性"的、"深入事物的实质"的，并且是由事物实质的"一切规定和规律自身发展的全体"而构成的理

①《小逻辑》，商务印书馆，1980年版，第68页。

念。换句话说,事物的普遍本质、必然性、规律性,才是思维的真正内容;并且只有思维及其产物——普遍概念、理念,才是"把握永恒和绝对存在的最高方式"。所以,思维不仅一般地具有实在性,而且作为"自身实现的普遍体"本来就包含着事物的本质和必然性,因而成为自在自为的实体。在这里,黑格尔看到普遍概念、科学的抽象,不是空洞的外壳,不是主观任意的符号,不是主观先天的一种能力,而是深入和把握了事物实质的,并具有实体性内容的东西。这是他比前人大大向前迈进的一大步,对于 19 世纪和 20 世纪的人类理论思维和现代自然科学的发展都有重要的意义。列宁曾经敏锐地注意并强调了这一思想,他指出:"物质的抽象,自然规律的抽象,价值的抽象以及其他等等,一句话,那一切科学的(正确的、郑重的、不是荒唐的)抽象,都更深刻、更正确、更完全地反映着自然。"①因而,列宁也常常把概念、规律、本质等,都看作是人类认识的一系列抽象过程的结果,是同一序列、同等程度范畴,它们能使人类不断地接近于把握永恒运动着的"自然界的普遍规律性"。但是,正是在这里,黑格尔为他的客观唯心主义奠定了第一块基石,他把人类认识的形式概念和概念所反映的客观规律性、本质性的东西完全等同起来了,这样就"把认识的某一特征、方面、部分片面地、夸大地、无限度地发展(膨胀、扩大)为脱离了物质、脱离了自然的、神话了的绝对",即把思维和思维的产物——概念变成了"自身实现的"自在自为地实体。

其次,黑格尔提出,思维是客观的,"客观思想是世界的内在本质"。他从思维的普遍性、本质性中直接推演出思维的客观性:既然思维及其产物普遍概念能够深入和表达事物的本质和真理,并且作为事物的本质和真理就是统摄特殊的普遍原则,那么"思想,按照这样

①《列宁全集》第 38 卷,人民出版社,1959 年版,第 181 页。

的规定,可以叫作客观的思想,甚至那些最初在普通形式逻辑里惯于只当作被意识了的思维形式,也可以算作客观的形式"。为了证明这一思想,黑格尔用一些具体例子来说明。个体与类比较,个体生灭无常,"而类则是其中持续存在的东西,而且重现在每一个体中",每一个体都从属于其类,类作为共相构成了个体的特定的本质,因此类的客观存在是不容怀疑的;星球运动的自然规律,虽然并不是直接写在天上的,然而却是"星球运动的普遍方式";在研究支配人类的复杂万分的行为上,"我们还是同样相信有一普遍性的支配原则",如梭伦的立法,虽然"是从他自己的头脑中产生出来的",但这些法律必须当作共体,看作是"仅仅的主观观念的反面,并且还要从这里面认识到事物本质的、真实的和客观的东西"。这些类、自然规律、法律等等,作为普遍性或共体,不是感官所能把握的,只是"对精神而存在的"。但是,这种精神性的普遍原则(思维及其普遍的概念,如类、自然规律等),由于"深入于事物的实质","能够表达事物的本质性",因而成为"世界的内在的、固有的、深邃的本性",成为统摄一切、广包一切,并成为一切其他的东西所由以产生的绝对,也就是说,成为客观性的实体。

在以上论述中,可以清楚地看到,当黑格尔说思想、理念是世界的内在本质,或承认思维的客观性和实体性时,绝对不是说思维、理性(这里是就我们通常意义上的理解来使用这两个词的)是整个客观世界的本原和基础,而是说,思维及其概念所把握的本质和规律乃是客观世界的普遍本质和普遍规律;或者说,思维能深入事物的实质、表达着事物的本质性,因而思维能统摄一切、广包一切,成为支配一切其他东西的普遍原则。黑格尔试图说明思想、理论的能动作用和指导作用,但是,他夸大了这种作用,把思维和客观世界的普遍本质与规律等同起来,并且把普遍性、共性看成可以包罗一切个性,从而把人对普遍性、共性和本质的认识变成了独立的僵死的东西了。事实上，"任何一般只是大致地包括一切个别事物"；人对普遍规律的认识还需回到实践中去，对具体事物做具体分析，以便补充、丰富和发展这种对普遍规律的认识。尽管黑格尔的观点有这种唯心主义的弊病，但他提出的思维客观性问题还是包括着合理的内核的，对于人类理论思维的发展也是非常重要的。

实际上，黑格尔本人就强调指出，当我们说思想是世界的内在本质时，就是指思想是客观的思想。对思想的这种客观性不应该误解为自然界本身具有意识或意识创造了世界。他认为，这种客观性的意义，"可以较确切地用古代哲学家所谓'NOUS（理性）统治这世界'一语来表示。——或者用我们的说法，理性是在世界中，我们所了解的意思是说，理性是世界的灵魂，理性居住在世界中，理性构成世界的内在的、固有的、深邃的本性，或者说，理性是世界的共性。"在这里，他总是把思维、理性理解为世界的普遍本质、普遍规律、共同的内在必然性；说理性统治世界，即是说普遍规律支配着世界。因此，黑格尔说："只有思维深入事物的实质，方能算得真思想"；思想的客观性和高贵性就在于"让事物的实质当权"。"倘若我掺杂一些主观意思于其中，那我就思维得很坏。"也就是说，思想的真正客观性即在于：思想不仅是我们的思想，同时又是为思想所把握的事物的实质本身。这又是黑格尔高出于古代和近代其他哲学家的地方。但是，由于认识上的失误和绝对化，他从这种基本上正确的观点出发，却向唯心主义的泥潭里滑下去了。他从思维的普遍性、本质性、客观性中得出错误结论说："思想不但构成外界事物的实体，而且构成精神性的东西的普遍实体。"这样就把思想绝对化了，实际上变成了独立自存的实体。

最后，黑格尔得出结论：绝对精神既是在他物中即在自己本身中的自己决定自己的实体，又是自己实现自身、自己思维着自身的主体。他从思想的普遍性、能动性、主体性、本质性、客观性、实体性中看到了克服被近代哲学家分离开的主观与客观、普遍与特殊、无限与有限、内容与形式、主体与客体等似乎是势不两立的对立面的途径。他认为，逻辑学的任务就在于考察、揭示和阐释以概念形式所把握到的事物本质自身的发展。因为，概念的形式是思维内容所采取的"最能配得上它自己本身的形式"，并且是把握住事物的本质和必然性的形式；同时，"概念是存在与本质的统一，而且包含这两个范围中全部丰富的内容在自身之内。"就是说，概念的自身发展，其实就是存在和本质的自身发展的客观逻辑。因此，概念的自身发展，其实就是事物本质的自身发展，思维的过程正是以概念的形式表现出来的事物本质自身的发展过程，是事物本质对于人的意识来说的生成和展开的过程，因而也是自己实现自身、自己思维着自身的实体本身的展开过程。

这种具有普遍性、能动性、本质性、客观性的思维过程，在黑格尔看来，就是理性；理性就是确知概念即一切实在，克服了知性所造成的主观与客观、普遍与特殊、无限与有限、自在与自为、理论与实践的分离和差别，到达于"一切的规定都汇集在一起"的统一。这一切规定的统一，乃是理性认识的绝对客体和全部真理，即"自己思维着自身的理念"。因此，理念既是"内蕴于万物"的"思维着的实质"，又是思维的一切规定和规律"自身发展而成的全体"。也就是说，理念是被思维以概念的形式把握住的客观现实的本质和规律自身发展的全部总和。所以，黑格尔说：理念"是概念和客观性的绝对统一"，是"曾经实现其自身于它的客观性内的概念，亦即具有内在的目的性和本质的主观性的客体"。这种理念既是精神的普遍的和纯粹的形式，作为客体又是自身的真正内容。它作为普遍的形式，"并不单纯是和特殊内容相对立的抽象形式"，而是一切规定和全部充实的内容都要回复到自身的绝对形式。它作为自身的真正内容,不是别的,乃是逻辑的"整个体系",也就是人的认识的"全部运动""全部生活经历",就好像老人讲述的成语或生活教训,其中包含着他的全部生活和饱经风霜的经历一样。"构成理念的内容和意义的,乃是整个展开的过程",也就是说,作为精神的绝对客体的被认知的客观世界的实质和规律的发展过程的全部展开的整体。对于这个整体来说,其他一切规定、一切事物、一切形态和方面,都只构成这个发展过程的整体的一个环节、阶段或方面;任何事物,一旦孤立起来看,即离开普遍的实质和规律的发展过程的整体,便成为狭隘而有局限的。换句话说,普遍的实质和规律的发展过程的全体(即所谓理念)统摄这一切,支配这一切;这一切(规定、事物、阶段、方面)只有从属于全体,成为理念的一个有机环节,才取得自己的真正意义和价值。

因此,这种理念,作为被认知的绝对客体,不仅"最初是唯一的、普遍的实体",而且是作为发展过程的结果(全部展开的整体)的具有"真正的现实性"的实体,因此说是自己实现自身、自己思维着自身的实体;同时,作为被认知的客观世界的实质和规律的发展过程的整体,它为自己创造了一个精神性的世界,成为自己决定自己的、自己返回自身、自己实现自身、自己思维着自身的理念发展的整体,既是实体又是主体,也就是绝对理念或绝对精神。换句话说,绝对精神即是实体——主体,即观念与实在、主观与客观、思维与存在、普遍与特殊、无限与有限、形式与内容等等一切规定的统一,这在黑格尔看来"乃是绝对和全部的真理"。在这里,黑格尔把辩证法赋予绝对精神,赋予客观现实世界,因为,实体——主体乃是对立统一的展开过程,绝对精神即是实体——主体的矛盾的辩证运动的整体,矛盾运动的辩证法构成了绝对精神的永恒生命。所以,黑格尔说:"只有这样,理念才是永恒的创造,永恒的生命和永恒的精神。"在这里,尽管黑格尔把绝对精神的神秘外衣依附于运动发展着的客观世界身上,但是,他毕竟在概念自己运动的辩证法中猜测了客观事物的辩证法。列宁曾高度评价了黑格尔的这一历史功绩,他说:"黑格尔逻辑学的总结和概要、最高成就和实质,就是辩证方法,——这是绝妙的。""辩证法……在观念中即在客观的现实中"。①

三

实体即主体,不仅是作为黑格尔哲学的真正诞生地——《精神现象学》的基础和核心,而且是作为黑格尔哲学整个体系的纲要——《逻辑学》的基石与归宿;整整一部《哲学全书》不过是在自我异化过程中理性地理解和把握自身的绝对精神通过自我对象化又返回自身而展开了本质的辩证发展体系。在黑格尔阐述实体——主体的过程中,他不仅完成了他的哲学体系,而且提出和论证了一系列重大的认识论问题与哲学命题。这使得他得以在批判继承的基础上,常常更深刻、更卓越地发展了人类理论思维的一些优秀成果。

第一,他认为,人的认识是一个历史的发展过程,精神则是这一认识过程的结果和总结,个体的意识发展展示着人类的精神形成过程,人类的精神在自己发展的途程中表现为各民族的精神、各个时代的精神和各种文化的精神等等,并最终必然发展为哲学的精神。在这里,黑格尔的考察不仅阐述和展现了"人的意识在历史上所经过的各个阶段的缩影",而且力图在认识发展史中揭示人类认识的能力、特点和内在矛盾;同时,他的考察表明,精神既然是认识过程的结果,那么按照这一逻辑,就不应该把精神看作是第一性的东西,相反,应该把它看作是有前提的、被产生的东西。事实上,黑格尔确实是这样看

---

①《列宁全集》第38卷,人民出版社,第253、213页。

的：绝对精神是各个民族精神、各个时代精神和各种文化精神的发展的总结，哲学作为绝对精神的最高体现则是自己时代精神的精华。

第二，黑格尔深刻地揭示了精神的本质和内容乃是客观世界的普遍性、本质性和规律性的东西，认为精神乃是超感官的真理世界，是真理借以表现其本质的内在方式，或者说是经过认识的曲折发展过程所达到的对个别与一般、存在与本质、客体与主体等对立面的具体统一性的概念式的把握，因而也是规律的王国。他由此得出结论，提出了实体即主体，或主体即实体的思想。黑格尔在论证这一思想的过程中，批判地发展了17、18世纪以来的哲学家关于实体和主体关系的思想，摈弃了他们割裂实体与主体的一切观念，为近代哲学家所强调的理性和哲学的作用提供了理论上的论证。同时，这一思想不仅具有深刻的理论意义，而且具有深刻的自然科学意义。当代科学技术的发展，特别是信息论、人工智能、对人脑的生理学、分子学、遗传学等方面的研究，正在提供着越来越多的证据和启发，使人们不得不把精神过程看作是一种高度组织起来的物质的客观的运动方式，也就是说，是实体自身运动的一种本质表现。黑格尔通过逻辑论证，深刻地猜测到了这一点。

第三，黑格尔从实体即主体（精神的本质和内容就是客观世界的普遍本质和规律性）这一思想出发，论证和丰富了自古代就已经提出来的思维与存在同一性的命题。在他看来，既然精神的本质就是作为现在的和现实的实体而呈现着的、对于意识来说作为唯一对象和内容的自在自为地普遍本质，那么，凡对意识来说不是一个自在自为的本质的东西，也就是没有真实存在的东西，"就根本什么也不是"；"凡应该存在的，事实上也是存在的"，才具有真理性，"因为理性恰恰就是相信自己具有实在这个确定性"。由此可见，思维与存在的确是同一的。在黑格尔关于思维与存在同一性的命题中，包含着一系列重要的思想。首先，他由此出发肯定了世界的可知性，批判了不可知论，揭露了康德的主要错误在于不承认世界的本质具有内在矛盾，并把矛盾仅仅"归于思维着的理性或心灵的本质"。其次，他坚持了真理是概念与实在相符合（统一）的思想，并认为这种统一不是静止不动的而是一个运动的过程，不是无差别的而是对立的统一，不是抽象的自我同一而是主客体矛盾的具体的统一。这又是对 17、18 世纪哲学思想的重要发展。再次，由于思想能够表达事物的本质性，"让事物的实质当权"，所以，思维的任务"即在于揭示出对象的真理"，理性的理想（目的）即在于达到和完成思维与存在的统一。最后，他提出运用概念把握自在自为地本质，这才是"唯一的、内在的、客观的思维方式"。这些思想对于人类理论思维，特别是对辩证法逻辑的发展，具有重要的理论意义。

第四，黑格尔提出了绝对精神即真理的命题，比以前的一切哲学家更深入地探讨了真理和真理标准这一重要的哲学问题。他认为，绝对精神既然是实体——主体，即观念与实在、主观与客观、思维与存在、普遍与特殊、无限与有限、形式与内容等一切规定的统一，因而也就是全部的真理。因为，真理就是观念与实在相符合，概念与客观性的本质相符合。要认识绝对精神即真理的真面目，这就有赖于我们是否能够认识和理解：精神、观念、思维的本质就在于深入事物的实质、让事物的实质当权；当我们对自然界和一切有限事物的认识仅仅局限在一些现象形态里，没有抓到普遍的本质和规律时，也就是说，还没有返回自身、达到实体即主体的高度时，那么这种认识就"都是不真实的"。黑格尔关于真理的思想在以下三个方面都比前人更胜一筹。一个方面，他认为思维与观念存在相符合还不是真理，因为客观存在还包括不真实的现象形态的存在，只有思维同作为思维内容的客观的普遍本质相符合（即同实在相符合），才是真理。所以，他说："从哲学的意义来看……真理就是思想的内容与其自身的符合。"他举例说，真朋友、真艺术品等都是指一个对象的实质和本性同它的概念本身相符合，不真就是说"自己不符合自己自身"。另一方面，他提出，思维规定、概念"只有应用在一些给予的对象的过程中才获得它们的真理"。在这里，黑格尔接近于通过人的实践的、合目的性的活动，推导和验证概念与客体相符合的思想，证明观念、概念、思维的客观正确性。最后，像前面已经提到的，他论证了真理是一个发展过程，接近了绝对真理与相对真理的辩证关系问题。

第五，绝对精神既然是一切规定性的统一，那么，从本性上来说，它就是矛盾进展的全体，就是辩证法本身。因此，黑格尔曾多次说，"理念就是辩证法"。这使他的研究绝对精神的整个哲学体系变成了对辩证法的自觉的系统的探讨。因而，马克思在研究黑格尔《精神现象学》之后指出，《精神现象学》的最后成果和伟大之处，就是"作为推动原则和创造原则的否定的辩证法"①。这不仅使他成为人类思想史上第一个自觉地系统地研究辩证运动的各种形态和规律的伟大哲学家，而且使他成为从理论上自觉地系统地揭露和阐述人的本质与人类社会的异化现象的第一个人。他从绝对精神的否定性的辩证发展出发，探讨了异化的实质、异化的发展进程、异化的各种表现形态以及异化的消失（返回自身）等等。这对于人类从理论上认识异化现象和揭露异化的秘密，不仅开创了一条道路，而且提供了重要的启示。

第六，黑格尔强调绝对精神的过程中，从理论上论证了精神力量的作用。他认为，精神力量不仅是人区别于禽兽的根本标志，是人的本质的表现，而且是社会生活和国家存在的"一个基本环节"。精神力量所以具有这种作用，或者说，精神力量的基础和来源，首先在于它

①《1844年经济学哲学手稿》，人民出版社，1979年版，第116页。

的实体性的内容,这实体性的内容就是世界的隐蔽着的本质,即精神自身不仅"以自然为它的前提",而且,"把自然界设定为自己的世界"当作自身的存在;其次在于精神的最深刻的要求,它要求"最坚实的严肃性本身就是认识真理的严肃性",也就是说,这种要求使它能坚持真理和正义;最后在于精神通过对世界的普遍本质和规律的掌握,即通过对理念的掌握,"能取得实际存在"。在这里,黑格尔确实看到了精神力量的源泉,他的论述就其内在本质来说是和列宁、毛泽东同志的一些论述基本上一致的。列宁在谈到辩证思维时,曾多次说,思考和观察的客观性不在于一般的实例,而在于把握自在之物本身;毛泽东同志讲实事求是时也曾指出,正确的内部联系即规律性。只有这种正确的思想才能具有动员、组织、指导的伟大作用。黑格尔在对绝对精神的论证中接近了这一思想。他承认,精神力量不仅一般地"构成国家存在的一个基本环节",而且它能使各阶层人民联合起来,反对外来侵略和暴君的统治,为争取独立和自由而进行伟大的斗争;在社会和历史的发展进程中,精神力量、道德力量也都"发挥了它的潜能","施展其威力和作用"①在他看来,更重要的是精神能为自己创造一个世界,这种精神世界(精神生活)由于它的实体性内容和追求真理的严肃性,在政治、伦理、宗教、科学各方面都提高了人类自身的尊严,使人们能够摆脱日常急迫的盲目性的陷阱,克服空疏浅薄的偏见的束缚,使浮泛无根的生活获得意义和价值,使精神扬弃形式主义的抽象的主观性。因此,这种精神力量乃是"对人的本质的自觉",它"使得人的精神本性区别于他的单纯感觉和享受的生活",因而成为"人类所具有的最高的光明"。黑格尔的这些思想对于我们研究和建立精神文明,具有重要的理论意义。

①《小逻辑》,商务印书馆,1980年版,第32页。

总之,绝对精神即实体—主体这一思想,不仅是黑格尔哲学的真正诞生地《精神现象学》的关键和核心,是黑格尔哲学体系的纲要《逻辑学》的基石和归宿,而且是黑格尔一切哲学思想和基本命题的出发点和基础。因此,我们说,实体即主体这一思想是黑格尔哲学的秘密和钥匙。这一思想包含着黑格尔哲学的丰富的内容,并贯穿在他的整个哲学体系的各个方面。但是,黑格尔的优点同时又包含着他的弱点。他从实体即主体出发,归根到底作出了精神即绝对实体的结论。他说,在精神阶段上,"客观现实世界对自我而言已完全丧失其为有异于自我的一种外来物的意义,同样,自我对客观现实世界而言也已完全丧失其为脱离了世界的一种独立或非独立的自为存在的意义。"①也就是说,主体与客体、观念与实在、思维与存在的统一乃是普遍的、自身同一的、永恒不变的绝对本质,它以客观世界和自我为环节又统摄这一切,因而成为驾驭世界之上的、超人格化的绝对精神。这样一来,精神被黑格尔变成了一种脱离了具体的人而又统摄着世界的客观存在着的永恒的"世界理性""宇宙精神",似乎只有它才是一切现实事物的最终源泉和最高本质,才是"伟大的世界主宰"。由此可见,黑格尔的"绝对精神",无非是一种经过哲学上雕琢加工的上帝观念而已。黑格尔把客观世界的普遍本质和人的抽象思维等同起来,又片面夸大了思维的相对独立性,因而把精神绝对化,变成了超人格化的独立实体。正如列宁所指出的:在黑格尔的学说中,普通人的观念一旦离开人和人脑就成了神的观念。"②用这样的"绝对精神"来概括、代替世界的普遍本质及规律,必然歪曲了世界的本来面貌,使它披上了一层神秘主义的外衣。

---

①《精神现象学》下卷,商务印书馆,1979年版,第2页。
②列宁:《唯物主义和经验批判主义》,人民出版社,1970年版,第226页。

当代西方哲学的基本特征

当代西方哲学经历了 140 多年的演变, 打着"最新哲学""科学的哲学"等等招牌引进了一些与传统观念不同的术语和概念, 标新立异, 另辟蹊径, 编织新体系, 学派不断翻新, 学说层出不穷, 观点五花八门。

这些表面看来截然不同的流派, 有什么共同的特征? 它们反映了什么样的时代要求和时代主题? 近年来, 我国学术界对这些问题开始进行了一些探讨。这对国内读者了解西方社会、坚持马克思主义信念, 是有启发的。

一

当代西方哲学思潮的最基本特征是什么? 有的同志提出是"拒斥形而上学, 回避本体论问题"; 有的同志说是"人本主义、人性自由"; 有的同志认为是"相对主义、否定任何绝对的东西"; 还有的同志认为是"观念的转变和现代化"; 另一些同志则主张是方法论问题等等。我认为, 这些方面都只是当代西方哲学思潮的最基本特征的不同表现, 还不是它的最基本特征。

所谓当代西方哲学思潮的最基本特征, 必须具备两个条件。第一, 它集中地反映了各学派、学说和观点所表现的西方社会的时代主题。因为, 哲学的各个流派、学说和观点无非是被意识了自己的时代, 它们总是这样或那样地表现着自己的时代。不能全面揭示西方世界的时代要求和主题的东西,也就不能成为当代哲学思潮的基本特征。第二,它是说明当代西方哲学思潮所具有的一切共同特点及其统一性和相互转化、相互融合的基础。其他一切共同的特点都是这个最基本特征的表现,并只有归结到这个最基本的特征上才能得到说明。

根据这两条要求,我认为,主观主义的经验论是当代西方哲学思潮的最基本特征。这种经验论深深地植根于当代西方社会历史、经济发展和自然科学变革之中。

在 140 多年的历史进程中,西方社会经历了多次重要的转变。19世纪 40 年代后,西方社会由资产阶级革命时期进入了和平发展时期。到 19 世纪末叶,又由自由资本主义转变为垄断资本主义,即帝国主义。进入 20 世纪以后,由半个多世纪的相对稳定的发展转变为频繁的社会危机和经济的急剧膨胀,由相对和平转变为世界性大战,由战乱的短期苦难转变为战后的慢性的长期苦难。由第二次技术革命转变为第三次技术革命。这日益明显地引起了西方社会的深刻变化。

这一系列的转变、动荡,一方面使西方世界进入了最成熟、最发达的工业社会,另一方面也使西方资本主义社会的固有矛盾更加尖锐化,常年失业、通货膨胀、社会危机和经济膨胀、技术进步同时存在,现代化的文明和旧制度的腐朽尖锐对立。这就造就了非常深刻的社会后果,引起了人们的一系列的思想矛盾。数百年崇尚的"理性王国"——"自由、平等、博爱"的理想幻灭了,金钱、犯罪、暴力占据了绝对的统治;传统的道德价值观被抛弃,现实的人与人之间的冷漠关系抹掉了慈爱、友谊和真诚的最后一点余晖;高福利、高享受的生活方式和空虚焦虑的精神境界尖锐地对峙着;科学技术发展所展现的人的力量和西方社会中人的异化现实之间的矛盾更加无法解脱。人们不能再用传统的观点、理论和价值来看待、判断资本主义社会,必须重新在实践中观察它、分析它、发现它,并且不能从这个社会当权者那里得到启示或摆脱矛盾的解救方案。社会本身陷入了不可解脱的矛盾，只能从个人的经验中寻求答案和解脱。这样就必然把个人的主观经验奉为自己的思想和行动的准绳，社会动荡中的固点，探索未来和人生价值的出发点。

这种经验主义也深深地扎根于现代自然科学的变革中。19世纪下半期以来，自然科学领域发生了革命性的突破，一系列新的科学发现和新理论的确立，打破了传统统治数学界2000多年的欧几里得几何学的绝对权威；卢瑟福、波尔等人的研究和发现证明了电子质量随速度改变而改变，放射线显示出原子具有复杂的内部结构并能相互转化，从而推翻了原子绝对不可分、元素绝对不变、物质质量绝对不变的传统观；特别是爱因斯坦在马赫、彭加勒、洛伦兹等人研究成果的基础上，根据匀速运动的相对性和光速不变这两个基本实验的事实，创立了狭义相对论和广义相对论，揭示了时空、物质、运动及引力的统一性，惯性系与非惯性系的统一性，突破了统治物理学200多年的牛顿经典力学的理论体系；普朗克、爱因斯坦、德布罗意等人在量子论基础上，提出来物质粒子的波粒二象性，打破了经典物理学关于物质实体的传统观念和物质运动的绝对联系性观念；波恩、海森堡、薛定谔、约尔丹、波尔等人提出的测不准原理、几率函数关系及其诠释、互补原理等等，认为在微观世界中，一切发生的事件（现象）全取决于主体的观察方式，任何用严密数字表达的描述不是微观客体的单方面图景，而是主体与客体关系的一幅图景；人们不能用实验同时测定微观粒子的动量和位置，只能用波函数确定它们的几率，从而建立一套和经典力学完全不同的量子力学，打破了传统上用来说明一切领域的机械决定论，对传统的数学物理的精确方法提出了挑战。此外，生命科学、分子生物学、遗传工程学等方面的进展，也彻底改变了传统的物种说和物种之间的界限；20世纪40年代崛起的普通系统论,以数学和逻辑作为工具来研究系统,从整体与要素的相互联系、相互作用中综合把握系统的结构功能和有机整体,从而打破了 19 世纪以前以研究自然个体的基本形式为特征的思维方式。

自然科学的这一系列突破,集中到一点,就是打破了传统的绝对的理论体系,打破了"理想状态"下的事物之间的严格界限,打破了所谓不以人的意识为转移的纯粹客观世界图景的描述。这就要求科学家们重新研究个别的具体的事物,不是在人为设定的"理想状态"下,而是在现实的多种多样的相互关系系统中、在主体与客体的相互作用中来研究这些事物,取得实证的经验,这种所谓"科学的基础研究"成为科学家最重要的任务。正如爱因斯坦所承认的那样:"一切关于实在的知识,都是从经验开始,又终结于经验。""理论的正确性是由理论的结论同人的经验的符合程度来判断的。①新的理论和概念,是完全建立在观察到的实验事实,是在研究感觉经验之间关系基础上提供出来的逻辑表示波恩也说,自然科学要求确立一条哲学原则,这个原则就是"在理论描述中不应当使用不和物理上可观测的事实相对应的概念和图像"。自然科学研究中的经验主义,被哲学家们移植到理论思维上来,并作了充分地发挥和系统化。

二

当代西方哲学思潮的经验主义,不同于 17、18 世纪的经验主义。17、18 世纪的经验论,首先是反对宗教神学和经院哲学的,并且是对这种斗争的理论概括。其次,它是以认识论问题为中心,但对认识的起源、过程和机制的理解还没有经过生理学、心理学和逻辑学的充分而严密的分析与论证,因而具有直观性、朴素性和狭隘性。当代西方

①《爱因斯坦文集》,人民出版社,第 1 卷,第 313,329 页。

哲学思潮的经验主义则完全不同,它是在反对19世纪以前的思辨哲学和形而上学的斗争中产生的,是以现代工业技术的进步、西方社会的总危机和自然科学的革命为基础的,是以生理学、心理学、精神分析学、现代逻辑学和社会学等学科对认识的过程和机制的研究,对意识(情感、意志、潜意识)的发生与作用的研究为根据的。这就使它具有了新的特征和新的表现。

当代西方哲学思潮的经验主义,主要表现在以下几个方面。

第一,强调实证科学(知识),把主观经验奉为科学和哲学的基础。

科学主义思潮强调科学,推崇知识,并把科学知识仅仅理解为实证知识。如实证主义者认为,科学家们在自己的实验过程中,关心的不是什么抽象的原则或世界的本体之类,而是实验材料;有了实验材料,才能找到经验公式,才有科学的发展。所以,他们强调,只有实验事实、经验材料、经验证据和实验证明,才能建立科学,证明科学结论,因而科学只能是实证的科学。世界上各种各样的问题,诸如自然、社会、宗教、伦理道德、文化等等,统统可由实证科学来解决。通过实证科学的方法就可以找到实践上的行动方案。

他们主张,一切科学都应当是实证科学,哲学也应当变成一门实证科学。哲学的方法应当是像实证自然科学那样的经验方法,它的任务也像实证科学一样,就是描述现象之间的关系。关于人类、人性和社会,也必须建立起像经验自然科学那样的一种实证科学,才能造福人类,成为真正的科学。

可是,他们所谓的实证到底是什么意思呢?实证主义者解释说,实证就是实在、有用、确实、精确、有机、相对等意思,人的认识对象只能是个别的具体的现象,即通过主体的观察和实验所获得的感觉经验。人的认识的重要任务,就是获得实在的有用的精确的实证知识。

这也就是人类智慧的"最高属性""最高体现"。唯意志论者也说,世界就是"我"的表象,一切存在只是作为人的表象而存在。新康德主义者认为,哲学研究只能以现象范围为限,超出现象范围不过是一片不可透过的黑暗,最多是一个极限概念;所谓客观事实无非是主观表象,任何感性经验的规定同时也就是思维规定。甚至新黑格尔主义者也不例外,他们认为,绝对只是人们的一切理智活动不断接触的那个无所不包的整体,世界万物不过是绝对的表现形式,即充满矛盾和偶然性(不真实性)的现象,在人的意识(理智活动)之外没有、也不可能有任何实在,因而所谓绝对无非是一种单一的、无所不包的经验系统。这样就把黑格尔的绝对观念也改造成绝对经验了。可见,整个当代西方哲学思潮,都建立在经验——主观经验、内在经验、经验自我、纯粹经验的基础上。

第二,当代西方哲学家都要求"清除抽象的原则",抛弃了"实体"概念。

在他们看来,既然一切都是具体的、个别的、经验的,一切存在都只能经验的存在,那么任何普遍的、必然的、绝对的东西都是思维的抽象,而任何思维的抽象都是不能靠观察、实验或内心体验把握的东西,因而都不反映现实的、个别的经验事物,也不是关于这些事物的知识。所以,这种靠抽象推理而获得的关于事物的普遍必然的绝对本质或终极原因的知识,只能是不真实的形而上学虚构,是纯粹思维的构造,是健全理智的毫无意义的累赘。真正的科学和哲学的任务,不是去追求这种毫无意义的思维抽象,而是去描述、记录和分析实证的现象及其相互关系。也就是说,不是去把握那种不以人的意识为转移的玄虚的绝对本质,而是研究分析和人及其意识有关的经验事实。

以罗素为代表的逻辑实证主义和分析哲学认为,作为终极原因的本体或绝对不变的物质实体,都是不真实的,不存在的。因为,一方面,一切存在都是经验的存在,任何抽象只是思维的逻辑虚构;另一方面,任何存在只能在时空中存在,而时间、空间按照爱因斯坦的相对论都是相对的,因而根本没有作为物质实体赖以存在的绝对形式(时间、空间)。因此,一切现实的存在,都只能是和观察者及观察条件相关联的一种四维时空的连续区。任何现象都是处于这种经验连续中的一个四元的"观察事件",即与观察系统相关的变动不定的经验结构。这就是说,在这种四维的观察系统中,只有随观察者变化而改变的、与观察条件及度量工具分不开的一组组经验"事件",不再存在什么不依人的意识为转移的具有刚性结构的物质实体。

这种思想不仅为科学主义思潮所共有,也为人本主义思潮所认可。哲学释义学认为,事物本身并没有独立的意义,随着它的制造和人的理解,就和人的精神不可分割地联系在一起。因此,理解和解释不是要把握作为独立实体的一个事实,而是要揭示人和世界的最基本关系,即人在世界的存在方式。也就是说,它通过研究和分析理解的种种条件(历史处境、传统成见、时间间距、语言本性等),来揭示作为此在的人的传统、历史和世界中的经验。这种理解和解释总是人类整个世界经验的一部分,而最原始、最基本的经验就是释义学经验,是"人的历史本质的一部分"。

第三,当代西方哲学思潮大都强调经验方法,忽视或否定理性演绎。

他们不仅把一切科学都看作实证的经验知识,把哲学的对象和任务归结为描述经验事实,也把哲学的方法归结为经验的方法。但是,当代西方哲学思潮的经验方法不同于17、18世纪的经验论的方法。后者以观察、搜集、实验为途径,以形式逻辑的归纳法为工具,以寻求和论证世界的本原与最终原因为归宿。而当代西方哲学思潮则以描述、记录和解释由观察与实验获得的经验事实为中心,以现代的逻辑(数理逻辑、分析逻辑、符号逻辑等)为工具,以探求知识的可证实性基础、世界万物的意义和关系、人生的价值为归宿,这样就使当代西方哲学思潮从传统哲学研究的"世界是什么""世界是怎样的"等本体论主题,转变到研究"世界对人有什么意义和价值?怎样应用它来完善和丰富人本身?"这类以人的主体性、人生价值为核心的方法论主题上来了。

既然主题改变了,那么表述传统哲学命题的逻辑形式也要改变。传统哲学观点总是设想一个世界本原,把一切都看作是本原的派生物或属性,世界就被理解成某种"实体"与其属性或产物的关系。这在逻辑上就表现为主词与宾词的从属结构如 S 是 P,表示某物具有某种属性或产生某种结果。他们认为,这种逻辑形式总是以某种不以人的意志为转移的"实体"为前提的,把人们的注意力从现实可见的经验引向玄虚的形而上学的深渊;这种逻辑形式模糊了事物与其属性、具体存在与抽象概念之间的关系和界限,甚至导致把抽象概念和事物的属性凌驾于具体事物(经验事实)之上了;同时,这种逻辑形式不是从人的主体性出发,来分析事物对人会有什么意义,而是抛开了人对事物的关系来研究物本身固有的本质和性质,从而必然导致经验离开人,并使之绝对化和僵化。因此,他们主张,必须抛弃传统逻辑的命题及其形式,应代之以数理逻辑的函数关系式,如:(FxGx)。这种关系式只表明,对于任何一组观察"事件"(以 X 表示),其中有 F 因素就会有 G 因素,即只表明各事件在相互关系中所获得的意义和价值。

因此,在他们看来,事物对人有什么意义的问题,是作为主体的人从自身经验出发(即在特定观察系统中)对事物作出的一种评价。现代逻辑表述就不应从事物本身出发,研究它固有的本质和属性,而要从人对事物的关系出发,研究事物对人有什么意义。这样 来,事物的意义不是它本身固有的,而是以人为转移的,是人的经验赋予它的。人把事物运用到自己活动中来使它具有了某种意义。人在自己的生活经验中把它当作什么它就是什么，它在人的实践活动中起什么作用它就是什么。因此，人是一切意义和价值的主体和创造者，人这个主体才是一切事物的意义和价值的尺度，而人的尺度无非是以人的主观意识、主观感受为尺度，由此可见，这种逻辑方法仍然是一种立足于经验之上的研究方法。

按照当代西方哲学的主题及其逻辑方法，要解决认识论问题，获得实际的有用的知识最重要的就是如何确定、解释和分析意义的问题。围绕这一问题形成了当代西方哲学思潮中的各种各样的意义观念和意义理论。

总而言之，当代西方哲学思潮的主观经验主义贯彻在各个学派和各种学说之中。正是这一最基本的特征，使当代西方哲学思潮必然导致否定或回避哲学根本问题，妄图抹杀唯物论与唯心论的界限；正是这个最基本特征使它不可避免地走向人本主义、相对主义、非理性主义，最终陷入实惠主义和历史悲观主义的泥潭，不能解决当代世界发展提出的时代课题，不能找到通往人类社会未来的道路。我想，研究和分析当代西方哲学思潮对我国的影响，也要从它的这一最基本特征入手，只有这样我们才能在理论思维上高出一头。

尼采哲学是一座墓穴

"我的哲学……是一座把活人拉向自己身边的墓穴。"①

这是尼采一百年前，在完全失去理智前一年说的话，是对他自己的哲学思想的总概括。他的本意是说，他的哲学要把普通的人埋葬，使超人降生。事实上，一百年来，尼采哲学确实成了它的信徒的墓穴。尼采本人时而被他自己的哲学幻想折磨的发疯，时而因惊世骇俗的思想兴奋的狂喜，以致最终丧失理智，在完全疯狂中煎熬 10 年谢世。奥施本格勒运用尼采哲学来研究社会历史，发表了《西方的没落》，预言世界文明和文化经历创造和反思阶段以后，未来只能是无可挽回的没落阶段。由于他的论证存在许多历史事实的错误，他的政治思想与纳粹信条如出一辙，绝大多数专业学者对他的思想和著作都表示反感与鄙视，令他不得不在孤寂中去世。尼采哲学的推崇者和执行者希特勒及其纳粹信徒们，曾经横行一世，想叫地球倒转，到处播种死亡，叫嚣要建立一个纯粹的高等种族的世界，最后自己也投向了墓穴。"四人帮"一伙偷运尼采哲学，给中国人民带来一场空前浩劫，也被历史永远钉到耻辱柱上了。可见，一百年来的历史事实证明，尼采哲学只能把它的信徒引向疯狂和死亡，把它的信徒拉向墓穴。任何有理智的人，任何经历了"文革"这场灾难的人，都不会把它当作充满激情、开拓未来的灵魂的慰藉，都不会从它的窠臼中挖掘所谓合理性和

①1887 年 12 月 2 日尼采"致勃兰克斯的信"。

未来的启示。

一、虚无主义的"重估一切价值"

尼采的《权力意志论》,在副标题中就提出:"对当代的一切有价值的观念重新估价。"但是,他认为,一切传统的宗教、道德、哲学以及政治制度和风俗习惯等等思想观念,统统都是摧残人的个性、扼杀生命的枷锁,他在《权力意志论》第三卷第四章中说:"我们的宗教、道德和哲学是人的颓废形式。"①他把人类的整个文明,把欧洲的社会文化状况全盘否定,看作是对生命之流的可耻背叛,对人的本性的摧残。

因此,他主张,只有抛弃一切思想文化传统,才能使人们重新涌起生命之流,才能使人成为独立的充满生命活力的桀骜不驯的个人。只有抛弃一切历史文化的传统枷锁,具有独立人格和生命活力的个人,才能成为一切价值的创造者、评价者和赋予者。没有人,没有独具生命活力的个人,就没有最先赋予事物以意义的唯一主体,整个世界的存在不过是空胡桃壳。尼采在《瞧·这人》中说:"一切价值的重估,这就是我关于人类最高自我认识行为的公式。"每个人首先维护"自我",成为独立的个体,才有益于整个人类。一个时代,一个民族,一个社会,愈崇尚个人,真诚独特的业绩才能出现。因而否定自我,否定个体生命意志的社会文化和道德,只能是根本堕落的文化与理论。

理性哲学,自苏格拉底以来,命运也并不好多少,把人的强大的创造力归结为人的理智,完全抹杀人的生命本能,提出什么"知识即美德""万恶源于无知""理性为自然界立法"等等。这样就把建立概念、判断和原理等的理性能力,尊崇为超出一切才能之上的最崇高的事业,凭借思想罗网来指导生活。因而,理性科学的"最大原罪",就在

---

①《权力意志论》,人民出版社,第348页。

于摧残人的本能,扼杀生命的本能欲望,禁锢人的本能的创造力,最终使人变成毫无生机和活力的废物。尼采说:"一步步走向颓废——这就是我对近代、进步的定义。"①颓废的根子,从理论上来说是理性主义,从实践上来说则是基督教及其主导下的近代文化。

从尼采的这些观点中可以看出,尼采全盘否定了近代的文明,他所谓的重估一切价值,不过是把一切历史文化传统都看成是枷锁,是生命意志衰落的表现,因而属于抛弃、横扫之列。这种观点,哪有一丝一毫的科学批判的味道呢!完全是历史虚无主义的典型。要知道,正是欧洲的文明,孕育了反对封建专制主义的风潮,蕴含着科学技术革命的洪流,也为马克思主义的诞生提供了充分的条件。因此,我们可以毫不夸张地说,否定历史,也就否定了马克思主义。

可是,我国有些尼采哲学介绍者,把尼采描绘成"像其同时代的许多伟大批判家一样","挟带着一股狂暴的飓风",以他那"批判性的思想闪电","酿成一阵石破天惊的隆隆雷声",向人们宣告一个伟大时代的降临,并为人们"走出苦难的峡谷"提供了"一种可能的选择",而且"表现了一种与马克思相类似的思想倾向"。这些过誉之辞,把尼采打扮成近代欧洲文明的批判家,甚至把他和马克思、鲁迅等人相比附,这不能不给青年造成思想混乱。

尼采哲学"埋葬了"近代欧洲文明之后,奉献给人们的是一种什么样的选择呢?是孤独的充满生命活力的桀骜不驯的个人、是靠酒神精神哺育出来的具有坚强生命意志的杰出个性组成的高贵种族掌握人类的命运。这种思想倾向,难道能和马克思关于全世界无产者联合起来自己解放自己的思想相类似吗?如果不想把水搅浑,任何一位诚实的学者,都应该分析一下,批判是有不同的角度,不同的立场的。尼

①《一个不合时宜的人的远征》,人民出版社,第44节。

采从唯意志论出发全盘否定近代欧洲文明，我们则是从马克思的唯物史观出发来批判资本主义制度的矛盾性的。这两者是不能同日而语的。

二、对权力的无限崇拜

尼采认为，人的生命就是斗争，不是为了单纯的生存，而是为了权力。生存仅仅表述了人类的最低要求，生活不仅意味着自我生存，还要自我增长。这就是本来意义上的"权力意志"。他说："这个世界就是权力意志——岂有他哉！你们自己也是这个权力意志——岂有他哉！"①凡有存在，就有生命，"凡有生命，便也有意志，不是求生的意志，而是一种权力意志！"（《查拉图士特拉如是说》，第34节）生命的本质就在于同化、征服和侵吞异己者、弱者，发展和扩大自身。

他把叔本华的盲目的、空泛的、乏力的本能冲动（欲望）改造成拼命追求个人欲望，释放个人能量，不择手段地谋取权力的生命意志。实际上，这就是把人的一切本能的欲望和生存需要无限扩张，包罗一切，变成一种追求权力、崇拜权力的哲学妄想。他把这种生命意志或叫权力意志视为伦理学、政治学、社会学以及文学艺术创作的唯一的根本的前提和核心，把权力意志看作道德价值的唯一标准或尺度，是真理、道德、艺术所追求的最高目的，是社会历史演变和发展的根本动因，是世界万物发展变化的本源。

在他看来，世界上的一切都是变幻无常的、倏忽即逝的、捉摸不定的，因而客观实在是没有的，最持久的东西就是我们的意志。只有它才赋予世界以意义，世界无非是权力意志的"注脚"，是权力意志实现的工具。科学认识也只是权力意志驾驭对象、满足欲望的体现。"精

①《西方现代资产阶级哲学论著选辑》，商务印书馆，1982年版，第24页。

神的功能"也就在于强化意志。因此,有利于生命意志强大的思想,才是正确的思想;有助于生命意志强大的行为,才是正当的行为;有碍于权力意志发挥如强大的宗教、道德、哲学和一切文化,就应加以摒弃。

可见,尼采所谓的权力意志,其实就是无限扩大自身,释放自己的旺盛生命力,在争强斗胜中威慑一切,侵吞一切,同时也感受生命的狂喜、痛苦和陶醉。尼采鼓吹个人的意志至高无上,只要有利于个人意志的强大,一切都是正当的,可以完全不顾任何宗教的信条、道德的规范或文化传统以及客观条件的限制。要用顽强战斗或自我奋斗去超越这一切,以达到生命意志的无限扩张和自我陶醉。这种哲学,只能是一切阴谋家、野心家、独裁者和战争狂人的冒险哲学。他们不会得到客观世界发展规律的支持,他们没有能够掌握真实的物质力量,他们更没有人民群众的拥戴和理解,他们唯一能够依靠的就是那幻想吞灭一切的权力意志。因而这种人的下场是显而易见的。历史事实证明,这种人只能在客观发展规律和社会发展趋势面前,碰得头破血流,最终被送上历史的审判台。

但是,我们有的同志却硬要学着存在主义者雅斯贝尔斯的话,把尼采说成是"给西方哲学带来了颤栗的人",认为尼采哲学包含着"对于一种更健康更高尚的人类的热望"。这样就把一个极端利己主义的自我扩张、威慑一切的哲学幻想,变成了一个具有创造精神的、"响彻整个世纪"的哲学导师了。这是不能不发人深省的。我国的四化建设大业,我们民族的振兴,不能靠意志,更不能靠权力而是要扎扎实实地发展生产力,搞活经济和各项事业。唯意志论,特别是权力意志论,只能葬送我们的事业。

三、敌视人类的超人说

尼采认为,由权力意志支配的人,不再是平常的人,而是一种"超人",即不断超越自己、超越别人、超越环境、超越时代的人,只有人类的高等种族,才有可能达到超人境界,一般的人是达不到的。超人是战斗中的残暴、阴险的胜利者,是征服、奴役他人的强者,对于一般人来说是"非人""金发野兽"。他在《权力意志论》中声称,他的哲学"目标并不是人类,而是超人!"

他所谓的超人,不过是他的哲学幻想出来的超越世界、超越时代、超越自己的人,是孤独、高傲、完善的非理性人格的化身,即权力意志的人格化。

这种超人哲学,一方面,鼓吹弱肉强食,征服、践踏他人是天经地义的,是权力意志的表现。这样就把超越、奴役他人和其他民族奉为最高原则,为专制主义和法西斯主义提供了"最新"理论根据。另一方面,它否定一切传统观念和价值,鼓吹杰出的个人可以不顾任何道德、法律和宗教的约束,不择手段地追求自我的完善化,释放自我的能量,无限扩张自我。这样就把极端利己主义、非道德主义提升为超人哲学的旗帜。

这两个方面都突出地暴露了超人哲学的敌视人类的特征。因为,在他看来,一般的人"仅仅是一群浸透基督教毒汁,形体虚弱、心灵分裂、目光呆滞、生活在今世却瞩目于来世的生物","是大工业状况下的畸形的生物"。这样的生物,不值得浪费感情去怜悯或拯救,只能被超越、被抛弃。尼采对那些被资本主义制度折磨得"形体虚弱、心灵分裂"的人,不仅不同情,而且极端蔑视;他不是向资本主义制度追究罪责,而是要被压迫、被损害的人来负责。这就使他走上了反人类、反人民的道路。

尼采主张,存在的目的就在于创造出超人。人类必须为创造孤独的伟大人物而不停地劳作,这正是历史的真正任务。只有整个人类群体都为孤独的伟大人物的出现自愿效劳,承担一切栖牲,并且所有的人都追随这个伟人时,社会才算进入了文明状态。因为伟人是时代的创造者,自觉的表达者;所谓的时代精神,只能诞生于天生的头脑中,一种新观念只能由伟人创造出来。伟人的高贵禀赋,使他高于芸芸众生,并能引导、役使群众,超人以凡人无法测度的方式,打碎一切障碍,孕育着高等种族的未来,而人类不过是一些工具,是一座桥梁,一个由动物通往超人的中转站。既然一切物种都创造出了某种超越自身的东西,人也将如此。对于超人来说,人不过是一种可笑和可耻的猴。因而,人的个体生活的最高价值,就只有一个,即无代价、无条件地为超人服务,为超人而生活。

这种视人类为工具而不是目的的观点,把人民群众只当作役使对象而后予以抛弃的东西,而不是变作社会历史的主人或主体。这种观点和在近代史上曾经起过革命作用的真诚的人道主义,是风马牛不相及的。那种认为尼采"确实是欧洲人道主义传统的继承者",尼采哲学包含着"对于一种更健康更高尚的人类的热望"的观点,如果不是有意回避权力意志论的实质,美化尼采哲学,起码也是一种糊涂观念,不自觉地作了权力意志论和超人论的俘虏,葬送了自己做人的权力,把自己交给超人来摆布。

任何个人,即使是历史上的杰出人物,都不能超越世界,超越时代。个人脱离了世界、脱离了社会、脱离了时代,不仅会丧失任何力量,而且根本就无法生存。因而任何有良心、有责任感、有所作为的人,都不会企望超人的拯救,只能为人类自己解放自己而奋斗。

四、蒙昧主义的历史观

尼采说，历史像囚徒腿上的锁链，使人们失去了自由，一个民族深陷于历史的锁链，就无法自由呼吸，无法大胆构想。因为，历史的因袭重担无疑会摧毁一个人的活力，窒息一个民族的创造性。一种历史、一种文化、一种宗教顽固的延续，是一副沉重的镣铐，它剥夺了一个民族进取的欢乐，限制了一个民族创造的行动，也磨灭了它的创始人的伟大的光辉。历史无条件地颂扬每一次成功，讴歌每一位过时的人，把每一次结果捧为神圣的教义，使人们把历史当作现实的审判庭，并企图从中找出所谓的"历史的发展过程""历史的最终目的""历史的普遍规律"等等。这样，历史就变成了某种不可动摇的不朽的形式，使人们把过去的东西奉为完满不变的典型，对古代过时的东西充满虔敬心。过去时代的所谓伟大已经成了现代人的一种可怖的心理重压。它使人们思想上惶惑，行动上却步，似乎已错过伟大时代，生不逢时，只能回味历史，不能创造历史，甚至陷入一种新旧天性的持续的内心冲突的消耗中。这种历史，作为一种不可更改的命定秩序，不再是人对文化的把握和创造方式，而是变成了僵死的团块，再也无法给它的所有者带来心灵的激荡，更不能成为一种奋发进取的动力和决心。

如果说尼采仅仅批判那种把历史当作神圣不可侵犯的古老世系来崇拜的错误态度，那么还是值得称颂的。但是，他远不止于此，他全盘否定了历史，把历史看作是锁链、镣铐；断定承认历史发展的客观规律，就是把过去时代变成不可动摇的不朽形式，就是肯定不可更改的命定秩序。因而，在他看来，承认历史及其规律，就是对自我创造活力的否定，就是权力意志的镣铐。他把历史、社会等等都看成是对个人的否定，人们过去惨淡经营的一切，恰恰是筹划着淹没和丧失自我。文明越发达，人类就越退化，意志就越衰弱，自我就越丧失。这样，尼采就从权力意志论的错误角度出发，完全否定了历史的进步性。

因此，他主张，遗忘和非历史性才是一座培育独立个体和权力意志的暖房。要行动，要创造，就必须遗忘，必须对过去一无所知！谁没有丢弃所谓历史感，谁就没有创造。历史不是给人以力量的教育因素，而且一个削弱意志的销蚀剂。这样就使尼采从全盘否定历史走上了蒙昧主义、冒险主义的道路上去了。

历史是人类的宝贵财富，人类用自己儿女的生命和血汗浇灌起来的纪念，凝结着人类智慧及其成长进步的历程，它像一面镜子，把人类在以往年代从事改造世界、塑造自己的经验教训与成败得失再现出来，使后来者铭记教训，吸收营养，记取前车之鉴。因此，历史不是一种铸成后就凝固、僵化的死物，而是汇集无数涓涓细流的奔腾向前的江河，不断冲破一切阻拦，开拓着更广阔的道路。历史之路，不是逝去的腐朽者的道路，不是该遭诅咒者的路，也不是迷误者的路，而是真理之路，通往光明的路，正如恩格斯所指出的，人们自己创造自己的历史，但不是任意地创造，不是凭意志来创造，而是在以往历史提供的条件和材料的基础上来创造，过去孕育着未来，离开历史就无法创造今天和未来。

综上所述，尼采哲学妄图埋葬人类文明，埋葬人类历史，甚至埋葬人类本身，到处挖掘坟墓，布设陷阱，只留一个权力意志。但是历史事实是无情的，真正被埋葬的是权力意志论的信徒和鼓吹者，是否定人类文明、否定人类历史、否定人民群众的倒骑驴者。然而，我们不能不看到，在当今的世界上，尼采哲学仍然是一些患思想幼稚病的人的陷阱，是一些极端利己主义者、权力意志崇拜者和无政府主义者的坟墓。

马克思主义的本质在于创造

马克思主义从诞生以来已有一个半世纪了，期间人类历史发生了翻天覆地的变化。特别是 20 世纪八九十年代以来，社会主义纷纷掀起了改革的浪潮，有些国家甚至走上了非马克思主义的道路。这就向马克思主义提出了严峻的挑战。在这种情势下，理论界也围绕马克思主义的出发点、核心和本质问题展开了热烈的讨论。学习邓小平同志年初的南方视察讲话，对我有很大启发，使我真正理解到，马克思主义是实践的、行动的理论，是指导我们行动的指南，不是束缚人们手脚的条条框框。坚持马克思主义，就要敢于实践、试验、探索和创造，否则就不能坚持，也不可能发展。

一

我们党的一条基本经验和优良传统，就是理论和实践相结合。理论不仅要在实践中经受检验，而且要在实践中发展、完善或纠正。马克思主义只有和各国具体实践相结合，在实践中经受检验，并随着实践的发展而发展，才具有生命力。正如毛泽东同志在《整顿党的作风》中指出："直到现在，还有不少的人，把马克思列宁主义书本上的个别字句看作现成的灵丹圣药，似乎只要得到了它，就可以不费气力地包医百病。这是一种幼稚者的蒙昧，我们对这些人应该作启蒙运动。……对于这种人，应该老实地对他说，你的教条一点用处也没有。马克思、恩格斯、列宁、斯大林曾经反复地讲，我们的学说不是教条而是行动的指南。这些人偏偏忘记这句最重要最重要的话。中国共产党人只要在他们善于应用马克思列宁主义的立场、观点和方法……从中国的历史实际和革命实际相联系。"①然而,在现实中偏偏有些人总是把马克思主义当作宗教式的教条,当作僵死不变的条条框框,不是鼓励人们去探索、去实践、去创新,而是拿大帽子吓唬人,束缚人们的手脚。针对这种思想不解放的情况,邓小平同志在视察南方时一针见血地指出,坚持我们党的基本路线,就是要敢想、敢闯、敢干,不靠实践去创造,就不可能建设有中国特色的社会主义,就不可能完成我国经济和社会发展的战略目标。他说,无产阶级革命事业是闯出来的,社会主义经济建设事业也是闯出来的,"深圳的重要经验就是敢闯"。搞社会主义,搞改革开放,"没有一点闯的精神,没有一点'冒'的精神,没有一股气呀、劲呀,就走不出一条好路,走不出一条新路,就干不出新的事业。不冒点风险,办什么事情都百分百的把握,万无一失,谁敢说这样的话?"从邓小平这样的论述中可以看出,马克思主义最深刻、最重要的本质,就在于实践、创新、开拓。马克思主义的导师们曾经多次指出,马克思主义的历史使命和现实的存在价值,就是在批判旧世界中发现新世界,按照人类历史的发展规律创造一个前所未有的新社会——共产主义社会,并且在实践中不断地总结经验,有所创造、有所开拓。马克思发现唯物史观和剩余价值学说,把空想社会主义改造成科学共产主义,这就是人类思想史上的一个划时代的伟大创造;列宁领导俄国无产阶级在俄国首先取得社会主义革命胜利,冲破重重困难,建设社会主义社会,这是开创人类历史新纪元的更加伟大的创造;我们中国共产党人在毛泽东同志领导下开辟农村包围城市的革命道路,取得新民主主义的胜利,建设中华人民共和国,这也是震

---

① 《毛泽东选集》,第 3 卷,人民出版社,1966 年版,第 778 页。

惊世界的伟大的马克思主义的伟大创造。在新的历史时期，邓小平同志精确地阐发了毛泽东思想的精髓，科学地总结了我国几十年社会主义建设的经验教训，提出了建设有中国特色社会主义的基本理论和一整套适合中国国情的政策，使我国的经济发展取得了举世瞩目的伟大成就。这是在当今世界上更有巨大吸引力、更有特色的伟大创造。因此我们可以说，没有大胆地实践、大胆地创造、大胆地开拓，就没有马克思主义。马克思主义的实质和精髓，就在于实事求是，实事求是就是从实际出发，按照客观规律发挥人们的主观能动作用，大胆地进行创造和开拓。否则就没有一点马克思主义的味道。

二

马克思主义的这种创造本质，在马克思主义经典作家的论著中早已说得很清楚了。马克思在《资本论》第一卷第二版中引证了俄国学者考夫曼在《欧洲通报》1872 年 5 月号上专谈《资本论》方法的评论，评论说："在马克思看来，只有一件事情是重要的，那就是发现他所研究的那些现象的规律。……最重要的是这些现象变化的规律，这些现象发展的规律，即它们由一种形式过渡到另一种形式，由一种联系秩序过渡到另一种联系秩序的规律。……马克思把社会看成是一种受一定规律支配的自然历史过程，这些规律不仅不以人的意志、意识和意图为转移……（马克思的政治经济学）批判将不是把事实和观念比较对照，而是把一种事实同另一种事实比较对照。对这种批判唯一重要的是，把两种事实尽量准确地研究清楚，使之真正形成相互不同的发展阶段"，从而把这些发展阶段的连贯性、序列性及其趋势与社会后果展示出来。"这种研究的科学价值在于阐明了支配着一定社会机体的产生、生存、发展和死亡以及为另一更高的机体所代替的特殊规律"。马克思在引证之后指出，这位评论家对"我的实际方法描述得这样恰当"。的确,考夫曼正是抓住了马克思学说及其研究方法的实质和灵魂。马克思的学说及其辩证法是建立在唯物基础上的,"观念的东西不外是移入人的头脑并在人的头脑中改造过的物质的东西而已"。它的辩证本质在于:"在对现存事物的肯定的理解中同时包含对现存事物的否定理解,即对现存事物的必然灭亡的理解;辩证法对每一种既成的形式都是从不断的运动中,因而也是从它的暂时性方面去理解;辩证法不崇拜任何东西,按其本质来说,它是批判的和革命的。"①在整个论述中,我们可以看到,马克思认为自己学说及其方法的最本质的东西和活的灵魂,就是具有批判性和革命性的唯物辩证法,而辩证法的批判性和革命性,不是说简单地批斗,而是在充分占有材料,分析它的各种发展形势,掌握世界与社会发展规律的基础上,探寻它们的内在联系,发现和揭示从一种形态向另一种形态的必然过渡和必然发展。从而呈现客观的现实运动的必然道路。这就是对现存事物的肯定的理解中包含对它必然灭亡的理解,即包含着探索和创造新事物、新世界必然性的理解。

但是,长期以来,由于"极左思潮"的影响,我们有些人引证马克思主义在本质上是批判的、革命的这句著名的论断时,常常把马克思主义理解成"斗争哲学",使人们习惯地运用马克思主义的语句去批判这、批判那。这造成了一种错觉,似乎讲马克思主义就是要批要斗。这样就把马克思主义的语句和现成的结论,当成某种既成的固定框架,当成衡量一切事物及其认识的最终标准,当成永恒不变的教条。不符合他们心目中的框架和教条的东西,就要挨批、挨斗;那些超越他们心目中的框架教条的东西,就更不得活了。这种对马克思主义的理解,这种"左"的教条主义,使人们不敢越雷池一步,不敢放手大胆

---

①《马克思恩格斯选集》第2卷,人民出版社,1977年版,第216—218页。

地去干、去闯、去创造和开拓。

现在我们来看一看,列宁是怎样阐述马克思的这段著名论断的。列宁在《什么是"人民之友"》一书中揭露了俄国自由派粉饰沙皇统治下的农奴制度,反对无产阶级进行革命、创造新社会的斗争,曲解马克思主义。为此,列宁说:"马克思认为他的理论的全部价值在于这个理论'按其本质来说,它是批判的和革命的'。"列宁为了不使人们误解,特意对"批判的"加上注解:"请注意,马克思在这里说的是唯物主义的批判,他认为只有这种批判才是科学的批判,这种批判就是把政治、法律、社会和习俗等等方面的事实拿来同经济、生产关系体系,以及在一切对抗性社会关系基础上所必然形成的各个阶级的利益加以对照。"①列宁强调的是,所谓科学的批判,就是把一切社会历史问题都放到它们赖以存在的现实经济基础上加以分析与批判,并且不仅仅在政治上还要在实践上揭露旧制度的矛盾,推翻旧制度,创建新社会。在解释马克思主义的革命性时,列宁说:"后一品质真正是马克思主义完全地和无条件地所固有的,因为这个理论直接为自己提出的任务就是揭露现代社会的一切对抗和剥削形式,考察它们的演变,证明它们的暂时性和转变为另一种形式的必然性,因而也就帮助无产阶级尽可能迅速地、尽可能容易地消灭任何剥削。"因此,马克思主义对为社会主义新社会而奋斗的各国人民及其革命者,才"具有不可遏止的吸引力"。实际上,马克思主义的理论任务和科学目的,就在于帮助被压迫的无产阶级把革命斗争进行到底,不是取消这种斗争,"而是给它一个真正的斗争口号"。就是说,要让无产阶级了解革命斗争的必然性及其发展进程,团结起来推翻旧社会、创建新社会,从而才能"完全地最后

---

① 《列宁选集》第1卷,人民出版社,1972年版,第81页。

地消灭任何剥削和任何压迫"。①同时,列宁强调,社会主义者愈是迅速施展其全部力量把马克思主义运用到实践中去,革命的成功就会愈有把握,愈加迅速。

从马克思和列宁的论述中,我们看到,马克思主义的批判性、革命性和科学性,都是它的创造性本质的要求和表现;马克思和列宁的论述,其中心是教导人们要掌握人类历史的发展规律和发展方向,敢于破除旧的东西,敢于创造新东西。列宁把这一点称之为"马克思理论的全部精华"。要创造新事物、新世界、新社会,一要批判地继承和借鉴人类文明史上的一切优秀成果,二要认识和遵循客观规律,按客观规律行事,三要有无产阶级的革命创造的勇气,敢于在实践中探索和试验。

三

马克思主义作为我们行动的指南,就是要求人们大胆地实践,大胆地试验,大胆地创造。离开这种创造性的实践,就谈不到行动指南的作用。马克思说,我们理论的精华和优点,"恰恰在于我们不想教条式地预料未来,而只是希望在批判旧世界中发现新世界②。这就是说,第一,不能把马克思主义当作绝对适应于一切时代和一切条件的、只能背诵的现成教条,或当作包罗一切问题、一切谜语的最终答案的"天书";第二,广大的人民群众不能靠教条来生活,更不可能"只需张开嘴来接受绝对科学的烤松鸡就得了",他们总是要实践、要创造,社会生活在本质上是实践的,正是他们的实践和创造才推动历史和社会的进步。马克思主义只是给人民群众的创造性实践提供了行动指

①《列宁选集》第 1 卷,人民出版社,1972 年版,第 81—82 页。
②《马克思恩格斯全集》第 1 卷,人民出版社,1972 年版,第 416 页。

导;第三,马克思主义在"骨子里都卷入了斗争的漩涡",就是说,在革命实践中才有生命的活力,才能丰富和发展,才能不断地进行探索,总结经验,作出理论性和现实性的创造。

在社会主义现代化建设和改革开放事业中,我们会遇到许多新问题、新困难、新情况;要想把我们的事业推向前进,就必须大胆地探索、试验和创造,为此就必须深刻领会马克思主义的创造性本质。为了真正领会、掌握马克思主义的创造性本质,并运用它来指导我们放开手脚地去实践,我们要解决几个原则性的问题。

第一,要遵循实事求是的原则。毛泽东同志曾指出:"马克思主义叫我们看问题不要从抽象的定义出发,而要从客观存在的事实出发,从分析这些事实中找出方针、政策、办法来。"这是我们能否贯彻马克思主义创造性本质的关键所在。不从实际出发,不遵循客观规律,只凭主观愿望或者头脑中的理论框框去行动、去实践,那就谈不到马克思主义的创造。正如邓小平同志指出的:"实事求是是马克思主义的精髓。要提倡这个,不要提倡本本。我们改革开放的成功,是靠实践,靠实事求是。"

第二,要解决"为什么人"的方向性问题。毛泽东同志说,要解决为什么人的问题,不是在理论上或者说在口头上解决,而是在实际上、在行动上解决这个问题,就是要确立一个正确的立场和正确的方向。在我国当代的现代化建设和改革开放的事业中,为什么人的问题仍然是一个非常重要的原则性问题。我们的各项事业、各项工作和我们的一言一行,都要为人民群众、为社会主义服务,都要为建设有中国特色的社会主义而奋斗。离开这个方向,也就没有马克思主义的创造。

第三,要树立一个科学的判断和检验的标准。马克思主义历来主张,社会实践是检验认识真理性的唯一标准。这个实践标准在社会主义现代化建设和改革开放事业中的具体运用，就是邓小平最近指出的，"应该主要看是否有利于发展社会主义社会的生产力，是否有利于增强社会主义国家的综合国力，是否有利于提高人民的生活水平"。这样就把实践标准和生产力标准统一起来了。

总之，马克思主义的本质在于创造，掌握这一真理，才能真正的解放思想，才敢于放开手脚，大胆地实践、探索、试验和创造，从而开创建设有中国特色的社会主义的新局面。

论实践是检验真理的唯一标准

什么是真理的标准？这个问题不仅在哲学史上，而且在现实生活中，仍然是两种世界观、两条路线斗争的一个重要焦点。虽然马克思主义哲学早已解决了这个问题，但是，林彪、"四人帮"长期以来竭力鼓吹精神决定物质、理论决定实践的"颠倒哲学"，宣扬理论是真理的标准的谬论，把马克思主义的最普通的常识和最基本的原则都否定了，在思想和理论上造成了极大的混乱，以至有些人迄今还把那一套奉若不可侵犯的神明，不敢拆穿假马克思主义的欺骗。为了深入揭批"四人帮"，正本清源，拨乱反正，恢复发扬党的理论联系实际的优良传统和作风，必须彻底澄清林彪、"四人帮"在真理标准问题上制造的混乱，重申实践是检验真理的唯一标准这一马克思主义基本原理。

一

实践作为检验真理的标准，是人类认识史发展的必然结果。在马克思主义哲学产生之前，各派哲学家总是把某种理论或原则当作真理的标准，众说纷纭，莫衷一是，公说公有理，婆说婆有理，各种反动的谬论都曾被奉为"金科玉律"，把人们的思想引入了歧途。

客观唯心主义者把符合理念、天理或绝对观念当作真理的标准。如柏拉图把理念看作是决定一切、衡量一切、检验一切的尺度。他说，人的理性在认识世界时，只引用理念，从理念到理念，并且归结到理念,"凡合乎此者吾认为真……其不合于此者则判之为伪。"①在他看来,客观事实只有同概念体系相一致,才是可以想象的,才能存在,才具有真理性;凡是不符合理念的,也都是不可能的,是虚假的。按照这种观点,只有掌握理念的"哲学家国王"才是真理的化身,应由他来决定一切、统治一切、摆布一切;而奴隶和"群氓"只是会说话的工具而已,是不配谈论真理的。

宗教迷信和经院哲学则把天命、神启、圣经和师说奉为真理的准则。早期的教父就已着手把哲学和基督教教义结合起来,把柏拉图学说吸收过来,使哲学变成了神学的奴仆。柏拉图把人的理性从具体人身上抽取出来加以绝对化,变成独立存在的神秘的理念;斯多葛主义把这种神秘化的理念当作人的行为准则,认为天上的理念决定着人世间善恶祸福;新柏拉图主义则把理念进一步加以神秘化,升到超理性的高峰,认为只有对"绝对理念"的超理性默想,才是"最高的真理""最高的善"。这就为迷信、祈祷上帝制造了理论根据。教父们在这种绝对化、神秘化的哲学思想基础上,宣称基督教信仰和哲学是完全一致的,认为上帝存在世界才存在,世界的规律性不过是上帝的理性和意志而已。因而,奥古斯丁这个被称为"真理的台柱"的主教,公然宣称,信仰是知识的基础,神启即真理,把人的思想完全引入盲目信仰、迷信神启的蒙昧主义中去了。正如《圣经》所说,遵守上帝的话,你就晓得真理。这就是说,迷信就是真理。在中世纪的欧洲,圣经成了神圣不可侵犯的"最高真理",而且它的每一个词句都被奉为"绝对律令",在任何一个法庭上都具有生杀予夺的法律效力,教会信条成了判别是非、真伪、善恶的最终依据。按照这套说教,一切宗教臆语都成了神圣不可侵犯的"真理",一切倒行逆施的宗教狂热都有了"神圣"的根

①《柏拉图对话集六种》,商务印书馆,1933 年版,第 174 页。

据,一切科学探索都成了应受宗教裁判所、绞架和火刑堆惩罚的异端邪说和亵渎神明的魔鬼。

主观唯心主义的真理观把感觉经验、社会公意、人的理性等当作真理的标准,这种观点得到许多资产阶级哲学家的支持。在剥削阶级统治的社会里,哪里有什么广大人民群众发表意见的合法讲坛呢?因此,所谓社会公意,不过是当时占统治地位的剥削阶级的思想;"人的理性"不过是资产阶级的"理性"。按照这种观点,真理不仅成了可以商量和讨论的、以人们意志为转移的社会契约或有用的假设,而且成了权威、习惯势力手中的玩物;统治阶级的偏见和各种反动社会思潮都能冠以真理的美名。现代资产阶级的思想家则把这种主观唯心主义的真理观发展到更加荒谬的地步,提出了"有用即真理""强权即真理"的谬论。唯意志论认为,超人先天具有洞察一切的智慧和凌驾一切的意志,他的一言一行都是真理;真理来自意志和权力,有权就有真理,权力越大真理越多。这样,专制皇帝和法西斯魁首就成了真理的化身,法西斯暴徒灭绝人寰的罪行、野心家阴谋家祸国殃民的罪行都可以在"真理"的庇护下逍遥法外了。

从上述这些历史事实中可以看到,把理论原则当作真理的标准,把理论加以绝对化、宗教化,是一切唯心主义和宗教迷信的共同特征。这在各个时代都没有给人类指明通往真理的道路,反而成了各种谬论和暴行的辩护士;各个时代的思想家总是把他们所代表的剥削阶级的思想加以绝对化、永恒化,把当时的统治阶级的思想奉为"最高真理",用以衡量一切、检验一切,使之变成一种支配和决定社会实践的"最终准则"。因此,把理论当作真理标准,在历史上只起了为反动政权、黑暗势力和蒙昧主义进行辩护的作用,在本质上是反人民、反科学的;这只能使人们更加陷入唯心主义,甚至宗教迷信的迷雾之中。

但是,在同唯心主义及其他哲学怪论的斗争中,有些先进的唯物主义哲学家在探索真理标准的问题上向正确方向迈出了最初的一步,试图引导人们走出唯心主义的迷雾。早在古代,德谟克利特就曾提出人的认识必须同客观事实相符合,主张"现象是对可见事物的了解的标准",但他没有进一步论述如何才能知道主观与客观是否相符。后来,人类经过两千年的探索,到 16 世纪末英国唯物主义者培根才进一步发挥了主观与客观相符合的思想,他主张从事实引申出理论,理论要同实验相结合,并且指出理论和实践的分离"曾经使人类家庭的一切事务陷于混乱"。他认为,远洋航行和考察,各种机械的制造和使用,酿酒和蒸馏技术的发展等等,使自然里的许多东西得以显示出来和发现,使哲学得到新的启发。因此,真正的认识必须从真实的丰富的经验出发,由此寻出公理,再进行实验来验证。他说:"一个比较真实的对于自然的解释,乃是由适当的例证和实验得到的。"培根虽然主张理论同实验相结合、实验是检验真理的一种标准,但是,他仅仅把实践当作验证的工具,不了解实践首先是人们改造世界的客观活动,并且他把实验理解为主观的感性经验的东西。这就使他不能懂得人的认识的社会性和人民群众的实践对认识世界的作用。18 世纪法国唯物主义者狄德罗更进一步论证了培根的思想,认为真理必须得到经验的证实才是确实可靠的,"除了实验以外,没有别的办法可以识别错误"。但是,他对实践的理解也和培根一样,没有超出感性经验的范畴,根本不了解广大人民群众的生产斗争和阶级斗争对人们认识世界的决定作用,并且他和其他法国唯物主义者一样,在同封建迷信斗争中盲目相信人的理性、主张用理性判断一切。因此,他们虽然坚持了唯物主义的认识路线,但还是把人民群众的革命实践排除在认识论之外,没有真正解决真理标准的问题。

马克思主义的创始人们从领导无产阶级进行革命斗争的需要出发,总结了哲学史上正反两方面的经验,第一次把人民群众改造世界的客观活动——生产斗争、阶级斗争和科学实验引入认识论,这才科学地解决了真理标准的问题,指出只有实践——千百万人民群众的革命实践,才是检验真理的唯一标准。这样不仅排除了各种唯心主义的主观武断态度,克服了机械唯物主义的不彻底性,而且为无产阶级提供了不同任何剥削阶级偏见以及不与宗教迷信相妥协的科学世界观,为无产阶级政党锻造了制定路线、方针、政策的战无不胜的思想武器。

由此可见,把实践确立为检验真理的唯一标准,这是唯物主义和唯心主义长期斗争的产物,是人类经过长期探索、扫除重重迷雾而获得的认识发展的必然结果,是肩负伟大历史使命的无产阶级走上政治舞台的理论表现。林彪、"四人帮"在"高举""紧跟"的幌子下,用腐朽透顶的把理论绝对化、宗教化的手法,篡改、歪曲、践踏马列主义、毛泽东思想,这就充分暴露出他们假"左"真"右"的反马克思主义嘴脸。

二

为什么真理的标准只能是社会实践,而不是理论呢?这不仅是因为把理论当作真理标准不论在历史上还是在现实生活中都会引起极其荒谬的结果(关于这一点后面还要谈到),而且在认识论上也是毫无根据的。

这首先是因为,任何理论就其本质来说,都是人对客观世界的反映,它不是本原的、第一性的东西,而是派生的、第二性的东西,物质决定精神,精神必须同客观事实相符合。这就是说,理论作为反映不可能是最终的原因和根据,相反它只能由自己的原因和根据来说明,否则把理论当作某种最终的原因和根据,就会陷入唯心主义的泥坑。因此,理论是否正确,取决于它是否符合客观实际。符合客观实际的是正确的理论,不符合客观实际的则是谬误。例如,牛顿力学定律之所以是科学理论,就是因为它符合常规状态下物质运动的质量、时空和力的关系;阶级斗争学说之所以是颠扑不破的真理,是因为它符合两千多年来阶级社会发展的实际状况。可见,理论本身不能证明自身的真理性。

理论要符合客观实际,就必须来源于实践又在实践中得到检验,并且只有经受实践的检验才能证明其真理性。因为,从认识过程来看,人的认识不仅受到主观上的限制而且还受到客观上的限制,它来自实践又在实践的推动下才能向前发展,因此认识不是一次完成的,而是一个过程。只有经过实践的反复检验,正确的才能得到证实,不完全的才能得到补充,错误的才得以纠正,人的认识才从而得到丰富和发展。例如,力学的产生、发展和完善的过程就再好不过地说明了这一点。由于古代建筑和航海及造船的需要,才有阿基米德"静力学"的出现;经过两千多年实践的检验,特别是由于近代科学实验和机械制造发展的推动,才形成了牛顿力学体系,并在此基础上形成了物理学的其他分支——热学、声学、光学、电磁学等,构成了所谓经典物理学。随着科学实验和现代工业技术的进一步发展,人们的眼界扩大了、进入了微观和宏观世界这些新的领域,新的事实、新的问题不断地提出来了。19世纪末,由于伦琴、汤姆生、卢瑟福、居里夫妇、普朗克、爱因斯坦、玻尔、康普顿、海森堡、约尔丹等一系列科学家经过许多次各式各样的观察、实验和验证,发现了X射线、阴极射线、电磁波、电子、放射性、原子结构、光量子等,这些发现也带来了经典物理学不能完满解答的问题。这迫使科学家重新审察早已被奉为"绝对真理"的经典物理学,根据新的实验事实提出了新的假设,并在实验中纠正了错误、补充了论据、充实了内容,建立了量子力学和相对论力学理论。因而,这些新的发现不仅从微观世界和宏观世界两个方面丰富和发展了物理学,同时证明经典力学、量子力学、相对论力学各自具有适当的范围,描述不同领域内的物质运动规律,都具有相对的真理性。由此可见,没有一系列科学家的大量实验,就没有现代物理学。这就是说,只有经过实践的检验,人的认识才能达到真理,达到同客观实际相符合。

在社会科学领域里,人们要获得真理、获得正确的理论,也只有经过反复的实践。不论是某种历史观、某种政治理论,还是某种政策,检验它正确与否的标准,不是看它是否符合某种原则,而是看社会实践的结果。王明曾经不顾中国革命的主客观条件,打着"百分之百的布尔什维克"的招牌,强制推行从外国搬来的城市暴动、阵地战等公式,打击和排挤坚持从中国革命实际出发的毛泽东同志,给工农红军和革命根据地造成了巨大的损失。这是每一个中国共产党人都不容忘记的惨痛的教训。当林彪、"四人帮"打着"高举""紧跟"的幌子,推行"托洛茨基"不断的革命论时,他们不顾我国急需发展国民经济、提高全民族科学文化水平的实际状况,不顾我国各阶级力量的实际对比,一味鼓吹"斗、斗、斗",一会儿揪出一大批"牛鬼蛇神",一会儿又批判所谓"现代大儒"和孔老二的"徒子徒孙",一会儿又打倒一大批所谓"民主派"和"党内资产阶级",结果搅乱了阶级阵线,把专政的矛头指向了无产阶级革命家和广大人民群众,使我国社会主义革命和建设事业遭受了极其严重的损失。他们的荒谬理论及其政策到处碰壁,弄得天怒人怨,终于被广大人民群众扫进了历史的垃圾堆。这更加深刻地暴露了唯心史观的破产。我们党不论在新民主主义革命时期还是在社会主义革命时期,正是在长期实践的过程中,在同形形色色的错误路线进行斗争中,才逐渐认识了中国革命的规律性,才形成了正确的路线、方针和政策。因此,正如毛泽东同志所指出的:"真理只有一个,而究竟谁发现了真理,不依靠主观的夸张,而依靠客观的实践。只有千百万人民的革命实践,才是检验真理的尺度。"①

为什么实践能够检验理论正确与否呢? 这是因为,实践高于理论的认识,它不仅具有普遍性的品格,而且具有直接现实性的品格;实践是主观见之于客观的活动,是连接主观与客观的桥梁,只有通过这座桥梁,才能把理论和实际联系起来,对二者进行比较,用实际验证理论,使理论符合实际,而且这种检验是以可感知的客观结果表现出来的。这种情形,正如毛泽东同志所说的:"人们要想得到工作的胜利即得到预想的结果,一定要使自己的思想合于客观外界的规律性,如果不合,就会在实践中失败。人们经过失败之后,也就从失败中取得教训,改正自己的思想使之适合于外界的规律性,人们就能变失败为胜利。"②这就生动地告诉我们,人的认识是否正确只有在实践中才能被证实,只有实践才能起到检验真理的作用。

既然检验真理的标准是实践而不是理论,那么马列主义、毛泽东思想是不是可以例外,能当作检验真理的标准呢? 这也是不行的。诚然,马列主义、毛泽东思想是我们党的指导思想,马克思主义的基本原理是颠扑不破的普遍真理,马克思主义理论对于实践具有巨大的指导作用。但是,这种指导作用主要表现在:它能帮助我们正确地规定行动的方向、任务和道路,给我们提供正确的观察、分析和解决问题的立场、观点和方法,能够教育、动员和组织群众为共同目标而奋斗,从而指引无产阶级和广大人民群众以高度的自觉性能动地改造世界。就是说,马克思主义理论的指导作用主要表现为它是望远镜、显微镜和行动的指南,它不能代替真理的标准。因为:

第一,马列主义、毛泽东思想本身是来自实践、并经过实践检验

---

① 毛泽东:《新民主主义论》,《毛泽东选集》1 卷本,人民出版社,第 623 页。
② 毛泽东:《实践论》,《毛泽东选集》第 1 卷,人民出版社,1966 年版,第 261 页。

的。我们说马克思主义基本原理是普遍真理，绝不是因为它是什么先知先觉的圣人或超人冥思苦想出来的，而是因为它是无产阶级革命斗争经验、人类思想史的优秀成果和自然科学成就的科学概括和总结，是从千百万人的社会实践中总结和概括出来的最革命最先进的无产阶级的世界观。这就是说，它来自广大人民群众的实践，又在人民群众的实践中得到了证实，不仅在马克思和恩格斯科学地构成这些学说的时候，而且在无产阶级运用它来指导改造世界的斗争实践中，都被证实是颠扑不破的真理。但是，这绝不是说，马克思主义理论一旦形成，就一成不变，永不发展了；也不是说它一次完成，达到了"顶峰"，成为"终极真理"了。这只是说明，马克思主义基本原理经过实践的检验，被证明是符合自然界、人类社会和思维的最普遍规律的，正因为这样，它才具有普遍的指导作用。因此，来源于实践又经受实践的检验，是马克思主义理论的真理性的保证和基础。

第二，马列主义、毛泽东思想作为指导思想，需要同具体革命实践相结合。理论必须随着实践的发展而发展，否则它就不能指导实践。因为，世界是不断发展变化的，社会也是不断向前推移的，可是理论一经形成就具有相对的稳定性，要使相对稳定的理论和不断发展变化的实际相符合，就必须通过实践不断认识新事物、解决新问题、总结新的经验。毛泽东同志指出："真正的革命的指导者，不但在于当自己的思想、理论、计划、方案有错误时须得善于改正，……而且在于当某一客观过程已经从某一发展阶段向另一发展阶段推移转变的时候，须得善于使自己和参加革命的一切人员在主观认识上也跟着推移转变，即是要使新的革命任务和新的工作方案的提出，适合于新的情况的变化。"①这就是说，要使理论不变成谬误，就必须同客观实际

---

① 毛泽东：《实践论》，《毛泽东选集》第1卷，人民出版社，1966年版，第271页。

相一致，为此就必须通过实践不断地予以补充、纠正、丰富和发展。如果不随着客观过程的发展变化，不断地去认识新事物、解决新问题和做出新的理论概括，而是躺在前人的书本上，满足于前人做出的一般性结论，并用以衡量实践、约束实践的发展，那就像削足适履一样荒唐可笑了。这样的理论不会是行动的指南，只能是行动的桎梏。马克思主义的巨大生命力，正在于它来自实践并随实践的发展而发展。

第三，马列主义、毛泽东思想是行动的指南，而不是论证的工具。既然马列主义、毛泽东思想需要随实践的发展而发展，那么它就不可能是最终完成了的"绝对真理"体系，不可能是具有"绝对权威"性质的教条。任何把理论当作具有"最高真理""绝对权威"性质的教条，用以论证和检验具体事物的合理性的做法，都是对马列主义、毛泽东思想的卑鄙篡改和恶毒践踏。因为，这种论证方法，早已被历史证明是造成谬误和祸患的方法，是中世纪经院哲学所推崇的抽象推理的方法。即使是正确的逻辑论证，也只能证明和推演出与自己的前提不相矛盾的东西，并不能发现新的真理，更不能推演出新的物质形态及其变化的客观规律。所以我们说，马克思主义并没有结束真理，只是不断地开辟了认识真理的道路。只有坚持实践标准，从实际出发，实事求是，才能坚持和捍卫马列主义、毛泽东思想；离开实践，鼓吹理论的真理性、现实性，纯粹是经院哲学的论调。

总而言之，无论一般理论还是马克思主义理论，都不是真理的标准；只有实践，千百万人民群众的革命实践，才是检验真理的唯一标准。

三

林彪、"四人帮"为了篡党夺权、建立法西斯专制王朝，百般践踏马列主义、毛泽东思想，打着"高举""紧跟"的招牌，宣扬什么"句句是真理""句句照办""最高真理""绝对权威"等等谬论。张春桥叫嚷什么"思想上的正确与错误，决定于理论"，公然宣称理论才是真理的标准，不是实践检验理论，而是理论剪裁实践，理论要衡量一切、检验一切、决定一切。这是他们篡改马列主义、毛泽东思想的一种极其卑劣、极其恶毒的手法。他们把唯心主义的真理观及其绝对化、宗教化的理论原则又从历史垃圾堆里搬回到现实生活中来，用以篡改、践踏马列主义、毛泽东思想。

他们厚颜无耻地自诩为"天马""天才"，把自己看成是指挥一切、调动一切、洞察一切的"超人"，可以独来独往、为所欲为，具有解释一切、主宰一切的全权，然后再把他们摘引的只言片语说成"句句是真理"、句句得"照办"，使之神化为脱离一定历史阶段，脱离具体人的认识，不受时间、地点、条件制约的"最高真理"或"终极真理"；最后用这种"最高真理""绝对权威"衡量一切、检验一切，把它们变成超时空、超历史的"绝对律令"。总之，林彪、"四人帮"像一切唯心主义者和经院哲学一样，给人间的思想和力量披上了一层非人间的形式，从而把马列主义、毛泽东思想绝对化、宗教化。经过他们篡改和践踏的革命理论，不再是来自生气勃勃的实际生活的科学真理，却变成了不理解也要照办的僵死的信条；不再是人民群众革命斗争的行动指南，而变成了野心家阴谋家用以裁决一切的尚方宝剑。他们践踏、破坏理论联系实际、从实际出发、实事求是这一马克思主义基本原则，用断章取义地摘引只言片语的手法反对人们完整地准确地掌握马克思主义基本观点。他们口头上鼓吹"句句照办"，实际上他们自己从来都没有"照办"过，他们对与自己不利或针对他们的指示讳莫如深；不仅如此，他们主张理论是标准，可是并不运用马列主义的立场、观点和方法去分析问题和解决问题，只是拿这条语录检验这个问题，拿那条语录检验那个问题，或在这种场合拿这条语录验证这个问题，而在别种场合又拿这条语录验证相反的问题。可见,他们实际上坠入了实用主义的深渊,把有利有用即真理奉为"绝对律令"。他们按照自己的实用主义需要,打着"高举"的幌子,肆意阉割、歪曲、践踏马列主义、毛泽东思想,以便镇压敢于坚持马克思主义、反对他们篡党夺权的共产党人和革命群众。

林彪、"四人帮"使理论绝对化、宗教化,不论是在思想理论上还是在实际工作上都造成了极其严重的危害,并且流毒很深、很广。

首先,它堵塞了科学研究的道路。他们不仅用哲学代替自然科学,取消自然科学研究,使我国科学技术水平远远落后于世界先进水平,而且在社会科学的研究中设置"最高真理""绝对权威"的偶像和禁区,使思想陷于僵化。他们把理论研究变成了语录汇集、传抄和注释,只从只言片语中寻求启示和奥秘,作为应付千变万化的现实生活的"万应药方",他们用不容辩驳的"批判",用诉诸"绝对权威",用"砍旗""修正主义"等等弥天罪名,当作论断的支柱,用以剪裁、掩盖和代替客观事实;他们不许人们认识和把握客观规律性,只许迷信、背诵他们认可的教条,使活人成为思想的奴隶,使思想成为词句的奴隶。他们这种倒行逆施给我国科学文化的发展造成了难以弥补的损失。他们实际上取消了科学和理论研究,大肆推行蒙昧主义。对人民群众在三大革命实践中的发明和创造,不仅不予以支持和肯定,相反还用他们杜撰的僵死的模式去加以衡量和判决。这样,一切新的科学探讨都被扼杀在摇篮中了。正像历史上最初发现地球围绕太阳运转的人遭到了宗教迫害一样,我们的一位科学家根据对非洲古代化石的分析,认为人类已有二百万年的历史,"四人帮"一伙就给他扣上了"反毛泽东思想"的帽子。由于林彪、"四人帮"的严重破坏,最近几十年内世界上发生的天翻地覆的变化,出现的许许多多以往无法预料的新事物、新现象、新问题,以及比人类社会以前任何阶段都快得多、大得多的当代生产力的飞速发展，特别是几乎改变了人类生存条件的科技成就及其广泛应用，这一切，在我们的科学研究和理论上却没有得到应有的反映，造成了一系列科学研究领域的空白，造成了对马列主义、毛泽东思想的一场空前的浩劫。

其次，它严重破坏了党的从实际出发、联系实际、联系群众的优良传统和作风，造成了形式主义、官僚主义、专制主义的恶劣风气。林彪、"四人帮"不去深入三大革命运动，不作起码的调查研究，不敢正视现实世界的发展变化，全凭他们窃取的权力，以势压人，称王称霸。他们把衡量人才、检验理论、决定政策的大权窃夺在自己手中，当作排除异己、结党营私、随意褒贬、为所欲为的护身法宝，而投身于三大革命运动的千百万革命者和广大群众，则被他们视作奴仆和阿斗，不许有自己独立的见解，禁止他们的头脑进行思维。这就从根本上剥夺了人民当家做主的权利，完全背弃了人民是历史的创造者这一马克思主义原理。社会主义需要科学，科学更需要社会主义民主，更需要亿万人民群众发挥其聪明才智和创造性，只有广大群众的创造性劳动和革命实践，才能把科学社会主义的理想变为现实。可是，林彪、"四人帮"大肆推行思想文化专制主义，顺我者昌，逆我者亡，从而滋长了本本主义、形式主义和官僚主义的恶劣作风，窒息了以马克思主义为指导研究实际问题的革命风气。这种恶劣作风严重破坏了作为我党优良传统的密切的党群关系和干群关系。

最后，林彪、"四人帮"所推行的理论绝对化、宗教化，严重地阻碍和破坏了我国社会主义革命和建设事业的顺利发展。思想路线的错误，不仅使人们白白浪费了许多精力和时间，而且使我国社会主义建设事业和科学技术队伍遭受了极大的破坏和摧残。林彪、"四人帮"不顾我国近百年来一直落后挨打的客观实际情况，不承认物质生产是社会的基础等客观规律，不依靠广大人民群众，妄图只凭被他们肆意夸大了的精神的能动作用，只凭引证只言片语，只凭所谓政治这根棍棒去创造一个标准世界。他们正像柏拉图妄想按照理念建立一个奴隶主的理想国一样，妄图建立一个封建法西斯专政的理想国。在林彪、"四人帮"的这种绝对化、宗教化的恶劣影响下，许多人热衷于说大话、说空话、空喊口号、不务正业，不做一点有益于人民的事情；生产斗争被当作"唯生产力论"加以抛弃，阶级斗争被歪曲成阴谋家的篡党夺权活动，科学实验和教育事业被当作"牛鬼蛇神"的安乐窝加以禁止。总之，他们不许人们积极投身于三大革命运动的实践，不许人们认识世界和改造世界。一切积极从事三大革命运动实践的同志，一切敢于认识新事物、解决新问题、做出新的理论概括的人，一切真正努力推动革命事业前进的马克思主义者和共产党人，都受到迫害和打击，被他们扣上了种种"大逆不道"的罪名。时至今日，林彪、"四人帮"的流毒仍然束缚着一些人的头脑，以致他们还是从断章取义加绝对化的只言片语出发看问题，对我们党的十一大路线，对新时期的总任务，对提高整个民族的科学文化水平不理解、不热心、不宣传、不落实，甚至抱怀疑和抵制的态度，坚持要"句句照办"，认为这也不符合"最高指示"，那也有"砍旗"味道，继续唱"四人帮"的假"左"真"右"的高调，严重阻碍了我国人民在党中央领导下为实现新时期总任务而斗争的伟大事业。他们不愿承认，凡经实践证明是不符合实际、不符合已经变化了的情况的东西，就不应继续坚持，而应立即改变。

　　一言以蔽之，不论从哲学史来看，还是从认识论来看，或是从林彪、"四人帮"这个反面教员及其危害来看，真理的标准绝不是理论，只能是社会实践。坚持以实践为标准，从实际出发，实事求是，理论联系实际，这对于我们高举和捍卫马列主义、毛泽东思想大旗，恢复发扬党的优良传统和作风，跟随党中央胜利进行新长征，都具有十分重大的现实意义和深远的历史意义。林彪、"四人帮"口头上空喊"高举"，实际上天天在践踏、篡改、阉割马列主义、毛泽东思想，他们穷凶极恶地推行蒙昧主义、专制主义，用空谈绞杀实干，把科学、民主和实践视为"洪水猛兽"。为了深入揭批林彪、"四人帮"，打破他们设置的精神枷锁，在马克思主义指导下去研究生气勃勃的社会主义事业中涌现的新事物，去解决飞速发展的革命实践提出来的新问题，就必须同林彪、"四人帮"针锋相对，提倡科学，提倡民主，提倡实践。恢复实践作为检验真理的唯一标准的权威，就是恢复人民群众当家做主的地位，就是恢复和发扬以马克思主义为指导，从实际出发，实事求是的科学态度和革命作风。因此，科学、民主和实践，是紧密相连的，是缺一不可的，对社会主义革命事业尤其是如此。没有实践，没有民主，就没有科学，就没有社会主义。我们所说的科学，是指以马克思主义为指导，以现代科学技术为基础，从实际出发，实事求是，认识和尊重客观规律，按照客观规律办事；我们所说的民主，是指相信和依靠广大人民群众，发挥其当家做主的社会主义积极性和创造性，坚持从群众中来到群众中去。科学、民主和实践在革命事业中的重要作用，已经为新民主主义革命和社会主义革命时期的正反两方面的经验所证实。我们相信，科学、民主和实践，即以马克思主义为指导，从实际出发，实事求是，依靠和发挥人民群众的社会主义积极性和创造性，深入开展三大革命运动，是我们胜利完成党的新时期总任务的确实可靠的保证，在为实现四个现代化的新长征中，定将发挥更加巨大的作用。

没有现代化大生产,就没有巩固的社会主义

党的十一届三中全会决定,把全党工作的着重点转移到社会主义现代化建设上来。为了实现这种转移,在政治、经济和外交各方面都采取了一系列重要的方针、政策和措施。这对于清除林彪、"四人帮"给我国社会主义事业造成的破坏,恢复我党的马列主义、毛泽东思想路线,巩固和推进社会主义事业,都具有重大的深远的意义。

在三中全会以后,正当全党和全国人民投入实现党的战略任务的斗争热潮之际,社会上出现了一股反对、攻击三中全会及三中全会制定的路线、方针和政策的思潮。有一小撮人从林彪、"四人帮"的立场出发、打着"维护""高举"毛泽东思想的旗号,坚持权力意志决定论、坚持"现代化就是资本主义化"、坚持"句句照办",把三中全会的决定污蔑为"修正主义",妄图破坏得来不易的安定团结搞四化的大好局面。

这样就尖锐地提出了一个问题:在无产阶级夺取政权以后,特别是在所有制的社会主义改造基本完成以后,在半殖民地半封建社会遗留下来的"一穷二白"废墟的基础上,我们要不要全力以赴地发展生产力,要不要用人类已经获得的现代科学技术装备和改造我国的经济,换句话说,没有现代化大生产,能否建立巩固的社会主义?这个问题,本来是马克思主义早已解决了的问题。但是,为了肃清林彪、"四人帮"的流毒,今天有必要重温无产阶级革命导师的论述。

一

马克思主义历来主张，无产阶级夺取政权后的一个重要任务就是尽可能快地发展生产力，建立起现代化大生产，创造比旧社会高得多的劳动生产率，没有这种物质基础就没有巩固的社会主义。

马克思和恩格斯在阐述社会主义基本原理的第一个纲领性文件《共产党宣言》中，就曾把无产阶级夺取政权后集中一切生产工具"尽可能快地增加生产力的总量"，①当作无产阶级革命的一条重要纲领；马克思和恩格斯在其他著作中进一步证明，"大规模的生产，并且是按照现代科学要求进行的生产"，在推翻资本家的条件下，不仅是必要的、可能的，而且是解放劳动群众、消除劳动群众的贫困、保证劳动群众团结合作的条件，是根除资本主义剥削、建立社会主义所必需的。②他们把现代大生产的发展看作是社会主义的必需前提和物质基础。在他们看来，社会主义离不开现代大生产，现代大生产的发展也离不开社会主义。换句话说，没有现代大生产，社会主义始终只能是理想、愿望或空中楼阁，它就不可能建立起来，建立了也不能巩固。正如马克思在批判海因岑时所说的："当使资产阶级生产方式必然消灭、从而也使资产阶级的政治统治必然颠覆的物质条件尚未在历史进程中、尚未在历史的'运动'中形成以前，即使无产阶级推翻了资产阶级的政治统治，它的胜利也只能是暂时的，只能是资产阶级革命本身的辅助因素……同样，如果资产阶级实行统治的经济条件没有充分成

---

①马克思恩格斯：《共产党宣言》，《马克思恩格斯选集》第1卷，人民出版社，1972年版，第272页。

②参阅马克思：《国际工人协会成立宣言》，《马克思恩格斯选集》第2卷，人民出版社，第133页；恩格斯：《共产主义原理》，《马克思恩格斯选集》第1卷，人民出版社，1977年版，第217、219页。

熟，君主专制的被推翻也只能是暂时的。人们为自己建造新世界，不是如粗俗之徒的成见所臆断的靠'地上的财富'，而是靠他们垂死的世界上历来所创置的产业。他们在自己的发展进程中首先必须创造新社会的物质条件，任何强大的思想或意志力量都不能使他们摆脱这个命运。"①因此，无产阶级夺取政权后，为了根除旧制度，建立新社会，就必须把尽快发展生产力当作自己的一项重要的基本的任务。

列宁根据俄国无产阶级革命的经验，更进一步论述了发展现代化大生产对于社会主义事业的重要意义。在十月革命后的最初年代，他就提出：组织社会生产，破天荒第一次真正广泛地、真正大规模地运用劳动竞赛调动和发挥人民群众的大胆首创精神，以便迅速发展生产力，创造前所未有的高度的劳动生产率，是"社会主义革命所加到劳动者肩上的那种伟大的、真正雄伟的、具有全世界历史意义的组织任务"，是"现在最主要的任务之一，也许是最主要的任务"，②是"社会主义革命最重要和最困难的"任务，是苏维埃共和国的"主要的中心的任务"，"我们必须不愧为完成社会主义革命的这个最困难的（也是最崇高的）任务的人。"③因为，在他看来，发展现代大生产是废除万恶的私有制根源、建立新的生产关系和新的社会组织的必要物质前提，"是战胜资产阶级所必需的力量的最大泉源"，是巩固和扩大新制

①马克思：《道德化的批判和批判化的道德》，《马克思恩格斯选集》第1卷，人民出版社，第171-172页。

②列宁：《怎样组织竞赛？》，《列宁全集》第26卷，人民出版社，1959年版，第378、382-383页。

③列宁：《苏维埃政权的当前任务》，《列宁全集》第27卷，人民出版社，1958年版，第221-223、235页。

度的"唯一保证",①是巩固新生的红色政权、保证国家独立的重要物质条件,是提高劳动生产率的根本途径,而"劳动生产率,归根到底是保证新社会制度胜利的最重要最主要的东西",是消灭阶级、消灭三大差别、铲除资产阶级存在和再产生的土壤的重要物质基础,"很明显,这个任务的重大是不可比拟的,如果不解决这个任务,那也就是说,还没有社会主义。"总之,只有在实际上解决发展现代大生产这个最基本的任务,"才能使俄国稳固地过渡到社会主义","才可以说,俄国不仅成了苏维埃共和国,而且成了社会主义共和国"。

但是,必须指出,不论是马克思、恩格斯还是列宁,从来都不主张无产阶级消极地等待现代大生产的自发发展,而无需进行革命,相反,他们认为,在革命条件成熟时必须进行革命,革命才能解放生产力,给生产力的发展开辟广阔的前景,新生的红色政权只有自觉地把发展现代大生产当作自己的基本任务,才能少走弯路,保证社会主义的实现。

毛泽东同志在领导中国革命的过程中也曾多次指出,必须发展经济、发展生产力,才能保证和巩固我们民族的独立,才能消除落后状态,才能巩固无产阶级专政,才能摆脱一百多年来落后挨打的被动局面。在全国解放以后,在完成第一个五年计划过程中,他讲到我们的总任务就是:"团结全国人民,争取一切国际朋友的支援,为了建设一个伟大的社会主义国家而奋斗……准备在几个五年计划之内,将我国现在这样一个经济上文化上落后的国家,建设成为一个工业化的具有高度现代文明程度的伟大的国家。"②他认为,社会主义革命的

---

①列宁:《伟大的创举》,《列宁全集》第 29 卷,人民出版社,1956 年版,第 385、388 页。

②毛泽东:《为建设一个伟大的社会主义国家而奋斗》,《毛泽东选集》第 5 卷,人民出版社,1977 年版,第 133 页。

目的就是为了解放生产力，社会主义革命和社会主义改造为迅速地发展生产力创造了社会条件，但只有发展生产才能巩固这种改革、巩固新的所有制。因此，1957年春季，他提出："大规模的急风暴雨式的群众阶级斗争基本结束"，现在要"团结全国各族人民进行一场新的战争——向自然开战，发展我们的经济，发展我们的文化"，以便"巩固我们的新制度，建设我们的新国家"。[①]1958年5月23日，中共八大二次会议的决议号召我们："为尽快地把我国建成为一个具有现代工业、现代农业和现代科学文化的伟大社会主义国家而奋斗。"1964年12月周恩来同志在第三届人大第一次会议上作的《政府工作报告》中指出："我们必须打破常规，尽量采用先进技术，在一个不太长的历史时期内，把我国建设成为一个社会主义的现代化的强国。"

由此可见，尽快发展生产力，发展现代大生产，提高劳动生产率，并在此基础上改革生产方式、改革劳动组织和整个社会关系，从19世纪40年代起直到今天，始终是无产阶级革命的一条不可或缺的纲领，是无产阶级专政国家的一项基本任务，是建立和巩固社会主义的最重要的物质基础。因此，我们可以说，没有现代大生产，就没有巩固的社会主义，只有在现代大生产的基础上，才能建立起科学的巩固的发达的社会主义。

林彪、"四人帮"出于反革命的目的，极力歪曲、篡改、反对马列主义、毛泽东思想，污蔑发展现代大生产、搞现代化是修正主义路线。按照他们的逻辑，随着现代大生产的发展，不是要建立新的生产方式，而是会复辟旧的资本主义生产方式，也就是说，现代大生产是资本主义的物质基础，是和资本主义不可分割地联系着的，生产越不发展，

---

①毛泽东：《关于正确处理人民内部矛盾的问题》，《毛泽东选集》第5卷，人民出版社，1977年版，第375页。

越贫穷落后,社会主义才越有保证。他们给这套反动谬论披上一层马列主义、毛泽东思想的外衣,并吹嘘成当代马列主义的顶峰,毒害了一代年轻人,欺骗了一些不甚懂得马列主义的人,以至在打倒"四人帮"之后,这种极"左"思潮仍然折磨着一些人的头脑,他们反对工作重点的转移以及为此采取的重要政策和措施。因此,为了实现党的战略决策、团结一致搞四化,我们必须肃清林彪、"四人帮"的流毒。我们只有从理论和事实两个方面弄清现代大生产和社会主义的关系,才能懂得什么是科学社会主义和怎样才能建立起巩固的社会主义。

二

为什么我们说没有现代化大生产就没有巩固的社会主义呢?这要从以下三个方面来加以说明。

首先,从历史发展上来看,社会主义的基本原则最初是由 16 至 19 世纪初的空想社会主义者提出来。空想社会主义者的学说反映了不成熟的无产阶级对资本主义剥削制度的反抗和要求建立理想社会的愿望。但是,由于近代大工业刚刚出现,还不发达,无产阶级还处在自在阶段,资本主义还处于上升阶段,它的内在矛盾没有充分暴露,因此,空想社会主义者只是从理性和义愤出发,不认识历史发展规律,不知道新社会的物质基础,看不见实现理想社会的阶级力量,没找到通往未来的现实道路,所以只能陷于空想。随着近代大工业的形成和迅速发展,一方面,无产阶级成为社会上一支生气勃勃的不可忽视的力量;另一方面,资本主义社会的矛盾尖锐化起来,充分暴露了资本主义制度的危机。在这样的历史条件下,才产生了马克思主义;这才把社会主义从空想变成了科学。从此,马克思主义、科学社会主义就成了无产阶级的思想体系和无产阶级革命的理论纲领。因此,马克思主义、科学社会主义不过是随着近代大生产的发展而成长起来的无产阶级的利益和资本主义的矛盾运动的理论表现。正如马克思所说的："社会主义者和共产主义者是无产者阶级的理论家。"但是，随着大工业成长起来的无产阶级尚未发展到足以确立为一个阶级以前，"在生产力在资产阶级本身的怀抱里尚未发展到足以使人看到解放无产阶级、建立新社会必备的物质条件以前，这些理论家不过是一些空想主义者"。他们为了拯救被压迫者，"赐福"受苦受难的人们，想出各种各样的方案和措施，力求一劳永逸地结束人类的一切苦难。但是，随着现代大工业的迅速发展，"随着历史的演进以及无产阶级斗争的日益明显，他们在自己头脑里寻找科学真理的做法便成为多余的了"；他们只要注意眼前发生的事件，有意识地揭露现实的矛盾，找到现实的力量，即不仅仅把无产者看作是受苦受难的阶级，而且在这个阶级身上看到改造旧世界的力量和希望，并把这些矛盾和力量正确地表达出来，那么，"这个由历史运动产生并且充分自觉地参与历史运动的科学就不再是空论，而是革命的科学了"。①

在马克思主义指导下，俄国、中国和其他国家的无产阶级，根据各国的不同经济发展情况和阶级斗争形势，采取不同的方针和策略，先后把社会主义从理论变成一种崭新的社会制度。这种制度在最近六十多年里，经受了帝国主义国家的包围、干涉、颠覆的考验，经受了第二次世界大战的锤炼，经历了帝国主义和平演变的严峻挑战，在自身成长的过程中也经受了经济困难、无政府主义、阶级斗争扩大化、个人迷信、民主和法制的破坏、形形色色假社会主义等的挑战。但是，社会主义作为一种崭新的社会制度毕竟走出了摇篮，正在用自己的脚站立起来。

---

①马克思：《政治经济学的形而上学》，《马克思恩格斯选集》第 1 卷，人民出版社，第 121–122 页。

总之,社会主义的出现、从空想到科学的转变、由科学变为现实的发展,每一步都是以现代大生产的发展和需要作为自己的最终基础和最终原因的。只有当现代大生产高度发展起来时(即物质条件已经具备时),社会主义才不仅是可能的,而且成为历史的必然性。在这个意义上说,没有现代大生产,就没有无产阶级,就没有马克思主义,就没有科学的社会主义。

其次,从经济必然性上来看,社会主义是现代大生产发展的必然结果。这一方面是说,在资本主义制度下发展起来的现代大生产必然导致资本主义的灭亡和社会主义的胜利。资本主义"负有为新世界创造物质基础的使命",它创造了现代化大生产,迅速地发展了生产力,"把物质生产变成在科学的帮助下对自然力的统治";[①]同时,在现代工业基础上,破坏了旧的过时的封建关系,无情地斩断了天然首长进行统治的根基,摧毁了作为民族壁垒的一切万里长城,按照资产者面貌创造出一个以资本主义私有制为实质的商品货币资本统治的世界。但是,随着现代大生产的迅速发展,资本主义无法解决的矛盾越来越尖锐地暴露出来:资本主义私有制造成了资本的集中和垄断、社会的贫富两极分化、经济的周期性危机等。这表明,"现代大生产的迅速发展、生产资料的集中和劳动的社会化,达到了同它们的资本主义外壳不能相容的地步。[②]"于是,随着大工业的发展,资本主义赖以产生和存在的物质基础本身也就从它脚下被挖掉了,资本主义私有制的丧钟就要响了。随着现代大生产发展起来的现代工人,只有彻底消

①马克思:《不列颠在印度统治的未来结果》,《马克思恩格斯选集》第 2 卷,人民出版社,1972 年版,第 75 页。

②马克思:《所谓原始积累》,《马克思恩格斯选集》第 2 卷,人民出版社,第 267 页。

灭资本主义私有制，从而消灭一切剥削制度，才能支配人类以往所获得的全部生产资料，支配强大的现代生产力，才有可能解放全人类并从而解放自己。因此，现代化大生产是和资本主义私有制绝对不相容的，相反，它为社会主义必然到来奠定了物质基础，社会主义就是资本主义时代创造的现代大生产发展的必然结果。马克思和恩格斯发现了这个历史规律，早在《政治经济学批判》序言中就作了精辟的表述，后来又运用它剖析了当时的资本主义社会得出了上述结论。一百多年的实践证明，马克思和恩格斯发现的原理是颠扑不破的科学真理。社会主义不仅从空想变为科学，由"幽灵"变为现实，从一国扩大为数十国，而且成为当代世界的历史总趋势。这种历史必然性的根源就在于现代大生产的发展。生产力的变革势必引起生产关系以及整个社会的变革。

另一方面是说，现代大生产的发展对于建立和巩固社会主义，是"绝对必需的实际前提"和现实的物质基础，这主要是因为：

第一，如果没有现代大生产的发展，在小手工生产、甚至在使用粗笨铁石器的奴隶劳动的基础上，绝对不可能建立起社会主义制度。这样的生产力水平，像历史所表明的那样，只能使人们屈服于自然力和社会力量的压迫，只会有贫穷的普遍化，只能建立起非常野蛮的封建专制制度，使宗教蒙昧主义泛滥，使"天然首长"的暴政横行肆虐。在这种情况下，就必然"重新开始争取必需品的斗争"，重新开始争夺权力、争夺宗教正统派地位和瓜分特权的斗争，"也就是全部陈腐的东西又要死灰复燃"。[1]在这样的基础上，是绝对不可能建立起社会主义的，只有现代大生产的高度发展，才能逐渐改造、消灭几千年来不

---

①马克思恩格斯：《费尔巴哈》，《马克思恩格斯选集》第 1 卷，人民出版社，1972 年版，第 39 页。

断培植、产生封建主义的小农经济和小手工生产,才能消灭直到现在人受物支配、受自己的生产品和生产资料奴役的状况,社会到那时才能真正成为全部生产资料的主人。

第二,只有随着生产力的这种普遍发展,旧式的社会分工(主要是工农差别、城乡差别和脑体劳动的差别)才能消灭。这种消灭不是通过使全体社会成员回到愚昧无知、茹毛饮血时代来达到的,而是在人类获得的高度文明和个人的全面发展、劳动生产率的普遍提高基础上达到的。所以,恩格斯指出,消灭旧式社会分工,不仅是可能的,而且"已经成为工业生产本身的直接需要"。①

第三,通过有计划地和进一步发展现有的巨大生产力,才能保证生产资料、生活资料、享受资料、发展和表现一切体力与智力所需的资料,"愈益充分地交归社会全体成员支配"。②只有在这样的基础上,"人类的进步才会不再像可怕的异教神像那样,只有用人头做酒杯才能喝下甜美的酒浆"。③这就是说,只有随着现代大生产的发展而诞生的社会主义,才能不再像以往的社会那样,以牺牲人民群众的切身利益、甚至以大量吞没无数人的生命为代价,来求得某种进步,现代大生产的发展保证了社会主义能够以提高全体社会成员物质文化生活水平为自己的最终目的。

第四,只有现代大生产的高度发展,才能提供消除社会对抗、消灭阶级的物质条件,才能消灭把人划分成对立社会集团的最后根据,

①恩格斯:《反杜林论》,《马克思恩格斯选集》第3卷,人民出版社,1972年版,第335页。

②恩格斯:《为马克思的〈雇佣劳动与资本〉写的1891年单行本序言》,《马克思恩格斯选集》第1卷,人民出版社,第349页。

③马克思:《不列颠在印度统治的未来结果》,《马克思恩格斯选集》第2卷,人民出版社,1977年版,第75页。

才有可能彻底改变劳动人民历来遭受的被奴役的命运，无产阶级也才能"用完全消灭任何阶级统治、任何奴役和任何剥削的方法"解放全人类，因而才能解放自己。正如恩格斯所指出的："由于现时生产力的巨大发展，把人分成统治者和被统治者、剥削者和被剥削者的最后根据，至少在最先进的国家里已经消失了，这种划分"将被现代生产力的充分发展所消灭"，所以，"在这个阶段上，某一特殊的社会阶级对生产资料和产品的占有，从而对政治统治、教育垄断和精神领导的占有，不仅成为多余的，而且成为经济、政治和精神发展的障碍。""只是在现在，统治阶级和剥削阶级，无论它拥有多少'直接的暴力'，都将被无情地消灭。"①

总之，从经济必然性上来看，现代大生产的革命性质、它和社会主义的必然联系、社会主义是现代大生产发展的必然结果，这是整个唯物史观的必然结论，是马克思、恩格斯长期研究资本主义社会取得的真理。

最后，从当代世界的事实上看，现代化大生产的发展，到处都引起了翻天覆地的变化。它使一大批国家在民族经济的基地上站立起来，摆脱了数百年来殖民主义的枷锁，开始走上独立发展的道路；它使发达的资本主义国家也发生了重大的变化，这些变化在 19 世纪末和 20 世纪最初的几十年还是无法预料的和不可想象的。

在发达的资本主义国家，现代大生产的发展所引起的变化，主要表现在生产关系上的一些新的现象，如国有化、国营企业和国家投资有了很大的发展，②某种形式上的工人参加企业管理和股份公司的扩

①恩格斯：《反杜林论》，《马克思恩格斯选集》第 3 卷，人民出版社，1972 年版，第 321—322、221 页。

②据美国《幸福》杂志统计，1975 年世界十家最大商业银行中的二家法国最大银行有资产超过一千亿美元，其中政府资本占 50% 以上。

大,①跨国公司和国际经济组织的作用增强,②生产资料的高度集中等等。这些变化的深远的经济后果和历史意义,虽然有待于深入的研究,但有一点是可以肯定的:这些变化是随现代大生产的发展而出现的进一步社会化的措施和形式,在某种限度内有利于现代大生产的发展,也就是说,在资本主义社会内部出现了一些能够适应现代大生产的新的社会化形式。马克思和恩格斯在 19 世纪中期曾经把铁路、邮电和银行等称之为具有社会主义因素的事业,并且把生产资料的集中和劳动的社会化同资本主义外壳加以区别和对立起来考察,列宁也曾把"资本家的卡特尔短辛逝加和托拉斯的增长以及财政资本的规模和势力的极度扩大"同大生产的增长一起看作是劳动社会化向前发展的形式,是"社会主义必然到来的主要物质基础",③那么,今天我们为什么不能从上述的变化中看到社会主义必然到来呢? 此外,传统的产业工人在就业人员和人口中所占的比例正在缩小,工人队伍的结构也在发生变化,脑力劳动逐渐取代体力劳动占据的主导地位;电脑和全盘自动化也正在剧烈地改变着劳动方式、劳动组织和工人的职能以及劳动过程的社会结合。这些变化表明,现代大生产的发展、生产资料的集中和劳动的社会化等,是"社会主义必然到来的主要物质基础",许多发达的资本主义国家的经济必然要逐渐向"计划

①日本、西欧一些国家有一些企业推行了工人参加管理的制度,另据美国《幸福》杂志汇编的 1978 年"五十家最大的"非工业公司,美国电话电报公司是第一家拥有一千亿美元以上财富的公司,它的股票在全国为近三百万人所拥有。

②据估计,目前全世界一年的国民生产总值约为三万亿美元,其中 15%是由跨国公司生产的,跨国公司的生产增长率每年约为 10%,比许多国家的生产增长率都要快。据推测,到 1985 年,大约三百个巨大的跨国公司将生产和提供全世界的商品和服务的一半以上(参见美国《经济札记》,1973 年 6 月号和 10 月号)。

③列宁:《卡尔·马克思》,《列宁全集》第 21 卷,人民出版社,1963 年版,第 51页。

和组织工作在其中占支配地位的方向迈进"。①当然，这绝不意味着这个过程会自发地、和平的完成。

同时，必须看到，资本主义世界的贫富两极分化、周期性的经济危机、通货膨胀失业以及一系列社会问题等，这些不容置疑的事实表明，现代社会化大生产和资本主义私有制的矛盾仍然是资本主义制度本身无法解决的，只有打碎资本主义外壳，用社会主义代替资本主义，才能保存和继续发展现代生产力。现代大生产的发展及其引起的一些变化、资本主义的暴发式"繁荣"和周期性的危机等，不是证明资本主义比社会主义优越，不是证明社会主义"不行了"，恰好相反，正是证明整个世界面临着社会的大变动，社会主义也正经历着用自己的脚站立起来的考验。现代大生产的迅速发展"已经成为一切文明民族的生命攸关的问题"。②在这些活生生的事实面前，除非闭眼不看现实的人或受林彪"四人帮"的权力意志决定论影响很深的人，才会在研究社会主义时不考虑现代大生产发展水平和要求这一物质基础，妄自奢谈"唯一纯粹"的社会主义、"最最革命"的制度，贫穷平均的分配等等。马克思说："蒸汽、电力和自动纺织机甚至是比巴尔贝斯、拉斯拜尔和布朗塞诸位公民更危险万分的革命家。"③但是，被历史唯心主义特别是唯意志论迷住心窍的人都有意忽略这些。"危险万分的革命家"，看不见现代大生产的革命的决定性的作用。

总而言之，不论是从历史发展上、经济规律上，还是从当代现实

---

①W.H. 帕克：《超级大国——美苏对比》，1971 年英国麦克米伦出版社出版，第十九章。

②马克思恩格斯：《共产党宣言》，《马克思恩格斯选集》第 1 卷，人民出版社，第 254 页。

③马克思：《在〈人民报〉创刊纪念会上的演说》，《马克思恩格斯选集》第 2 卷，人民出版社，1977 年版，第 78 页。

上来着,现代大生产的高度发展要求建立一种新的社会,这个社会必然是适合于现代大生产高速增长的,具有适应这种生产力的生产资料所有制和分配形式的,能够保证广大人民群众全面发展和当家做主的消灭了阶级和阶级统治因而能够避免以往社会的全部陈腐、专横与贫穷的制度。这个新社会就是人类近五百年来一直向往、追求和为之流血牺牲的社会主义社会,它的物质基础正是现代化大生产。因此,我们可以说,在那些使资产阶级、贵族和可怜的倒退预言家惊慌失措的现象当中,在当代世界种种的报警声中,我们马克思主义者看到了希望和光明,认出了我们的好朋友——会迅速刨土的老田鼠——光明的革命家:现代化大生产。马克思说:"随着新生产力的获得,人们改变自己的生产方式,随着生产方式即保证自己生活的方式的改变,人们也就会改变自己的一切社会关系。手推磨产生的是封建为首的社会,蒸汽磨产生的是工业资本家为首的社会。""人们按照自己的物质生产的发展建立相应的社会关系,正是这些人又按照自己的社会关系创建了相应的原理、观念和范畴。"①人类历史和现实生活都证明,生产力决定生产关系,生产关系一定要适应生产力的发展水平,生产力以及其相适应的生产关系的性质决定着社会形态的划分,其中生产力特别是生产工具则是社会经济关系的指示物。这是不以任何人的意志为转移的客观经济规律,是唯物史观的最基本的原理,是科学社会主义赖以建立起来的重要理论根据之一。

三

我国三十年的社会主义建设实践、正是检验并丰富、证实马克思

①马克思:《政治经济学的形而上学》,《马克思恩格斯选集》第1卷,人民出版社,第108页。

和恩格斯发现的唯物史观和客观经济规律的过程。三十年的经验从正反两个方面充分证明了：唯物史观和客观经济规律是不容违背的，背离它就要受到惩罚，付出血的代价。

当我们按照客观规律办事，尽快发展生产力的时候，我们的事业就一日千里地前进，从胜利走向胜利。全国解放初期，由于我们按照唯物史观的原理，集中精力抓住生产建设这个中心工作，解放战争的扫尾工作和抗美援朝等都没有影响这个工作重心。所以，仅用了三年时间就顺利地恢复了被蒋家王朝和帝国主义长期摧残的国民经济，使工农业生产达到和超过了旧中国的最高水平，接着胜利地完成了第一个五年计划。由于生产增长很快，国民收入显著增加，财政收支平衡，物价稳定，人民生活得到改善，因而一系列社会改革也进行得比较顺利。这种蒸蒸日上的经济形势，促进了政治形势的稳定，使我国新生的无产阶级政权很快巩固起来，提高了我国的国际声誉和影响。

后来，由于我们对于社会主义建设还缺乏经验，工作指导上发生了一些缺点和错误，比如，对几千年来封建社会的影响和改造小生产的艰巨性认识不足，对生产关系一定要适应生产力发展水平的规律还缺乏切身体会，特别是由于在所有制的社会主义改造基本完成之后，生产资料改为以国家和劳动者集体为代表的公有财产，经济活动由代表全体劳动人民利益的国家来管理，这时，客观经济规律的要求往往是通过人们的自觉活动，通过党的路线、政策和国家法令、计划等来实现的，这样就给人们一种错觉，似乎社会主义社会人们已经可以不受客观规律支配，可以不顾客观规律的约束和生产力发展水平的限制，任凭主观意志为所欲为，忘记了路线、政策、计划等是由客观经济规律决定的，而人的意志也是由社会存在决定的，因而背离了客观经济规律，背离了毛泽东同志说的生产斗争是最基本的实践活动的原则，甚至用政治运动来推动生产，宣传"人有多大胆，地有多大产"，刮"共产风""浮夸风"，结果生产发展的速度降了下来，甚至生产设备也遭到了破坏，给国民经济造成了困难。这使我们通过亲身的体验认识到，客观经济规律是不容违背的，违背它就要受到惩罚。

由于我们克服了自身的弱点、缺点和错误，坚决贯彻了"调整、巩固、充实、提高"的方针，经过全党和全国人民的艰苦奋斗，国民经济有了好转，走上了正常发展的轨道。在以后的十年间，林彪、"四人帮"推行极"左"路线，大搞封建法西斯的"社会主义"，用夺权斗争代替经济建设，把贫穷落后奉为社会主义的真谛，把抓生产当作修正主义来批判，完全背叛了唯物史观，肆无忌惮地推崇权力意志和现代迷信。在他们的疯狂破坏下，国民经济到了崩溃的边缘。这种经济状况，再加上"四人帮"造成的长期政治动乱，使社会主义事业受到了严重的威胁。打倒"四人帮"以后党中央有步骤地把工作重点转移到社会主义现代化建设上来，清除了长期政治动乱和分裂的祸根，恢复了马克思主义路线，因此国民经济正在迅速地好转。

我国三十年来经济发展道路这种三起两落的状况，生动的说明，每当我们按照唯物史观的基本原理，全力以赴的发展生产力，并建立和保护适应生产力发展的生产关系时，国民经济就欣欣向荣，社会秩序就安定团结，政治局势就生动活泼；反之，我们就要付出极大的代价，致使社会主义事业遭受巨大的危险。这个教训难道还不足以使那些被现代迷信和权力意志决定论蒙蔽多年的人清醒吗！

三十年的经验，特别是林彪、"四人帮"的假社会主义的教训，使亿万人民更加看清了林彪、"四人帮"的假社会主义和他们搞的封建法西斯专政之所以能够横行一时，归根到底是由于漫长的封建社会的影响，由于我国是在半封建半殖民地的废墟上建设社会主义的，现代大生产很不发展，小生产占着绝对的优势，即使是在生产资料所有制的社会主义改造基本完成以后，小手工生产、小生产的管理方式、小农的传统习惯势力的影响还随处可见。正如毛泽东同志所指出的：农业和手工业在国民经济中还占着相当大的比重，这相当大的一部分"经济生活停留在古代"，即使是在封建土地所有制被废除以后，在一个相当长的时期内"我们的农业和手工业，就其基本形态来说，还将是分散的一体的，即是说同古代近似的。谁要是忽视或轻视了这一点，谁就要犯'左倾'机会主义的错误"。①

在社会主义革命和建设过程中，我们取得了伟大的成就，不仅改变了半封建半殖民地的落后挨打的状态，而且奠定了走向四个现代化的初步工业基础，改变了几千年来小生产、小农经济占绝对优势的局面，使中国人民能够主宰自己的命运，屹立于世界民族之林。但是，由于我们在个别时期工作指导上发生过一些错误，特别是由于林彪、"四人帮"的疯狂破坏，改造我国经济基础的工作遭到了干扰和破坏，社会主义优越性没有能始终一贯地和充分的有效地发挥出来，我们远远没有能够取得本来应该取得的成就，致使小手工生产、小生产的管理方式、小生产的传统习惯势力还严重影响着经济的发展。这种影响主要表现在以下各方面：

现代工业生产在国民生产总值中所占得比重一直比较小，1952年为26.7%，1957年为40%，1966年为44%，1970年为48%。

①毛泽东·《在中国共产党第七届中央委员会第二次全体会议上的报告》，《毛泽东选集》合订本，第1320-1320页。

马克思和精神文明

——纪念马克思逝世一百周年

马克思在人类精神发展史上完成了伟大的革命变革，给人类特别是给无产阶级提供了认识世界和改造世界的科学的世界观——辩证唯物主义和历史唯物主义，他所创立的剩余价值学说彻底揭露了资本主义制度的内在矛盾，论证了无产阶级的历史使命，为被压迫阶级的解放斗争开辟了历史新纪元。列宁说，马克思主义，"绝不是离开世界文明发展大道而产生的故步自封、僵化不变的学说"，"马克思的全部天才正是在于他回答了人类先进思想已经提出的种种问题。"[1]因此，我们可以说，马克思主义是人类精神文明发展史上的一个新阶段的集中体现。

今天当我们纪念马克思的时候，我们感到幸运的是："文明处在一个幸福的时代，处在伟大的社会主义者的这个预言（指共产主义社会——引者注）已开始实现的时代。"党中央的十二大文件指出，在马克思主义指导下建设高度发达的物质文明和精神文明是建设社会主义的一个战略方针问题，它关系到社会主义的兴衰和成败。这是我们党在我国社会主义建设新时期对马克思主义的创造性的继承和发展。

但是，在理论上如何认识精神文明，它的实质、内容、表现及其在历史上的作用等等，仍然是人们探讨的问题，要想正确地回答这些问题，仍然需要从马克思那里得到真理性的启发和原则性的指导。

---

[1]《列宁全集》第 19 卷，人民出版社，1959 年版，第 1 页。

在近两年来关于什么是精神文明的讨论中，人们对这个问题作出了不同的回答。这些回答可以简要地概括如下：

1. 认为文明是与蒙昧野蛮状态相对立的人类社会进步状态。

2. "文明显然所指的仅仅是物质生产和精神生产的进步和开化状态。"

3. 文明是指人类在历史过程中所创造的物质财富和精神财富的总称，精神文明则是指人类在改造客观世界的活动中所创造的宝贵精神财富或优秀成果。

4. 精神文明就其内容来说，一方面是指科学、教育、文化、艺术、体育、卫生的发展水平，另一方面是指社会的政治倾向、理想信念、道德情操和精神状态等等。

5. 文明是指国泰民安的社会理想，即一个国家治理有方、政治清明。

这五种回答当然还不是全部的回答，只是一些有代表性的回答。它们各自都有一番道理，都揭示了问题的一个或几个方面，因此可以说都是达到真理的一个环节。我的目的不是否定其中某一个观点而推崇另一个观点，也不是抛弃所有这些观点而另辟蹊径，我是想找到这些观点的共同基础和实质。形而上学的思想方法经常迫使人们按照"是即是，非即非"的公式，对不同的哲学观点只习惯于表示赞成或反对，而不是把不同的哲学观点理解为真理的前进发展的有机环节；只习惯于把这些不同观点看作互相排斥、互不相容，看不到它们在有机统一体中不但不互相抵触，而且彼此都同样是必要的；只习惯于把不同和对立看成矛盾，并试图通过消灭或排除一个方面而把现实的矛盾保持在单一性和片面性之中，不知道在冲突矛盾着的形态里去把握相辅相成的各个发展环节。我们不能用这种思维方法来看待人们对精神文明的不同回答，应该用唯物辩证的观点来分析这些不同的回答。那样,我们就会看到这些不同的回答有着一个共同的实质。当然,如果固执着现有的回答,认为这就是问题的全部,那也是不能令人满意的。这在事实上就会成为躲避问题实质的一种巧计。只注重表现形态,而不探究其实质,也是无助于精神文明建设的。

上述五种回答各自揭示了精神文明的一个或几个表现形态和方面,因而也都在不同程度上揭示了一个共同的实质:精神文明,不论哪种表现形态都是人对自己本质的自觉。

第一,认定文明是指人类社会进步状态的观点,是从恩格斯的一些论述中引申出来的。恩格斯说:"从铁矿的冶炼开始,并由于文字的发明及其应用于文献记录而过渡到文明时代。""文明时代是学会对天然产物进一步加工的时期,是真正的工业和艺术产生的时期。"①如果我们不是孤立地来分析这些话本身,而把这些话放在历史唯物论的整个体系中去理解,那么就不难发现,使人类从原始的野蛮状态走出来的,首要的也是决定性的条件,就是劳动,即有意识有目的地改造客观世界的自觉性活动;其次是人们在劳动的基础上所形成的相互交往的社会联系和社会分工的发展,后来由此产生了一个阶级把自己置于整个社会之上的阶级社会;另外还有在劳动中形成起来的语言和思维,这不仅是人们相互交往的工具,而且是认识周围世界、认识自己和表达自己意愿所必需的工具。正是这些条件才使自觉的人同本能的人(即野蛮人)区别开来,才使人同周围的外部世界区别开来。也就是说,人类迈进的文明时代,在最初阶段上就已经具有了一个本质特征,即人借助和通过劳动、社会关系和自己的思维对自己自身的自觉,既意识到自己的社会主体性,又意识到改造客观世界满足自己需要的必要性。没有人对自身本质的自觉,根本谈不到文明或

①《马克思恩格斯选集》第4卷,人民出版社,1972年版,第21、23页。

精神文明。

第二，至于人们常常提到的物质生产和精神生产、物质财富和精神财富或宝贵的精神财富与优秀成果等等，人们在这些概念之下所要理解的和说明的东西并不是这些概念本身所固有的含义。这些概念本身着重于物质生产和精神生产的产物、成果或结果，即侧重于指出文明和精神文明是人类在改造客观世界过程中所获得的一种产物或财富。文明的概念当然包含着历史的产物和财富的意义，并且是在此基础上建立起来的，但是不完全归结于此。例如一座庞大的城市、一个工厂、一尊古代塑像、一个藏书百万卷的图书馆，一幅达·芬奇的绘画等等，无疑都表现着文明和精神文明的一个方面，但仅仅这些物本身，一旦离开产生它们的过程、离开其中所蕴含的人们之间的社会关系、特别是离开作为主体的人的活动及其思想感情，就会变成一些死的物痕。像没有人迹的荒废的城市和工厂或像无人问津的积满灰尘的图书馆一样，它们绝不能说明文明，更不能展示精神文明。这是大家都承认的。物质生产和精神生产的产物、成果或结果本身并不足以称得起文明，它们之所以被称为人类的财富、被称为文明的现实表现，乃是因为它们包含着人们创造和掌握它们的活动，包含着能够满足主体需要的某种属性或功能，包含着人按照自己的需要去改造评价和追求它们的自觉性。正如马克思深刻指出的那样，劳动所创造的物质财富和精神财富作为人的对象化的存在，是一种渗透着人的社会关系、人的意志和智慧的客观存在，已经不是独立于人的关系和意识之外的东西，相反是一种人化的自然、因而乃是"人的本质力量打开了的书本"，但是，"迄今人们从来没有联系着人的本质，而总是仅仅从表面的有用性的角度"，来理解物质的和精神的财富①。几千年来

---

①马克思：《1844年经济学哲学手稿》，人民出版社，1979年版，第80页。

私有制贬低创造财富的人，而抬高作为统治阶级私有物的财富，这种历史的歪曲和颠倒现在应该消除了。文明不是物的特征或属性，而是人的特征或属性，是人的自身本质的展示。

第三，我们听到最多的一种回答，即精神文明就其表现形式和内容来说，一方面是指科学、教育、文化、艺术、体育、卫生的发展水平，另一方面是指社会的政治倾向、理想信念、道德情操和精神状态等等，这个提法本身无疑是正确的。一个社会的精神文明必然要通过这些方面表现出来，当然还不止这些方面。但表现虽然体现着本质，却不等于本质。要揭示本质还需要深入一步探讨。一个社会尽管可以有高度发达的科学知识，有相当发达的中等和高等教育，有良好的卫生习惯，有鲜明的政治倾向以及信念等等，但这一切却不能使这个社会避免去进行有意识有组织的剥削、掠夺和屠杀，或进行损人利己，破坏文明的一些勾当。就像在当代一些资本主义制度之下每天正在发生的这一切一样。在这样的社会里，资产阶级的代表人物也不讳言，他们缺少的正是精神文明或精神支柱。这是因为，在资本主义制度下，劳动的异化、经济的异化导致整个现实生活的异化。"人已经只不过是劳动者，并且作为劳动者，他只具有与他格格不入的资本所需要的那些人的特征。"①也就是说，他成为受异己力量——资本支配的奴隶。在这里，"宗教、家庭、国家、法、道德、科学、艺术等等，都不过是生产的一些特殊的形态"，并且受生产的普遍异化——私有财产的支配，因而成为支配人的力量的现实的感性的表现。在这种情况下，劳动者在自己的劳动中并不肯定自己，而是否定自己，并不自由地发挥自己的肉体力量和精神力量，而是使自己的肉体受到损伤、精神遭到摧残；"劳动者生产的越多，他能够消费的就越少，他越是创造价值，

①马克思：《1844年经济学哲学手稿》，人民出版社，1979年版，第58页。

他自己越是贬低价值、失去价值……他所创造的物品越是文明,他自己越是野蛮……"①因此,马克思指出,"资本主义文明的胜利恰恰就在于,它发现财富的源泉不是死的物,而是人的劳动,并且促进了这一点的实现",资本对劳动的占有和掠夺,使人丧失了自己的本质。所以,在资本主义制度下,科学、教育、文化以及政治倾向、道德说教等等,不仅不能培育精神文明,反而成为违反自然、破坏环境,生活腐败,灵魂毒化的"文明的阴沟",只能充满精神的污秽。当然,有的同志会提出反对说,你讲的是科学、教育、文化以及政治倾向和信念等等的社会性和阶级性的问题,即各阶级对它们的不同理解和使用的问题,而不是科学、教育、文化以及理想信念等等本身,但是,这种情况毕竟说明,科学、教育、文化以及政治倾向、理想信念和道德情操等等只有与人类的进步事业和先进阶级结合起来时,才能成为精神文明的表现和内容,也就是说,它们作为精神文明的表现和内容离不开人们的社会关系。就其本身来说,谁都承认,科学是"人类智慧的结晶",是人类改造客观世界的经验的总结;教育是传授人类已经积累起来的生产和生活经验,培育下一代的一种社会形式;文艺是社会生活的一面镜子;道德作为人们行为的规范具有"良心的法庭"的社会作用;理想信念也无非是人们社会关系的一种产物和反映。因此,科学、教育、文化以及道德、理想等就其本质来说,仍然是人的劳动、社会关系的一种表现形式。它们作为精神文明的内容所表现的,不是别的什么东西,而正是人的本质通过这些形式的展示。

第四,精神文明不仅表现在社会的进步、物质财富和精神财富的积累、科学文化事业的繁荣和道德风尚的淳化,而且还表现在政治法律制度的确立、完善和清明。我国古代文献中就有这种看法,当时泛

---

①马克思:《1844年经济学哲学手稿》,人民出版社,1979年版,第46页。

指帝王所施文治和教化之谓。如："见龙在田，天下文明"（《易、文言》）。孔颖达注疏为："天下文明者，阳光在田，始生万物，故天下有文章而光明也。"《尚书·舜典》说："睿哲文明。"注释家们解释为："经纬天地谓之文"。"精行四时谓之明"（《吕氏春秋·寰道》）。实际上这些解释都是指圣明帝王治国有方、政治清明。这种观点本身当然是我们所不取的，但是其中蕴含着一个合理的思想，即文明是和国家的政治法律制度有着一定联系的。所以，后来也有人把国家的治理有方、政治清明谓之文明。一个国家的政治制度和法律制度，是统治阶级根据自己的阶级利益和意志制定的，同时也是对社会各阶级的地位（包括权利和义务在内）及其相互关系的确认，也就是说，政治法律制度正是统治阶级的阶级本质（或者像有些人所称谓的本性、人性或人格）的展示和现实。因此，政治法律制度也是精神文明的一个重要表现形式。所以，恩格斯在《家庭、私有制和国家的起源》中，不仅把文明看作是与社会分工和交往的发展、私有制和阶级的分化、国家的出现一起出现与发展起来的，"公开的而近来是隐蔽的奴隶制始终伴随着文明时代。"①而且他指出："国家是文明社会的概括"，是一种从社会中产生但又凌驾于社会之上的，使彼此冲突的阶级不致同归于尽、不致破坏统治阶级确立的秩序的强制力量。所以，政治法律制度就其实质而言，仍然是统治阶级的阶级本质和人格的展示或现实。资本主义的政治法律制度，就是通过"普遍人权"的确认展示了资产阶级作为私有财产的奴隶的本性。社会主义的政治法律制度，则通过确立公有制和消灭剥削制度，铺平了消灭异化、回复人的本质的道路，宣告了人是自己生活的主人。

从我们对精神文明的各种表现形态和方面的分析中，不难看出，

①《马克思恩格斯选集》第4卷，人民出版社，1972年版，第172页。

它们的实质只有一个,就是人对自己本质的自觉。人类在改造客观世界的活动中,不仅改造着外部自然界,创造着人化的自然,而且改造着自己,创造着自己本身。这种活动不仅使人们从动物状态和野蛮状态下解放出来,使人真正成为人,而且它所创造的物质财富和精神财富以及政治法律制度等等,既然都是人的活动的形式和结果,因而也就是"以感性的、外在的、有用的对象的形式,以异化的形式摆在我们面前的、人的对象化了的本质力量"①,简单地说,人们称为文明和精神文明的一切,就实质来说,无一不是人化了的自然或对象化了的人,也就是说,都是人的本质的体现与展示。

人类的实践活动,使人不仅仅是(单纯是)自然的存在物,而且主要地成为属人的存在物,即为自己本身而存在着的存在物。因此,人的生产劳动的历史才是人自己产生过程的真正自然史。这部"历史是在人的意识中反映出来的,因而作为产生过程乃是一种有意识地扬弃自身的产生过程。"②因此,我们可以说,人类文明的历史,也正是人自己超出自己的旧的存在状态、自己实现自己的新的存在状态、自己回复自身——即作为真正的人的实现——的历史。正如马克思所指出的:"共产主义,绝不是人所创造的对象世界、即人的采取对象形式的本质力量的消逝、舍弃和丧失,绝不是返回到违反自然的、原始的简单状态去的贫困。相反地,它们毋宁是人的本质的现实的生成,是人的本质对人说来的真正的实现,是人的本质作为某种实在的东西的实现。"

所以,精神文明不是人所创造的某种存在物(财富、科学文化、社会状态、政治法律等等),而是人对整个客观环境、对自己的时代、对

---

① 马克思:《1844 年经济学哲学手稿》,人民出版社,1979 年版,第 80-81 页。
② 马克思:《1844 年经济学哲学手稿》,人民出版社,1979 年版,第 122 页。

自己的历史使命的自觉。整个文明史所揭示的,正是人类在创造自己生存的基础——物质生产——的过程中,如何依据自己的利益和需要去铸造自己的时代和自己本身,如何顽强地奋斗,克服种种障碍——物质的和精神的、历史的和现实的、政治的和宗教的、法律的和习惯的势力,去争取社会的进步,如何前赴后继地探索着解放人类、体现真善美的社会理想。它所揭示的正是人类自身成长和不屈不挠奋斗的历程与精神。正如马克思所指出的:"历史不过是追求着自己目的的人的活动而已。"同时,精神文明,并不是站在历史之外或时代之外的绝对精神,它就是作为历史的主体的人对历史和时代的实质的意识。每个人作为自己时代的产儿,只在他自己的特殊形式下表现着这个时代的实质。这也就是人自己的本质。因为,"社会……是人们交互作用的产物",正像人创造了社会一样,社会也创造着作为人的人。社会"是表示这些个人彼此发生的那些联系和关系的总和",而"人的本质是人的真正的社会联系","是一切社会关系的总和"①。社会的本质和人的本质的一致说明,人对自己的劳动以及在劳动基础上所产生的社会关系的意识,也就是对自己本质的认识;这种认识离不开社会并属于社会,精神文明作为人对自己本质的自觉,总是一个社会的思想和认识,即一个历史时代的觉醒。它本身即包含、体现和展示着人的意识能动性、社会主体性、历史创造性。它的秘密就在于,它存在是因为它活动,或者借用黑格尔的话来说,它是"正在思维着的精神"。当然这不是指黑格尔的原来意义上的绝对精神,而是说精神文明首先是一种精神,一种社会的精神,即一个历史时代的人的意识能动性、社会主体性和历史创造性的现实的表现过程;人要生存,

①《马克思恩格斯全集》第 46 卷上册,人民出版社,1979 年版,第 220 页,第 42 卷,第 24 页。

从必然王国进到自由王国，就得不断地认识客观世界（自然界和社会）的本质和规律，并按这种认识自觉地创造和支配自己生活其中的客观世界；在这里，人的精神不仅要以客观世界的本质和规律作为自己的实质，还要以自己的社会关系及其所决定的利益和需要作为依据，同时要以以前一切阶段的成果作为自己前进的出发点，为此就得不断地求得主观与客观的具体的历史的统一。因此，精神文明既是历史的也是自己时代的正在被意识的社会关系的表现和思想精华。换句话说，只有当人认识、表现和创造着自己的社会关系，并使之构成向前发展的一个环节时，这种对自己本质的自觉才足以称得起精神文明。这种情形就像一些宏伟的建筑、精美的塑像、完善的法律制度等等一样，它们并不是它们表面上所是的某种物，而是正在表现着、展示着的人的精神，即体现着人对自己的社会关系的意识。

从这种对精神文明的理解上来看，在马克思主义出现之前特别是在社会主义革命之前的历史阶段，不过是为人类精神文明准备了必要的前提和条件。正像马克思所指出的那样，以往的年代不过是人类历史的序幕，真正的人类历史从社会主义革命和社会主义社会才刚刚开始。因为，只有这时无产阶级和广大劳动人民才真正自觉地创造着自己的历史。马克思主义给无产阶级和广大劳动人民提供了认识世界发展规律、认识历史发展方向、认识自己的历史使命、正确地改造世界和创造新社会的思想武器，使无产阶级和广大劳动人民真正成为自己社会关系的主人，成为自己命运的主人。因此，马克思主义是我们时代人对自己本质自觉的集中体现，因而也就是精神文明的集中体现。但是，这个马克思主义绝不是一经发现就只要熟读死记的僵死教条，也绝不是由伟人揭示的、大众只能惊愕地赞叹的终极真理，它是认识过程中的真理，是行动中的精神，它需要在广大人民群众的实践中不断地检验、纠正、丰富、发展和完善。

正是在这种行动中的马克思主义指导下的科学、教育、文化、体育、卫生的发展繁荣和理想信念、道德情操、劳动态度和自觉纪律的树立,正是体现着行动中的马克思主义的社会主义政治法律制度,正是马克思主义培育出的新人——在创造物质财富与精神财富的同时也创造着具有科学的世界观和革命理想、具有现代科学知识,具有共产主义道德和自觉纪律的新人,才构成了社会主义精神文明的主要内容。因此,我们建设社会主义精神文明的任务就在于,把马克思主义即共产主义思想贯彻在整个社会实践中去,不仅要努力提高每一个社会成员的精神境界,而且要在社会建立和发展体现社会主义精神文明的新型社会关系。”

共产主义的思想和觉悟是我们一切事业的精神支柱,它贯穿于我们的经济建设、文化建设、思想建设和政治法律制度的建设,它是社会主义时代人对自己本质自觉的最高体现。因此,共产主义思想和觉悟是社会主义精神文明的核心,或者用马克思的话来说,是文明的灵魂。否定共产立义的思想和觉悟,就会使广大人民群众再度陷入在黑暗中摸索的迷雾之中,就会使我们的事业失去正确的发展方向,就会使人们重新回到只追求个人私利和相互摧残的狭隘的历史发展阶段。“那样,我们的现代化建设就不能保证社会主义的方向,我们的社会主义社会就会失去理想和目标,失去精神的动力和战斗的意志,就不能抵制各种腐化因素的侵袭,甚至会走上畸形发展和变质的邪路。”

事实上,共产主义绝不是虚无缥缈的海市蜃楼式的幻想,也绝不是可望而不可即的桃花源式的空想,它是人类一切优秀科学、思想、文化的结晶,是无产阶级争取解放的长期、曲折的斗争经验的总结,是对人类历史和现代社会发展规律的科学概括。它作为一个思想体系,是我们时代的精神精华,曾唤起了整个被压迫被剥削的劳苦大众和整个民族的觉醒；它作为一种运动，一百多年来掀起了无数次的风暴，荡涤着整个世界，虽屡遭挫折而愈强；它作为一种社会制度，已经屹立于世界的东方，它的优越的制度和革命的精神引起了全世界的瞩目。

总而言之，只有坚持马克思主义的世界观和科学理论，只有坚持共产主义的理想和信念，只有坚持用共产主义的道德和纪律教育全体人民，只有坚持用共产主义的思想和觉悟对待我们的一切工作，才能真正建立起社会主义的精神文明。

马克思对黑格尔历史观的批判继承和发展

马克思在人类思想发展史上完成了革命的变革,众所周知,这个变革在很大程度上依赖于唯物史观的发现。但是,唯物史观是怎样发现的,它跟过去的社会历史理论有什么联系? 对此各家看法不一。以往的历史观,特别是黑格尔的社会历史观是唯心主义的,这是没有争议的。但是,它却包含着许多"历史唯物主义的萌芽"(列宁语)。恩格斯说,黑格尔的社会历史观是划时代的,"这个划时代的历史观是新的唯物主义观点的直接的理论前提"①。因此,我们有必要探讨一下马克思对自己的直接理论前提——黑格尔的社会历史观的批判继承和创造性的发展。

一

黑格尔把世界历史看作是一个发展过程,但却是绝对精神演进和逐渐实现的过程。绝对精神构成了历史发展的最终基础和真实内容。绝对精神"有世界历史作它的舞台,它的财产和它的实现的场合"②;它在各个不同阶段体现为不同的民族精神和时代精神,并外化为世界历史的发展进程。因此,黑格尔说:"理性统治了世界,也同样

①《马克思恩格斯选集》第 2 卷,人民出版社,1977 年版,第 121 页。
②黑格尔:《历史哲学》,三联书店,1956 年版,第 95 页。

统治了世界历史"，"世界历史因此是一种合理的过程"①。

　　黑格尔从世界历史是绝对精神支配的发展过程这一基本观点出发，得出了一系列重要的理论概括。首先，他把人类历史看作是按照客观的内在规律发展的辩证过程。在他看来，历史绝不像形而上学的肤浅历史观所认定的那样，只是充满着荒诞和偶然事件的杂乱无章的堆积，也不是靠哲学家从外面输入某种原则的自身僵死的材料。他认为，人类历史的发展贯穿着一种普遍的理性力量。因为，历史展现的是各种事件所激起的人们的赞成或反对的热忱以及形形色色的目的，这一切自觉追求的意图和引起人们不同欲望的事件光怪陆离，变化不定；结果常常同人们的意图背道而驰，从似乎微不足道的被人忽视的东西中产生某种巨大的结果。这说明，在人们的主观意志和自觉目的背后，在一切表面的暂时现象的深处，隐藏着一种内在的、隐蔽的、深邃的根本原因——理性力量，它自发地支配和统治着人们的活动，贯穿于历史发展的过程之中。黑格尔所说的理性力量，不过是唯心主义地表述了历史发展的普遍本质和必然规律。他认为，理性力量是世界本身固有的、渗透于人们活动之中又不为人们所意识的一种自发的力量，它作为历史的内在的必然规律，始终隐藏在事件背后，不为人们所认识，可是又把人们的活动当作实现自己的手段和工具；黑格尔把这种现象称为"理性的狡计"，认为历史的发展正是由于理性力量的作用，才显示出是按照客观的内在规律发展的辩证过程。

　　其次，黑格尔提出，历史的发展是由低级到高级的前进上升的运动。他说："世界历史无非是自由意识的进展；这一进展是我们必须在它的必然性中加以认识的。"②这种必然性就是由低级到高级、由简单

①黑格尔：《历史哲学》，三联书店，1956年版，第64、47页。
②黑格尔：《历史哲学》，三联书店，1956年版，第57页。

到复杂、由不完善到完善的前进上升的发展。这种发展,即世界历史作为精神在时间上的进展,包含着"一连串关于自由更进一步的规定"。最初的阶段是"精神淹没于自然之中",人类是不自由的,没有法律、道德可供遵循;后来,精神开始觉醒,有少数人意识到自由,建立了古希腊罗马的奴隶制;最后,"基督教的日耳曼世界"达到了自由意识发展的最高阶段,认识到全体人都是自由的,并承认只有法律、道德和政府才是自由的"积极的现实和满足"。所以,历史的发展就是精神对自己自由的认识和实现过程。在黑格尔看来,历史的这种前进上升性质,不仅表现在历史的进步中,同样也表现在历史的退步中。历史充满了个人、民族和国家的变迁与兴衰,有许多重要时期似乎发展遭到中断,前代的全部巨大收获似乎整个儿摧毁了,此后一切又需从头做起,历尽磨难和痛苦。但是,历史的变迁"虽然在一方面引起了解体,同时却含有一种新生命的诞生"。精神在自己毁灭当中,把以往的阶段当作材料进行了新加工,从而"使它自己提高到一个新的阶段上"。新阶段代替了旧阶段,这在历史上是必然的,前进上升的运动是合乎客观规律的。

再次,黑格尔把人类历史看作是由具体的社会的人来完成的、有必然因果联系的有机整体。他认为,社会的人是历史的出发点,由各种社会联系规定的人不仅仅是供理性完成自己目的的工具和手段,在他们的利益、需要和见识中包含着普遍的、与理性目的相通的某种东西,如法律、道德和宗教的观念。由于这个缘故,人类也是自身生存的目的。正像人的各个器官孤立起来看不是目的只是手段,它们联合起来却维护着一个人的有机整体的生命一样,个人对整个人类历史也是如此,个人的特殊利益是同人类整体的普遍原则不可分离的。另一方面,在历史发展过程中,新阶段不是脱离以往阶段而凭空产生的,而是在此前阶段的基础上产生的,是在旧阶段内部孕育出来的。

因此，每一个阶段都不是偶然发生的，而是整体上的一个必然环节；各个阶段相互联系、相互过渡，构成了人类历史的有机整体。这个整体的每个阶段和形态都各有其特点，而没有死板的公式。正是由于这种特殊性，各种不同阶段和形态才展现了人类生活的不断发展的连续图景；正是由于这种特殊性，各个阶段和形态(事件与人物等等)只有放在历史的整体联系中才能被理解；正是由于这种特殊性，各阶段的特殊原则乃是我们赖以判断该时代的根据。

马克思和恩格斯在批判黑格尔上述历史观时指出，黑格尔把历史看作是精神的发展和实现，这显然是唯心主义的颠倒。历史的使命、目的和观念等等"所表明的东西，无非是从后来历史中得出的抽象，无非是从先前历史对后来历史发生的积极影响中得出的抽象"，历史的发展，"不是自我意识"、宇宙精神或者某个形而上学怪影的某种抽象行为，而是纯粹物质的、可以通过经验确定的事实①。同时，他们也注意到，黑格尔把辩证法运用于社会历史的研究，并第一次提出和论证了历史发展的学说，这却是人类理论思维的一大进步。所以，恩格斯对黑格尔的历史发展学说给予很高评价，说"黑格尔是第一个想证明历史中有一种发展、有一种内在联系的人……他的基本观点的宏伟，就是在今天也还值得钦佩。"②但是，黑格尔关于历史发展的论述，仍然是不能照搬的：是需要经过批判改造的。因为，第一，他虽然提出历史是按内在规律发展的辩证过程，却把这个过程看作是理性力量的实现。这就在历史过程之前，预先把一种理性目的赋予历史。黑格尔的"理性的狡计"实质上不过是一种把人当作工具的历史目的论。马克思和恩格斯反对一切目的论，认为这种目的论为伟人、

---

① 《马克思恩格斯全集》第 3 卷，人民出版社，1971 年版，第 51—52 页。
② 《马克思恩格斯选集》第 2 卷，人民出版社，1977 年版，第 121 页。

贵人的独裁统治提供了理论根据，历史上任何当权者都可以宣称自己代表社会的理性或握有理性规律，从而把自己的统治权合法化。他们指出，历史的发展"并不是把人当作达到自己目的的工具来利用的"某种精神的实现："历史不过是追求着自己目的的人的活动及其对外部世界产生的各种各样的影响的总和"①。从这个观点来看，人类历史作为一个辩证发展过程，既不是"乱七八糟的一堆统统应当被这时已经成熟了的哲学理性的法庭所唾弃并最好尽快被人遗忘的毫无意义的"材料，也不是供"理性狡计"玩弄的玩偶，"而是人类本身的发展过程"；思维的任务不是为历史创造一个理性目的或公式，而是"通过一切迂回曲折的道路去探索这一过程的依次发展的阶段，并且透过一切表面的偶然性揭示这一过程的内在规律性。"历史发展的决定论必须尊重历史事实和生活现实。第二，黑格尔虽然承认人类历史的前进上升的性质，并从中猜到了历史是一个由必然王国走向自由王国的过程，但是，这些思想却是在一系列唯心主义的歪曲形式中表述出来的。首先，他把历史称作自由意识的进展，这就把自由意识作为客观精神，当成了历史的原则和目的。其次，他把完善的法律、道德和国家看作是自由的体现，这不仅反映出他不知道法律、道德和国家的阶级性质，也表现出他不知道实现自由的真正历史条件，即生产力高度发展和私有制的消灭。最后，他把当时的德国说成是自由意识的最高阶段，可是又不能解决为什么"在各个国家里自由更少盛行"以及如何用自由原则来"彻底铸造"社会政治关系，因此，只能让自由意识在头脑里发生"各式各样的骚动"。马克思认为，自由作为对必然性的认识和驾驭，在于人对自然规律和社会规律的把握，人从物（包括盲目的自然必然性和物化了的社会关系）的统治下的解放。为实现这种

----

①《马克思恩格斯全集》第 2 卷，人民出版社，1957 年版，第 118–119 页。

自由,一方面需要大力发展生产力,促使人类总能力得到最大限度的发挥;另一方面需要通过社会革命,消灭私有制,彻底改造社会关系,从而使人从异化了的社会力量的统治下获得解放,成为自觉创造自己社会条件的主人。因此,马克思说,人的活动及其对外界的影响的基础是物质生产,在这种物质生产的领域里,自由"只能是社会化的人,联合起来的生产者,将合理地调节他们和自然之间的物质交换把它置于他们的共同控制之下,而不让它作为盲目的力量来统治自己"。但是,物质生产毕竟是一个必然王国,只有生产力的高度发展,才能使人们获得必要的物质手段和自由时间用以创造和满足自己多方面的真正人的生活与需要。"自由王国只有建立在必然王国的基础上才能繁荣起来。"①第三,黑格尔把理性看作是人的本质,因而社会的人和人类历史的有机体都统一于理性之中,成了实现和展示逻辑范畴和结构的工具。马克思和恩格斯批判黑格尔时指出,人是自身的本质和目的,人类社会历史作为各个社会形态、阶段和事件的复杂的统一的整体,不是实现或展示黑格尔的逻辑范畴和结构的工具,而是基于物质生产的人类自身的真正自然历史过程。全部历史都是为了使人成为自身的感性对象和使人的需要得到物质的与精神的满足而自然形成的社会关系的发展,因而也就是作为社会关系总和的人的本质的生成和实现过程。在这个过程中,物质生产及其社会经济结构形成历史的现实基础,它不仅是说明一切政治和法律设施以及意识形态等上层建筑的最后依据,而且是构成各个历史阶段有机联系的现实基础。"这样一来,唯心主义从它的最后的避难所中,从历史观中被驱逐出来了,唯物主义历史观被提出来了,用人们的存在说明他们的意识而不是像以往那样用人们的意识说明他们的存在这样一条道

①马克思:《资本论》第3卷,人民出版社,第926-927页。

路已经找到了。"

这里需要指出的是，尽管黑格尔的历史观有种种不彻底性和错误的方面，但是，他的历史发展学说的合理内核，毕竟为通向马克思的唯物史观打开了最重要的一扇大门。正如恩格斯所指出的："黑格尔把历史观从形而上学中解放了出来，使它成为辩证的"，这是"他的巨大功绩"，是他"留给他的继承者的遗产"。

二

黑格尔在考察历史发展的动因时，猜到了物质利益和物质生产在历史上的作用，并提出了人通过劳动自己创造着自己的历史。黑格尔说："我们对历史最初的一瞥，便使我们深信人类的行动都发生于他们的需要，他们的热情，他们的个性和才能；当然，这类的需要、热情和兴趣，便是一切行动的唯一的源泉——在这种活动的场面上主要有力的因素。"[①]这就是说，人类出于吃、喝、穿等物质需要而产生对自身物质利益的关心和热情（情欲），热情（或情欲）是人们对自身利害关系的意识，它的实质是指从物质利益和需要"或者简直可以说是利己的企图而产生的人类活动"。这种基于物质利益和利己企图的人类活动和劳动，不仅把普遍的抽象的理性原则付诸实现，而且推动人们去追求和获得自己需要的东西，因而成为决定他们自身生存的原动力，"假如没有热情，世界上一切伟大的事业都不会成功。"因此，热情（他在这个概念下所理解的是人类的活动和劳动）是人们创造历史的直接动力。热情驱使人们发挥自己的才能，发明和运用工具，进行劳动生产，和自然界作斗争，攫取自己所需的东西，从而提高了人控制和征服自然的能力。同时，黑格尔认为，人类为满足自己需要所进

---

① 《历史哲学》，三联书店，1956 年版，第 58-59 页。

行的劳动(对付自然、琢磨自然、控制自然),不是像动物那样出于欲望直接吃掉自然的对象;由于人具有思想又会劳动,对客体的消灭是一种创造对象的过程,人把自己的能力和欲望物化在客体之中。因而,体现着人的精神的各种发明和工具"高出于单纯的自然的事物",使人能凌驾于外部自然之上。他说,人必须通过流汗和劳动才能获得满足需要的手段和对象,这种劳动过程,既是人们创造满足自己需要的物质资料的过程,又是作为主客体的中介使二者统一的过程。在这里,黑格尔初步看到物质生产在人类历史上的重要作用,并注意到人类改造自然的能力所具有的一些要素,如劳动着的个人、生产工具和科学技术等。但是他还不能形成生产力的概念,把这一切仅仅看作是绝对精神自己实现自己的手段。列宁在注意到黑格尔这些思想的合理内核时指出:"黑格尔在这里已经有历史唯物主义的萌芽。"他把黑格尔的思想同马克思的观点相比较,认为"历史唯物主义,是在黑格尔那里处于萌芽状态的天才思想——种子的一种应用和发展。"

这种劳动的过程不仅创造着社会的人,而且创造着人的社会关系。正是在这种劳动过程中,人逐渐抛弃自然存在状态,成为社会的人,即在维护整体中才能产生的现实个体的人。因为,"个体满足它自己的需要的劳动,既是它自己的需要的满足,同样也是对其他个体的需要的满足,个别的人在他的个别的劳动里本就不自觉地或无意识地在完成着一种普遍的劳动,那么同样,他另外也还当作他自己的有意识的对象来完成着普遍的劳动;这样,整体就变成了他为其献身的事业的整体,并且恰恰由于他这样献出其自身,他才从这个整体中复得其自身。"[1]因此,人们为满足自己的物质生活需要而进行的劳动,同时也就自发地创造着人的社会联系和"人类社会这个建筑物"。所

---

[1]《精神现象学》上卷,商务印书馆,1981 年版,第 234 页。

以,人们的劳动,在历史上"除掉产生他们目的在取得的那种结果"外,通常又产生一种"没有呈现在他们的意识中,而且也并不包括在他们的企图中"的某种附加结果。这种社会联系,就是在生产和交换中形成的人与人的关系;它"以物为中介"表现出来,在"家庭"中以家庭财富和继承制表现为亲属关系,在奴隶制中以占有奴隶及其产品的方式表现为主奴的锁链关系,在市民社会中则以商品的生产和交换方式表现为平等交易关系。

这就是说,人们为满足自己需要所进行的劳动,自发地形成人的社会联系的有机整体,并且这种社会联系以物化劳动的形式,构成了人类历史的各个阶段;人只有在社会联系的有机整体中才能进行劳动,并"复得其自身"成为现实的人。因此,人类征服自然、生产物质资料的过程,正是人们通过劳动创造自身和社会的过程,因而也是人类历史的发展过程。历史正是为满足需要而进行劳动的人自己创造的,在这种劳动中,人类社会得到了确立和发展。

马克思对黑格尔关于劳动创造现实的人和社会的思想,给予很高的评价。他指出,黑格尔伟大的地方就在于,他"把人的自我创造看作两个过程,把对象化看作非对象化,看作外化和对这种外化的扬弃;因而,他抓住了劳动的本质,把对象性的人、真正的因而是现实的人理解为他自己的劳动的结果。"[①]黑格尔的天才在于,他猜测到在情欲背后有人们对物质和精神生活的需要,有人和自然的斗争即物质资料的生产劳动;劳动不仅提供了满足需要的物质资料和手段,而且创造了人类本身,实现了主体和客体的统一,推动着历史的发展。马克思说:"无论劳动的材料还是作为主体的人,都既是运动的结果,又是运动的出发点……正像社会本身创造着作为人的人一样,他也创

---

①《1844年经济学哲学手稿》,人民出版社,1979年版,第56页。

造着社会。"人作为对象性的感性的存在物,是有情欲的存在物,"情欲是人强烈追求自己的对象的本质力量。"因为,"人只有凭借现实的、感性的对象才能表现自己的生命。"人为了获得满足,需要以在他之外的自然界作对象,"一个在自身之外没有对象的存在物,就不是对象性的存在物。"人所以能创造对象,只是因为他本身是为对象所创造的,因此,人的对象性的存在和产物不仅确证了人的存在和活动是对象性的,而且确证了人是为自身而存在着的属人的存在物。人在自己的劳动中创造着自己产生过程的历史,因而,"历史是人的真正自然史"①。也就是说,通过劳动实现的主体和客体的统一过程,正是人的自然历史的发生与发展过程。正因为这样,恩格斯才指出:"马克思发现了人类历史的发展规律,即历来为繁茂芜杂的意识形态所掩盖着的一个简单事实:人们首先必须吃、喝、住、穿,然后才能从事政治、科学、艺术、宗教等等;所以,直接的物质的生活资料的生产,因而一个民族或一个时代的一定的经济发展阶段,便构成为基础,人们的国家制度、法的观点、艺术以至宗教观念,就是从这个基础上发展起来的,因而,也必须由这个基础来解释,而不是像过去那样做得相反。"②这种唯物史观不是在每个时代中寻找某种理性原则或逻辑范畴,而是始终站在现实历史的基础上,不是用观念来解释实践,而是从物质实践出发来解释观念的东西。

三

黑格尔在研究古典经济学和法学的基础上提出,劳动的对象化在市民社会的条件下同时表现为异化,这种异化乃是:"市民社会的

---

① 《1844 年经济学哲学手稿》,人民出版社,1979 年版,第 122、121 页。
② 《马克思恩格斯全集》第 19 卷,人民出版社,1963 年版,第 374 页。

辩证法。"虽然他是"以逻辑精神为依据"来考察市民社会的一切领域的，但他常常在唯心主义外壳下对社会发展"作出把握住事物本身的、真实的叙述"（马克思语）。黑格尔深刻地看到，市民社会乃是"私利的战场"。他站在资产阶级立场上论证说，法的本质在于承认私有财产和保护私有权。因为，私有主是法的人格，私有主的意志构成了法的基础；私有权的中介和现实表现就是契约自由，这种自由乃是"理性的必然"。确立、保护私有财产的自由是市民社会的绝对必要的理性基础。马克思指出："在这里，真实的相互关系弄颠倒了。在这里，最简单的东西被描绘成最复杂的东西，而最复杂的东西又被描绘成最简单的东西。应当成为出发点的东西变成了神秘的结果，而应当成为合理的结果的东西却成了神秘的出发点。"①黑格尔力图把客观精神当作社会的基础：似乎客观精神表现为私有主的意志，从而构成抽象法，抽象法通过私有财产得以实现，发展为市民社会。事实上，法不过是私有财产的翻版罢了，根本不是什么客观精神人格化的表现，更不是社会发展的理性基础。但是，黑格尔在这种论证中，不仅肯定了应当按照资产阶级的理想和要求（如人的自由权利和在法律面前人人平等）改造社会，而且详细考察了资产阶级社会各阶级的经济状况和社会政治地位，并对资产阶级社会的现实关系和发展趋向作出了符合实际的评述。他认为，市民社会是物质生活关系的有机整体，其中每个人都是独立自主的私有者，"每个人都以自身为目的，个体的特殊利益成为支配原则"；但是，"如果他不同别人发生关系，他就不能达到他的全部目的，因此其他人便成为特殊的人达到目的的手段"②。所以，利己的目的驱使人们建立起相互依赖的物质生活关系，把社会

①《马克思恩格斯全集》第 1 卷，人民出版社，1956 年版，第 294 页。
②《法哲学原理》，商务印书馆，1962 年版，第 197 页。

当作满足自己利益的手段。这样,各个个体、个体与社会便经常处于差别、对立之中。这种差别和对立表现为占有财富的多寡、等级差、贫富两极分化以至阶级对抗等等。因此,市民社会"是私利的战场,是一切人反对一切人的战场","是私人利益跟特殊公共事务冲突的舞台"①。

在这里,黑格尔猜到了资产阶级社会的不可解脱的内在矛盾,即由经济利益和经济发展所引起的阶级冲突。他看到,在私有制社会中,劳动不仅创造了财富,而且造成社会的两极分化。一方面是财富集中在少数人手中,另一方面却是劳动者阶级的失业和贫困。黑格尔说:"尽管财富过剩,市民社会总是不够富足的,就是说,它不拥有足够的私有财产用来防止过分贫困和贱民的产生"。市民社会所固有的这种两极分化的趋势,不断激起贱民的革命义愤,给市民社会造成经常性的威胁。怎样解决失业和贫困问题,以便解除经常性的威胁,"是推动现代社会并使它感到苦恼的重要问题"。但是,他找不到使市民社会摆脱这种矛盾的出路。他认为,不论是给失业者提供工作,还是更多地增加财富,都不能使社会摆脱矛盾。因为,私有制社会的祸害,"恰恰在于生产过多,而同时缺乏相应数量的消费者。因此,不论前一种方法或后一种方法,祸害只是越来越扩大。"马克思敏锐地注意到,黑格尔把市民社会描述为"一切人反对一切人的战争",猜到了资产阶级社会无法解决的内在矛盾。但是,马克思认为,这些利益对立、相互斗争的阶级,不是法的理念的产物,而是一定的物质生产和交换方式的产物,是自己时代的社会经济结构的产物。

黑格尔认为,在这种矛盾的"私利战场"上,劳动的异化是不可避免的。由于分工的发展,劳动的产物变成必须通过市场才进入消费者

---

①《法哲学原理》,商务印书馆,1962年版,第309页。

手中的商品,"人不再生产他所需求的东西,他也不再需求他所生产的东西",劳动者和需求之间经常出现脱节,结果必然产生财富过剩而贫困加剧。就是说,劳动产物作为商品,必然脱离劳动者主体的意志,同他的意志发生冲突,成为支配劳动和劳动者的异己力量。为满足需要而生产的劳动产物,结果却违背主体的愿望不但没有达到主客体的统一,相反使主体同客体更加疏远和对立了;同时,劳动所创造的财富越多,劳动者自身所丧失的东西越多,不仅不能分享财富和文明,而且"使他们在或多或少的程度上丧失了社会的一切好处"。这就是说,劳动的对象化必然导致劳动者做人的权利的丧失。劳动是人和动物的根本区别,但是生产的发展和生产工具的机械化,却日益把劳动者从生产中排挤出去,或把他变成机器的附属物,因而劳动日益成为排挤人、敌视人的东西,成为剥夺人的创造精神的,"苦恼、呆板、枯燥、乏味的事情"。人的劳动产物——商品、货币、资本,或者说一般的社会关系,却成为支配和统治人的异己的盲目力量;人成为自己的产物的奴隶。因此,劳动的异化,就是人的本质的丧失。在这种异化观的基础上,黑格尔不仅把市民社会看作"普遍异化的王国",而且把异化看作是历史发展的必然规律。在他看来,人类的历史就是人的创造性劳动和劳动的异化以及异化的消灭(即人的本质的复归)的否定之否定的过程。

黑格尔通过他的异化观更进一步地分析了资产阶级社会的社会关系性质和内在矛盾,马克思在《1844年经济学哲学手稿》中,从唯物主义立场出发运用异化这一哲学范畴集中探讨了雇佣劳动和资本对立的历史,论证了作为社会关系的资本的形成和生产过程的二重化性质。他认为在生产过程不仅是"财富的生产",而且首先是生产者异化关系的生产;异化关系是私有制条件下生产发展的必然历史结果。他说:"我们已经把私有财产的起源问题归结为外化了的劳动同人类发展进程的关系,因而我们已经为解决这一问题拐倒了许多东西。"①
马克思把社会物质生产当作研究人、人的关系和社会的出发点,这就
同黑格尔的绝对精神和费尔巴哈的抽象的人划清了界限,同时又把
劳动的异化与私有制联系起来考察,科学地揭示了生产力和生产关系
的矛盾运动,为变革生产方式、消灭私有制提供了充分的理论证明。可
是,黑格尔却无批判地接受了国民经济学的观点,把私有财产和保护
私有权当作社会的理性前提,把绝对精神的异化当作劳动异化的理论
基础。对此马克思批判说:"国民经济学从私有财产的事实出发,但是,
它没有给我们说明这个事实。它把私有财产在现实中所经历的物质过
程,放进一般的、抽象的公式,然后又把这些公式当作规律,它不理解
这些规律,也就是说,它没有指明这些规律是怎样从私有财产的本质
中产生出来的。"因为,它把私有者的利益和欲望当作最后的根据,这
就是"把应当加以论证的东西当作前提"②。

　　由于黑格尔把绝对精神的演进看作是异化的基础,因而当他把
财富、资本和国家政权等看成是人的本质的异化时,"他只是从它们
的思想形式来把握它们",只是当作纯粹抽象的精神异化。因为,在他
看来,"只有精神才是人的真正的本质",人的劳动也仅仅是一种抽象
的精神劳动。因此,异化无非是自在和自为之间、意识和自我意识之
间、客体和主体之间的对立",也就是抽象精神与感性现实在思想范
围内的对立。所以,黑格尔在谈论异化的消灭时,只是抽象地谈什么
"人的本质的复归""人的本质得到充分满足",并不主张用物质的力
量来改变生产方式、消灭私有制,因而也不是为了探索解放劳动者的
道路,而仅仅是为德国资产阶级寻找未来社会的"合理的形式"。他认

---

①马克思:《1844 年经济学哲学手稿》,人民出版社,1979 年版,第 56 页。
②《马克思恩格斯全集》第 42 卷,人民出版社,1979 年版,第 89 页。

为,为了扬弃异化,不应该消灭私有制,私有制是"真正人的社会"的基础,只能靠哲学思维,只有哲学思维才能引导人们认识到他的异化即他的自身,从而使主客体重新在精神中达到统一。总之,黑格尔作为"德国的庸人",在看到英法资产阶级社会日益充分暴露出来的各种矛盾和社会关系的性质之后,仍然天真地相信理性会创造奇迹,在不改变私有制的情况下会建立起理想的社会。马克思在批判黑格尔的这种观点时指出,作为客观精神的"伦理理念的现实在这里成了私有财产的宗教"。马克思认为,为了消灭异化,就必须消灭私有制;只有消灭私有制,建立共产主义社会,才能消灭异化,解放全人类,因此,他认为共产主义作为否定的否定是人类解放和历史发展的必然结果和现实的形式。

四

在黑格尔的社会历史观中,他的国家学说是最保守的。他认为,国家是伦理理念的实现,伦理理念的发展经历了家庭、市民社会和国家三个阶段。家庭是个人与社会的关系尚未展开的特殊性与普遍性的直接统一,市民社会是对家庭这种直接统一的否定和个人与社会的差别和对立得到充分展开,而国家则是个人与社会的差别和对立的统一,市民社会的错综复杂的差别和对立"只有通过国家的抑制才能达到调和"①。因为,国家作为伦理理念的实现,是现实的道德生活的全体;"国家的唯一目的就是:凡是在人们的实践的活动上和在他们的本性上是主要的东西,都应该适当承认"和得到维护,即在维护私有制的基础上把个人的特殊利益和社会的普遍利益统一起来。维护私有制整体的各种道德法则,"在本质上是合理的",是"理性的绝

①《法哲学原理》,商务印书馆,1962年版,第200页。

对利益"。国家就是这种理性的实现,因而也就是"合理的、客观的、自觉的、为自己而存在的自由"。在这里,黑格尔把国家加以神化,认为国家是地上的"神圣观念",它似乎凌驾于物质生活领域的一切阶级差别和对立之上,并调和一切社会矛盾;认为国家作为差别和对立的统一,乃是社会与个人的"绝对理性"和"普遍意志"的体现,没有国家则个体的特殊利益和社会的普遍利益都无法实现。

马克思在批黑格尔的国家学说时指出,社会内部矛盾的双方是"真正的极端","不能被中介所调和。"黑格尔论述所具有的哲学意义,"不是事物本身的逻辑,而是逻辑本身的事物。不是用逻辑来论证国家,而是用国家来论证逻辑"[1]。这就是说,黑格尔的泛逻辑主义,不是从国家的形成和演变揭示真实的历史发展,而是用国家的形成来论证逻辑范畴的发展。这当然是唯心主义的颠倒。马克思还进一步揭露了资产阶级国家所具有的"普遍利益代表"的虚伪面纱。他指出:"民主制是国家制度一切形式的猜破了的哑谜。"[2]这就是说,国家是从下面作为基础的物质生活领域市民社会中构造出来的,而不是像黑格尔那样由"普遍的人类理性"(或伦理理念)产生的,民主制揭开了这个哑谜,并使人们对国家的一切盲目崇拜化为乌有。尽管如此,黑格尔的国家学说还是包含了一些反映当时国家实际的合理思想。

黑格尔认为,市民社会属于"物质生活领域",而国家则是凌驾于市民社会之上的"政治领域";国家的产生是以物质生活领域的差别和对立为前提的,特别是以阶级差别和对立为前提的。他说:"在一个现实的国家和一个现实政府成立以前,必须先有阶级区别的发生,必须贫富两阶级成为极端悬殊,一大部分的人民已经不能再用他们原

①《马克思恩格斯全集》第 1 卷,人民出版社,1956 年版,第 263 页。
②《马克思恩格斯全集》第 1 卷,人民出版社,1956 年版,第 281 页。

来惯常的方式来满足他们人生的需要。"①可见,黑格尔已经猜到,国家是以物质利益的差别和对立为基础的、市民社会的内部矛盾发展的产物。但是,他还不能达到国家是阶级矛盾不可调和的产物这一科学表述的高度。

黑格尔还不自觉地揭露了国家的警察机关的剥削实质。因为,一方面, 国家是对特殊利益的一种抑制和对普遍利益的保护;另一方面,国家政权包括司法权,实施法律和命令就是用行政手段使个人的特殊利益从属于普遍利益,并通过这些特殊利益来实现普遍利益。而这种普遍利益就在于确立和保护私有制。他曾说,保护私有制是现代国家一切政治和法律活动围绕的轴心。因此,国家权力就是维护私有制的一种警察权。当然他还不能真正了解,国家政权的实质就是阶级压迫的暴力工具。只有马克思和恩格斯才指出,所谓体现普遍意志的法,不过是私有者之间财产关系的"文明的"政治表现,不过是资产阶级意志的表现而已,国家不过是统治阶级的暴力机关。

黑格尔所注意到的市民社会和国家的对立,不仅猜测到了经济基础和上层建筑之间的一般矛盾,而且反映了那个时代所特有的资产阶级的经济关系和资产阶级国家之间的现实的相互关系。市民社会和国家的对立与分离,从历史上来看,是由于封建社会末期资产阶级经济关系的日益发展,摆脱了封建国家的桎梏。马克思在评价这一思想时指出:黑格尔"到处都在描述市民社会和国家的冲突……但是他却希望国家的统一能表现在国家内部"。黑格尔幻想在维护私有制的基础上实现国家的统一, 不能从市民社会的现实矛盾中得出合乎逻辑的现实结论和政治要求。马克思认为,在私有制的基础上不可能建立起理想的社会和理想的国家;私有制的现实关系使国家所具有

---

①《历史哲学》,三联书店,1956年版,第129-130页。

的普遍利益代表的假象,是资产阶级意识形态盲目崇拜国家的原因。因此,马克思批评黑格尔把现存的国家假象冒充国家的本质,这就使作为伦理理念现实的国家成为历史发展的真正的神。马克思在市民社会和国家的冲突中则发现,市民社会作为社会的经济基础乃是理解一切社会的上层建筑发展的钥匙。

黑格尔的《法哲学》和《历史哲学》表现了他对资产阶级制度在欧洲其他国家形成和发展的实际所作的探索。马克思写道:"德国人在政治考虑过的正是其他国家做过的事情"。这种探索的结果是为德国资本主义的发展找到一种现实的国家形式。黑格尔认为,使资产阶级经济关系适应现存的君主立宪制是合理的,只有这种制度才能使资产阶级和封建贵族在政治上调和起来。他所推崇的君主立宪制,虽然是他的社会政治观点的保守性的突出表现,但却是从当时德国现实出发作出的结论,是从封建君主制转变为资产阶级君主立宪制的前进道路上的一个步骤。因此,恩格斯指出:"当黑格尔在他的《法哲学》一书中宣称君主立宪是最高的、最完善的政体时,德国哲学……也站到资产阶级方面去了。换句话说,黑格尔宣布了德国资产阶级取得政权的时刻即将到来。"①这就是说,黑格尔的思想,客观地历史地反映了软弱的德国资产阶级发展资本主义的政治要求和改良主义道路。所以,马克思和恩格斯认为,对黑格尔的国家哲学和法哲学的批判,不仅是对当时德国政治意识和法意识的整个形式的彻底否定,而且也是对资产阶级"现代国家和同它联系着的现实的批判性分析",并且这种批判性的分析不是为了维护旧的国家机器的逐渐完善,而是要证明一个新制度的降临"总要经过真正的革命"。

总而言之,马克思主义唯物史观的发现,是人类思想史上的一次

---

① 《马克思恩格斯选集》第 1 卷,人民出版社,1956 年版,第 510 页。

真正的、最伟大的革命,这个革命不是靠天才头脑的偶然性,也不是靠现成的革命哲学在社会历史上的运用来完成的,"事实上是一个长期的历史观念的发展的合法产物",其中概括了"一切有实际价值的历史观念,并且给予这些观念一个非常坚固的基础"。这就是马克思证明的伟大历史规律:物质资料的生产构成了人类社会存在和发展的基础,"物质生活的生产方式制约着整个社会生活、政治生活和精神生活的过程"。一切社会形态、历史事件和国家制度,一切政治、法律、宗教和哲学观念,"只有理解了每一个与之相应的时代的物质生活条件,并且从这些物质条件中被引申出来的时候,才能理解。"①因此,唯物史观能够在真正科学的基础上总结和概括思想史上的一切积极的有价值的成果,从而成为最渊博、最丰富和最具体的历史观。这个历史观正是以贯穿着黑格尔全部著作中的宏伟的历史观为"直接的理论前提"的。在这个意义上,我们可以说,没有马克思对黑格尔社会历史观的批判继承,就没有唯物史观的划时代的发现,就没有科学社会主义的创立。

①《马克思恩格斯选集》第 2 卷,人民出版社,1977 年版,第 82、117 页。

马克思对异化论的批判

——驳"异化论是马克思主义的方法论"

理论界有一种观点,不仅把异化理论看作是马克思主义的基础、核心和一般方法论,而且用异化来解释社会上的一切现象,甚至提出社会主义也存在异化。这种观点是对马克思主义的严重歪曲,也是对社会主义的严重歪曲。因此,不能不从理论上加以澄清。

一

马克思在成为马克思以前,尽管还受着黑格尔和费尔巴哈的思想影响,但他已经开始批判抽象的异化理论了。

马克思从 1842 年开始了由唯心主义和革命民主主义向唯物主义和共产主义的转变过程,这也是马克思批判黑格尔和费尔巴哈的哲学思想以及其他理论来源的过程,因而也是批判异化理论的过程。因为,正是黑格尔哲学把异化理论发展成系统的一般哲学方法论,费尔巴哈又在人本主义基础上解释异化,并用以批判宗教。马克思的早期著作还经常使用异化概念,也谈人的本质异化、人的自我异化、对象化和丧失、人的价值的贬值、人的本质的占有和复归等等。这只能说明,马克思当时还受着黑格尔思辨哲学和费尔巴哈人本主义的影响,而不能说明马克思当时的主要思想倾向。评价马克思的思想倾向,不应该看他还受到前辈们的什么影响,而是看他比前辈们提出了什么新思想。异化论的宣扬者恰好相反,广泛引证马克思受黑格尔和费尔巴哈思想影响的方面,并把它说成是马克思的主要方面,而对马克思在早期著作中所表现的思想转变的基本倾向却闭口不谈。事实上，正是这后者，才使我们能够正确评价马克思对异化理论的态度。

当马克思刚走上社会舞台的时候，现实斗争的迫切问题，迫使他去研究社会的物质生活和物质利益问题，迫使他不能不用社会物质生活的实践来检验从老师那里学来的哲学理论。这个检验过程，也就是对老师的哲学思想进行批判的开始。1842 年，他围绕林木盗窃和地产析分等问题，同普鲁士官方展开了论战。这促使他研究社会经济的现实问题，也使他遇到了理论与实践、原则与现实的矛盾问题。黑格尔把国家看作是客观精神异化的扬弃，是伦理理念的实现，是个人利益和普遍利益统一的合理表现；可是，现实的普鲁士国家并不体现抽象的理性原则，并没有消除人民群众的苦难处境，而只是体现和维护私有者们的利益。在理论与现实的矛盾面前，马克思不是像黑格尔那样抽象地分析伦理观念和法的观念等等，而是分析社会生活的各种现象的现实本质；不是像黑格尔那样等待自由意识或伦理理念在异化了的主体身上觉醒与复归，而是要求用实际斗争实现人民群众的权利；不是像黑格尔都样只对"精神的动物世界"作道德谴责，而是通过政治抨击揭露社会集团之间的经济利益上的对立。他指出，私人利益所遵循的不是理性的逻辑，而是私利的逻辑。私利的逻辑"使国家权威变成林木占有者的奴仆"，使"精神的动物世界"的雄蜂用工作把工蜂折磨死。马克思的这段话，绝不像异化论宣扬者所引用的那样，似乎只是证明马克思坚持异化观点，而是证明马克思和黑格尔有原则的区别：他已经不是从抽象原则出发，不是从逻辑出发，而是从具体的政治经济事实出发来评论社会问题，揭露了剥削压迫人民、维护私有制是普鲁士国家的原则。这说明，马克思走上社会舞台所迈出的一步，是走上从实际出发来分析和揭示社会生活的物质基础的道路的一步，同时也是批判黑格尔的哲学方法论的重要一步。

马克思在自己思想发展道路上继续迈出的几步，是对自己选定的维护人民群众利益的立场和从实际出发的唯物主义倾向以及用革命实践代替抽象思辨的进一步发展。1843 年初，马克思在《摩塞尔记者的辩护》一组文章中，通过社会调查，搜集大量政治、经济和法律实施的具体材料，把自己的"全部叙述都建立在事实的基础上"，并且把现实存在的各种社会关系当作"决定私人和个别政权代表者的行动"的基础，同时着重指出："只要我们一开始就站在这种客观立场上，我们就不会忽此忽彼地去寻找善意或恶意，而会在初看起来似乎只有人在活动的地方看到客观关系的作用。"①他从这一观点出发，批判了被黑格尔美化了的普鲁士国家制度，尖锐地指出："摩塞尔河沿岸地区的贫困状况同时也就是治理的贫困状况"。就是说，普鲁士政府把现存的国家制度当作不容怀疑的总原则，不敢正视人民的苦难及其真正原因；事实上，人民贫困的原因，不是某些官吏或机关的残酷无情，而是现存社会关系的整个制度的残酷性的表现。这使马克思不仅反对黑格尔的抽象的国家观和异化观，而且以社会调查为基础来揭示客观的社会关系，并以此作为分析社会问题的方法论原理。这是马克思自觉地用唯物主义方法论代替黑格尔的唯心主义方法论的重要标志，虽然当时尚未形成生产关系的概念，也未能从理论上概括出生产关系的基础作用，但却探索了新的唯物史观的理论基础。

紧接着，马克思在《黑格尔法哲学批判》中就把自己的方法论和黑格尔的方法论直接对立起来。他在《资本论》第二版（1873 年 1 月）中回顾说："将近三十年以前……我就批判过黑格尔辩证法的神秘方面。"这里所指的正是对黑格尔法哲学的批判。黑格尔从精神异化论出发，把国家看作是家庭和市民社会的本质，是扬弃了普遍异化的有

———————

①《马克思恩格斯全集》第 1 卷，人民出版社，1956 年版，第 216、160 页。

限领域的现实精神。他指出,不是国家用它的理性(即法律)规定私人利益及其相互关系,而是相反,国家本身无意识地自发地从私人利益及其相互关系中产生,以经济生活为基础的社会才是国家存在和产生的"天然的基础"。也就是说,人们的物质生产及其决定的经济利益领域(即市民社会)是国家的真正的物质基础,而政治国家则是这个社会的形式或活动方式。这说明,马克思已打开了通往唯物史观的道路。

他在这种正确观点的基础上,不仅批判了黑格尔的国家观,而且批判了整个思辨哲学体系。他指出:"逻辑的泛神论的神秘主义在这里已经暴露无遗……实际上,家庭和市民社会是国家的前提,它们才是真正的活动者;而思辨的思维却把这一切头足倒置。""这样一来,作为出发点的事实并不是被当作事实本身来看待,而是被当作神秘主义的结果。"①马克思强调指出,这是"黑格尔全部哲学"的根本错误:"黑格尔在任何地方都把理念当作主体,而把真正的现实的主体……变成了谓语。"可见,马克思这时虽然还没形成历史唯物主义的系统理论,但已确立了唯物主义的基本立场,自觉地抛弃了黑格尔的方法论。他指出,黑格尔的方法论的错误在于把历史事实和社会现实简单地归结为逻辑上的精神运动和概念推演,否定了对现实具体事物的分析;同时这种方法论的实际意义在于论证"政治神学",即把旧世界的秩序奉为理性的现实和真理标准,用旧世界的观念来否定新事物的合理性,"对于反动势力来说,旧世界就是新世界观的真理。"②

1844年初,在《德法年鉴》的开篇等几篇著作,特别是在《〈黑格尔法哲学批判〉导言》中,马克思更加明确地把自己的方法论概括成这

①《马克思恩格斯全集》第1卷,人民出版社,1982年版,第250、253页。
②《马克思恩格斯全集》第40卷,人民出版社,1982年版,第369页。

样几个方面的内容:第一,"我们不想教条式地预料未来,而只是希望在批判旧世界中发现新世界。"就是说,不是从抽象原则里寻找一切问题的答案,而应该用历史和现实来说明理论上的迷误。第二,把对宗教和哲学的批判变为对世俗基础的批判,把理论批判和实际斗争结合起来,"批判的武器当然不能代替武器的批判,物质力量只能用物质力量来摧毁"。第三,不是政治国家决定市民社会,而是物质生产和经济利益领域决定国家;资产阶级所谓的人权以及商品拜物教等,实际上无非是私有制经济关系的权力、产物和"极端实际表现"。第四,现代生产力的发展造就了消灭私有制的社会力量——无产阶级,"哲学把无产阶级当作自己的物质武器,同样的,无产阶级也把哲学当作自己的精神武器"。这样就揭示了经济基础和社会阶级结构以及政治变革的必然联系,第一次阐明了无产阶级的历史使命,同时论证了革命理论与阶级斗争实践相结合的必要性。正是这些光辉思想构成了马克思的方法论的核心,成了他进一步研究资本主义政治经济学的方法论基础。

二

《1844年经济学哲学手稿》(以下简称《手稿》)被异化论的宣扬者广泛地引用,并被当作他们的主要理论根据。事实上,这部《手稿》是马克思从上述已确定的方法论出发批判资产阶级经济学、揭露社会关系的一些根本性问题的哲学导论。按马克思为这部著作写的序言来看,它的名称就是《国民经济学批判》;从它的构思和实际内容来看,它的中心问题,实质上仍然是资产阶级社会的私有制及其消灭的实际问题,而不是抽象的异化问题。马克思说,我们首先要解决的任务就是"从私有财产同真正人的和社会的财产的关系来说明作为异化劳动的结果的私有财产的普遍本质。"

因此，马克思从上述所确定的思想成果出发，用资产阶级社会的现实经济关系和历史事实来阐明异化现象；而不是相反的，用异化来解释现实的经济关系和历史事实，这就更加深入地揭示和论证了私有制的历史暂时性及其消灭的历史必然性，批判了资产阶级的经济学和哲学的反历史主义观点。

首先，马克思从对三个收入来源（工资、资本的利润和地租）的社会经济分析中，深刻地揭示了私有制产生和存在的基础及其所决定的阶级的对抗。在这里特别要强调的是马克思对资本利润的分析，他由此得出资本作为积累起来的劳动，不是资本所有者本人的劳动，而是别人劳动的积累，因而资本是"对他人劳动产品的私有权"。他说："资本是对劳动及其产品的支配权。资本家拥有这种权力并不是由于他的个人的或人的特性，而只是由于他是资本的所有者。他的权力就是他的资本的那种不可抗拒的购买的权力"。这样，马克思就深刻地揭示了资产阶级社会的经济结构使资本家能够根据合法理由把工人劳动的产品不断地据为己有，不同阶级的社会地位和收入来源的基础存在于他们在社会经济结构里所处的对抗性关系之中。这是马克思用社会经济分析代替那种从抽象的人性和人的本质出发的异化理论所取得的最宝贵的科学成果。而资产阶级国民经济学把私有制当成人的自然权利和社会的基础，看作一切理论体系的自然前提。黑格尔站在国民经济学的立场上，把私有财产看作是客观精神通过抽象法的实现，从而发展成市民社会，后者作为"私利的战场"是"普遍异化的王国"，异化则是它的历史发展的必然规律。马克思揭露资产阶级国民经济学以及替它辩护的哲学学说把私有制及其造成的阶级分化说成是人类自然存在的基础和等级，从而成为靠掠夺大多数人来发财致富的真正圣经。因为，"哲学在本质上也得依靠国库"和钱袋。

在这里，就方法论来说，马克思要求对社会作出具体的经济分析,反对把真实的经济过程变为抽象的范畴体系的思辨。他说:"国民经济学从私有财产的事实出发,但是,它没有给我们说明这个事实。它把私有财产在现实中所经历的物质过程,放进一般的、抽象的公式,然后又把这些公式当作规律。它不理解这些规律,也就是说,它没有指明这些规律是怎样从私有财产的本质中产生出来的。"①就是说,资产阶级思想家运用范畴和人的自我异化的思辨代替了对真实的经济过程的分析,并把这些范畴作为一般公式,当作现实经济生活应当遵循的规律,这样就既不能揭露私有财产的来源,也不能阐明私有财产的本质,更不能揭露资本主义制度的不可解决的矛盾,相反把劳动与资本、工资与利润、竞争与垄断、劳动的价值与劳动者的贬值等等对立描绘成偶然的没有联系的现象或范畴推演的环节。马克思认为自己的任务就是揭露资产阶级理论(包括黑格尔学说)的欺骗性,展示私有制产生的原因及其存在与消灭的条件,探明资本主义制度本身所固有的那些矛盾的共同基础,为无产阶级争取解放、消灭私有制和建立共产主义提供经济和哲学的论证。

其次,马克思把自己的社会经济分析更加引向深入,揭露了私有制特别是资产阶级私有制背后的基础——物质生产和劳动的特殊性,提出了异化劳动的概念。马克思反对用一般的异化概念来说明全部人类历史,而要求"从当前的经济事实出发"来揭露资产阶级社会的物质生产结构及其发展规律。资产阶级社会的事实是:"工人生产的财富越多,他的产品的力量和数量越大,他就越贫穷。工人创造的商品越多,他就越变成廉价的商品。物的世界的增值同人的世界的贬值成正比……这一事实不过表明:劳动所生产的对象,即劳动的产品,作为一种异己的存在物,作为不依赖于生产者的力量,同劳动相

---

①《马克思恩格斯全集》第42卷,人民出版社,1979年版,第89页。

对立"①。马克思根据资产阶级社会的事实,对异化劳动的表现作出四个方面的规定,指出异化劳动作为"私有财产的主体本质",表现为劳动产品则成为反对和统治劳动者的异己财产,劳动活动本身对人来说成为一种强制的损害人的异己活动,而其他一切异化形式——人跟人的异化、人的社会力量的异化、国家同社会的异化、宗教的异化等等,都不过是作为劳动异化的后果而随之发展起来的。正是物质生产的这种资产阶级社会形式(异化劳动)才给资本家增加财富而使工人陷于"沦亡和贫困化"的境地,才使资本家不劳动得以占有对象化的工人劳动,从而同工人对立起来。因此马克思得出物质生产及其具体的社会形式在社会生活中起决定作用的结论:宗教、家庭、国家、法、道德、科学、艺术等等,都不过是生产的一些特殊方式,并且受生产的普遍规律的支配。这样,马克思就更加接近了唯物史观的一个关键性发现,即生产力与生产关系的相互关系的辩证法。

马克思对异化劳动的这种一般性理论考察,同抽象的异化观念,不论是概念的异化或人道主义的人性异化,都有本质的不同。马克思所说的异化劳动,不是概念推演的把戏,不是抽象的人性沦丧,而是以私有制为基础的资产阶级社会的物质生产的现实,这就是把历史事实和社会生活的现实基础——物质生产看作是经济研究及其范畴的真正逻辑基础,这种劳动的异化,不是人的主观上的抽象本性,而是客观的物质的生产过程,是人们之间一切现实社会关系形成和发展的基础,以异化形式出现的社会关系不取决于人的自然本性,而取决于人的社会存在,因而就从本质上把建立在特殊劳动基础上的资产阶级私有制看成某种特定条件下的人的关系,即人类历史的一种暂时的特殊现象。"劳动和资本的这种对立一达到极限,就必然成为

---

① 《马克思恩格斯全集》第42卷,人民出版社,1979年版,第90—91页。

全部私有财产关系的顶点、最高阶段和灭亡",消灭异化,不能借助神秘的"人的复归"和"人的价值"的鼓吹,只能借助现实的实践手段——消灭私有制、消灭异化劳动。因为,"异化借以实现的手段本身就是实践的"。

可见,马克思的这种理论考察比1843年的思想成果又有新的进步:第一,他揭示了社会的更深的基础,即作为资产阶级社会结构背后的物质生产或私有制统治所掩盖的异化劳动;第二,《手稿》的观点已具有更普遍、更全面的理论概括的性质,不只限于搞清家庭、市民社会和国家同私有制的现实的相互关系,而是包括社会生活的所有基本方面——从物质生产到社会意识的相互关系;第三,《手稿》已经深入生产的内在机制,用物质生产的特殊形式(异化劳动)论证了资产阶级私有制的存在条件与历史暂时性,把唯物史观的形成和社会经济基础的分析有机地结合起来;第四,马克思已经开始用实践观点和阶级观点来解释旧世界的异化现象,把它归结为物质生产的特殊形式及其所决定的特定的社会关系,这样就为用社会存在解释社会生活及其发展铺平了道路。总之,《手稿》的主要理论成果就在于:把哲学和共产主义理论的研究建立在对社会经济基础的研究之上,从资产阶级社会阶级结构的三个收入来源的分析中不仅揭示了经济基础对国家、法和社会意识等上层建筑起决定作用,而且提出了物质生产对社会结构及其发展起着最终的决定作用的原理。马克思依靠这个哲学成就,全面地研究了物质生产(劳动、特别是异化劳动)的经济作用,揭露了私有制(即异化劳动的本质、基础和产物)的秘密,从而使"至今没有解决的各种矛盾立刻得到阐明"。因为,整个国民经济学所提出的一切问题,如资本、货币、利润、商业、竞争等等,无非都是异化劳动和私有制的"特定地展开了的表现而已"。正是这个唯物史观的理论成就,使马克思能够更加坚定地站在无产阶级立场上,展示了通往共产主义的现实道路——消灭私有制、消灭异化劳动,更加深刻地批判了国民经济学把私有制当作社会的天然基础的观点和启蒙学者把它看作人的自然权利的观点以及黑格尔所断定的客观精神的体现的观点,使马克思能够把社会历史发展的逻辑和现实经济过程的逻辑统一起来,把消灭私有制与异化劳动同无产阶级的世界历史使命直接联系起来,从而得以确立客观标准来评价各种所谓理想社会的理论与实际运动,评价各种共产主义的历史价值。那些人道的、"真正的"共产主义都"还没有弄清楚私有财产的积极的本质","还受私有财产的束缚和感染";而科学的共产主义就是消灭私有制、消灭异化劳动,因而也就消灭一切异化的非人状态社会制度。不仅同私有制完全对立,而且又是私有制本身的历史运动的必然结果,"它是历史之谜的解答",是"私有财产的积极的扬弃","是最近将来的必然的形式和有效的原则"。这说明,马克思在分析社会经济基础和批判各种错误理论的基础上已经看到,社会主义社会已经是一个扬弃私有制因而也消灭了异化的社会。也就是说,社会主义社会已经不是由异化作媒介的社会,因此不应该用异化观念来说明社会主义社会。他强调指出:"首先应当避免重新把社会当作抽象的东西同个人对立起来。"个人作为社会的存在物就是"社会生活的表现和确证"。

三

马克思在社会经济分析的哲学考察基础上,在《手稿》的最后部分中对黑格尔的异化观作了全面的系统的批判,这也是对资产阶级思想家把异化论当作一般方法论的批判。因为,现代资产阶级思想家对黑格尔辩证法的积极内容丝毫不理解,无批判地采用"抽象的人的自我意识",甚至"仍然处于黑格尔逻辑学的束缚之下"。实际上,黑格尔哲学不过是用思想表达出来的并且得到合理的论述的宗教,不过是人的本质的异化的另一种形式和存在方式，因而这种哲学本身就应该受到批判。

马克思在分析黑格尔异化观时指出，黑格尔的错误，首先在于他从精神的自我运动出发，把否定之否定过程看作异化和异化扬弃的过程，并把这一过程"看成是一切存在的唯一真正的活动和自我实现的活动"，所以，他只是为真实的历史运动"找到了抽象的、逻辑的、思辨的表达"①。这就是说，黑格尔不是从现实历史出发来分析历史的运动，而是用思辨的逻辑代替了对现实历史的探索与分析，并把二者存在都看成了精神的自我异化和自我实现的活动。例如，"当他把财富、国家政权等等看成是从人的本质异化出去的本质时，他只是从它们的思想形式来把握它们的……因而只是纯粹的亦即抽象的哲学思维的异化。"这样，黑格尔就把逻辑概念当作了现实事物的实质，把物质生产的特殊形式异化劳动及其造成的现实的社会对立变成了自在与自为、意识与自我意识、客体与主体、外化与复归、自身与异在等等纯粹逻辑对立的外观。也就是说，把现实的社会经济基础的对立变成了"思想本身范围内的对立"。这样，黑格尔把整个外部世界和全部历史都变成了精神的外化及其复归的历史。实际上，黑格尔哲学不过是世界的异化精神，把世界本身的异化颠倒地反映在逻辑学中，"逻辑学是精神的货币，是人和自然界的思辨的思想价值"，这就是说，黑格尔哲学不过是旧世界的异化现实在概念上的表现。但在这种唯心主义的表现中，人和自然界这些物质实体都变成了抽象思维的概念，因而逻辑学成了支配和衡量这些概念的真正尺度。正像货币把任何本质和特殊价值都归结为它的抽象数量一样，逻辑学也在它自身的概念推演中把一切都归结为精神运动的环节，逻辑规律成了统摄一切的

①《1844 年经济学哲学手稿》，人民出版社，1979 年版，第 112 页。

普遍规律。这当然是一种唯心主义的颠倒。

黑格尔异化观的错误还在于，他在阐述劳动是人的对象化的本质时，虽然"把人的自我创造看作一个过程……把对象性的人，真正的因而是现实的人理解为他自己的劳动的结果"。也看到了劳动的异化给劳动者造成痛苦和不幸，"潜藏着批判的一切要素"，但是，却把精神当作"人的真正的本质"，因而对异己对象的、人的本质力量的占有，首先不过是那种在意识中、在纯思维中、亦即在抽象中进行的占有"。这样，黑格尔就不是从宗教、财富和国家政权等等各种异化形式中揭露它们的社会经济基础的和特殊的物质生产的根源，而只是把它们归结为"意识和自我意识的不同形式"。同时，他所理解和承认的劳动，只是"抽象的精神的劳动"，因此，他只是在抽象的范围内"把劳动看作人的自我创造的活动"，并把劳动的、对象化、异化看成人自身本质的实现道路。这样，他就把劳动的异化形式和一般劳动混为一谈，把劳动的异化看成了人类发展的整个过程的不可缺少的必然环节，不承认离开私有制的劳动的可能性，因而也就看不到否定劳动的现存社会形式（私有制）的必然性。因此，马克思指出，黑格尔哲学在彻底否定的和批判的辩证法外表中，实际上却以潜的方式包含着他的"那种无批判的实证主义和同样无批判的唯心主义"，即只能得出非批判的实证主义的意识现象的描述，而不能得出批判的革命的结论。

此外，黑格尔异化观的理论错误，不仅在于把人和人的劳动都归结为精神或自我意识的运动，而且从逻辑上来看，他把任何对象化都当成了异化，不知道对象化只有在资产阶级私有制的条件下才成为异化。这样一来，所谓人的异化不过是指自我意识的对象化，即整个外部世界；而后者又被看作是绝对精神的异在，绝对精神才是一切外部世界和自我意识的现象的本质。因此，自我意识对异化世界的关系,归根到底就是认识自己本身获得自己的本质,人的自我异化、人的本质的丧失也就是人自身的获得、人的本质的表现、人的对象化。简言之,人的本质的异化也就是对象化本身。这就是说,在黑格尔看来,人的自我异化的扬弃,仅仅是对象性本质的扬弃,即返回自身,而不是整个异化现象的消灭。马克思指出,这种异化观念只是抽象概念推演上的把戏,只是对资产阶级社会异化现实的实证主义确证,它把异化变成逻辑公式,把异化的扬弃变成对异化的确证,结果必然永远找不到消除异化的现实途径。就是说,黑格尔把私有制造成的异化现象看成了人类历史的普遍的必然的永恒规律,仅仅在异化概念的范围内说明人的历史运动,不知道有彻底消除异化的世界。事实上,黑格尔所描述的只是作为现实主体的人(即消灭了私有制、自己当家做主条件下的人)产生以前的历史规律(即资产阶级社会的历史规律),而"不是作为现成的主体的人的现实的历史",不是消灭了异化的社会主义社会的历史规律。

总之,马克思对黑格尔异化观的批判,主要是揭露和批判他离开对社会经济基础的分析抽象地玩弄异化概念,把异化劳动及其产生的一切社会问题都变成了纯粹思辨的问题。

四

马克思在批判抽象的异化观念时,把一般哲学意义上的异化范畴归结为劳动的异化,不是用异化概念去解释现实历史过程,而是用现实历史过程去解释异化现象及其产生的根源。他不仅在《手稿》之前一直为理论和实践的结合而奋斗,孜孜不倦地寻找理论问题和现实生活问题的经验的实践的世俗基础——物质生产和物质利益,而且在《手稿》中也是用物质生产和劳动分工等来解释抽象的异化概念。尽管《手稿》是围绕异化问题展开批判的,但并没有把它当作解释一切社会问题的最基本的方法论,它本身还需要由别的东西来说明。因此,我们可以说,马克思没有像现代西方资产阶级哲学家所断定的那样把异化当作解释一切的哲学范畴。

马克思的思想发展的这种趋向,在《手稿》之后,从1844年8月和恩格斯合写《神圣家族》开始到1845年1月写作《德意志意识形态》这一阶段,就表现得更加清楚了。在这期间,马克思把《手稿》中形成的思想更加明确、更加科学地表述出来了,克服了《手稿》所带有的黑格尔和费尔巴哈的思想遗迹和术语的束缚,提出了物质资料的生产是社会历史发展的基础和动力的概括性原理,并形成了"生产方式""经济与工业关系"、产品反映着"人对人的社会关系"等术语,即列宁称之为马克思接近自己体系的基本思想——关于生产力与生产关系的思想。这时,他已经"大致完成了发挥他的唯物主义历史理论的工作"。他指出,历史发展的真正基础和源泉,不在于人的自我异化,也不在于劳动者同自己的劳动及其产品的异化关系,而在于人们为了满足吃、穿、住等生活需要而进行的物质资料的生产,生产力发展的水平和性质决定着社会的生产方式。这样,马克思就得以在生产力和生产关系(交往形式)的辩证法基础上,把以前逐渐形成的唯物史观的基本观点作为完整的理论建立起来,彻底弄清了人类社会的总的结构,即生产力—生产关系和其他社会关系以及政治上层建筑和社会意识形态,终于发现了社会历史发展的一般规律及其主要发展阶段——社会形态的学说,从而更加坚实地论证了作为资产阶级社会生产力与生产关系矛盾发展结果的无产阶级革命的历史必然性的结论。这些思想,在1845年以后的一系列重要著作,如《哲学的贫困》《雇佣劳动与资本》《共产党宣言》中都得到了全面的表现和更完整的发展。

因此,我们可以说,正是物质生产以及它的两个方面的辩证关系,才是马克思形成自己的科学世界观体系的方法论基础;不仅是研究政治经济学及其一切经济范畴的社会内容的方法论基础,而且是研究和批判资产阶级社会关系发生异化及其历史暂时性的方法论基础。马克思站在这个唯物史观的高度,自觉地抛弃了一般哲学的特别是异化的观念。马克思和恩格斯指出:"经验的观察在任何情况下都应当根据经验来揭示社会结构和政治结构同生产的联系,而不应当带有任何神秘和思辨的色彩。……思辨终止的地方,即在现实生活面前,正是描述人们的实践活动和实际发展过程的真正实证的科学开始的地方。关于意识的空话将销声匿迹,它们一定为真正的知识所代替。"①他们批判说,抽象的异化观"不是从现实个人的现实异化和这种异化的经验条件中来描绘现实的个人及其关系,相反是用关于异化……的空洞思想来代替一切纯经验关系的发展"。因此,甚至连"异化"一词本身都受到了某种抨击,马克思除非加上诸如"用哲学家易懂的话来说"、"如果暂时还用一下这个哲学术语"以及其他诸如此类的话,否则就不再使用"异化"概念了。在《共产党宣言》中,他更加尖锐地把"真正社会主义者"关于异化问题的空谈,斥之为"哲学的胡说"。马克思在《资本论》及其创作过程的手稿中,虽然多处使用了异化概念,但这个概念已经不像早期那样由于受黑格尔和费尔巴哈影响还具有一般哲学的、经济的、政治的、社会的、道德的、心理的和美学的广泛含义,而是作为一个特定的概念纳入了以剩余价值学说为基石的经济理论体系之中,用"异化劳动"来描写劳动同劳动条件和劳动产品的对立关系,揭露资本对雇佣劳动的剥削关系和资本主义生产方式的历史暂时性;同时,马克思指出,异化劳动的深刻根源,不仅在于抽象劳动同具体劳动的分离、价值同使用价值的分离,而且在

①《马克思恩格斯全集》第3卷,人民出版社,1979年版,第30-31页。

于"生产资料已经转化为资本,也就是生产资料已经和实际的生产者相分离"[1]。因此,他说:异化劳动及其一切后果的真正原因"在于巨大的物质权力不归工人所有,而归人格化的生产条件即资本所有,这种物的权力把社会劳动本身当作自身的一个要素置于同自己相对立的地位。"[2]这说明,在这里,马克思已经用完整的历史唯物主义作指导来揭示资本和雇佣劳动的对抗关系,揭露资本主义剥削制度的实质,异化概念既不是历史唯物主义的基本概念,也不是资本主义政治经济学的基本概念(从商品到价值和剩余价值的整个范畴体系才是它的基本概念),它不但没有一般方法论的意义,而且本身还需要由历史唯物主义和政治经济学的基本概念来说明。因此,马克思在为《资本论》奠定了哲学方法论基础的《〈政治经济学批判〉导言》中,没有一处使用异化这个词,却精辟地概括了历史唯物主义的基本原理。

总之,在1845年以后的一系列著作中,马克思不仅彻底克服了黑格尔和费尔巴哈关于异化概念的一般哲学的宽泛含义的影响,而且甚至连这一词都不再使用。因为,他已确立了完整的科学的历史唯物主义体系,彻底看清了异化概念的局限性。这个概念,不仅由于本身具有的思辨哲学的宽泛含义,其中包含着经济的、政治的、道德的、心理的和美学的不确定的内容,不足以进行严密的科学分析,而且由于它本身是一个把伦理价值、道德评价和心理分析置于科学认识之上的从抽象的人出发的人道主义概念,因而不宜作为对资本主义社会进行纯理论分析的基本方法论。因此,马克思在批判一切庸俗的慈善家和道德学家指责李嘉图"见物不见人"时,指出李嘉图把生产力的发展当作评价经济现象的基本原则,对经济过程作纯粹理论的分

---

[1]《马克思恩格斯全集》第25卷,人民出版社,1974年,第494页。

[2]《马克思恩格斯全集》第46卷下册,人民出版社,1980年,第360页。

析,不管牺牲多少人和资本价值,这正是他"科学上公正"和出色的表现;而那种从人出发只对经济过程作道德评价、悲叹历史必然性的观点,在科学上则毫无价值。马克思明确指出,他的方法"不是从人出发,而是从一定的社会经济时期出发的分析方法"①。

由此可见,错误的异化论正是从人出发,利用异化概念的价值论的和心理分析的内容来代替对社会作深入的政治经济学的和历史唯物主义的分析,把被马克思批判和克服了的人道主义的伦理价值和心理分析当作马克思主义的基本方法论偷运进来。这样,"自然的"需要、抽象的人性、人的价值等等,也就被当作评价历史和衡量现实的永恒标准与人性尺度,否定它就被说成是"异化",扬弃这种所谓"异化"则被视为人向"自身"的复归。马克思针对这种观点曾深刻地批判说,哲学家们离开生产力和劳动分工的历史发展来看人类社会,就把整个历史过程"看成是'人'的自我异化过程,实际上这是因为,他们总是用后来阶段的普通人来代替过去阶段的人并赋予过去的个人以后来的意识"②,也就是说,他们总是把自己当作清醒的自觉的意识用以衡量和评价历史。"哲学家……把自己变成异化了的世界的尺度"③。

---

① 《马克思恩格斯全集》第 19 卷,人民出版社,1963 年版,第 415 页。
② 《马克思恩格斯全集》第 8 卷,人民出版社,1963 年版,第 7 页。
③ 《手稿》,人民出版社,第 114 页。

关于公和私的历史反思

为了正确理解马克思关于社会主义公有制和批判私有制的理论,为了杜绝"左"的思想影响,我们有必要回顾一下人类的历史,回顾一下历史上关于公有制和私有制的争论。

关于公有制和私有制的争论,可以毫不夸张地说,已经进行了数千年。早在古埃及第三王朝末(公元前27世纪),《梅腾自传》就已记载,通过法老(国王)的赐予获得了归他享有的财产,拥有和利用这些财产,他才得以建立城市。公元前1750年左右的《伊浦味陈词》,已经明确地指出:私有财产是不容侵犯的,人民起义破坏了私有秩序,造成了社会的混乱。但是,它也承认,起义的人民掌握了私有财产,就使自己"变成重要的人了","国内的庶人已经变成富翁。财富的所有者变成了无产的人了。""本是受管理的人,却已成为奴隶的所有者。那本是受驱遣的人,现在却来驱遣他人了。"①这表明,人类在有文字记载的最初年代里,就已对私有财产及其社会作用有了初步的认识,看到私有财产是人类的最初文明的基础,是人的社会地位沉浮的基础。

因此,一系列的奴隶制的法典都极力保护私有财产。保存完整的最古老的一部法典《汉谟拉比法典》,已经把保护私有财产问题当作自己的基本内容和基本条文,绝大部分条文都是关于财产、盗窃、租佃、借贷、债务、奴隶及其妻儿老小的归属等问题的,并规定盗窃宫

---

①见《世界通史资料选辑》上古部分,商务印书馆,1974年版,第4、11页。

廷、神庙和自由民的财产的人要处死刑。它认为,这些法规是建立一个"与天地共始终的不朽王国"的根基。古印度的《摩奴法典》也同样维护私有制,并规定奴隶(即首陀罗)即使能够做到,也"不应积累财富","因为首陀罗如获得财富,就会压制婆罗门"。它宣称,这些法典是各种姓的人生活幸福的"永恒规则"。印度孔雀王朝时期的《利论》说,只有物质财富才能保证人的生存,才是宗教和感性快乐的基础。到公元前 5 世纪,罗马《十二铜表法》则更加明确地规定了"获得物、占有权"法和土地权利法、债务法等等。这些法典使私有制和私有财产越来越披上了神圣不可侵犯的外衣。恩格斯在分析私有制的起源时指出,随着奴隶制的形成和发展,"财富被当作最高福利而受到赞美和崇敬";国家和法律的出现,"不仅可以使以前被轻视的私有财产神圣化,并宣布这种神圣化是整个人类社会的最高目的"①。

　　但是,就在私有制和私有财产法律化、神圣化的潮流中,古希腊的大哲学家柏拉图却出来争辩说,社会上的许多坏事都是由于人间的金银财富引起的,执政者必须离弃这些东西;私有财产会腐蚀执政者,使他们丧失纯洁的品质、理智和无畏。所以,他建议,在统治阶级中间应该建立"共产制"。虽然,他的这种共产制不过是奴隶主阶级的"共产制",并且他也不是反对一切私有制。但是,他毕竟看到了财富私有的某些消极作用。因此,他主张把社会建立在道德理念的基础上,而反对建立在占有物质财富基础上。这虽然是唯心主义的,但在当时不能不说是对私有制和私有财产的一种挑战。

　　古希腊最伟大的思想家亚里士多德,则总结奴隶制的经验,综合两方面的思想,既赞成私有制,肯定私有制的作用,又要求限制财富占有的两极分化。他认为,享有过多财产的大富豪和非常贫穷的庶人

---

①《马克思恩格斯选集》第 4 卷,人民出版社,1972 年版,第 104 页。

都不能遵循合理的原则。前者"既不愿意也不能够服从政府",只追逐"专横统治";而后者不能得到合理的教育,"不懂得如何指挥",只能"像奴隶一样受统治"。一个国家有了这两个阶级,就不会有同胞感、友谊、和谐和安定,他们只想追逐本身的利益,不能顾及整个国家的利益,富人鄙视穷人,穷人敌视富人,造成党争与分裂;"富人的侵害行为比起民众的侵害行为来,对于法制是危害更大的"[1]。所以,他主张:"拥有适度的财产乃是最好的,因为,在那种生活状况中,人们最容易遵循合理的原则。"他进一步论证道:"所以,一个国家里面如果公民具有一份适当而充足的财产,这个国家就有很好的运气,因为,在某些人占有很多而其他的人则毫无所有的地方,就可能产生一种极端的民主政治或一种纯粹寡头政治;或者,从这两极端之一很可能产生出一种暴君政治——它或者从极跋扈的民主政治产生出来,或者从一种寡头政治产生出来";但是,暴君政治却不会这么容易地从中等阶级的法制中产生出来[2]。马克思在《资本论》中评论亚里士多德的思想时说,在亚里士多德那里,经济(在古希腊语中有家计、节俭、家产、土产、庄园之意)是"一种谋生术,只限于取得生活所必需的,并且对家庭或国家有用的物品"[3]。也就是说,亚里士多德把个人的私有财产看作是人的生存手段,这类财产的数量被限定在满足生活所必需的,对国家安定富裕有利的有限范围内。

在批判和反思私有制、私有财产的队伍中,起义奴隶、起义农民可以说是最激进的一派,他们要求彻底打烂私有制、私有财产,在人类思想史上最早判决了私有财产,宣称它是万恶的根源。公元前1世

---

[1]《古希腊罗马哲学》,三联书店,1957年版,第333页。
[2]《古希腊罗马哲学》,三联书店,1957年版,第330页。
[3]《资本论》第1卷,人民出版社,1975年版,第174页。

纪的斯巴达克起义,到处捣毁奴隶主的庄园,夺取财产平均分配给暴动的奴隶,然而他们没有来得及提出完整的纲领。但是,公元 1 世纪兴起的基督教,却为被剥削被压迫的人提供了一个纲领。它主张财产共有,人人平等,相互爱护,为大家服务,认为那些占有大量财富作恶的人、压迫人的人不得好死,死后也要入地狱,只有贫苦、诚实和慕义的人才能进入"天国"。早期基督教的主张,基本上还只是道义上的消极谴责,没有也不可能对私有财产作深入的理论分析。在古代世界没落的时候,公元 491 年马资达克领导的大规模的人民起义,打着宗教旗帜,反对奴役自由民和阶级剥削,号召推翻恶神统治的不平等社会,明确提出废除私有财产,恢复人人平等的原始公社制度,大家共同占有土地和水源,实现财产平均分配。他们以近十万人的殉难维护了自己的信念。1381 年英国农村瓦匠瓦特·泰勒和乡村传教士约翰·保尔领导的农民起义,主张废除农奴制,没收教会和封建领主的财产,取消什一税,建立一切公有的、人人平等的社会。1525 年德国农民战争的杰出领袖托马斯·闵采尔,主张废除封建制度,消灭一切诸侯和城市贵族,建立一个没有私有财产、没有阶级差别的平等社会。

这种奴隶起义和农民起义,虽然激烈地反对和完全否定奴隶主与封建主的私有制,但是却不能对私有财产作出历史的科学的分析。他们对私有制的批判,还只是被剥削、被压迫群众的一种本能的抗议、自发的道德谴责或消极的破坏。他们所主张的公有制,在实践上无非是以起义领袖为主宰和救世主的新政权的所有制,在其进一步的演化中则常常成为受封诸侯的私有制。这也是奴隶起义和农民起义最终要失败的一个重要原因。

到了近代,绝大多数进步思想家虽然反对封建土地所有制和农奴制,然而却不反对财产的私有制,并从人道主义出发论证私有制。他们认为,人的自然本性在于自我保存,自我保存的基础则是财产的私有,因而私有财产是人的自然权利。18世纪启蒙运动的领袖伏尔泰认为,私有财产是一个安排得很好的社会的必要条件,是公民享受政治权利的基础。美国独立宣言起草人杰弗逊说,私有财产是社会结构的基础,公民应按其拥有的财产分享各种不同的政治权利。1776年美国的《独立宣言》和1789年法国的《人权宣言》都宣布:私有财产是神圣不可侵犯的权利。1793年雅各宾党人的激进的《人权宣言》,虽然反对显著的财产不平等,反对一切财富集中于少数有产者手中,但也承认私有财产是社会制度不可动摇的原则。罗伯斯庇尔在这一宣言草案中提出,私有财产就是每个公民使用和处理法律保证他享有的那部分财富的权利。他说:"私有财产权像其他一切权利一样,只以必须尊重其他人的权利为限……"他认为,经济上的平等,在市民社会中是绝对不可能的。法国革命后的资产阶级自由派思想家本杰明·康斯坦认为,财富就是力量,它适用于一切场合,比其他力量更加现实,更加灵活。财富必然掌握政权,它是公民自由和独立的保障,是民主制的保障。贫困使人不能独立生存,注定经常依人为生,或使人注定疲于奔命地天天劳动,这样的人不会对国家大事作出"正确判断",也不会关心"国家的整体福利"。要对国家大事作出正确判断,关心国家整体的福利,就要获得知识,要获得知识,就要有闲暇。但只有财富才能提供闲暇。由此可见,这一时期的思想家们对私有财产的历史必然性和社会作用作了初步的论证。他们认为,私有财产是人的自由平等、独立生存、权利、地位的保障,因而是人的自然权利。

黑格尔继承了这些思想,以逻辑精神为依据论证了这些思想。他把私有财产同人的自由、法权理念、市民社会联系起来,认为私有权的中介和现实表现是人们之间的契约自由,这种自由乃是人的"理性的必然",自由通过私有财产才得以实现,因而维护私有财产的自由是市民社会的绝对必要的理性基础。但是,他也看到,在私有制社会中,劳动不仅创造了财富,而且造成社会的两极分化,无论采取什么办法,都不足以避免私有制社会的祸害,市民社会成为"私利战场";劳动的异化,一方面产生财富,另一方面却造成贫困加剧。他找不到解决这种矛盾的出路,最后只能把客观精神的伦理理念变成私有财产的宗教。

但是,这一时期也不乏批判私有财产的思想家,他们也从人道主义出发,对私有财产作了较为系统的批判,揭露了私有制的历史起源,它对人的腐蚀作用,对社会的分化和破坏作用,等等。早期的空想社会主义者,如莫尔、梅叶、摩莱里等,就提出了人人平等,私有财产破坏了人的自然权利,私有财产是万恶的根源。启蒙运动中的民主主义者卢梭也激烈地论证说,人在自然状态下是平等的自由的,随着人的自我完善化和社会生产的发展,私有财产诞生了,财产私有造成了贫富两极分化、人对人的统治、奴役、暴力和掠夺。私有财产是社会罪恶的最主要根源,是凶杀、战争、苦难、恐怖的祸根,是人类不平等的根源。财产私有使富人们追逐政治统治,"好像饿狼一样,一经尝过人肉以后,便厌弃一切其他食物,而只想吃人"。雅各宾激进派领袖之一雅克·卢在 1793 年 6 月 25 日国民议会上的演说指出,私有财产使"一个阶级能迫使另一个阶级饿死","使富人用收买的办法取得对同类的生杀予夺的大权",这就使自由、平等成为空话。被誉为"人民之友"的马拉也尖锐地揭露说:私有财产会造成"老实人屈从于狡猾的骗子,穷人受富人的支配……最后,法律本身则在强者面前垂首听命",会造成"微不足道的少数人对多数人的隐蔽的残暴统治",会使立法者对穷人丧失一切人性,穷人永远抬不起头[1]。平等派的领袖巴

————————

[1]马拉:《政论集》,苏联科学院出版局,1934 年俄文版,第 166–167、167–168 页。

贝夫则更加愤怒地指出:"私有制是最大的社会灾难，这是真正的社会罪恶"，一切不幸、奴役、不平等、不合理状态都起源于私有制。要建立公正平等的社会，就必须建立财产共有制，劳动果实应看作整个社会的财产。私有财产是贪婪的基础和原因，这个基础消除了，为未来担忧的一切原因也不存在了，"使文明人痛心欲碎的大部分忧虑和悲伤的原因将被铲除"，因而社会将摆脱"诉讼、仇恨、嫉妒以及私有制的一切有害后果"①。19世纪初的伟大空想社会主义者更有远见地指出，私有财产制度是以往历史的本质，是现实社会建筑的基础，建立未来的公正社会所要解决的最重要的问题，便是如何组织财产以及财产归谁所有的问题。傅立叶指出，私有财产、金钱势力只能建立卖身投靠、假仁假义的"文明"，尽管每年都出了许多有关国家利益、国家财富的书，但是"书本里面有多少财富，茅屋里面便有多少贫困"②。不解决财产私有问题，即使是暴力革命，像"雅各宾传染病"那样，也只能造成贫民和暴民的无法容忍的抢劫财产(即重新分配)，而不会产生公正平等的社会。

这些思想家从自然状态学说和人道主义出发，否定了私有财产和私有制的天经地义性，认为私有财产和私有制有一个历史的起源，有产生和演化的过程，它是社会罪恶的最主要根源，是人类不平等和人压迫人的祸根，是坏人统治好人，贪婪残暴和道德沦丧的基础与原因，因而它在历史上没起任何好作用，也没有任何历史的必然性和必要性，它完全违背了人的自然本性，剥夺了人的自然权利。建立理想

①弗邦纳罗蒂:《平等派的密谋》，莫斯科–彼得格勒1948年俄文版，第1卷第302页，第2卷第233页。

②傅立叶:《新的工业世界和社会世界》，国家社会经济出版局，1939年俄文版，第39页。

社会，首要的任务就是消灭私有制和废除私有财产，实行财产公有制。他们对私有制和私有财产，没有作历史的发展的分析，把它看成是迷误、欺骗、恶意的产物，他们没有把私有财产和私有制加以区分，把以私有制为基础的社会的全部罪恶都加于私有财产的身上，甚至在实践上把砸烂、捣毁、焚烧和破坏这种财产当作革命的行为；他们没有从经济发展的必然性中揭示私有财产和私有制的产生、发展和消灭的规律性，因而也找不到消灭私有制的正确途径，他们把公有制同私有制、私有财产绝对对立起来，完全否定了公有制社会是对历史上私有制社会的扬弃。

从数千年公和私的这场争论中可以看出：既不能够不加分析地全盘否定私有制，也不能把公有制看作是同私有制绝对对立的，公有制只有充分地吸取私有制在历史上曾经起过的积极作用，并解决保证人民的生活、保证人民的社会地位、发展人的能力等问题，才能促进生产力的发展，才能最后战胜私有制。

论财富的个人占有

　　随着近年来我国四化建设和经济体制改革的进展，人民的物质文化生活有了显著提高，勤劳致富的人们有了自己的小楼房、养殖场、汽车甚至小飞机。这也就提出了一个现实的问题:财富的个人占有是不是合理的、必然的？它和社会主义公有制是不是矛盾的？它在社会发展史上和四化建设中具有什么意义与作用？这就是本文所要探索的问题。

　　马克思主义认为,随着物质资料生产的发展,所有制的形式也不断改变。因此,分析任何一种形式的所有制,都必须从物质资料的生产出发,离开后者就不能了解前者的客观基础和历史必然性。

　　马克思在分析私有制时,既不像私有制的维护者那样全盘肯定,也不像被压迫者的起义和空想社会主义者那样全盘否定,而是对它作了具体的历史的分析。私有制是物质资料生产发展到一定阶段,出现铁制工具、剩余生产品、社会三大分工和家庭私有财产条件下的必然产物。它的出现是人类历史的一次巨大的深刻的变革,它使人类社会进入了文明时代。它作为社会生产有相对发展同时生产力又相对低下的物质生产的形式,在数千年中为人类社会创造和积累物质财富和生产经验,提供了必要的条件;它为古代的奴隶制,从而也为现代的科学、文化、艺术奠定了基础。恩格斯指出,只有建立在私有制基础上"奴隶制才使农业和工业之间更大规模的分工成为可能,从而为古代文化的繁荣,即为希腊文化创造了条件。没有奴隶制,就没有希腊国家……就没有罗马帝国……也就没有现代的欧洲。"①特别是资产阶级的私人占有制,斩断了形形色色的封建羁绊,以公开的、露骨的剥削代替了由宗教幻想和政治幻想掩盖着剥削;它使一切生产工具迅速改进,不断革命化,在数百年的时间里创造了比以往一切世代的全部总和还要多、还要大的生产力;它揭示了人的活动的价值,在人的社会劳动里蕴藏着过去谁都无法料到的、仿佛用法术呼唤出来的巨大生产力;建立在资本主义私有制基础上的商品经济,摧毁了一切民族壁垒,到处开拓世界性的市场,把一切民族甚至最野蛮的民族都卷到文明中来了;它撕下罩在人们之间关系上的温情脉脉的面纱,把这种关系变成了纯粹金钱关系,甚至使那些从事向来受人们尊崇和敬畏的职业的劳动者成了雇佣劳动者,扩大和锻造了作为新社会创造者的无产者的队伍,使阶级对立日益简单化和明朗化了;在它的形式下所达到的现代化大生产,为新世界创造了物质技术基础,不仅使资本主义以前的私有制成为历史陈迹,而且也使资本主义所有制关系成为束缚生产发展的桎梏。这一切都使人类终于有可能唯物辩证地认识自己的历史。但是,私有制特别是资本主义私有制也造成了一系列消极的社会后果。它使人类社会急剧地向两极分化,在剥削者手中积累了日益庞大的财富,在劳动者身上却积压了越来越无法忍受的贫困,劳动者丧失和脱离了生产资料,这使人类的文明成了极大不平等的文明,极其野蛮的文明;它使人类社会陷入阶级分化和阶级斗争的泥潭之中,社会日益堕入分裂、对抗、暴力和战争的深渊,人类社会的进步不得不以人们之间的相互掠夺和相互残杀为前提,以人民的生命和鲜血为代价,就像欢喜佛像那样"只有用人头做酒杯才能

---

①《马克思恩格斯选集》第 3 卷,人民出版社,1972 年版,第 220 页。

喝下甜美的酒浆"①；它使从阶级社会中产生、又凌驾于社会之上，并日益脱离社会的异己力量——剥削阶级的政治权力——国家，统治了一切，主宰了一切，把社会的真正主体——广大的劳动人民变成了实实在在的奴隶；而把社会变成了剥削者、寄生虫作威作福的天堂；它使以往的历史成为生产的内容与其形式相对抗的历史，并且必然导致现代化大生产和现代资本主义所有制关系的尖锐对抗，从而造成人类历史上的极其荒唐的社会瘟疫，即生产过剩的瘟疫：私有制的生产关系再也容纳不了它本身所造成的财富了，就像巫师不能再支配自己用符咒呼唤出来的魔鬼了。

从上述的分析中可以看出，马克思从物质生产出发，对私有制产生的历史必然性、私有制的历史暂时性及其历史作用，作了全面的系统的分析，并得出结论，一定的所有制形式总是同物质生产发展的一定状况和性质相适应的。在这个思想基础上，按照逻辑必然性，对私有制和私有财产必须采取辩证的否定态度，必须把私有制、特别是资本主义私有制同私有财产区别开来。私有制是指由占有权、支配权、经营权、管理权和使用权等构成的物质生产的社会形式，它属于人与人之间的生产关系。这种社会形式或生产关系，要随着物质生产的发展而改变，甚至要被消灭；在阶级社会里，它是剥削阶级借以剥削、掠夺劳动人民的一种制度。而私有财产则是指被私人占有的财产，或在私有制下被剥削者占为己有的劳动者创造的生产品，因而它基本上属于物，不是人际关系。作了这种区分，才能真正明确，阻碍现代生产力发展的不是物，而是过时的社会形式和生产关系。社会主义革命要消灭的是私有制和剥削制度，而不是在私有制下所积累起来的经营管理经验和方法，也不是私人占有的一切财富。对后者要加以区别对

①《马克思恩格斯选集》第2卷，人民出版社，1977年版，第75页。

待,反动统治阶级和剥削阶级所占有的、关系到国计民生的财产要没收,归国家所有或分配给劳动人民;民族资产阶级的财产,则采取改造的办法;而劳动者的财产则允许合法存在;对所有人的属于生活资料的财产,更是允许保留。这就是说,从理论原则上来看,社会主义社会容许个人占有适量财产,但不允许私人利用自己的财产操纵和破坏国计民生,左右整个社会的经济发展,或用以剥削和支配别人,支配与贿赂执政的各级官员。

个人占有财产的存在,从理论上来说,是有充分根据的,马克思在他的经济研究中对这个问题是有所论述的。

首先,从物质生产,特别是现代化生产的前提和基础来看,马克思说:"劳动作为使用价值的创造者,作为有用劳动,是不以一切社会形式为转移的人类生存条件,是人和自然之间的物质变换,即人类生活得以实现的永恒的自然必然性。"①但是,劳动产品(财富)和劳动者本身的分离,却是资本主义生产过程的必不可少的条件和基础。资本主义生产过程不断地把物质财富转化为资本、转化为剩余价值的增殖手段和资本家的消费品,相反却使工人(财富的人身源泉)被剥夺了实现自身生存的一切手段。这就使资本主义的生产发展史,"同时表现为生产者的殉难史","劳动生产力的提高和劳动量的增大是以劳动力本身的破坏和衰退为代价的。"②社会主义生产过程,不应再以劳动者和生产资料的分离为前提,恰好相反,应以二者的结合为必不可少的条件。为此,不仅必须废除私有制,建立公有制,而且还需要解决劳动及其报酬相一致的问题,以及在理论上和法律上承认个人通过正当的诚实的劳动获得和占有财产的权利。因为,在任何持续不断

①《资本论》第 1 卷,人民出版社,1975 年版,第 56 页。
②《资本论》第 1 卷,人民出版社,1975 年版,第 552 页。

的社会生产中,"任何追加的劳动消耗都要求相应地追加原料的消耗"。在社会主义社会生产者的劳动消耗,理应得到相对充足的物质财富(既作为生活必需品,也作为技术提高和个人能力充分发挥的物质手段)的补偿;否则,社会生产的发展和技术的进步,就会同时破坏社会财富的人身源泉——劳动者,从而使任何生产都无法持续下去。

其次,从财富的社会作用来看,马克思曾经指出:"在资产阶级社会里,活的劳动是增殖已经积累起来的劳动的一种手段。在共产主义社会里,已经积累起来的劳动只是扩大丰富和提高工人的生活的一种手段。"[①]资本主义私有制使物统治人,使过去支配现在,使资本(已经积累起来的劳动)人格化,具有了独立性、个性和自由,成为不可抗拒的巨大的社会力量,却使绝大多数人失去了所特有的能动性、独立性和个性,成为资本、财富和金钱的奴隶或会说话的活动着的工具。社会主义革命消灭了资本主义私有制,也就消灭了"那种以社会上绝大多数人没有财产为必要条件的所有制",从而也就消灭了资本主义社会使人异化的重要社会根源。为此,就必须建立社会主义的公有制,同时,在公有制的新的历史条件下重新肯定个人所有制。共产主义就是要"在资本主义时代的成就的基础上,也就是说,在协作和对土地及靠劳动本身生产的生产资料的共同占有的基础上,重新确立个人所有制。"[②]马克思对这种个人所有制加了三条限制:第一,它是以公有制为基础和前提的;第二,它是以自己的诚实劳动的所得为内容的,不劳动者不得食,就是说,不包括劳动者为社会共同利益和福利提供的部分,不允许以各种手段与方法侵吞他人的劳动成果和社会公共财物,不承认任何利用自己占有的财产剥削、奴役他人的权

---

① 《马克思恩格斯选集》第 1 卷,人民出版社,1972 年版,第 266 页。
② 《资本论》第 1 卷,人民出版社,1975 年版,第 832 页。

利;第三,这种个人占有的财富只是扩大、丰富和提高劳动者生活的一种手段,也就是说,是直接用以保障劳动者个人及其家庭受教育、提高和发展自己能力的物质基础,是保障劳动者的一切自由、活动和独立的物质前提。由于个人占有的财富具有这样的作用,它就成了人们的社会责任、社会地位、社会福利和行使一定社会权利的物质保障。所以,马克思说:"共产主义并不剥夺任何人占有社会产品的权利",决不打算消灭这种供直接生命再生产用的劳动产品的个人占有。①

最后,从社会主义公有制的性质来看,社会主义公有制是建立在社会化大生产基础上的,是为了适应和促进社会生产的不断增长与发展,以保障最大限度地满足整个社会不断增长的物质和文化需要的社会形式。这种性质决定它必然包括两方面的基本要求:一方面,它作为社会经济关系的基础,必然表现为利益关系,"人们奋斗所争取的一切,都同他们的利益有关"。因此,社会主义公有制首先要求坚持和贯彻社会主义物质利益原则。就是说,公有制必须把劳动者的劳动成果同他们个人的物质利益联系起来,劳动者的劳动效益直接决定着他们个人及其家庭生活的富裕程度,直接关系到他们个人的社会地位和社会认可。这是使每个社会成员关心社会生产的发展,提高劳动生产率、充分发挥自觉的积极性和创造性的基本保障,也是使公有制社会避免陷入粗陋的平均主义、大锅饭和怠惰现象的基本条件。另一方面,社会主义公有制,作为人与人关系的基础,又要求为全体社会成员提供平等的机会和权利从事社会劳动,并享受以劳动为基础的社会福利。它决不允许任何人在他所提供的劳动之外享受什么特殊的福利和社会权利。因此,它把劳动产品分为两部分,一部分由

①《马克思恩格斯选集》第 1 卷,人民出版社,1972 年版,第 267 页。

社会(国家)直接占有,作为维持和扩大生产的资料,为整个社会谋福利;另一部分按照个人为社会提供的劳动分配给个人直接占有,作为生活和享受的资料,同时也是作为社会对个人地位和权利的认可。从上述这两个方面来看,我们可以说,财富的个人占有,不仅和社会主义公有制不矛盾,而且是社会主义公有制的直接要求。

由此可见,马克思的经济理论才真正科学地解决了公与私的矛盾,为我们在社会主义公有制条件下承认财产的个人占有奠定了理论基础,为我们有效地发展和完善社会主义生产关系,推进四化事业开拓了道路。尽管在实践上承认和发展作为社会主义公有制补充的财产个人占有,可能会出现和引起一些这样或那样的问题;但是,我们相信,只要在理论上进一步加以深入研究,在法律上加以必要而合理的限制和规定,它对于根除粗陋的平均主义、造成怠惰现象的大锅饭和无所事事的官僚主义,它对于促进生产的发展、劳动生产率的提高和民富国强的新局面,它对于提高人民的社会福利、保证人民的社会地位的稳固和充分发展、发挥人民群众的智慧与力量,都有重要意义。财富和智慧相结合,会使一个人既具有广阔的社会需要,又具有巨大的创造力量。

市场的奥秘

商品经济的大潮冲击着五湖四海,在我国掀起一个个热潮,经商热、房地产热、股票热、下海热等等,让人目不暇接。随着商品经济的发展,市场的问题也就尖锐地提到日程上来。我们每天的生活都离不开商品,离不开市场;企业更是以市场为导向,千方百计地争夺市场上的一席之地;各国政府也费尽心机地拓展国内外的市场,为本国经济的发展寻求激励。但是,什么是市场呢? 它的实质在哪里? 不理解这个问题,就谈不到正确地建立和开拓市场。本文试图就此问题作一番理论探索,以求教于同行,共同推动市场经济的发展。

一

市场是什么呢? 当您翻开西方出版的《市场学》或各种经济学辞书,它们都会告诉你,市场是买卖双方进行商品交换的场所。这个定义,看起来很简明扼要,但仔细想起来,它只抓住了市场的现象形态,使人觉得意犹未尽。问题在于市场的主体在这里成了场所的陪衬。事实上,市场的主体,作为商品的所有者和货币的所有者,即卖者和买者,才应占据中心地位。对于卖者来说,他能否找到市场,不仅取决于他所提供的商品的质量和数量,更重要的是他的商品能否适应买者的需要和赏识,同时还取决于卖者本身的信誉和他所提供的周到服务等等因素。对于买者来说,他不只要求能满足自己需要的商品,还要在价格、品质、工艺等方面择优挑选。因此,商品即使有出售的场所,如果不能满足购买者的需要,或者在价格、品质、工艺以及服务等方面缺乏竞争力,或者商品生产厂家缺少信誉,也不会有市场。换句话说,场所不是市场的本质特征。

实际上,在现代商品流通的实践中,商品所有者和购买者之间,甚至不用什么特定的场所,而是通过双方的谈判、对话,或一次午餐,或通过相距万里之遥的电传等信息通信与交流等等,就做成了大宗的商品交易或证券交易。可见,对于市场来说,最主要的不是场所,而是人——商品所有者和购买者。哪里有商品所有者与购买者,哪里就有市场。对商品生产者和所有者来说,商品的购买者和消费者就是他的市场;而对于商品购买者和消费者来说,商品生产者和所有者就是他的市场。他们双方互为市场,或者更确切地说,他们双方的相互关系才构成市场。

通过上述的分析,我们可以说市场就是通过商品货币连接起来的商品所有者和购买者之间相互交往的方式。或者像有的人所说的,市场就是由于买卖某些商品而相互联系起来的一些厂家和个人。因此,市场,是人际的特定的关系,是人们以商品货币为中介的交往方式,绝对不是以场所为基本特征的物。正如马克思所说的:"市场是流通领域本身的总表现……在这个领域中发生 W—G—W,并且商品所有者(在这里资本家是商品的卖者)和货币所有者(买者)表现为该市场的主体。"[①]市场,对于资本运动的整个周期来说,是整个社会生产关系在流通领域里的总表现,商品所有者和购买者作为主体通过销售与购买等活动进行着相互交往。这种人际交往,不是泛指一切形式的人际交往,而是在人际交往过程中,一方面发生着供给与需求的关

①马克思:《资本的流通过程》《马克思恩格斯全集》第 49 卷,人民出版社,1982 年版,第 309 页。

系,使商品货币的形态发生了转换;另一方面人们之间的相互联系和信息交流,决定了商品货币相互转换的速度和规模。正是在这种关系中,人与人之间不得不相互依赖、相互制约、相互需要。正如马克思指出的:"在任何情形下,在商品市场上,只是商品所有者与商品所有者相对立。他们彼此行使的权力只是他们商品的权力。商品的物质区别是交换的物质动机,它使商品所有者相互信赖,因为他们双方都没有他们自己需要的物品,而有别人需要的物品。"①这就是说,在相互信赖又相互竞争的市场上,你生产、掌握的别人所需的物品越多,质量越好,依赖与需要你的人就越多,因而你制约和控制人们的能力也就越大,你在市场上的权力也就越大。

二

根据我们对市场本质的理解,我国要建立和拓展市场,发展和完善市场经济运行机制,主要的任务是什么呢?这个问题不仅政府要明确,任何一个企业和推动市场经济发展的人也都要牢牢把握住这些主要任务。

第一,大力发展社会生产力,提高产品的质量与科技水平,确保供给的丰富和充分。

邓小平同志在南方视察时明确指出,社会主义的本质就在于解放生产力,消灭剥削,消除两极分化,最终达到共同富裕。这一论断,科学地总结了我国社会主义建设的经验和国际共运的七十多年的历史经验,为确定我国社会主义的根本任务奠定了理论基础。大力发展社会生产力,以经济建设为中心,这是我们党和国家坚定不移的长期

---

① 马克思:《资本论》《马克思恩格斯全集》第 23 卷,人民出版社,1972 年版,第 182 页。

战略方针。为了发展社会生产力,必须大力发展科学技术和提高劳动者的素质。只有大力发展科学技术,才能不断地改进和创造新的生产工具,才能开拓和发现新的劳动对象,才能提高劳动者的素质,使我们利用、改造自然的能力和创造物质财富的能力出现新的更大的突破,从而为我国的市场提供越来越丰富的产品。没有越来越丰富的产品,市场就会失去确实的物质保障。

随着我国经济的迅速发展和人民生活水平的不断提高,社会需求必然发生质的重要变化。高质量、多品种、常变化、快更新、服务周到,将成为社会需求发展的基本趋势。

如果我们的企业不能生产出高质量、多品种、常变化、服务周到的产品,总是固守着旧样式、单一化、大批量的老产品,那就会找不到市场,给国家造成浪费,使市场丧失物质基础的保障。虽然供给制造着需求,需求又引导着供给,但是供给与需求的矛盾,只能靠大力发展生产力,提高产品质量和科技含量来解决,此外别无他途。

当代经济发达的国家,为了保证自己在国际贸易中的市场份额,并不断开拓新的市场,抵制贸易保护主义的抬头,大量到国外投资设厂,大力发展就地生产,建立打入外国市场的牢固基地。比如,仅在1980年代后半期,日本在美国的投资,每年都在200亿美元左右。西方国家为了在一个拥有12亿人口、经济发展迅速的中国,占据这一市场的一定份额,也大量进行投资设厂,仅1992年批准的外国投资合同总额超过1000多亿美元。我国从1990年代开始,也开展了对外投资。中国在国外的投资越来越多,从战略上来考虑,这是为了中国产品的国际市场的基地,使中国经济在20世纪末上一个新台阶并跃升为世界第三大经济强国打下基础。

第二,建立和发展全方位的经济文化联系与合作,开展和拓宽多种渠道、多种形式的信息交流。

市场,作为以商品货币交换为中介的人际交往关系,一方面以商品货币的交换,即商品转化为货币、货币再转化为商品为内容;另一方面又在这种转化过程中以追求利益最大化为宗旨。要同时满足这两个方面或叫两种要求,这个市场才能成立,才能生存下去。因此,市场作为特定的人际交往方式,必然要求满足以下三个条件:

(1)建立多方面的稳定的平等互利的经济文化联系,比如,经济合作,贸易协定,产品博展,协调与平衡价格,组建产业集团或跨国公司,形成经贸一体化,创设经贸共同体等。各个国家及其企业都已明白,不建立多方面的平等互利的稳定的经贸联系,很难在竞争激烈的市场上立足。甚至可以说,有联系,就有市场;无联系,就无市场。

(2)建立和完善多元化、多层次、经常性、系统性的经济贸易信息交流与反馈的有效网络。在当代世界上,经济、贸易、科技等方面的情报和信息的搜集、交流与反馈,不仅沟通经济活动的各个环节,负载着社会经济发展的动态与趋势,而且也构成了市场经济运行过程的敏锐的控制器和调节器,因而也成为市场要素及其运行的综合性表达。因此,我们说,信息的交流与反馈,不仅能救活一个企业,牵动着市场的行情,而且简直就是市场的内在运行机制的基础。正因如此,各国和各地区的企业都非常重视信息的搜集与交流。

(3)树立和不断改善公众心目中的企业形象和信誉。这对于一个企业、经济实体来说是至关重要的。企业的产品质量和工艺水平,服务质量与态度,经营战略和形式,内部管理的水平与作用等,都会每日每时地建立和展示着企业的形象,向公众传达着一种信息,使人们建立起对你的信赖和好感,愿意和你建立业务联系,相互交流情报。没有良好的形象和信誉,人们就不会和你建立联系,更不会和你交流情报或购买你的产品。因此,良好的公众形象和信誉就是企业的市场。

第三,建立和健全市场的法律制度和规范化管理。

市场,既然是人际间以商品货币为中介的交换关系,在交换中各人的权利、义务、利益就需要有完善的法律规范作为依据。换句话说,市场作为人际的特定关系,客观上必然要求相应的法律规范,否则市场交换就无法进行,人们的行为就会由于权利和利益的相互冲突,而陷于混乱。

市场经济必然要求建立以商品货币为基础的统一价值尺度,权利与义务的规范,以及平等自主、公平与公开、安全与信用等等的法律机制和保障。各商品生产者、所有者、经营者以及购买者都要求有自主经营、自负盈亏、自我发展、自我约束的独立法人地位,要求有法律的保护和保障。当他们步入市场,也只能按统一的法律规范行为,否则既不会有正常的市场秩序,也不会在平等自主、公平公开的原则下获得自身权力和利益。因此,没有完备的统一的法律制度和规范,人们的正当权力、利益就会遭受践踏,从而使市场陷于混乱和瓦解。

在当今世界上,要建立市场必须首先建立健全法律制度和规范,这已是众所周知。欧共体国家为了建立欧洲统一大市场,经过7年多的努力,提出282个立法措施,绝大多数都获得欧共体最高权力机构部长理事会的通过,并已着手付诸实施。根据这些法律规范,欧共体各国的人、物、服务和资金都可以自由地像在同一国家内那样流动,在整个大市场上流动,撤除边境检查;对各种职业资格实行通用化的标准;对产品质量、税收办法、进出口的统计以及竞争的规则等方面,都作了相应的规定。

三

我们说,市场就其实质来说是特定的人际关系,不是指理论上所说的世界普遍联系,也不是指一般意义上的生产关系或社会关系。这就是说,并非人际间的一切关系都构成市场。人们之间的政治关系、亲情关系、民族宗教关系以及伦理道德关系等等,都不构成市场,因为这些关系不是以商品货币交换为基础的。权钱交易关系、吃回扣通关节式的关系、投机倒把式的团伙关系、利用职权或招牌进行欺骗和诓诈钱财等等,不仅不能构成市场,还会严重破坏市场的形成和健康发展。因为这些关系,既不具有平等公开的特性,又不讲信誉、质量和企业形象。更是违背法律制度与规范的。因此,只有以商品货币交换为物质基础,以法律制度与规范确保平等公开竞争和人们的合理权利与利益,通过产品与服务的质量、信誉而建立起来的相对稳固的经济联系,才能构成市场,才能发展市场。根据这样的理解,我们要建立、发展市场与市场经济,面临的主要任务也就非常明确了,哪些东西是应该极力避免和防范的,也就不言自明了。

当然,市场作为特定的人际关系,需要物质载体——一定场所。然而只有当人际的特定关系形成起来,这个场所才获得市场的意义;如果没有形成人际的特定关系而只有场所,这个场所就不会具有市场的意义。

法律是统治阶级意志的表现吗？

改革开放的 20 年，我国的制宪工作和法制建设已取得了前所未有的显著成绩，"以法治国"已成为全国人民的共识和迫切要求。但是，我国法学基础理论却长期陷于一个误区，即把法律的本质看作是统治阶级意志的表现。这一误区在某种程度上影响了我国的法律制定和法制建设，今天已经到了不得不彻底抛弃的时候了。否则，以法治国，岂不就成了以统治阶级的意志治国了吗？

一

我们只要简略地回顾一下人类历史上一些著名法典的形成过程就会发现，任何一部法典都不是单凭统治阶级的意志编纂起来的，事实正好相反，统治阶级的意志不得不屈从于当时的社会历史情况。

首先让我们看一看现存的古代最全面、最完整的巴比伦法律汇编，即《汉谟拉比法典》。它是巴比伦第一王朝第六代国王汉谟拉比在位期间（公元前 1792—前 1750）形成的，包括了他在位期间的法律决定，后被刻在巴比伦民族神马尔达克庙内的一座岩石柱上，共有 282 个条款，其中包含着经济条款、家庭法、刑法和民法等方面的内容，还要求刑罚根据犯罪情况和犯罪人身份的不同而有所不同。这部法典是在汉谟拉比南征北战、东征西讨中吸收了当时中东的一些主要国家，如亚述、巴比伦、拉尔萨、马里、埃什南纳等王国的法律和习俗而形成的，像苏美尔人的一批法律，早已在古代中东许多国家延续了好几个世纪,促进了整个中东地区社会文明的发展。这部法典以闪米特文字写成,其意图在于使它适用于更广泛的疆域而不仅仅是一个国家,试图把闪米特和苏美尔等各民族的传统结合起来,所以,它还包含着一些有关家庭团结、民族融洽、地区责任等方面的条款。由此可见,《汉谟拉比法典》之所以著名,是由于它本身乃是中东各民族文明相互融合的产物,是当时保持各民族稳定和相互交流以及社会历史发展的客观要求的真实写照,绝不是奴隶主统治者的意志所能决定的。

其次,我们来看一下公元前 14 世纪末形成的古希伯来人的《摩西十诫》。《摩西十诫》是摩西率领受尽埃及奴隶主欺凌的古希伯来人,逃出埃及并占领迦南之后,仿照埃及和赫梯签订的条约,在西奈山下同本族人订立的盟约。为了使大家遵守盟约《十诫》,摩西针对各种具体情况颁布了各项法令,从而形成《摩西十诫》。后来它成为犹太人的法律基础。从这个形成过程来看,摩西不是事实上的统治者,充其量不过是一万五千多希伯来人的群众首领;他们订立的盟约在当时不过是维护大家的公共利益和相互关系的行为规范,并不是统治者强加给他们的统治阶级的意志。

历史学家们奉为现代法律经典之源头的古罗马《十二铜表法》,是在公元前 451—450 年编纂的。据史书记载,由于罗马奴隶主贵族肆意压榨、掠夺老百姓,激起人民的不满和反抗。人民要求限制贵族的权力,保障平民百姓的合理权利。于是平民百姓设法组成一个十人委员会,要求废止由贵族集团控制的根据不成文的习惯法作出法庭判决的做法,草拟一部明文规定的法典,让平民百姓都可以监督法律的实施。他们遂编纂了一部法典,并在公元前 450 年公布在罗马广场的铜表上。这部《十二铜表法》,明确规定了贵族阶级和家长制的一定特权,这种规定本身比起无限定地滥用权力,就是一种限制。同时确认和保障了平民的权利,特别是有关遗嘱权利和契约权利的条款,更具有平民性。这部法典的形成起因于古罗马当时的经济繁荣和频繁的贸易往来以及人们的社会地位和经济利益的变化。它绝不是为罗马奴隶主贵族这一统治阶级所左右的。与其说它是统治阶级意志的表现，还不如说它是平民百姓反对奴隶主贵族滥用权力和保护自己的公共利益的产物。这样说更符合历史的事实。

《摩奴法典》被印度人尊称为最有权威的印度教法典，传至今天的文本，成书于公元前 1 世纪，内容涉及较广，包含宇宙起源、法的定义、圣礼、历代国王之法、入法礼、《吠陀》研究、婚配、禁忌等。法，即达摩，根据印度教的教义，既是支配人们行为的宗教伦理规范，又是不同等级、不同地位、不同人生阶段的人应该追求的人生的重要目的之一。在印度教影响下形成的《法论》，虽然广泛地论述了法庭和诉讼程序等司法行政的内容，但主要是讲面对各种难题时应该如何正确行事。《法论》的基本原则教导人们，义务重于权利、妇女永远受着男性亲族的保护、国王必须保护臣民不受伤害等等。《法论》在古代就传播到东南亚各国，并和各国的法律习惯相融合，直到今天，从根本上讲它仍是巴基斯坦、马来西亚、东非以及印度国外的印度教徒的家庭法。在印度国内，它经过立法机关的修改，也仍然有效。由此可见，像《摩奴法典》和《法论》这样的著作，大体上都出于宗教学者之手，讲述着维护人伦关系和社会关系的行为准则和追求安定的幸福生活的权利，只不过披上了宗教的外衣而已。正如马克思所说："宗教是那些还没有获得自己或是再度丧失了自己的人的自我意识和自我感觉。""宗教是被压迫生灵的叹息，是无情世界的感情，正像它是没有精神的制度的精神一样。"①在这里，我们可以说，这种披着宗教神秘色彩外衣的人间法典，除了渲染这些法典的神圣性和权威性之外，同时也

①《马克思恩格斯选集》第 1 卷，人民出版社，1972 年版，第 1、2 页。

是被压迫、被奴役的大众寻求保护自己权利而规范行为的一种精神慰藉与表现。

上述四个类型的法典形成过程，是很具代表性的，大体上可以分为三种情况：一是在古代各国的相互征讨中，各民族的习惯法相互融合，以保护各民族的团结和各民族人民的安定生活，形成了适应于一定地域的各族人民的法律典籍；二是反抗欺凌的民众和反对压迫的平民为反抗统治阶级滥用权力、保护自己的正当权益而制定的法律典籍；三是在宗教影响下，由使徒和宗教学者拟定的带有宗教神秘色彩的人们行为规范的准则。从理论上看，只有各族人民的公共利益和安全得到保护，一个国家才能稳定，一个社会才能进步。但是，这却不是历史上那些统治者所能清醒意识到的，他们常常穷兵黩武，横征暴敛，无法无天，滥用权力，引起人民无数次的反抗、起义，甚至革命。这种历史的事实要求统治阶级必须制约权力和保护人民大众的公共利益的合理权利，并相应规范人们行为的准则。由此可见，与其说法是统治阶级意志的表现，毋宁说法是人类社会文明发展程度的表现。

二

在人类历史上，似乎是有文字记载以来就有法的存在，法和人类社会有着不解之缘。因而对法的起源、法的本质、法的社会作用、法和道德的关系、法和国家的关系等问题，历代思想家、政治家、哲学家都进行了广泛、深入的思考。从他们对法的存在、本质和作用的反思中，我们会得到非常有益的启发，加深对法的本质及作用的理解。

中国古代的思想家对法及其本质与作用的看法，大体可以分为两派。一派以儒家为代表，把法看作是惩戒和防止犯罪的手段，是治民的手段，是德政的辅助性措施。《尚书·康诰》说："惟乃丕显考文王,克明德慎罚,不敢侮鳏寡,庸庸、祗祗、威威、显民。"①就是说,圣明的帝王要善于施行德政,慎用刑罚。《礼记·乐记》也说:"礼以道其志,乐以和其声,政以一其行,刑以防其奸,礼乐刑政,其极一也。"②孔子说:"道之以政,齐之以刑,民免而无耻;道之以德,齐之以礼,有耻且格。"他们把法仅仅看作是辅助治国的一种惩罚和防范的手段,不是治国的根本方略。治国的根本方略是所谓德政,即以仁义礼智信等儒家学说来治国。另一派以所谓法家为代表,把法看作是治国之根本,是确定民众的地位、权利和职责的准则,是天赋予民众的穷通得失之根本准则。墨子说:"天下从事者,不可以无法仪。无法仪而其事能成者无有也。虽至士之为将相者,皆有法。虽至百工从事者,亦皆有法。"③管仲也说:"法者,天下之程式也",即民众的行为准则。商鞅则更加明确、更加突出地阐明了法是定"分"止"乱",权衡是非功过的公平准则,即所谓"法者,国之权衡也"。他说:"昔之能制天下者,必先制其民者也;能胜强敌者,必先胜其民者也。故胜民之本在制民,若冶于金,陶于土也。本不坚,则民如飞鸟禽兽,其孰能制之?民本,法也。故善治者塞民以法,而名地作矣。"④就是说,他把法看作是统治民众的根本手段,民众的社会地位和职责,都是由法来规定的,以法教育民众,使他们明了自己的地位、职责和权利,这就是治国之根本,所以能预防民众作乱与犯罪。由此可见,中国古代的思想家对法的认识,虽然在一些细节方面互有差异和区别,但在根本上却是一致的。他们基本上都继承了夏商贵族宣扬的传统说教:法是上天的意志,是治国安邦、统治人民的手段。在他们的视野里,根本没有人民的权利和公共利益,没

---

① 《十三经注疏》,中华书局,1980年版,第203页。

② 《十三经注疏》,中华书局,1980年版,第2527页。

③ 孙诒让:《墨子闲诂》卷一《德义第四》。

④ 《商君书注释·画策第十八》,中华书局,1974年版,第137页。

有人民的主体地位,人民大众只被看作是动乱、犯罪并应予以制裁的对象。后世的帝王、政治家和思想家基本上也都继承了这个衣钵。正如宋代朱熹所说:"法者,天下之理。"①天下之理,即是"御世之辔策"。元代的耶律楚材更明确地指出,自古以来法律是一贯的,"殷、周之淳政,汉魏之征猷,隋、唐之旧书,辽、宋之遗典,非一代之法也,实万代之法。"唯有在近代,一些受西方启蒙思想影响的思想家,才开始承认法是"调剂个人利益与社会利益"之准则②,是"自由自治"之规矩绳墨③,是"人民之保障"。但是,他们仍然认为,国家才是法的主体,"国立所以为民而已";法是国家长治久安、安邦牧民的远大谋略。中国人对法的看法,长期受着中国社会的传统经济状况的制约。分散的小农经济,无力抵御自然灾害,也无力反抗社会的压迫,人民只能盼望从"上天"、从主宰自己命运的统治者那里得到阳光雨露。这也就造成了对法的歪曲的理解。

　　同中国的思想家的观点形成鲜明对照的是,古希腊的思想家们从一开始就把人民的主体地位和人民的公共利益摆在了核心的地位。古希腊辩证法大师赫拉克利特说:"人民应当为法律而战斗,就像为城垣而战斗一样。"为法律而战斗,就是同残暴的统治者进行斗争;为城垣而战斗,就是为保卫城邦国家同侵略者进行战斗。这里已蕴含着人民才是法律的主体的思想。被马克思誉为"第一位百科全书式的学者"的德谟克利特把这一宗旨表述得更加明确:"法律的目的是使人民生活得更好。"这就是说,法律要保护人民的公共利益和权利。亚里士多德更加全面系统地论述了法的本质和作用,他说:"法律……

①《朱子大全》文六九《学校贡举私议》。
②《孙中山全集》,中华书局,1982 年版,第 15 页。
③梁启超《饮冰室合集》第 3 册,中华书局,1982 年版。

是源于一种实事求是的智慧和理性的规则”，如果说应该“由法律遂行其统治”，那就是说，唯独 “理性可以行使统治”，假若由某人根据自己的意志来治国，“这就在政治中混入了兽性的因素……这就往往在执政的时候引起偏向。法律恰恰正是免除一切情欲影响的理性的体现。”①这里所说的法律的合理性或完善性，就是指法律能够并足以维护民众的公共利益和权利。亚里士多德的思想，成为后世许多思想家和政治家的思想典范。如古罗马的西塞罗、普鲁塔克、马尔库·奥勒留等，他们认为，法律的“最根本的要点”，是像教育那样，使民众形成的行为准则永远符合正义原则，从而使人民能够自尊自重，体面地生活，从而促进社会福利，促进国家政治结构正常发挥作用和运转，促进社会继续向前发展。这“就是人类理性的特征”②。甚至，中世纪的神学权威托马斯·阿奎那也继承了亚里士多德的精神，他说：人间的法律，“是一种借以指导人类行动的理性的命令”，法律的“规则或标准则是靠将它用于那些受其支配和测度的人们而得以实施。因此，为了使法获得其特有的约束力”，法律必须是以人为主体，并引导人们向善的行为规范的理性准则③。法律的“更改只有在它达到有利于共同福利的程度时才是正当的。”谁能相信，这些思想竟出自于一个最有影响的神学家之笔呢！

只是在近代，一些思想家才开始把法律看作是意志的表现。洛克认为，“自然法也就是上帝意志的一种宣告”，但是同时他还说：“法律除了为人民谋福利这一最终目的之外，不应再有其他目的”④。启蒙主

①亚里士多德：《政治学》，人民出版社，1287a28。

②马尔库·奥勒留：《沉思集》，人民出版社，XI，1。

③见阿奎那：《神学大全》，人民出版社，I-II，97，1；90，4。

④洛克：《政府论》下篇，人民出版社，XI，135，143。

义思想家伏尔泰、卢梭也认为，法律是公共意志的体现，是公民权利的保障。近代哲学思想集大成的黑格尔更加深入地从理论上论证了上述思想，他说："法的基地一般来说是精神的东西，它的确定的地位和出发点是意志。意志是自由的，所以自由就构成法的实体和规定性。至于法的体系是实现了的自由的王国，是从精神自身产生出来的，作为第二天性的精神的世界。"①在黑格尔这段晦涩的论述中，包含着许多合理的思想。首先，自由，作为法的实体和规定性，是意志的根本规定，这种自由意志不是任性，不是为所欲为，而是通过理智到达思维的发展过程中的种种规定的产物；所谓种种规定，就是把人作为主体，作为特定的存在的必然性，并把这一认识普遍化，变成理性的公理。因而法始终蕴含着理性的精神。其次，"意志只有作为能思维的理智才是真实的、自由的意志。"②而自由只有作为自我规定自身，同时在对他物的关系中保持着自己，并把自己当作普遍性上升为唯一最高的准则。这种"自为地存在的意志……就是人"。因而，法的命令是"成为一个人，并尊敬他人为人"。这就是说，法律不仅抽象地肯定了人的主体地位，而且在现实上承认了人人在法律面前的平等，承认了人作为公民的法律地位。再次，黑格尔也指出了，法首要的是"自由以直接方式给予自己的直接定在"，所谓定在，在这里主要是指人的现实存在不可或缺的权力，即保障生存的所有权、契约关系中的人格权（即独立法人的人格权）以及诉讼权等。换句话说，法律首要的任务是保障公民的合理的地位、财产和权力。由此可见，近代的思想家们在意志的背后，看到的是人民的自由、地位和权力，没有简单地把意志归结为统治阶级的意志。在他们看来，法作为人类社会文明的表

①黑格尔：《法哲学原理》，商务印书馆，1982年版，第10页。
②黑格尔：《法哲学原理》，商务印书馆，1982年版，第31页。

现,标志着人民对自身地位、权力和利益的自觉程度,标志着人民对社会公正和正义的理解与维护的水平。

尽管西方思想家们的论述,有掩盖法的阶级本质之嫌,有把法理想化和美化的片面性,但是他们对法的理论反思,对我们来说,既具有思想启蒙的意义,又具有理论借鉴的价值。

三

在我国的法学教科书、法律文件和法律辞典中,总是把法看成是"由国家制定或认可,体现统治阶级意志,以国家强制力保证实施的行为规则的总和"。同时还认为,"统治阶级以法规定人们在社会中的权利和义务,使一些重要的社会关系具有法律关系的性质,以便巩固和发展有利于自己的社会关系和社会秩序。"[①]在这些关于法的文字说明中,我们可以看出,按照这种说明,(1)国家才是制定、认可、实施和维护法律的主体,而不是人民大众;(2)统治阶级的意志就是国家的意志,而国家的意志必然通过国家领导人和政府官员(包括立法和司法官员)的意志体现出来,因而在这种对意志的理解中,绝对没有出自对社会公共利益和人民的独立自主的认同而形成的理性原则;(3)人民大众的社会地位以及与此相关的权利和义务,是由统治阶级根据自己的意志来规定的,而不是由社会状况和经济状况的历史发展自然形成的;(4)法律的效力,是靠国家的强制力,即国家的暴力来维持和保证的,而不是靠法律符合人民大众的公共利益,并被人民大众自觉遵守的理智的约束力;(5)法律的最终目的,是巩固和发展有利于统治阶级的社会关系和社会秩序,而不是维护和保障人民大众的社会主体的地位及其权利,不是要把人民大众变成具有独立法人

---

① 《简明社会科学词典》,上海辞书出版社,1982年版,第667页。

地位的自由人。如果以这种理解作指导来贯彻"以法治国"，那会得出什么样的结论呢？"以法治国"岂不就成了以统治阶级的意志来治国，或者说，是以国家领导人和政府官员的意志来治国吗？这样的思想和中国思想史上对法的传统认识倒是一脉相承的。

只要我们看一看马克思对这个问题的看法，上述思想同马克思的思想之间的显著区别，就会不言自明了。马克思和恩格斯在批判费尔巴哈的哲学观点和所谓"真正的社会主义"的各式各样的代表时写道：国家，实际上不外是统治阶级为了在国内外保障自己的财产和权利"所必然要采取的一种组织形式"，因而"国家是属于统治阶级的各个个人借以实现其共同利益的形式"，但它却采取了凌驾于社会之上并代表全社会的虚假形式，"一切共同的规章都是以国家为中介的"，"由此便产生了一种错觉，好像法律是以意志为基础的，而且是以脱离现实基础的自由意志为基础的"①。社会现实的财产关系和权利关系，被这种错觉看作是脱离现实基础的、纯粹凭主观意愿的，即取决于关系双方意志的法律上的缔约关系。马克思说，这是一种"把权利归结为纯粹意志的法律幻想"②。因为，这些财产关系和权利关系，完全取决于不以人们的意志为转移的客观现实的生产方式的发展和变革。其实，在人类历史上，不管各个时期和各个地区的所有权和法律形式如何不同，但它们都不过是和它们的生产方式相适应的一种表现形式。"随着新生产力的获得，人们改变自己的生产方式，随着生产方式即保证自己生活的方式的改变，人们也就改变自己的一切社会关系。""人们按照自己的物质生产的发展建立相应的社会关

---

①马克思恩格斯：《费尔巴哈》《马克思恩格斯选集》第1卷，人民出版社，1972年版，第69-70页。

②《马克思恩格斯选集》第1卷，人民出版社，1972年版，第71页。

系,正是这些人又按照自己的社会关系创造了相应的原理、观念和范畴。"①因而,法律和经济学、政治学的观念一样,都是"现实社会关系的表现,即理论抽象",而绝对不是自由意志或统治意志的表现。马克思在《资本论》中还指出,在商品经济条件下,"生产当事人之间进行的交易的正义性在于:这种交易是从生产关系中作为自然结果产生出来的。这种经济交易作为当事人的意志行为,作为他们的共同意志的表示,作为可以由国家强加给立约双方的契约,表现在法律形式上,这些法律形式作为单纯的形式,是不能决定这个内容本身的。这些形式只是表示这个内容。这个内容,只要与生产方式相适应、相一致,就是正义的;只要与生产方式相矛盾,就是非正义的。"(《马克思:《资本论》,第3卷,人民出版社,1973年版,第379页)就是说,商品交易中的双方契约的法律关系,看似纯粹是当事人的意志行为,其实这种交易是从生产关系中作为自然结果产生出来的;不是法律形式决定这种生产关系,而是这种生产关系决定了法律形式的内容。法律形式本身的合理性最终也取决于它对生产方式的适应程度。

从马克思的论述中我们可以看出,我国法律界关于法是统治阶级的意志的表现的理解,是和马克思主义的理论南辕北辙的,是一种影响我国政治生活很长时间的唯意志论。

正是这种对法的错误理解,造成了法制建设进程的迟缓,造成了我国立法和执法的实践出现一些失误。首先,这种错误理解把国家作为法的主体,而人民大众被排斥在主体之外,这就把人民大众摆在了该由法律制约或制裁的对象的地位,即执法的对象的地位;相反,政府的各级官员,作为国家的代表,倒成了法律的代言人、执行者和"护

---

① 马克思:《政治经济学的形而上学》《马克思恩格斯选集》第1卷,人民出版社,1972年版,第108页。

法神"。所以，政府官员的讲话、政府的决定等，都具有法律效力。这种状况使人民大众以异己的眼光看待法律，尽量和法律、法庭保持距离，认为"法律和法庭一旦找上家门肯定不是好事"。在司法实践中，人民群众很难参与对案件的辩论、审理和判决的过程，即使像现在有些地方邀请群众到庭，也仅仅是作为旁听者，在法庭上并没有发言权。特别是有些案件的审理，仅仅是走一下法律程序，实际的审理和裁决在开庭前早已由官员们决定了。整个执法过程都体现着官员的主体地位。事实上，只有人民大众才是立法、执法和维护法律尊严的主体。否定人民的主体地位，就必然会造成执法的腐败。

其次，这种错误理解，把法律的根本宗旨和最终目的，不是看作维护人民的主体地位和人民大众的利益和权利，而是看作维护统治阶级的意志，维护和巩固有利于统治阶级的社会关系和社会秩序。这就为政府官员和执法官员作为统治阶级的代表，为千方百计地维护官员阶层的利益和地位，找到了"法律依据"。换句话说，这种错误理解给官员阶层的形成提供了法理依据。官员阶层的形成，就使一切有利于人民大众的政策、法令及其实施，都受到官员阶层利益的扭曲。例如，凡涉及各级官员的案件，常以削掉官衔代替法律制裁，或以"没有功劳还有苦劳"为借口减轻法律处罚等等。

再次，这种错误理解，把法律的权威性和效力，看作是单纯靠"国家强制力"，即国家暴力来维持和保证的。事实上，暴力只能一时起作用，只能起 定的威慑作用，但却不能杜绝犯罪，不能禁止人们钻法律的空子。如果一个国家的秩序和法律长期只能靠暴力来维持，那么暴力只能产生专制，而不能造成法治国家。人民大众认识自己的地位、权利和义务，并自觉遵守维护自己的地位、权利和义务的法律，才是法律权威性的最有效的保证。因为绝大多数人都不会违背自己的利益来行事。正如亚里士多德所指出的，要实现法治，其一是大家都服从自己的公共利益,即服从法律,其二是大家服从的法律必须是公正的完善的。因为,没有正义就没有权威。只要人民大众都理解法律、遵循法律,并自觉运用法律来维护自己的权利,任何违法犯罪现象都会像过街老鼠,人人喊打,就找不到逃避法律制裁的避难所。官员如果违法乱纪、贪污腐败,在众目睽睽之下,也会成为千夫所指的罪人,不难加以揭发和监督。而人民大众不被视为主体,无权参与法律的执行过程,就不能自觉起来捍卫自己的权利,维护法律的权威,从而使滥用权力、妨害司法公正成为可能。

总之,我国要实现法治,依法治国,就必须在观念上彻底抛弃对法的错误理解。否则,依法治国只能是一句空话。我国古代思想家早就提出过"以法治国"的方略,但两千年来实际上搞的是人治,这样的老路再也不能继续走下去了。

信念的形成

一、信念的认识论来源

信念,不是人与生俱有的,而是后天形成的。信念常常被人们看作心理学的范畴,当作内心活动的一个环节或表现,并不认为信念是认识论的范畴,是认识发展的必然结果。这样就把信念变成了无源之水、无本之木。事实上,有了一定的科学认识,才能有信念。没有任何科学认识,就不会有信念,只能有信仰。

人们之所以无法给信念做出一个确切的认识规定,这是由于长期的认识论偏见造成的,人们长期都把理性降低为知性,把知性混同为理性,这就使许多问题得不到正确的认识和说明。几千年来,人们都把认识过程看作是两个阶段——感性认识和理性认识。从古希腊早期哲学家开始,绝大多数人都是这样。赫拉克利特把认识分为对可见事物的认识——感觉和对真理的认识——思想;德谟克利特则进一步把认识分为暗昧的认识(感觉经验)和真理的认识(理性认识);古希腊哲学集大成者亚里士多德,同样把人的认识过程看作是由感性经验和理性知识两个阶段构成的。 直到欧洲近代的经验论者和唯理论者也都没有跳出亚里士多德的思想框架。德国古典哲学家们(康德除外),也还是在这个思想框架内打转,康德虽然提出了感性、知性和理性三个阶段,但把理性认识看作是对超验本体的认识,而不是对客观世界的认识,不是感性和知性的深化,并认为理性必然陷入不可解决的矛盾,因而他不能正确阐明三者的关系。时至今天,我们的认识论思想仍然在古代人的思想窠臼里不能自拔，不能超越几千年的思想框架。这正是我们不能认识信念的认识论根源之所在。

马克思主义哲学教科书，虽然把实践和辩证法引入认识论，使认识论发生了革命性变革，但对认识阶段的分析仍停留在亚里士多德的思想框架内，因而使许多马克思主义者在实践过程中陷入了失败和错误的泥潭。错把知性知识当作理性智慧，用于指导实践，就不可避免地要犯这样或那样的错误。

其实，人类的认识过程经历了三个阶段，即感性知识（感性经验），知性认识（知性知识，一般的实证学科），理性认识（推理论证、综合统一性的认识）。这三个阶段都需要并能够回到实践中去，或经受检验，或充实完善，或指导行动。但其结果是大不一样的。列宁在《哲学笔记》中曾指出，在最初的、最简单的抽象（即认识的知性阶段）中，就已经存在着人类认识的二重化，即把存在和一般概念、观念，如桌子和桌子概念、世界与世界概念（例如神）、物与"本体"、规律与"逻各斯"等等，都看作是单独的存在；即使是在最简单的抽象概括中，都有一定的幻想成分，并使这种抽象概括脱离活生生的事物，变成独立存在的"实体"。①列宁在另一处又指出："人的认识不是直线（也就是说，不是沿着直线进行的），而是无限地近似于一串圆圈、近似于螺旋的曲线。这一曲线的任何一个片段、碎片、小段都能变成（或片面地变成）独立的完整的直线，而这条直线能把人们（如果只见树木不见森林的话）引到泥坑里去……"同时他强调指出："哲学唯心主义是把认识的某一个特征、方面、部分片面地、夸大地……发展（膨胀、扩大）为脱离了物质、脱离了自然的神化了的绝对。"②列宁的这些论述，深刻

①《列宁全集》第38卷，人民出版社，1959年版，第420–421页。
②《列宁全集》第2卷，人民出版社，1960年版，第715页。

地揭露了知性思维的弊端，知性思维把它获得的一个概念、一个观念，不是当作认识过程的一个方面、一个片断、一个小阶段，而是片面地夸大、膨胀为最高的绝对的真理；这种知性思维把人的认识发展不是看作螺旋式上升的经过否定之否定的无限过程，而是当作直线式的，看不到知性知识有待于发展到理性认识。这就使持有这种知性思维的人常常陷入泥坑，甚至走向唯心主义的道路。

二、认识的三个阶段

随着现代科学技术的进步以及现代科学技术提出的新的问题，人类认识过程的各个阶段的分化，也越来越明晰地展现在人们的面前。

人类认识的初级阶段是感性认识，其形式是感觉、知觉和印象，获得的结果是感性经验。如果我把这种感性经验，运用到实践中去作为我们行动的指导，就会犯经验主义错误。

第二阶段就是知性认识，其形式表现为形式逻辑的概念、判断和推理，其结果是获得各项知识和观念，即对事物的各个方面、各个功能、各个因素、各个结构的分门别类的认识，因而它具有抽象性、片面性和凝固性的特征。因为，知性认识把同类事物中的某一方面的共性抽象出来，形成某种概念或某种判断（包括定律或规律性概括）。这些执行知识都是从同类事物现象中抽象出来的某一种共性的概括。这种概括舍弃了事物的丰富性、完整性，只抓住了某一方面；这种概括，也忽视了事物的条件性和变动性，把论述的这一共性变成凝固不变的观念。这种知性认识教给人们一种在两极对立中思维的方式。

如果我们把这种知性观念运用到实践中去，虽然在某个有限范围内可能一时有效，但在整体上必然导致人们从一个极端走向另一个极端。我们在社会主义革命和建设过程中所犯的一系列的错误,无一不是和这种知性的思维方式相关联。这种知性认识和知性思维方式不会引导我们正确地、全面地总结历史的经验教训,不会使我们从错误和失败的困境中找到通往胜利的正确道路。因而,一个国家,一个政党,如果陷入知性思维方式之中,就只能在黑暗中摸索,到处碰壁。可见,这种知性思维方式,容易使人犯教条主义和极端主义的错误,因为这种思维方式就在于抓住一条原理,就把它当作一切,当作全体,当做绝对,而忘记了它的条件性和限制,从而使人的思想走向绝对化、僵硬化。例如,对待马克思主义哲学的态度,我们长期强调运动变化的绝对性、矛盾斗争的绝对性、阶级斗争的长期性等等,而忽略了这些原则地使用条件和范围,更忽略了马克思主义哲学的其他原理的作用,于是把马克思主义哲学简单地理解为"斗争哲学",并在实践中不断地搞"群众运动",与天斗,与地斗,与人斗。这样做的结果,必然是斗争的绝对化、扩大化、极端化,从而完全违背了马克思主义哲学的适度原则和辩证否定观等一系列原理,走向了自己愿望的反面,造成天怒人怨的悲剧结局。因此,不了解知性认识的特点,就无从知道我们所犯的错误的认识论根源。正如孟子所说:"以其昏昏,使人昭昭",①岂不难也哉!

人类认识的高级阶段是理性认识,其表现形式是原理、理论、学说。理性认识的结果是形成人们的理念。理性认识的特征是:(1)具体性。它不是对同类事物的某一方面的共性的概括,而是对事物的各个方面以及事物相互关系的综合统一的理论性把握,是各种规定性的综合统一,是运用各种逻辑形式在观念上重现事物及其规律的具体性,即理性的具体;(2)完整性。它不是对事物的某一方面的知识,而

———————

①《孟子·尽心下》。

是对种种相关知识的系统完整的把握，是在积累各种知识基础上得出的统摄各种知识的原理性认识，因而它具有系统性和完整性。（3）深刻性。由于它把各种规定性统一起来，把握了事物的本质和规律性，把握了事物的发展历史和逻辑联系，将各种知识统摄起来，把历史和逻辑统一起来，把本质性和功能性知识同其社会效益与价值取向统一起来，从而达到一个更高的认识境界，所以它具有更高的深刻性和全面性。这种理性认识教给人们一种辩证的发散性的思维方式，即在对立中看到统一，在统一中看到对立，在合理中看到现实性，在现实性中看到发展的趋势，在肯定中看到否定，在否定中看到前途与曲折。达到这种辩证思维的高度，才能处于乱世而不惊，风云变幻仍从容；才能掌握全局，处之泰然；才能具有无限的创造活力。达到辩证思维的高度，是一个人、一个政党、一个国家完全成熟的思想标志，是迈向发展坦途的思想前提。

三、理性和知性的区别

理性认识和知性认识之间有很大不同，其主要区别在于：

第一，理性和知性的基础、对象、结果和思维方式均不同。知性以感觉经验为基础进行抽象概括，而理性是以知性知识为原材料进行理论性思维的；知性是以事物的某个方面（或属性，或结构，或功能，或本质等）为对象，而理性则是以事物的多种规定性统一的整体为思考的对象；知性认识获得的是知识、观念，而理性认识则是对知性知识作整体性的再思考，即全面的反思，获得的是理念。知性教给人们的是一种或是或非的形而上学思维方式。理性认识则教给人们一种辩证的思维方式，这是一种在融会贯通、明智达变基础上的思维。这种理性认识，正如《周易》所说："知周乎万物而道济天下，故无过。"①就是说,知识广博,备于万物,由知识而来的道德才足以匡济天下,行为才不会走极端,出偏差,这样的德识才能成为行动的指南。因为,"一阴一阳之谓道",②"立天之道曰阴曰阳"。③就是说,世界的根本规律是阴阳的对立统一、矛盾变化,运动变化才使万物有了生机。同时《周易》还说:"天地之大德曰生",④天地最宏大的德,就是化生万物,使万物生机盎然,欣欣向荣。因此,这几段话的完整意思就是,按照世界的根本规律(矛盾运动规律,即所谓道)指导自己的行动,使万物欣欣向荣。这是最高的道,也是最高的德。在这里,知和行,道和德,都内在地统一起来,所以能成为人们的行动指南。这里所说的这些特点,正是理性认识所具有的。

第二,知性认识只能得到知识,而理性认识才能得到智慧。知性认识,只是指证式的知识,不包含融会贯通、明智达变、权衡利弊的内容。如孟子所说:"梓近轮舆能与人规律,不能使人巧。"⑤荀子也说:"凡人之患,蔽于一曲而暗于大理。"⑥大理,即全面的根本道理。平常人只有一些知性知识,而不懂得理性认识,不懂得全面的根本道理。凡要做大事的人,或担负历史重任的人,都不能被局部的知识所蒙蔽,应有全面的知识或全面的分析问题的能力,才能掌握全局,掌握方向,否则就会像瞎子摸象,抓住一点,不及其余,必然会误国误民。

理性认识则是经过了逻辑上的全面论证,即从一个原理推论、演绎和论证另一个更高的原理,从结构、功能、属性的论证演绎出社会

①《周易·系辞上》。
②《周易·系辞上》。
③《周易·说卦》。
④《周易·系辞下》。
⑤《孟子·尽心下》。
⑥《荀子·解蔽》。

效益、价值取向、意志追求的论证,形成理论网络,各原理相互印证、相互连接,构成全面的完整的理念,构成理论思维,才能达到融会贯通、明智达变、权衡利弊的高度。只有理性认识才配称为智慧。中国古代的智者老子说:智慧在于覆载、包容一切,"窈兮冥兮,其中有精"。[①]在广博幽深中蕴含着无限的生机和化生万物的奥秘。只有德智超群的人,才能覆载一切,并使人尽其才,物尽其用,故"无弃人,无弃物",[②]无往而不胜。老子认为,这才是遵循了道的智慧。郑板桥也曾明确指出,知识只能带给人们功利,知识加上品德(即价值取向是向善的),才能称为智慧。他说:"夫读书中举中进士做官,此是小事。第一要明理,做个好人。"[③]他把读书,掌握一些知识,能做官,获取功利,当作人生中的小事;而把深明道理,规范自己的行为和品德,做一个高尚的人,当作是人生头等重要的大事;只有这样的人才配称为有智慧的人。由此可见,理念和知识(包括一般观念)的区别正在于理念总包含着为社会全局和人民利益的价值取向的内涵。

第三,知性认识是对感性认识的具体化、生动性的否定和背离。而理性认识则是对知性的抽象性、片面性和凝固性的否定,是对感性的具体化、生动性的回归。但是在理性高度上重现具体性,是对感性和知性的扬弃,包含着前两个阶段所取得的一切收获物和丰富的内容。正如黑格尔所说,理性认识既保留了一切理论都具有经验来源,"没有什么理解了的东西不是在经验里",[④]又保留了一切理论赖以建立的知识形式。一切理念的真正基础,就在于否定性的认识进展,即

---

①《老子·十六章》。
②《老子·二十一章》。
③《郑板桥全集·家书》。
④黑格尔:《精神现象学》下卷,商务印书馆,1979 年版,第 268 页。

对感性经验和知性知识的扬弃。他还指出,"一切真正的东西"(包括理念、智慧),本身都具有"自身的否定关系",即经过自身的否定之否定而发展起来的。也就是说,理念经过自身否定关系中介的真正智慧,蕴涵着一切发展的丰富内容,是认识辩证运动的新的起点和源泉。正如孔子所说:"物有本末,事有始终。知所先后,则近道矣。"①就是说,理性认识不仅知其然,还要知其所以然,知其来龙去脉;不仅要认识它是什么和为什么,还要认识它的经历、过程和发展趋向,掌握其意义和价值。这样才能达到事物的根本道理,达到智慧。

由此可见,理念的具体性,恰恰在于它对前面两个认识阶段的否定性综合,并给自己划出一个自身实现的实践范围和意向性的景象。因此,理念的具体是具有现实合理性的具体性,它更有利于实践,更容易回到实践中去。因为,理念包含着指导人的行为的"效益原则"和"价值原则"。理念的形成和发展,就是以理论形式展现人的有意识、有目的行为的趋向,即展现实践的现实性和实践的方向。在这里,理念的具体性直接表现为它的现实性。现实性包括丰富的内涵,既包括客观实际状况,被规定、被中介的存在,合理的必然性,又包括人的有目的创造性活动——实践。这些方面的丰富性,同时也是理念具体性的内涵。从理性和知性的这些区别来看,理性优于知性,是不容置疑的;理性作为认识的高级阶段也是不能漠视的;一切具有健全理性的人都不会再重复古希腊传统教给我们的教条。

四、信念是理念的扩展和升华

人类的认识,由感性经验上升为知性知识(观念),再上升到理性理念的高度,才算完成了一个事物的认识过程。在这个过程中,每一

---

① 《大学》,一章。

步的认识都需回到实践中去,经受检验、补充、修正、完善,并不是整个过程完成后才能回到实践中去。但是,只有理性认识再回到实践中去,才能给人们提供全面、正确的理论指导,才能使人们正确地发挥主体的能动性与创造性。然而,在现实中,人们往往达不到理性理念的高度。一些人在感性阶段便停步不前了,以感性经验为满足;一些人到了知性阶段,便以为自己无所不知了,不再前进了。只有那些不畏劳苦,不断攀登,不懈地追求真理的人,才有可能达到理性理念。

只有在理性理念的基础上,才有可能形成科学的、崇高的信念。理性认识是信念形成的基础,信念则是理性认识——理念的实际应用和拓展。理念的一切特性全部都带给了信念。但是,要把理念转变为信念,还需要实现理念的各种谋略和手段的形成,还需要有主体认识和把握理念所蕴涵的价值取向,还需要有主体为实现理念而磨炼成的坚韧不拔的意志等,都不过是实践的一些必要环节,理念才能变成信念,而且是科学的、崇高的信念。

当理论还停留在纯粹精神领域,即完全是"精神"而不以实践为目标的时候,它仅仅是一种理念;它一旦涉及实践目标与谋略,涉及价值取向和意志追求,就成为一种信念。因为,理念加上实践的各个环节,即二者结合起来,就确定了人生的理想目标,就确定了是非善恶的标准,就确定了人的行为的准则和方向。

中国古代先哲们已经注意到理性认识和信念以及人的行为和道德的关系,在他们的思想中已经蕴含着由理念到信念的天才猜测。《周易》说:"知至至之,可与言几也;知终终之,可以存义也。"[1]就是说,知识不仅在于知道是什么,而在于树立远大目标,知道目标就要努力实现,这样的人才可以讨论精深的奥秘;知道事物的终结,就要

---

[1]《周易·乾卦第一》。

及时终结,这种人才能懂得如何保持适宜状态,懂得事物存在的意义和价值。这种人才能修德敬业,居高位而不骄,居低位而不忧,才是最有智慧的人。孔子也说:"大学之道,在明明德,在亲民,在止于至善。"①他告诉我们,人世间的最高学问,最大的智慧,不在于获得关于客观事物的这种或那种知识,即这个学科或那个学科的知识,而是善于运用各种知识,即把中华民族的优秀传统精神文化发扬光大(即明明德),维护人民大众的利益(即亲民),追求和建构公平与正义的理想社会(即止于至善)。在这段论述中,既包括了行为的方向和目标以及行为的立场和意志,又包括了行为的价值取向和追求。因此,我们可以说,理性认识对它的经验对象和知性知识的扬弃的辩证过程,就其产生新的真正的理论对象而言,恰恰就是人们为它们为自己建构一种信念的辩证过程。信念不是人类认识的一个独立的阶段,只是理性认识即理念的一种实际应用,它给人们提供了人生理想目标、社会价值取向和社会精神支柱。为科学、崇高的信念而奋斗,就成为人们的最好的精神归宿。黑格尔在《历史里的理性》一文中曾说,人的第一个觉醒,就是人通过实践获得的人生目标、价值追求和精神归宿的意识。精神比自然产物更高贵、更荣耀,就在于信念。信念继承了理念高于知性知识的一切优点,它把主观和客观统一起来,把理论和实践统一起来,把现实和可能(未来)统一起来,因而,信念是人们现实生活中一股无形却实在的力量,它通过人的实践成为人自己创造自己、自己发展自己的灵魂。同时,它为理念在客观现实中的实现,为实践与理论的交互作用,提供了保证和动力。在这里,信念使实践从那种在意识以外的客观规律的强制性,发展成为人的主观经验和主观自觉性;信念作为人的实践的指导和目的,把阐述客观规律的理论和实践理论

①《大学》,第一章。

的实践统一起来了。没有实践,没有实践的价值追求、谋略技巧和意志磨炼,理念永远还是纯然的理念,理念不会自动变为现实。正如庄子所说:"学道而不能行谓之病。"①就是说,学习知识,明了道理(规律),但不能去实践,不去实际遵循规律指导自己的行动,这就是一种病态,一种不正常的状态,一种有欠缺、无结果的状态。但是理念一旦掌握了人民群众,就会变成为信念而奋斗的强大的物质力量。

信念所包含的理念的现实性和实践性,只有通过人的实践才能得到展现,因为,促使理念转变为信念的那些条件——行动谋略和手段、价值取向与追求、主体的意志等,其实都是实践的环节。因此,实践乃是理念"现实化的外推"(黑格尔语),即理念的实行过程。也就是说,建筑在现实性上的理念的实现过程,是通过一个行为连接另一个行为的具有程序性的运动来完成的,是通过行动推理来完成的。在这一过程中,行为的逻辑程序和理念所阐释的事物的客观本质及发展规律,必须是统一的;行为的逻辑程序及其各环节,只能加以重复,不能被撤销。人的实践,必须亿万次地使人的有目的性的活动去重复各种不同的逻辑的格,以便这些行为逻辑的程序和格式能够获得特别的巩固性和公理的意义。正如列宁所说:行为逻辑表明,"人的实践经过千百万次的重复,它在人的意识中以逻辑的格固定下来。这些格正是(而且只是)由于千百万次的重复才有着先入之见的巩固性和公理的性质。"②所以,实践具有普遍性的品格,它才获得最高的最有权威的逻辑地位。同时,实践又具有直接现实性的品格,它不仅是与客观存在关联着的有内容的生动的感性的具体的活动,而是对于同客观现实具有感性关联的人的本质力量的肯定,是人的合目的性的社会

---

①《庄子·让王》。
②《列宁全集》第38卷,人民出版社,1959年版,第203页。

行为的"直接现实化"(马克思语),是人的创造行为的直接负责的确证。正是由于实践的这些特性,理念经过实践的充实、补充、检验、完善,才得到确证,才转化为人的巩固性和公理性的信念。不能与实践相一致的理论(理念),不能经受实践检验的理论(理念),一定站不住脚,一定不会开花结果。不能以理论(理念)作证明、作指导的实践,一定要失败,只能在黑暗中摸索。由此可见,作为理论与实践的辩证统一的信念,必然会发展成足以动员起千百万人民群众为自己的理想目标、为自己的利益和价值而奋斗的激情。

总之,信念的形成过程表明,人脑与人的精神及其信念,是世界发展的最先进、最高贵的成果,任何所谓最新的科技先进成果,都不足以和它相媲美。这不仅仅因为,人脑与人的精神及其信念,是无法重复、无法复制的,独一无二的;而且是因为,如果没有高尚的精神和信念的指导及支撑,任何科技成就都有可能被滥用,不是给人类带来福利,而是带来灾难。因此,人类要特别珍视自己的精神和信念。

马克思主义人文精神的内涵及现实意义

近年来,关于人文精神的议论,已经很多、很普遍了。以人为本、尊重人权、尊重个性等等,已成为一些行政部门、生产厂家、商家的口头禅。人文精神,甚至成为一些高等院校教育改革的基本取向。但是,有多少人认真思考过什么是人文精神?人文精神的精髓是什么?本文试图对这个问题进行一些探讨与回答,并从中挖掘对于我国现代化建设事业发展的深远意义。

一

人文精神,就其直接的来源而论,起源于欧洲文艺复兴时期的人文主义思想;就其思想渊源来说,则是整部哲学思想发展史孕育的结果。几千年来的历史证明,虽然人在自然力量和社会力量面前非常脆弱,地震、海啸和洪水泛滥都把人的生命无情的碾碎;历史上无数次战争、大面积灾荒疾病、频繁的改朝换代的权力争斗以及殖民主义的掠夺,大量吞噬着人的生命。但是,人类并没有被杀绝、被压倒,从苦难和灾害中不仅重新站立起来,更创造了光辉灿烂的人类文明。是什么力量,使人能够战胜苦难和灾害? 是什么原因,使人类永远充满着勃勃生机,创造着更高级的文明? 为了寻求这个谜底,中外许多思想家几千年来上下求索,做出了不懈的探讨。有的强调人的理性力量,有的强调人的意志与欲望,有的则强调人的伦理信念,有的则注重人的非理性本能等等。围绕着人的本质、人与自然的关系等问题提出了种种假说与理论,为人类认识人本身积累了宝贵的精神财富。

在欧洲"文艺复兴"时期,由于基督教神学在一千多年的统治中以神为本,一切世俗的领域和学术,都成为神学的婢女;人世生活被看作囚徒的赎罪历程;神权、神性被看作是社会的主宰。人文主义思想的代表们勇敢地提出了以人为本的纲领,用人学代替神学,用人性代替神性,用人权取替神权。他们反对封建桎梏,提倡人的自由、平等,要求个性解放:但丁在《神曲》中喊出,社会应当是以人为本的世界,"人的高贵,就其许许多多的成果而言,超过了天使的高贵。"凡人,我只要求凡人的幸福"。①正是这些人文主义者的活动,掀起了社会科学(人文科学)的蓬勃发展。

人文主义思想的兴起适应了当时资产阶级走上历史舞台的需要,为资产阶级摆脱封建神学桎梏清除了道路,在人类思想史上起了积极的进步作用。此后在很长的历史时期里,人文主义思想席卷了全球,并在 16 至 18 世纪达到了高峰。这种思想为什么得到传播、推广,并上升为一定历史时期的主流思想呢? 这主要是因为它适应了资产阶级革命的需要。但是,由于资产阶级的阶级狭隘性及其历史局限性,他们把自私自利当成人的本性,人性在于趋利避害,私有制是人权的集中体现。也就是说,他们把资产阶级的本性当作了一般的人性和人文精神。这是对人文主义的严重歪曲。

只有马克思主义在历史唯物主义基础上,才挖掘出人文主义思想所蕴含的合理内核。马克思针对资产阶级思想家总是从理性、欲望或心理因素解释人性和人的本质的错误观点,批判地指出:"但是,人的本质并不是单个人所固有的抽象物。在其现实性上,它是一切社会

---

① 《从文艺复兴到十九世纪资产阶级文学艺术家有关人道主义人性论选辑》,人民出版社,1957 年,第 3 页,11–12 页。

关系的总和。"①这就是说，人不是可以用理性分析、逻辑概括就可以寻找到本质的存在物，因为撇开历史的实际进程，抛弃人的现实存在，把人假定为一种没有任何现实社会联系的孤立的抽象个体，这种抽象的个体是不存在的；或者把人理解为一类存在物，那也是虚假的共性。要探讨人的本质或人的本性，只有到人本身的存在方式和存在状态中去寻找。因此，马克思给我们指出了研究人及其本质的现实道路和正确的历史唯物的方法。

马克思在《德意志意识形态》中批判费尔巴哈和青年黑格尔派时指出："任何人类历史的第一个前提，无疑是有生命的个人的存在。这些个人使自己和动物区别开来的第一个历史行动，并不是在于他们有思想，而是在于他们开始生产自己所必需的生活资料。"生活资料的生产方式决定着他们的生活方式，个人是什么样的，个人之间的社会交往形式，以及分工、劳动组合、所有制、政治国家等，都是由生产方式决定的。因此，马克思说："每个个人和每一代当作现成的东西承受下来的生产力、资金和社会交往形式的总和，是哲学家们想象为'实体'和'人的本质'的东西的现实基础。"②由此可见，马克思主义创始者不是像欧洲大多数思想家那样从理性或人的自然属性出发来解释人，而是从人的现实的社会存在方式出发来阐述人及人的社会关系。

人的现实的存在方式就是社会实践。马克思说："全部社会生活在本质上是实践的。"这就是说，实践是社会的本质，是社会关系的发源地；实践构成了社会生活的基本领域，构成了社会发展的动力。而人则是社会实践的主体，并且是有理性、有意识、有目的的实践主

---

①《马克思恩格斯选集》第 1 卷，人民出版社，1972 年，第 18 页。
②《马克思恩格斯选集》第 1 卷，人民出版社，1972 年版，第 43 页。

体,从而使人具有了自觉的能动性、计划性和创造性的活力,使人成为把握、改造、创造世界的真正主宰。同时,人也成为社会生产力和生产关系的缔造者,因而也成为自己的社会关系和自己本身的缔造者。所以,人是通过实践改造世界,并创造着自己的社会关系,创造着人本身的社会主体。由此可见,马克思通过社会实践、社会关系的分析,真正揭示了以人为本的历史唯物主义的内容和基础。

二

人文精神更集中体现在弘扬和维护人权的一系列问题上。资产阶级把私有制当作人权的集中体现,在私有制基础上才能谈到人的自由、平等、民主和人的尊严等等。他们宣扬私有制是人的神圣不可侵犯的权利。事实上,生产资料的私人占有制只能维护一小撮资本家的权利,维护了他们剥削、掠夺劳动人民的权利,却剥夺了广大劳动人民当家做主的权利。因而,私有制绝对不是人权的集中体现和保障。相反的,在极"左"思潮影响下的高度集中统一的一大二公的国有制也不能保障人权的实现。因为这种所有制剥夺了劳动人民的一切物质资料,一点点自留地、自留牲畜等都是违禁的;一个公民要出差,要迁徙,要做任何事情,都必须经过行政首长批准,否则一律不允许。这种社会状况,只能助长行政领导高踞于社会之上,人民群众只能成为各种工作机器上的附属品,除此之外,便无能为力。

在改革开放以后,我国向全世界宣告,人权首要的表现是人的生存权和发展权。正如马克思所说:"劳动作为使用价值的创造者,作为有用劳动,是不以一切社会形式为转移的人类生存条件,是人和自然之间的物质变换,即人类生活得以实现的永恒的自然必然性。"①这就是说，人的生存权和发展权，是以人的劳动权和合理的所有制形式来保障的。我国的经济体制改革确立了以公有制为主导的多种所有制经济共同发展的格局，这种格局最有利于保障人的生存权和发展权。公有制的主导地位决定了有关国计民生大局的生产资料归国家所有，这就确保了有关国计民生大局的财富不被少数人所垄断，而为全社会谋福利，为保障全体公民的生存和发展，保障全社会的安全、生活保险、公共福利，提供了强有力的物质基础；也为全体公民当家做主提供了雄厚的经济基础。其他所有制经济为人们选择就业，实现与生产资料的结合，富有成效地进行劳动，提供了广阔的天地。提倡个人富裕起来，保护个人通过诚实劳动、合理经营、科技开发或在文艺和体育等各项事业中做出突出贡献，而获得较大份额的社会财富，这就是允许个人占有财富。这种个人占有的财富，对保障提高个人素质、发展个人爱好、发展自己的个性等，提供了现实的物质基础。正如马克思所指出的："共产主义并不剥夺任何人占有社会产品的权力"，决不打算消灭这种供直接生命再生产用的劳动产品的个人占有。相反，还要在生产资料的共同占有基础上"重新确立个人所有制"。②因此，我们可以说，我国的现行的经济体制，即以公有制为主导的多种所有制经济共同发展的体制，虽然仍需要进一步完善和改革，但是从整个人类历史来看，它是保护和发展人权的最有利的形式，它包含着最深刻的人文关怀。

在人的生存权和发展权得到保障的条件下，才有可能谈到人的自由、平等、民主、个性解放和尊严等；而在生存权和发展权都得不到保障的情况下，人们在政治法律上的一切权利就都是一句空话。但

---

①《马克思恩格斯选集》第 1 卷，人民出版社，1972 年版，第 257 页。

②马克思：《资本记》第 1 卷，人民出版社，1975 年版，第 56 页。

是,在生存权和发展权有了保障的条件下,人们的政治法律的一切权利仍需要加以维护、尊重和完善,还需要各门社会科学做出与时俱进的科学的界定和规范。

三

人文精神另一个重要体现,便是社会的最高价值目标。资产阶级在革命中把这一价值目标确定为"自由、平等、博爱"。但是资产阶级掌握政权后的实际作为,血淋淋的剥削和压迫人民的事实,疯狂的对外侵略等等,都把这面旗帜撕得粉碎。资产阶级的一些思想家们也都把这面旗帜视为一种虚伪的欺骗,当作笑柄加以抛弃。于是资产阶级的一些政治代表又打出了"福利社会""人民资本主义"等旗帜。但是,这一切都改变不了资产阶级的剥削、掠夺、侵略、干涉别国内政的本性。因而,他们的这些旗帜根本无法代表人文精神和人权,恰恰相反,是对人文精神和人权的扼杀。实际上,在资本主义社会,充满着掠夺和暴力,充斥着犯罪、吸毒和恐惧,精神信念陷入严重危机之中。这使他们体现人文精神的价值目标丧失殆尽。

社会主义社会的最高价值目标,是由马克思首先提出来的。这就是人的自由而全面发展的共产主义理想。马克思在长期研究人类社会的经济发展规律,特别是研究资本主义社会的基本矛盾中,不仅仅发现了生产力是社会发展的最终决定力量,随着生产力的变革,生产关系以及整个社会的经济结构迟早都要发生变革,相应的庞大的上层建筑也必然发生变革。于是,社会形态及其经济政治制度的革命时代就到来了。这些社会发展规律的发现,使马克思论述了人类社会的发展必然经过五种社会形态,从而为马克思分析资本主义一定要灭亡、社会主义一定要胜利,提供了坚实的科学基础,也为预见人类理想社会共产主义一定会到来,提供了科学依据。

马克思还发现,人作为社会历史的主体,作为生产力的决定性因素,既是人类历史发展的产物和结果,又是人类历史发展的不可或缺的经常性前提。人在历史活动中是有意识的、有目的的,并把自己的生命活动和生产活动变成为实现人的目的性要求的活动。马克思指出:"动物只是按照它所属的那个物种的尺度和需要来进行塑造,而人则懂得按照任何事物的尺度来进行生产,并且随时随地都能用内在固有的尺度来衡量对象。"①马克思着重强调,人自己创造自己的历史,既按照客观规律(即任何事物的尺度),又按照人自己的需要、目的和欲望来进行创造,人具有主体性、能动性和创造性。但是,人的主体性、能动性和创造性是受社会历史条件制约的。在人类社会的初级阶段,由于生产力的低下,个人没有独立性,直接依附于一定的社会共同体;在阶级社会,财富私有占统治地位,物的关系统治着人的关系,人的主体性、能动性和创造性受着物的统治的遮蔽和摧残,人被异化,因而人的解放和人的全面发展的要求成为历史的必然;只有在生产力高度发展,物质财富极大丰富的未来时代,个人才能获得自由和全面发展,才能真正展现人的主体性、能动性和创造。因此,马克思说,社会历史的发展,既是"生产力的历史,从而也是个人本身力量发展的历史"。

这样,马克思在构建唯物史观的过程中,确立了两种尺度,即以生产力为基础的客观规律尺度(物的尺度)和以人的发展为核心的人文尺度。从人的发展角度来看,马克思主义的全部学说,就其社会功能和最高目标来说,就是关于人类解放和实现人的全面发展的学说。孙正聿教授在论述这一学说时说:这个学说既表达了人类解放的旨

①马克思:《1844年经济学——哲学手稿》,人民出版社,1979年版,第50-51页。

趣，即对人的全面发展的价值理想的承诺；又表达了人类解放的历程，即对人的全面发展的实现过程的揭示；也表达了人类解放的尺度，即以人的全面发展的价值标准，观照人类全部历史活动和整个历史过程。正是马克思为社会主义社会构建了最高价值标准和价值理想，即人类解放和人的全面发展。这就告诉我们，在观察和评价社会历史的发展时，不仅要用生产力标准，而且要以人类解放和人的全面发展的价值尺度，衡量社会发展状况，规范人们的生产和生活活动，校正历史发展的现实和趋势。

在我国社会主义革命和建设的实践中，我们常常只强调马克思主义唯物史观的唯物的方面，即只强调社会基本矛盾的作用，强调变革生产关系等等，甚至在一个特定时期，只强调阶级斗争，以阶级斗争为纲。这种把阶级斗争奉为最高价值标准的思想是典型的极"左"思潮的表现，它把社会主义社会的一切方面，国家的一切职能部门、社会组织和团体，都看成是阶级斗争的表现、专政的一个组成部分。从而忽视甚或完全否定了马克思提出的人文尺度的重要性。在很长时期里，把人的自由而全面发展，仅仅理解为针对青少年的教育方针问题，从根本上取消了马克思提出的最高价值标准和价值理想。江泽民同志在庆祝中国共产党成立八十周年大会上的讲话中说："我们建设有中国特色社会主义的各项事业，我们进行的一切工作，既要着眼于人民现实的物质文化生活需要，同时又要着眼于促进人民素质的提高，也就是要努力促进人的全面发展。这是马克思主义关于建设社会主义新社会的本质要求。我们要在发展社会主义社会物质文明和精神文明的基础上，不断推进人的全面发展。"江泽民同志的论述，把马克思构建的最高价值理想和价值标准，重新提到我们党的议事日程上来。这一价值标准作为马克思主义的本质要求，在社会主义社会的初级阶段要落实在各项具体工作之中。而且,他用"三个代表"思想丰富和发展了马克思关于最高价值标准的论述。这种发展主要表现在以下三个方面。

第一,他把生产力标准和人文尺度统一起来。强调共产党人要代表先进生产力的发展趋势,就要推进人的全面发展。他说:"不断提高工人、农民、知识分子和其他劳动群众以及全体人民的思想道德素质和科学文化素质,不断提高他们的劳动技能和创造才能,充分发挥他们的积极性、主动性、创造性,始终是我们党代表中国先进生产力发展要求必须履行的第一要务。"代表先进生产力的发展要求和推进人的全面发展是完全一致的,只有人的全面发展,才能极大地推进社会生产力的提高,因为人是生产力的具有决定作用的力量。

第二,代表人民的根本利益和人的全面发展要求也是完全一致的。他说:"我们党始终坚持人民的利益高于一切。……党的一切工作,必须以最广大人民的根本利益为最高标准。"人民的根本利益是什么?这就是在中国共产党的领导下,把人民提升到统治地位,当家做主,消灭剥削,消灭压迫,使社会共同富裕起来,使人类获得解放,使个人得到自由而全面的发展。因而,坚持把人民的根本利益当作衡量我们一切工作的最高标准,同强调人的自由而全面发展的人文标准,是同一个最高价值标准的两个方面,二者是完全一致的。尊重和满足人民群众最大多数人的利益和要求,是"始终关系党的执政的全局,关系国家经济政治文化发展的全局,关系全国各族人民团结和社会安定的全局"的头等大事,是衡量我们一切工作、一切言行的最高价值标准。

第三,论述了人的全面发展同经济、文化和整个社会生活发展相互依存、相互促进的关系。江泽民说:"推进人的全面发展,同推进经济、文化的发展和改善人民物质文化生活,是互为前提和基础的。人越全面发展,社会的物质文化财富就会创造的越多,人民的生活就越能得到改善,而物质文化条件越充分,又越能推进人的全面发展。"这就是说,只有人的全面发展,才能建设一个全面发展和高度文明的社会;用畸形的人或低素质的人来建设一个全面发展和高度文明的社会,是不可想象的。

总之,江泽民同志丰富和发展了马克思关于人的全面发展的学说,极其深刻地阐述了人的全面发展和最广大人民的根本利益的关系,为社会主义社会重新构建了最高价值标准——人民的根本利益和人的全面发展。

最高价值标准的确立和重构,具有极其深远的理论意义和实践意义。

首先,人民的根本利益高于一切的原则,人的自由而全面发展的价值理想,是衡量社会发展状况、规范人们社会活动、校正历史发展进程的最高价值标准。社会历史的发展过程虽然具有自己的规律性,但是这种规律性并不是与从事历史活动的主体——人民群众的积极性、主动性和创造性相对立的。因为,"历史不过是追求着自己的目的的人的活动而已。"[1]历史上的任何事情都不是没有自觉意图和预期目的。历史发展规律不过是人民群众历史活动的规律。因而人的自觉目的和理想追求,总是这样或那样地制约和影响着历史发展进程。从而最高价值标准也就给人们提供了规范和校正他们自己的历史活动的根据和尺度。

其次,这个标准为我国社会主义现代化建设和各项改革提供了一个人文尺度。我们的经济改革和经济发展,归根到底是为了满足人民的物质文化生活的需要,为了满足人民群众的根本利益和要求。政治体制的改革必须按照人民当家做主、人民的根本利益和人的全面

---

[1]《马克思恩格斯全集》第2卷,人民出版社1974年版,第113页。

发展要求来进行，必须把一切政府部门从过去的镇压职能转变到科学管理和社会服务职能的轨道上来。因而，最高价值标准的重建，为我国进一步的改革和发展奠定了思想基础。

此外，这个标准是整个社会和国家的各族人民向心力、凝聚力的道义基础，是全体人民同心同德、艰苦奋斗，为共同理想而斗争的思想基础。它为建立稳定、公正的社会秩序提供了一个道义基础。这个最高价值标准还是社会道德体系的理智基础和思想核心，它使人们具有区分是非、善恶、成败、荣辱等的最高价值尺度；它不仅是人们的社会信念，更是人们心灵的内在道义原则。一个人有没有德性，最主要的是看他有没有用这种内在道义原则来约束自己的行为。

总之，江泽民同志重新构建的最高价值原则，不仅对我们学习贯彻"三个代表"的实践有直接的指导意义，而且对发展马克思主义理论有深远的理论意义，对实施以德治国方略有着重要的现实意义。

论知识阶层的使命

在人类漫长的历史上，各个时代都有不同的阶级起着主导作用。这些不同阶级都有一个共同点，这就是他们都曾经是各个时代的生产力的体现者或者是自己时代生产关系的代表者。到了现代，随着科学技术革命的蓬勃发展，人类社会已经进入知识经济时代。在这个历史阶段，知识阶层，在奴隶社会和封建社会被当成统治阶级的附庸，在资本主义社会被看作是资本的奴仆，这时已经挺直自己的脊梁，真正作为历史的主人和创造者，独立地走上了历中舞台，扮演着第一小提琴手的角色。

在新历史时期，这个知识阶层内涵、特征、作用及其历史使命等各个方面，都需要人们加以阐述，给以理论上的回答。本文仅就它的历史使命，作一番考察。为此，我们必须先限定一下知识阶层的范围。我们之所以说限定，就是因为我们对知识阶层的内涵和特征还没有进行必要的研究，仅仅是从现象形态上加以限定。大体上来说，知识阶层，就是指从事知识的生产、传授、采集、应用等方面工作的人。其中包括教师、科研人员、在生产一线的技术骨干、新闻传媒的采编人员、保障人们健康的医生、陶冶人们灵魂的文学艺术工作者等等。在我国，这些人大体上有近亿人之众，并且基本上都在物质生产和精神生产的第一线担当着骨干。足见他们已是工人阶级的一个重要组成部分。正如邓小平所指出："不论脑力劳动，体力劳动，都是劳动。从事脑力劳动的人也是劳动者。"提高整个社会智力水平，提高体力劳动的智能水平，这是"世界上发达国家不管是什么制度都要走这个道路。"因而，"要重视知识，重视从事脑力劳动的人。"①

知识阶层，作为工人阶级一部分，是劳动大军中最有知识、最有觉悟、最有创造力、最先进的一部分。他们不仅直接参与物质财富和精神财富的创造，而且还成为其他劳动者的带头人、组织者和引导者，同时他们还负责培养、教育新一代的具有高技能和高素质的劳动者。因而他们直接决定着社会未来的劳动者的技能素养和思想道德素质，并通过他们直接或间接地制约和决定整个社会的精神面貌。按照他们的社会地位来说，他们不屈服于贵族或官吏，更不可能再匍匐在后者的脚下，因为他们是凭借自己的创造性劳动获得自己的尊严和地位的；他们更不愿意再充当附庸或奴仆的角色。他们是天生的民主派，他们要做自己的主人，要求自己的各项权利，同时又勇于承担自己的社会责任；他们具有自己的人格和意志，不肯做别人意志驱使下的奴仆。因此，他们是社会的脊梁，是未来社会的建设者和创造者。

知识阶层，是先进社会生产力的体现者和代表者；先进的社会生产力就是他们的创造性劳动的成果，是他们组织和管理各种生产要素科学合理结合的具体表现。要发挥先进生产力推动社会生产力的集中体现和主要标志，就是科学技术的创新，科学技术的创新已经成为人类文明进步的强大动力，是一个国家兴旺发达的不竭活力之所在。正如马克思所说，科技创新、经济的发展及其成果，恰恰是"一本打开了的关于人的本质力量的书"。②当然首先是知识阶层的创造力量的集中展现。先进生产力的发展要求，也就是知识阶层的发展要

①《邓小平文选》第2卷，人民出版社，1994年版，第2版，第41,31页。
②《马克思恩格斯全集》第42卷，人民出版社，1979年版，第127页。

求。就其本性来说,这种发展关系,是一个自然历史的过程,其一表现为先进生产力总是要求与自己相适合的生产关系以及整个上层建筑,摆脱和改革那些束缚生产力发展的落后的生产关系以及与此相适应的社会关系体制和僵化的意识形态;其二表现为知识阶层总是要求获得思想上、政治上和社会上的全面而自由发展其创造活力的条件和权利;没有这些条件和权利,他们的创造活力,乃至他们作为先进生产力的体现者的生命,就会枯竭。因此,知识阶层,是推动社会基本矛盾解决以及推动整个社会进步的重要力量。

知识阶层,作为工人阶级中较为先进的一部分,就其根本利益来说,不是要获取某种特权,成为高居人民群众之上的贵族,也不是要骑在人民群众头上作威作福,成为号令天下的老爷,而是如马克思说的"只有解放全人类,才能最后解放自己"的社会主人。因此,他们不仅是普通的劳动者,更重要的是,他们作为先进生产力的代表者,肩负着全面而自由发展的基本要求,因此他们必然要求整个社会的解放,要求从落后的社会体制和行政体制的束缚下解放出来,要求从僵化的思想意识的束缚下解放出来。没有这种社会解放,就没有人的全面而自由的发展,就没有社会生产力的不断进步。他们不是从理论的逻辑推演中得出这种认识的,而是在同工人、农民的共同劳动中,在上山下乡、劳动农场的实践和历次政治运动中,通过亲身体验获得的经验结论。如果不能把最广大的人民群众解放出来,任何一个阶级、阶层或集团将永远不会得到解放。因而,先进社会生产力的代表者必须解放全社会才能最后解放自己,从而使得他们成为推动社会解放和文明进步的最彻底的革命者。

在当代市场经济条件下,知识分子的知识和技能等等,都成为生产要素,任凭市场的"看不见的手"按照市场的价值规律和交换规律,进行着违背他们初始愿望的配置,一些人争先恐后地去从政,试图在掌握社会发展局势中获得更多的发言权；一些人又纷纷下海从商，试图在社会财富总的份额中获取更大的一部分，再用这些财富去实现自己的抱负；一些人浮躁心理严重，邀集数人对热点问题进行炒作，哗众取宠有余，艰苦深入的研究不足；一些人孜孜以求名利，不讲学术道德，不择手段，只求获得现实功利的回报；有些人更采取非法手段，如学术欺诈、抄袭、弄虚作假等等获取学术上和经济上的利益等等。这说明，他们丧失了或者根本就没有树立起学者的信念；没有对知识阶层历史使命的自觉，他们的命运受着市场这只"看不见的手"的支配，名利、金钱和地位权势支配着他们的命运和追求。这种"物支配人""物统治人"的状况，是同他们的本质和使命背道而驰的；他们必然要求从"物统治人"的社会状态下解放出来，要求恢复人的尊严、人的权利、人的主人翁的地位；人们既不能做政治上的仆从，更不能做金钱等物的奴隶。因而，知识阶层必然要为"人统治物"的社会理想而奋斗。当然，绝大多数知识分子，按照自己的信念，始终不渝地坚持在知识生产、传授、传播和应用的各个岗位上，兢兢业业地劳动，默默无闻的奉献。

总之，知识阶层肩负着重要的历史使命，但是，他们作为一个社会集团，由于本身具有一系列弱点和不足，并不是所有的人都能够自觉认识自己的历史使命，要自觉认识和承担起这个伟大的历史使命，还需要接受代表人类文明发展方向和代表人民根本利益的中国共产党的组织领导和思想政治教育。只有那些对自己的历史使命具有高度自觉，几十年如一日地辛勤耕耘在学术的田野上，并在自己的专业领域作出突出成就和贡献的人，才配称之为学者，才是知识阶层的真正榜样。

二

学者不仅在推动社会和历史发展中起着重要的作用，他们肩负着伟大的历史使命，在精神和文化的发展中也起着重要作用。正是他们历来成为社会良心的体现者。

由于职业的性质和社会地位的缘故，他们从事的科学研究，不是为自己谋取财富，也不是为某个小集团谋取某种统治别人的利益，而是为社会甚至为全人类谋取提高社会生产力、减轻劳动强度、改善劳动条件的。他们从事的教育活动，传道、授业、解惑、育人，不是为自己培植一个党同伐异的小势力集团，也不是为抬高自己的社会地位而培养一批抬轿的附庸，而是为社会、为民族提高人的文化素质和道德素质，提高整个社会改造世界和独立创新的能力，为人的解放创造了条件。他们从事的法律审判和法律援助，不是为自己捞取政治资本或某种经济利益，而是为整个社会坚持公正和正义，为捍卫公民的法定权利和主人翁意识。因而，他们都是为社会的利益、为人民的利益而辛勤奉献的劳动者，从而自然地成为人民很本利益和社会公益的真正代表者和体现者。正是这一点决定着他们是我们民族的社会良心的体现者。因为，只有符合人民根本利益的东西，才是正义的、合理的，否则就是不义的，甚至是犯罪的。

学者作为社会良心体现着的历史使命，具有深厚的历史渊源。不论在中国还是西方国家，都有许多思想家在这方面作了大量的论述。

孔子历来是中国的人文教师的表率，是铸造中华民族人格的导师，是当之无愧的万世师表，他曾教导弟子们，要想成为历史上有大作为的人，就必须弘扬自己的美德，亲近和热爱人民，并坚守正义的立场。这就是所谓"大学之道"。实际上，这就给后来的学者们指出了一条坚守正义，弘扬美德，亲爱人民的行动指南，也就是给他们赋予了一项重要历史使命。孔子说:"君子之于天下也,无适也,无莫也,义之与比。"①这就是说,学者对于天下万事万物,即不能反对也不能贪恋,因为它们本身并不包含教你怎样去做的道德规范,怎么做才合于义,就该怎么做,一切都要看义之所在。在这里孔子把义提升到衡量人们行为的最高准则的高度,认为人们用义的准则规范着世界,使世界有了意义。老子也说:"大丈夫处其厚,不居其薄;处其实,不居其华。"②就是说,有智慧、有道德、有才干、有作为的人,务必注重自己内在的仁义道德的修养,因为这是人的安身立命的根本,而不能只在礼仪和外在行为的形式上进行装饰,这只能是轻薄虚假的华而不实的东西。老子告诉我们,堪称大丈夫的学者,以自己的内在道德仁义影响着人们、影响着天下,故无为而且无不为。在这里,他把学者(大丈夫)看作是仁义道德的体现者和代表者。孟子也指出:"富贵不能淫,贫贱不能移,威武不能屈,此之谓大丈夫。"③为什么大丈夫(学者)能够这样呢? 因为他矢志为天下,为百姓而生,立天下之正,行天下之道,得志与民共之,不得志独行其道,非义不处,非道不行。孟子同样把学者看作是天下正义或曰"道"的体现者和代表者。这些思想对中国历代的学者都有深入骨髓的影响。范仲淹的"先天下之忧而忧,后天下之乐而乐";李大钊的"铁臂担道义,妙手著文章"等等,都是学者历史使命和社会责任的明确表述。

在西方国家的思想史上,思想家们也是把社会正义和国家的整体利益或人民利益联系起来,当做一回事。赫拉克利特说:"人的幸福

①《论语·里仁》《诸子集成》第 1 卷,河北人民出版社,1986 年版,第 79 页。
②《老子》《诸子集成》第 4 卷,河北人民出版社,1986 年版,第 38 章。
③《孟子·滕文公下》《诸子集成》第 2 卷,河北人民出版社,1986 年版,第 246 页。

在于为正义而斗争"。①德谟克利特说:"使人幸福的并不是体力和金钱,而是正义",正义就在于把国家整体利益摆在了高于一切的地位,"决不能让纷争破坏公道,也不能让暴力损害公益"。②他认为,按照正义原则治理的国家,是整个社会繁荣昌盛的最可靠的保证。他被马克思誉为古希腊第一个百科全书式的思想家、最早把社会正义和社会整体利益联系起来,用公道的保障来说明正义。当苏格拉底为他的哲学使命进行争辩的时候,他说:"一个真想为正义而斗争的人如果要活着……那就必须当老百姓,决不能担任公职。"③他把正义和老百姓的利益联系起来。柏拉图在《理想国》中指出,所谓理想国,就是让各个阶级按照本性,各安其位,各司其职,各得其所,互不干扰,这样社会正义才得以实现。他把正义与学者的智慧联系起来,把学者——哲学家看作是实现社会正义的支撑和载体;如果没有这种智慧和正义的结合,"国家是永无宁日的,人类是永无宁日的",理想国也是永远不会实现的。④伊壁鸠鲁说:"正义不是一种独立存在的东西,而是在互相交往中在任何地方,为了不伤害和不受害而订立的契约。"⑤他也肯定,正义是人们相互关系中利益均衡的保障。这为后来的社会契约论提供了思想基础。文艺复兴的著名思想家爱拉斯谟在《愚神颂》中

---

①北京大学哲学系外国哲学史教研室:《西方哲学原著选读》上卷,商务印书馆,1982年版,第28页。

②北京大学哲学系外国哲学史教研室:《西方哲学原著选读》上卷,商务印书馆,1982年版,第52,53页。

③北京大学哲学系外国哲学史教研室:《西方哲学原著选读》上卷,商务印书馆,1982年版,第70–71页。

④北京大学哲学系外国哲学史教研室:《西方哲学原著选读》上卷,商务出版社,1982年版,第118页。

⑤上海师范学院:《欧洲哲学史原著选编》,福建人民出版社,1985年版,第145页。

说,任何一位身负重大社会责任的人,"必须为公众而不是为他自己而工作,他想到的只能是大众的福利,他不得越出法律的一丝一毫"。①近代的社会契约论者洛克在《政府论》中说,政治社会的使命就在于保障全体人民的权利,并仅以维护人民的利益,当作自己行为的尺度和自己的义务,因此,社会正义"只是为了人民的和平、安全和公众福利"。②卢梭也指出,思想家们要寻求的合理的社会结合形式,就在于"它能够以全部共同的力量来防御和保护每个结合者的人身和财富,而同时又使每一个与全体相结合的个人只不过是在服从自己本人,并且仍然像以往一样地自由。"③就是说,思想家们为人类社会设想的正义,就在于是运用全体人民的力量来保护其中每一个人的人身、财富、和平、安全和自由的权利与利益。恩格斯在评价文艺复兴以来的思想家们时指出:"这是一次人类从来没有经历过的最伟大的进步的变革,是一个需要巨人而且产生了巨人——在思维能力、热情和性格方面,在多才多艺和学识渊博方面的巨人的时代。"④同时,恩格斯还指出,这些学者直接参与现实的斗争,为未来社会奠定了基础,又绝不受资产阶级的局限,为了"对真理和正义的热诚,而献出了整个生命"。⑤可见,在西方历史上,学者们一直是社会正义的探索者和追求者,为社会正义而奔走呼喊,为了社会正义而献身,成为社会正义和社会良心的体现者与代表者。

---

①上海师范学院:《欧洲哲学史原著选编》,福建人民出版社,1985年版,第231页。

②北京大学哲学系外国哲学史教研室:《十六—十八世纪西欧各国哲学》,商务印书馆,1975年版,第479页。

③上海师范学院:《欧洲哲学史原著选编》,福建人民出版社,1985年版,第493页。

④《马克思恩格斯选集》第3卷,人民出版社,1972年版,第445页。

⑤《马克思恩格斯选集》第4卷,人民出版社,1972年版,第228页。

现代中国学者,既继承了中国古代的"贫贱不能移,威武不能屈"的大丈夫浩然正气,并用忧国忧民的信念激励和规范自己的行为;同时又吸取了西方学者那种对正义和真理的坚定不移地追求和热忱奉献的精神,从而铸造成中国学者的高尚品格和风骨。在当代,中国学者,作为具有最高文化素质和先进思想觉悟的劳动者,必然把人民的利益放在高于一切的地位,"以最广大人民的根本利益为最高标准",①用以衡量一切工作、一切言行、一切是非。这种人民利益高于一切的原则,既是我们衡量社会发展状况,规范社会活动,校正历史发展进程的最高价值标准;也是我国通过现代化建设和各项改革,以求得社会解放和人的全面发展的一个人文尺度;同时它也为整个社会和各族人民的团结奋斗,实现共同理想,提供了道义基础;又为社会道德体系,为人们辨别是非、善恶、荣辱,提供了最高价值尺度和心灵的内在的道义原则。因此,学者也就成为社会正义的热诚追索者和社会良心的体现者。正如中国媒体在纪念巴金百岁时所说,巴金作为20世纪中国杰出作家,用爱与恨、血与泪、热诚与良知,表现了"20世纪的中国良心";他强烈的激情、青春的渴望和讲真话的勇气,被誉为"当代中国知识分子的良心"。巴金是这样,一些优秀的人文学者和杰出的自然科学家也同样如此,都可以称作学者的社会良心的体现者。

总之,知识分子作为社会正义和真理的探索者代表了人民群众的根本利益,代表了一个国家的根本利益,因而,他们也就成了社会良心的代表者。我们希望知识分子的所有成员,都能够自觉地意识到自己的历史使命,自觉地担负起自己的历史使命;只有这样才不愧于自己的时代,不愧于中华民族的优秀传统。

①江泽民:《在庆祝中国共产党成立八十周年大会上的讲话》,人民出版社,2001年版,第23页。

贯彻"三个代表"重要思想必须
克服传统民本主义

　　"三个代表"重要思想越来越深入人心,并广泛地在基层单位得到贯彻落实。"三个代表"重要思想是我们党在新时期重新塑造形象的思想理论基础,是用现代民主思想改造我国行政体制的重要思想理论指南。但是,在实际贯彻"三个代表"重要思想过程中,许多干部仍然受着中国传统的民本思想的束缚,不懂得现代民主思想的真谛。事实上,中国传统的民本思想和现代民主思想有着本质的区别,用民本思想去理解贯彻"三个代表"重要思想,不啻是南辕北辙。为了弄清这个问题,使广大干部和群众正确理解"三个代表"重要思想,我们有必要分析一下传统民本思想和现代民主思想的重要区别。

一

　　民本思想发端于商周时期,形成于春秋时代,当时中国社会正处于剧烈变革的阶段,许多诸侯王国倾覆,帝王、诸侯们纷纷倒台,社会动荡,民不聊生。这种状况使一些先进的思想家认识到,民众的利益和疾苦、人民的人心向背、是一个国家稳定和社会安宁的基础,是一个帝王应该解决的头等大事。一个帝王要想巩固自己的统治,保住自己的江山社稷,就必须把老百姓的利益和疾苦当作治理国家的最重要、最根本的头等大事,这就是所谓的民本思想。正如管子所说:"夫霸王之所始也,以民为本。本治则国固,本乱则国危。"①同时他说："人主，天下之有威者也，得民则立，失民则威废。蛟龙待得水而后立其神，人主待得民而后成其威。"②孔子在《礼记》中也指出："得众则得国，失众则失国。"从这些论述中，不难看出，这些民本、重民思想，虽然隐约地看到了人民的力量，看到人民对于国家的重要性，但是他们都没有也不可能把权力归还给人民，而是站在最高统治者的立场，为帝王们巩固其绝对统治而出谋划策，是为维护最高统治者的绝对权力服务的。因此，我们可以说传统民本思想的出发点、落脚点和实质核心，是维护封建最高统治者的绝对权力。正是这一点决定了传统民本思想和现代民主思想的根本区别。现代民主思想是在反对封建专制主义基础上发展起来的，它主张，国家的一切权力属于人民，人民才是国家权力的真正主体。正如近代革命民主主义思想家卢梭所说，国家的主权属于"人民共同体这一神圣整体"，所以这种权力永远不可转让，不可分割，不可代替，"只能由自己来代表自己"。卢梭这一人民主权论的思想是现代民主思想的奠基者，对后世的现代民主思想和民主制度的发展都具有极其深远的影响。后来，马克思主义的创始者们在历史唯物主义基础上更加彻底地论证了人民的历史创造者和社会缔造者的地位，不仅强调人民的国家主人翁地位，一切权力属于人民，而且还具体制定了使人民上升到统治地位，人民自己当家做主的战略和策略。正如《国际歌》所说：不靠神仙、皇帝，只靠自己救自己。能否让人民自己当家做主，这已经成为现代民主思想的根本标志，没有这一条，一切"民主"的叫嚣、一切民主自由的美丽辞藻，都不过是骗人的鬼话。我们要贯彻"三个代表"重要思想，就必须让人民自己当家做主，并为此作出切实的具体的安排和采

---

① 管子：《霸言》《诸子集成》（第七册），河北人民出版社，1986年版。
② 管子：《形势解》《诸子集成》（第七册），河北人民出版社，1986年版。

取切实的具体的步骤和保障。

二

民本思想的一个重要内容,就是爱民。所谓爱民,就是施行仁政,让人民有休养生息的机会,给人民生存、发展和劳动的权利。民本主义者主张,任何帝王们要巩固统治,必须养民、安民、教民、富民等等。管仲说:"民恶忧劳,我佚乐之;民恶贫贱,我富贵之;民恶危坠,我存安之;民恶灭绝,我生育之。"[①]这里所说的爱民的具体内容,无非是指民生的一些基本权利,为了保证这些民生权利,他们采取的措施,不是消除对人民的剥削和掠夺,而是扶持农桑、轻徭薄赋、减刑省罚等等。他们认为,这一切都是封建统治者施行仁政的结果,是统治者爱民、赐恩惠给人民的表现。事实上,生存权、发展权、受教育权、劳动权和人身权等等这些民生的权利,都是人民所固有的,是不可剥夺的,不是统治者恩赐的。在现代民主中,这些权利都是由各种民生权利法、教育法和劳动法等等予以明确规定和保障的。违背这些法律,侵犯和损害人民的权利,就要受到法律的惩治。维护和保障这些权利是政府和执法部门的职责,如果政府和执法部门对侵犯和损害人民权利的行为,不闻不问,不作为,就要追究行政或执法部门的法律责任。不幸的是,我们的一些行政官员和执法部门对于一些克扣和拖欠工人工资,对于下岗职工的安置等事件,无动于衷,漠然处之,认为不是自己职责范围内的事;他们去解决这些问题,似乎成了对普通工人的一种恩赐,成了他们的一人政绩。这只能说明他们缺乏起码的现代民主法制观念。如果再进一步追问,为什么民本主义者主张统治者要爱民呢?是因为统治者害怕人民。他们知道,没有民众的支持和拥护,任

[①]管子:《形势解》《诸子集成》(第七册),河北人民出版社,1986年版。

何统治者、任何官员都是坐不稳宝座的。《资治通鉴·汉纪十八》总结历代统治的经验，提出统治者要爱民如子，因为"民者，弱而不可胜，愚而不可欺也。"《孔子家语·五仪解》也指出："君者，舟也；庶人者，水也。水所以载舟，亦所以覆舟。"孟子更加语重心长地说："戒之戒之！出乎尔者，反乎尔者也。夫民今而后得反之也，君无忧焉。君行仁政，斯民亲其上，死其长矣。"①就是说，当官者，必须爱民，否则你可就危险了。你要警惕而又警惕了！你怎样对待民众，民众便会怎样对待你。从今而后老百姓只要一有机会，就要以同样的方式来回敬那些长官了。国君只有施行仁政，老百姓才能亲近和拥护国君与长官，并愿意为你役使，为你卖命。从这些论述中不难看出，民本主义者认为，人民群众虽贫弱、愚昧，无知无识如赤子，但是却不可战胜，不可欺辱，很难控制。这些"群氓"一旦暴烈地行动起来，就会推翻君主和长官们的统治。你对人民残暴，人民就会对你还以残暴。因此，他们劝告封建统治者要小心谨慎呀！要十分警惕呀！他们从封建统治者的立场出发，看不到人民群众创造历史的伟大作用，把人民群众只看作是一些贫弱的、愚昧的、消极的社会力量，对这些力量安抚不好，他们就会暴发，摧毁一切。因而他们劝告统治者要下去采风，了解民情，进行私访等等，以示关心和爱护人民，实际上却是害怕人民群众的怒火可能燎原。这种观念同现代民主思想相去十万八千里。现代民主思想认为，人民，只有人民，才是世界历史的发展动力，人民的革命运动是推动历史的火车头。列宁在《国家与革命》指出，革命运动是人民的盛大节日，只有在革命中，人民的历史主体性、主动性和历史首创性，才真正发挥出来。因而，马克思主义者从来都不惧怕人民群众，总是和人民群众同甘苦、共命运，积极投身到人民群众的斗争中去，经受锻炼、吸

①孟子：《梁惠王章句下》《诸子集成》（二），河北人民出版社，1986年版。

取营养,并引导和带领群众去夺取胜利。在执政时期,马克思主义者则积极组织群众维护自己的合法权利,完善各项保障人民群众权利的法律和制度。如果我们再深入一步追问,民本主义者爱民的目的是什么呢?一句话,役使人民。正如管仲所说,君主之爱民,是为"救天下之祸,安天下之危者也","夫救祸安危者,必待万民之为用也"。①《吕氏春秋》更加明确地指出,爱民归根结底是为了用民,没有掌握恰当的役使人民的办法,国家即使很大,形势即使很有利,士兵即使很多,又有什么益处呢?"古者多有天下而亡者矣,其民不为用也。"②役使人民群众,不过是为了巩固封建统治,充实封建政权的库府,培养死心效命的兵丁。所以,爱民仅仅是封建统治者笼络民众、巩固自己统治的一种政治手段而已。现代民主思想所追求的目标,不是为了役使人民来巩固既得的利益和统治,而是通过保障和完善各项人民权利法案,使人民群众彻底摆脱贫穷落后,打破几千年来形成的旧式社会分工,彻底改变城乡二元结构,让全体人民共同富裕起来,让人们的个性得到全面的发展,让人们的才能充分发挥出来,以求达到人类的全面解放。这种胸怀和追求,是任何历史上的杰出人物和民本主义者都无法企及的。

三

在官民关系上,民本思想在视民如子的同时,宣称君主及其官吏是民众的父母。管仲说:"人主能安其民,则事其主如事其父母。""莅民如父母,则民亲爱之……莅民如仇雠,则民疏之。"③孔子在《礼记·

---

①管子:《形势解》《诸子集成》(第七册),河北人民出版社,1986 年版。
②《吕氏春秋·上德》《诸子集成》(九),河北人民出版社,1986 年版。
③管子:《形势解》《诸子集成》(第七册),河北人民出版社,1986 年版。

大学》中也说："民之所好,好之;民之所恶,恶之。此之谓民之父母。"身为人民的父母官,就要顺民之心,也就是说,爱民如父母,就要以礼教之,以财富之,以利安之,以乐悦之;只有这样,才能治理好人民,治理好国家。正如荀子所说:"不富无以养民,无以役民;不教无以调理民众,无以施行德政。"总之,封建统治者自诩为民之父母,要教民、富民、养民、安民等等,最终都是为统治人民,巩固自己的政权,从而给中国历史树立了官本位的政治传统。

封建统治者完全颠倒了历史事实,歪曲了历史的本来面貌。事实上,人民不仅是历史的主人、历史的创造者,也是大大小小官吏的供养人。汉朝刘向在《说苑·建本》中说:"君人者,以百姓为天,百姓与之则安,辅之则强,非之则危,背之则亡。"①刘向作为思想家看到了人民才是统治者的天,得到人民的拥护,统治者的统治才能安定,得到人民的支持和供养,统治者的统治才能强盛;如果人民责难、谴责统治者,那么他的统治就要倾覆了;如果人民都背叛和讨伐统治者,那么他的政权就要垮台了。清朝唐甄在《潜书·明鉴》篇中也指出:"国无民,岂有四政!封疆,民固之;库府,民充之;朝廷,民尊之;官职,民养之。奈何见政不见民也!"可见,先进的思想家们很早就已发现,人民创造和养育了社会,人民保卫着国家的安全,人民充实着国库,人民尊崇着政府,人民养育着官吏,可是封建统治者却把人民视为草芥,把自己奉为救世主,看不到人民的力量和作用;只承认官员的权力和地位,闭口不谈人民的政治权利,不承认人民有权参与国家管理,有权选择官员。

只有现代民主思想,才真正还历史的本来面貌,强调人民是社会的主人、国家的主人,同时指出,大大小小的官吏无非是人民的公仆,是人民选举出来为人民服务的公仆。人民具有选举和选择各级官员

---

①刘向:《说苑》《建本》(第一卷),商务印书馆,1937 年版。

的权利,同时也有罢免他们的权利;人民有权参加国家的管理,同时,用一系列立法和法规以及严格的民主程序保障人民的政治权利得以实现。各级官员不应该是骑在人民头上的老爷,相反应该是人民的学生。正如毛泽东所说:我们的干部往往是愚蠢可笑的,而人民群众才是最聪明的。每一个重大的历史首创,第一次重要的社会改革的探索,第一件划时代的科学发明和创造等等,都是由人民来完成的。几千年的人类历史都是这一道理的明证。可悲的是,我们有一些号称共产党员的领导干部,却自诩为人民的父母官,要替民做主,认为只有自己才是社会生活的组织者、调控者和决定者,把自己凌驾于社会之上,不知道要老老实实向人民学习,不肯踏踏实实地当人民的公仆,却承袭了官本位的思想传统。不仅以官职的高低来划分各行各业各单位的社会地位,如省级单位、地级单位和县级单位等等;而且用官员的职务级别作标准,衡量各行业各单位的生活待遇,谁都不能超越官员职级的限度;官员的价值取向,更成为一种社会的价值取向。这一切都是和"三个代表"重要思想背道而驰的。

总而言之,除上述三个方面之外,我们还可找出其他一些方面来说明民本与民主的区别,例如,民本思想只是用伦理道德规劝官员施行仁政,而民主思想则要求用制度来管理权力、管理官员。我们在这篇文章中不能一一列举。不可否认,民本思想在中国漫长的封建社会里曾起过进步作用,它对封建统治者的残暴和搜刮曾有所制约,对政权建设的要务有所启迪。但是,这不是我们要论述的主题。我们只想说,传统民本思想和现代民主思想是根本对立的。"三个代表"重要思想是现代民主思想的更进一步的阐发,是对我们党的性质和我们国家政权性质的深刻发挥。要贯彻、落实"三个代表"重要思想,必须全面落实现代民主思想,并且用现代民主思想去理解、去落实,绝不能用民本思想去理解、去落实"三个代表"重要思想,否则只能是南辕北辙。

社会主义和谐社会理论的重要意义

我们党的和谐社会理念产生于二十一世纪初，这时中国已经历了二十多年的改革开放，一些重要的政治制度和经济制度都已发生了历史性的变化，我国社会生活的各个方面也都发生了翻天覆地的变化。但是，在改革开放的背景下，各种社会矛盾也相应地显露出来，一些旧的矛盾还未能完全解决，一些新的矛盾又尖锐地凸显出来。用什么办法、什么理论来解决这些矛盾，同时又能保持整个社会的稳定和发展的势头呢？显然用"阶级斗争"或"全面专政"的办法是不得人心的，也是行不通的；用"设置对立面"和"斗争哲学"的办法，过去的经验证明，只能造成人与人之间的隔阂与分裂，只能造成人心的涣散和背离，削弱整个民族的凝聚力和向心力；用"社会契约论"的办法，中国还不具备相应的客观条件，中国不存在各个利益集团的具有法人资质的合法代表。在这种情况下，唯一可行的，同时又是合理的办法，就是放弃原来的"阶级斗争""斗争哲学"等等思想观念，彻底改变思想观念，从另一个方面来思考问题。这样就使我们党借助人类几千年的思想精华，创造性地提出了构建社会主义和谐社会的理论和政策。和谐社会理论的提出，不论在理论上还是在实践上，对于我国未来的发展和整个中华民族的伟大复兴，都具有十分重要的意义。就当前来说，最重要的意义，就在于为中国特色社会主义建设提供了广阔的深厚的社会基础。正如胡锦涛在十七大报告中所说，和谐社会建设就是要"学有所教，劳有所得，病有所医，老有所养，住有所居"，使全国每个人能共同分享改革开放成果。这就是说,让全国人民都能各得其所,各安其位,为整个社会和谐奠定基础。

第一,和谐社会理论是放弃"阶级斗争"理论的公开宣示,是抚平"阶级斗争"造成的历史伤痕的一剂良药。在人类几千年历史上,关于和谐社会的幻想、空想从来就没有间断过。古代有"大同世界""理想国"的构想,中世纪有"千年王国"的幻想,近代有空想社会主义的"太阳城",十九世纪有边沁的分工协作的社会有机体,二十世纪美国有"均衡社会""协和社会"等理论等等。这说明,幻想一种理想的、美好的、和谐社会,是人类的共同愿望。但是为什么都不能实现呢?很明显,当社会上还有阶级对抗和阶级斗争的情况下,这些愿望是不能实现的。因为对一个阶级的福利就是对另一个阶级的掠夺。社会主义社会消灭了阶级和阶级斗争,就从根本上为和谐社会奠定了社会基础。其实,马克思的阶级斗争学说,就是消灭阶级和阶级斗争的理论。马克思在"给魏德迈的信"中说,发现阶级并坚持阶级斗争的"不是我的功劳",法国的历史学家和英国的经济学家早就知道了。马克思说他的功劳仅仅是以下三点:(1)阶级和阶级斗争是和生产发展的一定历史阶段相连的产物。这"一定历史阶段"是指生产力得到一定发展但总体上还相对不发达的历史阶段。这一条是说,阶级和阶级斗争存在的物质基础是生产力有相对的发展但总体上又不发达的产物。资本主义社会经历几百年的发展,早已超越了生产力相对不发达的状态。在这种情况下,阶级和阶级斗争的存在已经成为历史的累赘,消灭阶级和阶级斗争成为历史发展的必然趋势。(2)阶级斗争必然导致无产阶级专政;(3)无产阶级专政不过是从有阶级社会向无阶级社会过渡的临时的政治形式。第二三两条说的是消灭阶级和阶级斗争的政治途径。马克思和恩格斯说,无产阶级专政的使命就是两条,其一是镇压被推翻的剥削阶级的反抗和抵御外国的干涉,其二,是铲除阶级赖以滋生的资本主义私有制,建立新社会的经济结构。这两条使命一旦完成,阶级和阶级斗争也就被消灭了。后来恩格斯在《关于共产主义者同盟的历史》中又强调指出,无产阶级革命的目标同以往一切阶级斗争根本不同的特点在于:"无产阶级如果不同时使整个社会摆脱阶级划分,从而摆脱阶级斗争,就不能争得自身的解放。"①这是恩格斯为马克思的阶级斗争学说补充的第四条内容,即共产党人的使命和目标是消灭阶级和阶级斗争,使整个社会得到解放。总之,马克思的阶级斗争学说,包括阶级和阶级斗争存在的物质基础,消灭阶级和阶级斗争的途径,共产党人的总体目标等三项主要内容。归根结底是要消灭阶级和阶级斗争,而极"左"思潮却把坚持阶级斗争当作纲领。实际上,坚持阶级斗争要搞它几百年的观点,绝不是马克思主义的观点,而是托洛茨基在19世纪末写的《论阶级斗争》一书中的观点。

我们党提出的和谐社会理论,彻底宣告了极"左"的"阶级斗争"理论的破产。那种极"左"思潮的阶级斗争理论不仅没有给中国社会带来和谐、稳定和发展,反而使我国社会长期陷入分裂和政治动乱之中。人们被分裂成革命派和反革命派、统治者和被统治者、左派和右派、迫害者和被迫害者等。这种分裂遍及全国各地的基层单位。这种分裂、这种矛盾在较长的时期里给我们的社会遗留了不可忽视的后遗症。党的和谐社会理论的提出和施行,为抚平历史遗留下来的伤痕展现了现实的前景。同时,更重要的是,和谐社会理论为团结全世界的华人、团结一切爱祖国、爱社会主义事业的人提供了思想寄托,使我们党能够带领他们一起抓住历史机遇,迎接未来的挑战,共同创造振兴中华的伟大奇迹。近年来,从国外回归的华人已超过27万多人,就是一个明证。

①《马克思恩格斯全集》第21卷,人民出版社,1965年版,第248页。

第二，和谐社会理论是解决现实社会矛盾的金钥匙，为消解现实社会矛盾提供了指导性原则。我国自改革开放以来，出现了一系列新的社会矛盾，如东西部差距越来越大的矛盾、贫富差距明显增大的矛盾、人的生存和环境污染的矛盾、国民经济发展和三农问题凸显的矛盾、人民群众和干部的特权及腐败的矛盾、行政机构成本和效率的矛盾等等。有些人根据这些矛盾，重新提出"坚持阶级斗争"，说什么"资产阶级就在眼前"，"资产阶级已进入各级政府机关"等等。按这些人的看法，又要进行一次"文化大革命"了。我们党对这种观点不予理睬。相反，对那些先富起来的人进行了客观地分析，得出了一个完全不同的结论。那些先富起来的人，绝大多数是凭借科技专利、科学管理和诚实劳动而富裕起来的科技工作者与劳动者。有人统计这些人大体上有五千万人，我们党认为他们是社会主义的建设者。那么，怎样解决贫富差距的问题呢？我们党主张，不能采取"斗财主分财产"的办法，也不能采取平均主义大锅饭的办法，而是要采取合理合法的措施，一方面增加高收入者的国家税收，另一方面提高低收入者的收入水平，采取措施使低收入者的生活尽快达到小康或超过小康水平。只要低收入者的生活超过小康水平，他们对高收入者的富有也就能够理性的对待和接受了。对三农问题，我们党也采取同样的政策，加大对农业和农村的扶植力度，免除农业税费，转移农村剩余劳动力，加快农业生产的产业化等等。我们党采取的政策措施说明，并不是所有的矛盾都要经过你死我活的斗争才能解决，绝大多数矛盾都需要调节、协调的。矛盾双方毕竟是相反相成、相辅相成的。和谐社会理论就是要使各种社会矛盾相辅相成，发挥各个方面的积极性和创造性。

第三，和谐社会理论的提出，是我们党的政治自信和执政能力成熟的表现。这表明，我们党有智慧、有能力、有力量、有办法把社会生活的各个方面都引向有序运行的轨道，并建立起一系列的科学管理的制度和机制。这种智慧、能力、力量和办法表现在许多方面。我想简要地谈一谈以下四个方面：

其一，在党的领导下建立了一整套的社会主义民主的制度和机制。温家宝总理2007年两会结束时的记者招待会上，回答外国记者时说：社会主义民主制度，体现在民主选举、民主决策、民主管理、民主监督和民主参政等制度上。这种民主制度的建立，是我国政治生活的一个重大转变，它保证了我国政治生活平稳、有序的发展，它保证了领导人的更换、接班人的接班都会按照章程顺利进行。不会再像过去那样，每次换班都要造成一次政治动荡。这样就保证了政治发展的连续性、可操作性和稳定性。

其二，我们国家制定了公务员法、公务员管理条例和公务员手册，以及有关党政干部行为规范的一系列规定等等。这一切都对官员的履职能力、工作绩效、工作作风、行为规范以及经济状况等作出了明确、严格的规定。国家审计局审计长李金华报告说，对中央政府各部门的审计结果，查出上百起违纪事件，违纪金额达270多亿元，移送司法机关的干部有17人。这个事实说明，我国对各级官员的管理越来越严。从中国历史上来看，各朝各代对官员管理越严，政治就越清明；对官员疏于管理，他们就会作威作福，鱼肉百姓，甚至兴风作浪。我们党加强对干部的管理和考核，这对创造政治清明的局面，打下了很好的基础。这是对中国历史经验的很好运用。

其三，我国初步建立了比较完备的法律体系及一整套的司法制度，这些法律和司法制度的宗旨就是保证社会公平和正义。任何矛盾纠纷都可以在法律面前得到辩护或否决。这样就使社会在总体上能够按照法律轨道来运行。据报刊报道，我国当前执业律师有50多万人，具有律师资格者有5万多人，看来培养出有资质的律师还需要做很多工作。但是，可喜的是，我国已经大规模地开展了律师和法官同时为维护法律、维护公民权利、维护社会公平和正义的工作。这对捍卫我国社会和谐具有极其重要的意义。

其四，我国已经建立了在公有制为主导的经济结构条件下的市场经济体系以及相关的各种经济法规，如公司法、物权法、劳动保障法等等，这样就使国民经济沿着市场经济的轨道有序地运行起来。另外，我国建立了强大的现代化的军队和警察部队，这对于保卫国家主权和整个社会的安定有序起着非常重要的作用。

总之，上述一系列制度和机制的建立，保证了社会生活能够和谐、平稳、协调、有序的运行，就像一部大机器，有人监管它这样运行，无人监管它也会这样运行。在这种情况下，不需要暴力镇压，不需要"阶级斗争"的皮鞭，甚至也不需要领导人的"最高指示"天天下达，一切事情都会按部就班，各司其职，照常运行。这说明，我们党找到了依靠制度和机制治理国家的科学道路。这些制度和机制，是国家长治久安的保证，是巩固和扩大它的执政社会基础的保证。因此，我们可以说，和谐社会理论是我们党政治自信和执政能力成熟的最好证明。

第四，和谐社会理论是人类思想史优秀成果的结晶。和谐这一范畴，同矛盾范畴一样，都是非常古老的哲学思想，它们同时产生，又同时得到了发展。公元前6世纪的《周易》就提出阴阳相生，相反相成。这是对矛盾统一与和谐的最早表述。孔夫子把不同事物的相互协调、相辅相成，概括为"和而不同"，而且指出"和实生物，同则不继"。这就是说，和谐作为对立物的统一，才是万事万物生存、成长的方式。是事物发展的内在动力。这种和谐思想，一方面强调要承认和尊重多样性、差别性和相对性，另一方面又要求掌握一定的限度、界限，保持中和、中道。我们党继承了中国古代的思想精华，把和谐同矛盾双方的统一紧密联系起来，用以指导当代的社会主义建设实践，这是对中国特色社会主义的重要发展。

同时，我们党也吸收了外国思想史上的优秀思想。古希腊的毕达哥拉斯，在公元前六世纪末就提出了明确的和谐概念，他认为一切都是按一定数的比例构成，整个宇宙就是一个和谐，由不同的天体按照不同轨道而构成，正像高低、轻重不同的音阶才能构成和谐的音乐一样。赫拉克利特也指出，自然用对立的东西制造出和谐，正如"相反的东西结合在一起，不同的音调造成最美的和谐"。《社会契约论》者认为，各种不同的人群和不同的利益，为了共同的生存意愿，可以订立社会契约，"己所不欲，勿施予人"，这样才能建立社会正义，形成和谐的社会生活。社会正义就在于，公共权力和法律必须为全体人民的共同利益服务。如果公共权力和法律只为某个特定阶级谋福利，而不是为整个社会谋福利，那么就不会有和谐的社会秩序，也不会有社会正义。这种思想把对立面的统一变成了社会不同阶层、不同人群的相互协调、和谐相处。这些思想在当时虽然没有实践意义，却蕴含着深远的理论意义。我们吸收这些思想，把民主、法制和社会正义等作为建立和谐社会的重要内容。

第五，和谐社会理论是对马克思主义的重大发展。大家都知道，马克思创立的历史唯物主义的重要原理，就是生产关系一定要适应生产力的发展水平和性质，上层建筑一定要适应经济基础的状况；另外，马克思还指出两个相互适应：其一，是社会的经济结构一定要适应生产力发展水平；其二，精神文明状况和物质文明的发展一定是相互适应的。马克思讲的适应，就是指两方面的相互协调、相互依存、相互转化的关系，而这种关系正是和谐的内涵。马克思和恩格斯不仅在理论上论证了社会发展必然要达到和谐的境地；而且在实践上把人人都能得到全面而自由发展的和谐社会当作革命斗争的目标，用以指导革命实践活动。以胡锦涛为总书记的党中央把中外思想史上的精华和马克思的唯物史观结合起来，创造性地提出了和谐社会理论，这是对马克思主义唯物史观的重大发展。这个理论告诉我们,我们的目标是要构建社会主义和谐社会,和谐社会不等于没有矛盾的社会,而是说,要正确处理我们所面临的社会矛盾,大多数的社会矛盾的各个方面都可以通过相互协调、相互吸收、相互转化等,达到相互依存、相辅相成、共生共荣的。不能像极"左"思潮那样,人为地激化矛盾,用一方打倒另一方、一方吃掉另一方的办法,硬是把人民内部矛盾都当成敌我矛盾来处理。所以,和谐社会理论是对马克思主义唯物史观、社会建设理论的极大丰富和发展,同时也是对党的执政治国理论的极大丰富和发展。

同时,和谐社会理论也是对唯物辩证法的重要发展。列宁在《哲学笔记》中曾经多次指出:"可以把辩证法简单地确定为关于对立面统一的学说。这样就会抓住辩证法的核心。"又说:"发展是对立面的统一","事物(现象等等)是对立面的总和与统一"。还说:"不能把对立面结合起来,不能达到统一"就是最坏的辩证法。①而且他特别强调:辩证法在于研究对立面是如何统一的,怎样统一的,在什么条件下统一的。列宁的论述告诉我们,对立面的统一,本是事物发展的经常性的、占主导地位的状态,是事物发展的常规方式,对这种状态不了解,就等于没有辩证法。因此,我们说,研究对立面的统一就是研究和谐,就是坚持辩证法。有的同志说,强调和谐,不就是否定矛盾论吗?这种看法实际上是不了解人类思想史的成果而造成的,事实上,和谐理论与矛盾理论是一致的。江泽民同志曾经指出:"和谐而又不千篇一律,不同而又不相互冲突。和谐以共生共长,不同以相辅相成。和而不同,是社会事物和社会关系发展的一条重要规律,也是人们处世行事应该遵循的准则,是人类各种文明协调发展的真谛。"胡锦涛

---

① 《列宁全集》第 38 卷,人民出版社,1959 年版,第 240,408,238,311 页。

在党的十六届四中全会上指出,我国的现代化建设事业,就是要构建"全体人民各尽所能、各得其所而又和谐相处的社会",这个社会既有民主法制和公平正义,又能充满活力、安定有序、与自然和谐相处。这些思想正是对立面统一思想的具体运用和发展。

总之,和谐社会理论具有十分丰富的内涵,具有重大的理论意义和实践意义。是我们党领导全国各族人民建设中国特色社会主义的必然要求,是保证国家长治久安和持续发展的必然要求。运用这个理论创新的成果,必将给中国带来更加辉煌的发展和繁荣。

和谐的哲学意蕴

构建社会主义和谐社会，是我们党总结半个多世纪社会主义建设的经验，从中国特色社会主义事业全局出发提出的一项重大战略任务。为了真正理解社会主义和谐社会的内涵，我们有必要首先理解和谐的意蕴。

和谐是一个非常古老的哲学范畴，它和矛盾这一范畴几乎是同时形成的，并且是对矛盾的一种理解、一个规定。现在就让我们来具体分析一下这一范畴的意蕴。

1.和谐首先是指相辅相成、相反相成

这一思想最早出现在中国最古老的典籍《易经》(约公元前七百年)之中。《泰卦·象辞》说："天地交而万物通，上下交而其志同也。"还说："上下不交而天下无邦。"《睽卦·象辞》说："天地睽(违、离之意)而其事同也，男女睽而其志通也，万物睽其事类也。"从这些论述可以看出，《易经》主张说阴阳相生，相反相成。虽然那时还没有形成矛盾、对立面统一这样的概念，但这些论述中已经包含了对立面统一的思想。天地虽区分其事理相同；男女相异，其心意相通；统治者(领导者)和老百姓相互沟通，相互信任，其志向和心意想通，就会众志成城，否则这个国家就不称其为国家了；保护整体则天下和谐、安宁。这些思想强调的是多样性、差别性，甚或对立性的相辅相成。这种多样性的相辅相成、相反相成，就是一种和谐。

这一思想给我们的启发是很大的。这说明在任何时候，都要承认尊重多样性、差别性和对立性的存在;在现代民主制社会里,承认、容忍、尊重持不同意见的人,是一个普通的常识,并且在法律上也确立了尊重持不同意见的少数人的权利。在我国的实践里,曾经有过一段时间,不允许不同意见的存在,一切都要大一统,要求绝对同一,否则就要遭到批判和打击。不承认、不允许、不尊重多样性、差异性和对立性,就是专制主义的思想表现。保护这样的对立性,就是保护整体、保护全局。

春秋时期,齐国晏婴进一步发挥了相反相成的和谐观点,不仅论述了"济其不及,以泄其过"和"相成相济"等思想,而且提出了构成多样性、对立性的和谐中有各种各样的要素、成分和方面等等。他强调这些要素、成分和方面相互配合、相互协调、相辅相成、相得益彰,构成了万事万物运行的秩序。中国传统哲学把这种和谐的运行秩序推行到社会政治领域,也为社会发展的和谐秩序描述了一个蓝图。为了达到和谐社会的运行秩序,首先要"各明其位",各种要素、成分、方面和局部都要明确各自在统一整体中的位置和职能;其次,要"各得其所",各方面在整体中构成一种相成相济、共生共长、休戚与共的关系;最后,"各尽所能",各要素、成分、方面在整体中发挥各自的作用和专长。只有承认、尊重、发挥这些要素、成分和方面的积极性、主动性和创造性,社会整体才能进入稳定、和谐的有序状态。这些思想对于我们构建社会主义和谐社会,具有十分重要的启示和借鉴的意义。

2. 和谐是指"和而不同"

春秋时期,人们更进一步发展了和谐的概念,不仅把它运用于自然事物,更进一步推及社会人事的存在状态。在《国语·周语下》中,单穆公说:"声音相保曰和。"徐州鸠亦说:"大昭小鸣,和之道也。"这是说,不同的声音相互协调,才有美妙和谐音乐。同样道理,在社会中,不同的人群相互协调,万众一心,就会战无不胜。《左传》桓公二十一年"师克在和不在众"。《国语·郑语》中有史伯的一段论述:"民之所欲,天必从之。今王弃高明昭显……去和而取同。夫和实生物,同则不继。以他平他谓之和,故能丰长而物归之;若以同裨同,尽乃弃矣。"孔子把这种和谐概括为"和而不同",和或和谐作为对立面的统一,是万事万物生存成长的存在方式和发展方式。正因为多样性、差异性和对立性不同,才能相互比较、相互补充、相互协调,因而也才能进步,才能发展。所以,和谐是事物发展的内在动力,它使事物具有了欣欣向荣的生命活力,并且有促进事物向上成长、健康发展的功能。如五味相调而成佳肴,五音相和而生美乐,五行相合而生万物。而"同"则是同一的东西在数量上的简单相加,如同一声调、同一滋味、同一事物的凑合,就会使人生厌,就会陷入死水一潭,毫无生气可言。我国在极"左"时期,用暴力镇压不同意见,迫害对立面,就造成了死水一潭的毫无生气的危险局面。在这种状态下,丝毫没有和谐可言。

只要人类社会存在,社会存在就必定是多元的。这其中,既有人和人的关系,民族和民族的关系,国家和国家的关系,也会有一种文化和其他文化的关系,人类和环境的关系等等。处理好这些关系,既是每个人类个体自身发展的需要,也是每一个民族的全社会发展的需要。"和而不同"的思想为处理各种不同的人际关系提供了重要的指导性思想原则。

人类社会数千年的发展证实,任何个人、民族、国家和文化的兴盛和发展,都是在和他人、民族、国家、文化的相互融合、相互借鉴、相互补充的过程中完成的,即"和而不同"的结果。相反,实行大一统,用暴力镇压求得各个人和各民族的千篇一律,即"同而不和";即使一时能够得逞,赫赫一世,最终也只有衰败、没落、不会源远流长。从中华民族的五千年的历史来看,凡社会安定、经济繁荣、文化丰富多彩的时期,无不是社会氛围宽容,能以"和而不同"的精神去包容"不同",

去处理各种人际关系的时代。如汉朝的文景之治，唐朝的贞观之治等，多为史学家们所津津乐道的繁荣时期，不都是因为各种不同人才、各种学术流派、各个民族能够相互融合、相互补充、相互竞争，各显其风采、各尽其长，社会较为宽容的年代吗！中国文化的发展，之所以能够历经五千多年而源远流长，也是在"和而不同"的思想下繁荣起来的。从早期简单的部族文化到春秋战国时期的诸子百家，再到宋明的三教合流，最后到清代编修的包容各家各派的浩如烟海的《四库全书》这样的文化典籍。如果没有与不同文化的"和而不同"，那是绝不会出现如此灿烂多彩的文明的。因此，中国才成为古老文明从未断绝的被全世界赞颂的现代国家。相反，那些靠暴力专制建立的大帝国，如同亚历山大帝国、罗马大帝国、拿破仑帝国、第三帝国等等，有几个能延续几十年、上百年呢？只有"和而不同"的思想能够延续五千多年。

3. 和谐就是中和、中道、中庸

在中国儒家思想中，"和"同时又表述为"中和""中道""中庸"。孔子吸收前人的思想，把"中和""中道"等思想发展为"中庸"学说，不仅认为万事万物都尊循恰当适度的原则，而且主张人们办事情想问题都要尊崇中庸这一至高道德准则。他说："中庸之为德也，其至矣乎！民鲜久矣。"他认为，要达到社会的和谐与人内心的和谐，最重要最根本的办法就是要"持中"，就是"无过无不及"。朱熹在《论语集注》中说："中者，无过，无不及之名也。"就是说，事物的发展变化在任何阶段、任何情况下，都会有一定的限度，一定的规模范围，一定的质量界限，对于这些限度、规模、标准与界限，既不能超过也不能"不及"。这样才能使事物处于适中的和谐状态。也就是说，中和、中道、中庸是实现和谐、达到和谐的必经途径。这个道理告诉我们，事物本身的发展变化是有规律、有限度、有界限的；我们办事情想问题就必须遵循这些规律、这些限度,不能走极端,不能无所不用其极。否则,走极端、用其极,不仅不会有助事物的发展,还必然把事物拉向后退、阻碍事物的发展。

4. 和谐是指维持一定的度,即保持一定质的数量限度和一定数量的质的规定性

在中国古代的思想中,虽然潜含着度的概念,但始终没有真正提出度的概念。在西方哲学史上,最早提出和谐、论述度的哲学家是古希腊的毕达哥拉斯。他在公元前六世纪末期,系统地研究了自然数的质量差别,以及数量之间的比例关系,分析了单数与复数、奇数与偶数的差别,证明了毕达哥拉斯定理(即我国古代的勾股玄定理),提出了"黄金分割"等等。他论述了一定数量包含着一定的质,一定质必有一定的数量。因此,他认为每一个数都有一定的意义。如:一是"一元",一切的始基,二表示不定、分歧、对立,四代表正义,十代表完满等等。他看到了一定质的数量限度和一定数量的质的规定性,所以他能提出数量之间比例关系和黄金分割的定理。他运用这些数学思想研究世界,认为整个宇宙都是一个和谐,是各种天体由于大小、轻重不同,由于运动速度快慢不同而形成的和谐整体,正像音乐由于高低、长短、轻重的音调的差别,就能奏出美妙的和谐乐曲一样。赫拉克利特进一步发挥了和谐说,他不仅论述了对立面的相反相成,而且把这种相反相成看作是和谐。他说:"相反的东西结合在一起,不同的音调造成最美的和谐。""自然也追求对立的东西,它用对立的东西制造出和谐,而不是用相同的东西。"[1]他还提出了逻各斯这一概念,在古代,这一概念既有比例、公式、规则、尺度的意义,又有理性、逻辑、普遍规律的意义。他认为,逻各斯万古长存,统治一切。也就是说,一切

---

[1]《欧洲哲学史原著选编》,福建人民出版社,1985年版,第16页。

都必须遵循逻各斯、遵循尺度或比例，这是普遍规律。

当然，毕达格拉斯和赫拉克利特关于质量比例关系的论述，仅仅是猜测到度，猜到了超出一定的数量限度，就会有质的变化。真正在科学意义上提出度这一概念的人，还是近代的黑格尔。

5. 和谐是维护社会正义的保障，没有和谐就没有正义

古希腊著名哲学家柏拉图曾经幻想构建一个理想国。他认为，只有把智慧、勇敢、节制等美德完满地结合在一起，才能形成和谐的社会秩序，使各阶层的人都各安其位、各司其职、各得其所、互不干扰、和谐一致，这样才能有社会正义。如果一个人既当官吏、又做买卖、又要掌握武装力量当军人，即不恪守自己的职位，什么都想干预，那么这个国家就会陷于混乱，就"会把国家毁了"。[1]柏拉图的理想国虽然是等级森严的专制制度，但他提出社会的和谐是社会正义的保障和前提。这一思想对后世的影响是不容抹杀的。

伊壁鸠鲁更进一步发挥了和谐与正义的相互关系。他说："正义不是一种独立存在的东西，而是在相互交往中，在任何地方为了不伤害和不受伤害而订立的契约。"[2]伊壁鸠鲁不是像柏拉图那样靠先验美德的结合来构建和谐社会，而是靠广大人民的共同约定（即大家都不去伤害别人，也不受害这一共同意愿与利益）建立了社会契约，形成了和谐的社会，从而保证了人和人关系中的正义。他在人类历史上第一次把和谐与正义同广大人民的意愿和利益联系起来，被马克思称之为提出"社会契约论"的第一人。

---

[1] 柏拉图：《国家》，见《欧洲哲学史原著选编》，福建人民出版社，1985年版，第96页。

[2] 伊壁鸠鲁：《主要原理》，见《欧洲哲学史原著选编》，福建人民出版社，1985年版，第145页。

十七至十八世纪的欧洲哲学家们更加全面系统地阐述了社会契约论。他们认为，人类经受暴政、战乱、苦难之后，必然会取得一个共同的认识：和平安宁乃每个人生存的必备条件，"己所不欲，勿施于人"，你要活也得让别人活，人的生命、财产和自由是人的生存不可剥夺的权利等等。正是在这种理性的选择基础上，人们达成了共识，签订了契约，为了大家的共同利益，把公共权力集中在国家手中，用以保障大家的共同利益和整个社会的安全与和谐；并且把这一切用法律的形式固定下来；法律源于明智的理性和共同利益，因而它就具有普遍的适用性和强制力，法律正是排除一切私人情欲的社会共同理性与公共利益的集中体现。洛克说："法律除了为人民谋福利这一最终目的之外，不应有其他目的。"法律若是只为特定阶级牟利，而不是为整个社会谋福利，就绝不是公正的，因而也就绝不会有和谐的社会秩序。正义就在于，法律必须为全体人民的共同利益服务，保障人的不可剥夺的基本权利，让所有人在法律面前平等。因此，社会的有序、和谐的运行，是社会正义的保障；正义必须以整个人民共同利益为依归，是社会和谐秩序的实现。由此可见，这些哲学家们不仅进一步阐发了和谐思想的内涵，而且把和谐与正义、和谐与民主、和谐与人民的共同利益的联系全面地揭示出来。这为人类社会的发展方向和新的价值取向，提供了思想理论基础，为人类构建民主政治与和谐社会的理想目标绘制了思想蓝图。

总而言之，和谐的思想内涵是极其丰富的，我们仅仅列举了几种有代表性的思想，予以简单的阐释。但是，不管哪一种思想，都和矛盾、对立面的统一有着不可分割的内在联系。过去讲矛盾，我们只强调矛盾的斗争，而忽视了矛盾的统一。历史事实证明，越强调矛盾的斗争，社会就越分裂；相反，强调矛盾的统一、对立面的统一，社会就会越和谐，社会的凝聚力、向心力就会越增强。实际上，列宁在《哲学笔记》中曾经多次指出："可以把辩证法简单地确定为关于对立面的统一的学说。这样就会抓住辩证法的核心。"又说："发展是对立面的统一""事物(现象等等)是对立面的总和与统一。"还说："不能把对立面结合起来，不能达到统一"就是最坏的辩证法。而且他特别强调，辩证法就在于研究对立面是如何统一的，怎样统一的，是在什么条件下统一的。事实上，对立面的统一，本是事物发展的经常性的、占主导地位的状态，是事物发展的常规方式。研究对立面的统一就是研究和谐，就是坚持辩证法。

我们常总结中国革命的实践经验，吸收中外哲学的优秀成果，提出了构建社会主义和谐社会的战略任务，这是对马克思主义思想的重要发展。江泽民同志曾经指出："和谐而又不千篇一律，不同而又不相互冲突。和谐以共生共长，不同以相辅相成。和而不同，是社会事物和社会关系发展的一条重要规律，也是人们处事行事应该遵循的准则，是人类各种文明协调发展的真谛。"这一思想对于我国如何推动现代化建设，如何发展同各国的关系，都具有十分重要的指导意义。胡锦涛同志在党的十六届四中全会上提出，我国的现代化建设，就是要"形成全体人民各尽其能、各得其所而又和谐相处的社会"，这个社会就是"民主法制、公平正义、诚信友爱、充满活力、安定有序、人与自然和谐相处的社会"。这些思想，为处理好各种发展中的矛盾，为振兴中华民族，为中国走向多极化的世界，提供了思想理论基础。我们坚信，认真学习和运用好这些思想，指导我们的各项工作，必将给中国带来更加辉煌的发展和繁荣。

改革开放是一场革命

早在改革开放的初期,邓小平同志就说过改革开放是一场革命。虽然当时有人写文章作了大量的论证,但是人们并不十分理解为什么是一场革命。经过三十年的实行改革开放已经给中国带来了天翻地覆的变化,这些变化使我们亲身体悟到改革开放的革命意义。为了说明这种历史性的大变革,我们从经济、政治、党的建设等方面来回顾一下这三十年来的变革,就会一目了然了。

一

首先,我们从经济方面来回顾一下三十年来的变革。经济上最大的变革,莫过于大一统的公有制消亡了。大一统的公有制把全国人民变成了被锁在一小块土地、一个固定的小生产单位的"附属品"或工具,人们没有任何财产、没有活动自由、甚至连迁徙、调动的自由都没有。没有财产就没有生存的基本保障,就没有任何政治权利。改革开放,就是从解放农民开始的,农村生产承包责任制,虽曾引发了全国性的大辩论,但它却有强大的生命力,得到农民的欢迎,接着推行了城市经济体制改革和企业的承包经营制,民营企业的出现,外资企业与合资企业的建立,现代企业制度的改革等等,这样就打破了大一统的公有制,形成了以国有制为主导的多种所有制共存的局面,人民有了财产就有了自由和权利的保障。马克思说"个人占有财富,这不仅是为了达到自主活动,而且一般说来是为了保证收入"。这就使广大人民群众,从经济上获得了解放,证明自己的生存,以及个人本身才能的发挥。

除了所有制的改革,经济运行机制也发生了根本性的变革,市场经济运行机制逐步代替了计划经济的运行机制,打破了僵化的"姓资姓社"的框框,即打破了用来镇压改革的、资本主义复辟的符咒,打破了各级官员垄断国民经济命脉的专制体制。从此亿万人民群众纷纷"下海"经商或者办企业办公司,人民群众创造财富和发家致富的积极性,像火山一样迸发出来,成为不可阻挡的历史激流。他们真正成为自己生活的主人、自己命运的主人。随着改革的深化和国家经济、政治形势的进一步发展,促使全国人大也把个人财产和私有财产以立法的形式,同国有财产同样列为受法律保护之列。同时,产财收入、科技收入和劳动收入一样,都被承认为合法收入。这就使广大人民群众,从经济上获得了解放。

正是这些改革,使我国经济走上了跃进式的大发展阶段,连续三十年,国民经济总产值(GDP)每年超过百分之八以上,GDP总量已跃居世界第三位,比改革前增长了二十多倍。城市职工月收入也增长了三十来倍,农村人均年收入增长了近百倍。我国的外汇储备由1974年两万美元增长到现在超1.6万亿美元,增长了一千多倍。因此,我们可以说,我国在经济上发生了翻天覆地的革命性变革,我国人民已经摆脱了"贫穷落后的社会主义"。极"左"思潮说,你这搞的是资本主义,恢复了私有制。其实,马克思说的消灭私有制,只是指消灭资产阶级私有制,在《共产党宣言》中就明确地指明了这一点。马克思说,我们仅仅反对私人垄断国民经济命脉,我们并不反对个人拥有财产,相反我们要建立联合起来的个人共同占有财产。所谓联合起来的个人占有,就是指现代的股份制企业形式。因此,我国经济制度的改革是向着马克思所说的目标迈进了一大步。相反,完全国有制的形式则是由长官意志掌控国民经济命脉，实际上是违背马克思所追求的目标的。

二

政治方面的改革使我国的政治制度也发生了天翻地覆的变化。随着"以阶级斗争为纲"的废止，无产阶级全面专政的提法也被抛到历史的垃圾堆，代之以人民民主专政。党的十六届六中全会以后，又以人民民主政治代替了人民民主专政，提出了建立社会主义民主和法制作为政治体制改革的目标。党的十七大更进一步指出，坚定不移地坚持社会主义民主和法制建设，而且说倒退是没有出路的。

随着政治制度的根本变革，我们党又推出了一系列政治体制改革的措施，为政企分开、政事分开，减少由政府审批的各种项目，改变政府各级部门职能（由专制、专政、垄断改变为对社会的服务职能）等等。当然，政治体制的改革还有很长的路要走，还有许多方面需要进一步改革，如行政官员过多，官本位、长官意志及不负责任的行政措施、官员特殊化等等，还需要下大力气进行改革。重要的是我们党已经向正确的方向迈出了一大步。

在执政治国理念上，"以阶级斗争为纲"被否定之后，又经过近30年的改革开放进程后，党的十六大提出了"以人为本"的执政治国的理念，把满足人民的利益和人民的需要，解决人民群众的疾苦和民生问题，摆到了执政治国的重要位置，并作为检查和衡量各级官员政绩的重要标准。

这些改革，彻底铲除了"四人帮"和极"左"思潮推行的封建法西斯专政的遗迹，恢复了马克思关于社会主义革命后新生政权建设的基本路线。马克思在《共产党宣言》中说："无产阶级通过革命夺取政权后……用暴力消灭旧的生产关系，那么它在消灭这种生产关系的同时,也就消灭了阶级对立和阶级本身的存在条件,从而消灭了它自己这个阶级的统治。"①同时,马克思恩格斯还多次指出,凌驾于社会之上的阶级统治及其暴力机关"是一切龌龊事物的温床",是"一个祸害"②,共产党人的目标是要实现"新的真正的民主"或叫"社会共和国"。在新中国成立的前夕,中国共产党也曾多次宣告世界,共产党人的目标是实现民主政治。1944 年毛泽东接见美国记者谢伟思时说,每一个美国人都应该是民主的活广告,"我们并不害怕民主的美国影响,我们欢迎它。"③1943 年 7 月 4 日《新华日报》纪念美国独立纪念日,说"世界上每个善良而诚实的人都会感到喜悦和光荣,(欢迎)民主和科学在自由的新世界里种下了根基。"1944 年 7 月 4 日《新华日报》发表社论"美国国庆日——自由民主的伟大斗争节日"。1945 年 4 月 13 日《新华日报》发表社论纪念杰斐逊说,自由、民主、人民是政府主人而不是奴隶等观念,"这从十八世纪以来, 应该早已经是全人类共知公认的常识了"。1944 年 6 月 12 日毛泽东答中外记者团讲话时指出,"中国是有缺点,而且是很大的缺点,就是缺乏民主,应该在所有领域贯彻民主"。

由此可见,以胡锦涛总书记为首的党中央,完全继承了马克思关于社会主义民主的传统。没有民主就没有社会主义,社会主义没有民主也就不是真正的社会主义;同时也是继承了解放前夕中国共产党的历次宣传提出的主张。所以,十七大文件提出,坚定不移地建设社会主义民主政治,这是抛弃中国旧的专制主义传统,向马克思主义的回归,是走向真正的社会主义的必然选择。

---

①《马克思恩格斯选集》第 1 卷,人民出版社,1972 年版,第 273 页。
②《马克思恩格斯全集》第 16 卷,人民出版社,1972 年版,第 15 页。
③《党史通讯》,1983 年,第 20–21 期。

三

在执政党的建设方面也发生了翻天覆地的变化。我们都知道，改革开放前的年代里，当时把党理解成无产阶级的先锋队，林彪和"四人帮"集团把党搞成所谓"革命路线"的先锋队，经历一次又一次地清理阶级队伍，这就完全扭曲了党的性质和宗旨，把党变成了他们营私的强有力的政治工具，以谋取他们所代表的"政治小集团"的利益。这正是马克思在《共产党宣言》中早已批判过的"褊狭的政治小集团"。

改革开放以后，我们党在老一辈革命家领导下，清除了林彪和"四人帮"对党的性质、路线和组织的破坏，端正了党的路线，开始重建党的组织。特别是我党提出了"三个代表重要思想"，并用三个代表思想重新教育党员，按照"三个代表思想"要求各级党组织。"三个代表思想"要求党组织和党员一定要代表全国最广大人民群众的根本利益。这就是说，中国共产党不是某一个阶级的代表，更不是某个阶级的褊狭的政治小集团，而是全国人民的代表，是全国人民的先锋队，全中华民族的先锋队。这样就极大地扩大了党的社会基础，真正体现了马克思说的解放全社会、解放全人类的博大胸怀，从而使党的性质重新回到了马克思主义的轨道上。

"三个代表思想"提出，党要代表人类社会的先进的生产力和生产力发展的方向。过去中国共产党按照越穷越革命的逻辑，认为只要是一无所有的劳苦大众，如产业工人、贫下中农和其至所谓痞子（即流氓无产者）等，都属革命先锋之列。因此，吸收入党、选拔干部，甚至参军、升学也都要优先考虑这个人群。不仅如此，还要把这样的人提拔到国家领导的位置上，即所谓贫下中农打天下就要坐天下。结果闹出许多笑话，这样的人能代表先进生产力吗？不能代表先进生产力，怎能领导国家走向现代化呢！所以，我们党提出，随着经济体制改革的推进,首先发展起来的企业与公司的领导者和管理者,用自己的科技成果推进了经济发展的科技工作者,用自己的知识和品德培养出大批国家建设人才的教育工作者等等,都是社会主义建设者。他们可以入党,也可以参政,进入各级领导岗位。这就为我们党输入了新鲜血液,改善了我们党的人员构成。

此外,我们党彻底否定了以早请示晚汇报、忠字舞、红海洋等为代表的所谓无产阶级文化。这些臭名昭著的腐朽的东西,硬要冒充无产阶级革命文化。我们党提出,要继承中华民族的优秀文化传统,吸收世界各国文化中先进的优秀的东西,继承人类文明发展史上的优秀思想文化的精华,加强同世界各国的思想文化交往与交流,把中国融入世界思想文化发展的潮流之中。

除此之外,我们党还在党风、党纪和党的组织等方面加强了对自身的建设,使我们党重新焕发了伟大、光荣、正确的人民先锋队的光辉形象,重新获得了全国人民的信赖和拥护,重新迸发出巨大生命活力。

因此,我们说,改革开放使我们党发生了天翻地覆的变化,真正成为全中国人民的先锋队、全中华民族的先锋队,成为领导中国人民奔小康的核心力量。

总而言之,改革开放给我国的经济、政治、社会、思想文化和党的建设等方面都带来了根本性的变化。正是这些变化,让我国人民富裕起来,过上小康生活,让更多的人有了自主选择生活方式、选择创业的机会;正是这些变化,让我国人民获得了政治参与和发表自己政治见解的更多的权利;正是这些变化,给我们创造了一个社会和谐的发展前景;正是这些变化,给我们党注入了新的生命活力,使党成为全国人民团结的核心,成为中华民族凝聚力和向心力依托的核心。

改革开放带来的变化,使中国社会主义事业和中国共产党能够在苏东巨变的冲击下强势地发展起来；使中国成为在世界经济危机和金融风暴的袭击下，唯独保持经济稳定增长的国家，并成为推动世界经济发展的重要动力；使中国在巨大的自然灾害面前能够有力、有序、有效地进行抗灾救人，并得到全世界各国政府和人民的广泛支持与敬佩。这一切都证明，改革开放这场革命给我国带来的根本性变化，已经获得了明显的社会效果和国际影响，使中国人民真正怀着民族自豪屹立于世界之林。

认识你自己

——人是什么

　　古希腊有一则流传很广的寓言：人面狮身怪兽司芬克斯，蹲在高高的海边悬崖上，谁从这里经过，必须猜出它的一个谜语：有一物清晨四条腿爬行，中午两条腿走路，晚上三条腿行走。没猜中者，就要被它吃掉。后来终于有一位叫俄狄浦斯的人猜出了这个谜语，谜底就是人。司芬克斯于是跳崖自尽了。四千多年来，这个故事传遍各个文明的国家，但是没有人正确理解它的含义，仅仅把它看作缪斯智慧的显现，或者是巨人俄狄浦斯和司芬克斯的智斗。事实上，这故事蕴涵着一个深刻的道理。人在没有认识自己之前，只能像动物一样爬行，受着自然万物的统治，命运由自然界来支配；当人认识自己之后，人就会用自己的两脚挺立在天地之间，把两手和头脑解放出来，成为世界的真正主宰，成为世间奇迹和人类文明的创造者；即使到了老年，人仍然会凭借一生的经验和智慧这根拐杖，用两脚稳固地竖立在天地之间。古老的寓言，猜到了人的伟大、人的力量、人的世上主宰的高贵！但是，要破解这个谜，需要人类数千年的历史实践，需要人类付出巨大的代价。

　　实际上，人在自然力面前是何等渺小啊！地震、海啸和洪水泛滥都会把人的生命无情地碾碎；历史上无数次战争、大面积的灾荒瘟疫、频繁的改朝换代的权力争斗以及殖民主义的掠夺，大量吞噬着人的生命。但是，人类并没有被杀绝、被压倒，从苦难和灾害中不仅重新站立起来，更创造了光辉灿烂的人类文明。是什么力量，使人能够战胜苦难和灾害？是什么原因，使人类永远充满着勃勃生机，创造着更高级的文明？为了寻找这个谜的答案，不论是中国的思想家们还是外国的思想家们，几千年来上下求索，作出了不懈的探讨，围绕着人性和人的本质问题，提出了种种假设、学说与理论，给我们留下了宝贵的精神财富。

一

中国古代哲学家和思想家，绝大多数是从协调人际关系的道德范畴中看到了人的本质力量，并由此发挥了关于人、社会和治国等思想。在古代中国，最具代表性的思想家是孔子。他说："仁者，人也。"[①]这一命题蕴含了孔子关于人的哲学和人的价值、人的本质的一系列深刻的理解。首先，他认为，道德理念"仁"是人的最高本质，是人与动物的最根本区别，是人之为人的根本依据。为人而无仁，便失去了做人的根本，失去了人生价值。尽管物质生活、饮食男女是人生的基本需要，然而，如果没有道德观念和道德生活，人就不成其为人，就和动物没有什么两样了。其次，"仁"作为最核心、最普遍的道德规范，就是人最深刻、最普遍的道德本性，而且它不是人的外在的东西，而是人的内在本性。这无疑是肯定了人性本善。所以他说："性相近，习相远也。"[②]这种本性是人的潜在内涵，只有经过后天的学习、修身才能显示出来。再次，孔子把道德理念"仁"当作衡量人、评价人和处理社会关系的根本尺度，认为人在修习"仁"的过程中，不仅要克己、修身，还要爱人、复礼。对于个人来说，仁就是克己修身，抑制己欲，克服缺点，认识人的善本性，按照善的要求支配自己的行动。"苟志于仁矣，无恶

---

①《礼记·中庸》，上海古籍出版社，1987 年版。
②《论语·阳货》，山西古籍出版社，1999 年版。

也。"①"仁者不忧。"②"巧言令色,鲜矣仁。"③这些论述都是强调,个人修养要按照善本性来约束自己,培养自己一颗仁爱之心。就是说,这是对人自身价值的肯定,对理想人格的呼唤。对于他人的关系,孔子强调,仁就是"爱人","己所不欲,勿施于人。"④("夫仁者,己欲立而立人,己欲达而达人。"⑤(在这些论述中,孔子对仁的理解超出了个人范围,肯定了人的独立个性和人格尊严,要求把仁理解为:就善的本性来说,人人平等,推己及人,爱人如己。最后,对整个社会而言,所谓"仁",就是"复礼",其原意是复归周礼,而当时周礼是社会公德的象征,因此这里的意思是树立社会公德的观念,人的一言一行都要遵守社会公德,坚持社会正义——忠恕之道。所以,他说:"一日克己复礼,天下归仁焉。"⑥"能行五者(即指恭、宽、信、敏、惠——引者注)于天下为仁矣。"⑦从孔子关于仁的许多论述中,我们看到,道德理念的仁,成了孔子处理社会关系和治理国家,乃至建立大同世界的一项最基本、最核心的思想原则。后来的许多思想家都继承了孔子的思想,并从不同侧面更进一步发挥了这些思想。

战国时期,孟子继承孔子的仁学思想,弘扬儒家学说。他和孔子一样,坚持认为"仁也者,人也。"⑧他不仅把"仁"看作是人的本质,还把仁义、仁爱看作是人生的使命和价值所在。孟子对儒学思想的一大

---

①《论语·里仁》,山西古籍出版社,1999年版。
②《论语·问宪》,山西古籍出版社,1999年版。
③《论语·学而》,山西古籍出版社,1999年版。
④《论语·颜渊》,山西古籍出版社,1999年版。
⑤《论语·雍也》,山西古籍出版社,1999年版。
⑥《论语·雍也》,山西古籍出版社,1999年版。
⑦《论语·阳货》,山西古籍出版社,1999年版。
⑧《孟子·尽心下》,北京:中华书局,1983年版。

贡献,就在于把孔子首创的仁学思想发展成完备的仁学思想体系。他用性善论和良贵说充实、完善了仁学,从更深的层次上研究了人的本质属性和人的价值。孟子说:"人性之善也,犹水之就下也。人无有不善,水无有不下。""恻隐之心,人皆有之。羞恶之心,人皆有之。恭敬之心,人皆有之。是非之心,人皆有之。"①孟子在肯定人性本善的同时,提出了本然的善是一切道德的发端,一切道德都是善本性的体现和表露。因而,仁、义、礼、智等都是人固有的善本性的体现,由此推而广之,便成为人人都必须践履的四种美德。践履美德,正是人生的使命和价值所在。这样,孟子就肯定了人的价值、使命和人的高贵。孟子的另一重要贡献在于,他在性善论基础上提出了精神境界说。他弘扬性善论,但更重视道德的教化,认为道德教化能把人的道德按照善本性提升至一个高尚的精神境界。孟子说:"生亦我所欲也,义亦我所欲也;二者不可得兼,舍生而取义者也。生亦我所欲,所欲有甚于生者,故不为苟得也。"②舍生取义,就是说为了仁义的理想不惜牺牲生命,仁义乃人生的最高理想。"仁,人心也;义,人路也。"③也就是说,仁是指善本性的思想说的;义是指实践仁的行动说的。舍生取义的命题,更强调要在行动上、实践上把走正路放在比活命更高的位置上;就是说,一定要把践履仁的实践行动当作人生的第一目的和最高价值。这就为后来的中国人树立了一个崇高的精神境界。在这一思想基础上,孟子又提出"浩然正气",他把一切为人民、为历史进步、为社会正义的事业与行为都涵盖于正路、正义之列。仁爱和正义相结合,就使人产生一种"浩然正气",刚正不阿地坚持理想正义,不屈不挠地追求真

---

①《孟子·告子上》,中华书局,1983 年版。

②《孟子·告子上》,中华书局,1983 年版。

③《孟子·告子上》,中华书局,1983 年版。

理。由此，他树立了一个顶天立地"大丈夫"的英雄形象。他说："富贵不能淫，贫贱不能移，威武不能屈，此之谓大丈夫！"[①]这正是浩然正气和高尚精神境界的形象化体现。这种精神正气是中华民族千百年来抛头颅洒热血、前仆后继地为民族振兴而不懈奋斗的精神支柱。此外，孟子还倡导尚公精神，他说："乐民之乐者，民亦乐其乐；忧民之忧者，民亦忧其忧。乐以天下，忧以天下，然而不王者，未之有也。"[②]这种以天下人民之乐为己乐，以天下人民之忧为己忧的精神，不仅体现了孔、孟仁学思想所具有的博大胸怀和对人民的一片赤诚的爱，更塑造了几千年来中华民族为国家和人民的利益，前仆后继，勇往直前，奋斗不息的"民族魂"。孟子的另一重要贡献在于将仁学思想推广到社会、政治、经济各个方面，提出了"民本"思想，发挥了孔子的"为政以德"思想。孟子从仁学思想出发说："人皆有不忍人之心。先王有不忍人之心，斯有不忍人之政矣。以不忍人之心，行不忍人之政，治天下可运之掌上。"[③]也就是说，仁爱是君王施行仁政的基础，并由此引出他的民本思想。他说："民为贵，社稷次之，君为轻。"[④]这是孟子思想的一大创见。他清楚地看到，当权者是否有爱民之心和民心向背，是决定一个国家政权兴衰的重要因素，所以他认为，"得民心"是治国的根本。他说："桀纣之失天下也，失其民也；失其民者，失其心也。得天下有道：得其民，斯得天下矣；得其民有道：得其心，斯得民矣；得其心有道：所欲与之聚之，所恶勿施，尔也。"[⑤]因此，他主张，国家要以民为贵、以民为本。为此，他要求统治者必须热爱人民，爱民之所爱，憎民

---

①《孟子·滕文公下》，中华书局，1983年版。

②《孟子·梁惠王下》，中华书局，1983年版。

③《孟子·公孙丑上》，中华书局，1983年版。

④《孟子·尽心下》，中华书局，1983年版。

⑤《孟子·离娄上》，中华书局，1983年版。

之所憎，一切行为以民之爱憎为取舍，必须抛弃一切损害人民的事情，为人民做好事；必须限制诸侯的肆意妄为，保护人民的利益不受损害；必须"以天下为公"，以整个天下为己任，实行以德服人的仁政。这样，孟子把仁学思想推广到社会历史、政治、经济等领域，用道德理念"仁"主宰了社会历史和政治经济等领域。

　　总之，从孔孟仁学思想中，可以看到：第一，中国古代哲学家在以仁为核心的道德中，确实抓住了人本质力量的一个重要方面，不仅肯定了人的独立意志、人格和尊严，更重要的是弘扬了人的"浩然正气"和崇高精神力量，并把道德作为协调社会关系的重要力量，视为决定和支配社会历史及其政治经济状况的巨大力量。这种对于人的本质和人的本质力量的认识的深刻性、系统性和完备性，在人类思想史上，可以说是绝无仅有的。虽然古希腊的苏格拉底曾经提出以善的理念统治世界，柏拉图也曾用不同道德品质造就不同等级的人的思想来描述理想国，基督教、佛教和伊斯兰教等也用劝善来建立天国，但都没有形成像孔孟仁学这样系统化、理论化的思想体系。第二，孔孟仁学思想体系，对后世中国思想的发展，对中国社会历史的进程演化，都起着重要作用。汉朝董仲舒提出"罢黜百家，独尊儒术"，把儒学提升到正统思想的地位，并把儒学思想简化为"三纲五常"，变成实行政治统治的可操作性的工具。宋代的二程和朱熹更进一步把儒学思想推向极端，把仁称之为"天理"，主张"存天理，灭人欲"，并以此为人生最高境界。近代的民主主义革命者孙中山，特别强调理想信念和立志的重要性，他说，"普通人如果信仰了主义"，便能刻骨铭心，就会为主义而牺牲；这种牺牲比生命的价值更可贵，是"成仁取义"之举。在现实中，孔孟仁学对我们建设社会主义精神文明和公民道德也有着重要的借鉴意义。第三，孔孟仁学不仅有重要的理论价值和历史意义，同时还有许多理论上和实践上的缺憾。首先，他们所谓的仁和人，始终是没有定义的，没有经过严谨的逻辑论证，仍然是停留在物质生产关系之外的抽象。其次，他们讲的人伦关系，是超越物质利益之上、超越历史时代之外的永恒的道德；虽然我们不能苛求于古人，但这毕竟表现了他们思想片面性的一面。再次，在仁和人的关系上，仁是主体还是人是主体，仁是人的作为还是人为仁的工具，从他们的思想中是找不到答案的，所以后来才被宋明理学绝对化，变成了理统天下。最后，他们把"仁"这一理念，抬高到凌驾于世界和社会历史之上，似乎一切都由仁义支配和决定，就使道德失去了它本来的基础和来源，从而也损害了道德的本来价值，因此也引起了历史上围绕儒学的多次论争。

二

在西方思想史上，哲学家和思想家们大多数在理性中看到了人的本质和本质力量之所在。最具有代表性的就是古希腊智慧集大成者亚里士多德。他认为，人是万物之灵，人具有全部的精神力量，有关的、感觉的、推动运动的和能思维的力量，因而人是一种生气勃勃的存在。在他看来，思维和智慧是似神者的机能，是人与神相似的性质和本质。他还提出，由于天生具有理性，因而人总会追求一种合乎理性的生活，他的本性要求与他人一起生活，所以他是一种社会性的政治生物。由此可知，亚里士多德肯定了理性作为人的本质，是人的精神力量的重要组成部分，是人进入社会生活，追求合理的政治制度和追求美满幸福的人生境界的根据。这就给西欧后世思想家认识人、认识理性奠定了基本的思想框架。

在中世纪的漫长岁月里，由于社会的频繁动乱和科技的未开化，人被贬为上帝的奴仆和证明上帝神圣的工具的地位。但就在这时，亚里士多德的思想光辉依然没有被窒息，透过神学外衣向人们发出微笑。奥古斯丁说，人的本性是多么热爱认识自身的存在啊，唯有人具有这种崇高、绝妙的本能，因为，只有人才具有启发心灵的精神之光——理性。经院哲学集大成者阿奎那说，具有理性思维就是人。因为，人的灵魂是上帝创造的，创造它是为了让人认识真理，获取无限丰富的生活必需品。可见，神学家们也不能把理性和人分离，虽然经过上帝的中介，也不能不承认理性给人带来了更高贵的生活。

从文艺复兴到近代，哲学家们又恢复了人的主体地位、人的尊严和人的价值。培根在人的高贵精神中看到神的特征。他说："倘若我们考虑最终因的话，人可以被视为世界的中心；倘若没有人类，这世界的一切将是一片荒原，茫然无措，既没中心，也没目的。"①笛卡尔更进一步把人抬高到世界本体的地位。他说："何谓思想？在此我发现是属于我的一种属性，它不能独立地与我分离。我活着，我存在，这是确定无疑的……如果我完全停止思想，我将同样一举不复存在。""我只不过是思想着的物体……思想着的实体。"②从培根和笛卡尔的论述中，我们可以看到，人不仅被视为世界的中心、世界存在的意义和价值，而且也肯定了人的主体性，肯定了人凭借理性主宰世界的地位。斯宾诺莎则更深刻地指出："实体的存在不属于人的本质"，只有理性精神才构成人的本质。"人的本质是某种在神之内的东西，没有神（理性精神——引者注）他既不能存在，也不能被理解，或人的本质是在一定方式内表示神的本性的某种模态。"③这种把神的秘密还原为人的本质，可算是思想史上的发端，为文艺复兴以来弘扬人性、人的理性和个性解放等思想提供了理论依托，由此引发出"人不仅是世界的主

---

①弗兰西斯·培根：《培根论说文集》，商务印书馆，1958 年版。
②笛卡尔：《形而上学的沉思》，商务印书馆，1996 年版。
③斯宾诺莎：《伦理学》，商务印书馆，1958 年版，Ⅱ，命题 10。

宰,更是人自己的主宰"的认识。"认识你自己,无需上帝审视,只有人能够正确认识人类。"这个时期的思想家虽然强调理性的主体性和理性的重要作用,但是并没有把理性绝对化。他们在肯定人的理性本质的同时,还提出了人一半是神,一半是野兽的主张。认为就理性来说,人能够认识真理、支配自然存在物、选择合理的生活方式、建立合理的政治形式、创造着自己的生存环境等,因而表现出某种神性;然而就本能和感性来说,人又受着本能要求和感性欲望的驱使,追逐名利,贪恋情欲,争夺权势,甚至用暴力战争消灭自己的仇敌,因此表现了兽性的方面。在这里,他们看到了人的本质力量不仅仅表现为理性的主体性、主动性和创造性,而且还展现在本能欲望、感性追求、意志趋向和德性品质之中。但是他们还不了解把神性和兽性统一起来的、在理性与感性背后隐藏着的物质性的社会经济原因。

德国古典哲学家们把近代关于人的本质、人的价值和人的理性的观点,推向了极致,甚至把人及其理性奉为世界的主宰和本体。康德说:"人,就其属于感性世界而言,乃是一个有需求的存在者,并且在这个范围,他的理性对于感性就总有一种不能推卸的使命,那就是要顾虑感性方面的利益,并且为谋求今生和来世(如果可能的话)的幸福,为自己立下一些实践理性的准则。但是人并不是彻头彻尾的动物,不能对理性默然处之,把理性仅当作满足自己需要的一个工具。"①"人,实则是理性存在者,他的存在就是自身的目的,而不是仅供某种意志利用的工具,因此,无论人的行为是对自己或对他人,在一切方面总是把人自身认为目的。"②康德不仅把人看作是自身的目的和最高价值,而且把人看作是世界的"立法者"和终极理想目标。他在《纯

①康德:《实践理性批判》,商务印书馆,1960 年版,第一部,Ⅰ、Ⅱ。
②康德:《道德形而上学原理》,上海人民出版社,1986 年版,第一部,Ⅰ、Ⅱ。

粹理性批判》中,把知识看作是用先验的知性形式整理感性材料的过程,从而把知性形式——范畴与规则加给了自然现象,即为自然界立法。理性的主要功能和任务就在于把知性知识再加以综合统一,以便建立思维的最高最完善的绝对无条件的第一原理;这种最高的第一原理,本身虽不是经验知识,但却是一切知识的逻辑上的总根据,即所谓"公设";它是人类永远追求而又永远无法达到的目标,是我们的一切知识和行动的终极指导原则。在康德的论述中,我们看到,他不仅高度肯定了理性作为人的本质所具有的主动性和创造性,而且把理性抬高到"世界的立法者"和世界发展的最终目标及最高的第一原理的程度。黑格尔继续沿着康德的方向,抬高人及其理性的地位,从而推到绝对精神的极端。他说,人之异于动物,就因为他有思维着的精神。"精神的历史就是他自己的行为,因为精神仅仅是他所做的事,而他的行为就在于把握自己,在这里作为精神,变成他自己意识的对象,并在自己解释自己中把握自己。这种把握就是它的存在和原则",这是一种经过外化返回自身的精神,即经过逻辑—自然—精神的过程,重新回到自身,"认识你自己"的精神。黑格尔认为,这种精神的最高表现就是绝对精神,因为,精神经历了漫长的发展,获得此前一切阶段的收获物,不仅包容着自然对象的合理内容,也融汇了历史、法律、伦理领域的欲望、意志和自由的因素,并且这些材料的外在性、个别性,被精神能动地转化为自己的内在的理性形式。他说:"精神自在地就是运动,就是认识运动,——就是由自在转变为自为,由实体转变为主体,由意识的对象转变为自我意识的对象,这就是说……转变为概念的运动。"①因此,他认为,在绝对精神中,"对象与此对象本身的确定性",即主观世界与客观世界的对立"完全消融了",从而也就

①黑格尔:《精神现象学》下卷,商务印书馆,1979 年版,第 268 页。

达到了绝对真理。黑格尔把这些思想概括为一句话,所谓绝对精神,就是实体即主体、主体即实体这一观念。他解释说:人,当他在自己本身中,却是上帝形象和无限性的源泉。他是他自己本身的目的——他在自身中有一种无限的价值,一种永恒的生命。也就是说,绝对精神是创世主,是本源,而人则是绝对精神的体现,是绝对精神自我发展的结果,是意识到精神主体性的主体。

由于康德,特别是黑格尔,把人的本质、人的理性推向了绝对化的极端,使人完全失去了有血有肉的现实人的本来面目,所以他的思想遭到现代西方哲学的普遍摈弃,但是理性传统,却以实证分析、语言分析、证伪分析等等形式保存下来。

三

从前两个部分可以看出,中外思想家们探索人是什么的问题,一直是哲学无法回避的核心问题。正如恩斯特·卡西尔所说:"认识自我乃是哲学探究的最高目标——这看来是众所公认的。在各种不同哲学流派之间的一切争论中,这个目标始终未被改变和动摇过:它已被证明是阿基米德点,是一切思潮的牢固而不可动摇的中心。"①为什么人的问题会成为一切哲学流派和思潮无法回避的最核心、最根本的问题呢? 首先,因为任何哲学都必须解决人的问题——人从哪里来、人是什么、人生的价值和意义、天与人的关系等等,如果不解决人的问题,这种哲学就没有人需要,没有人去追随,因而也没有存在的必要。其次,人的问题——人的本质、人的价值、人生意义、人的认知与智慧、人的信念等等,涉及哲学的各个方面;它的解决影响和制约着其他一切哲学问题的解决,不解决它,其他问题也得不到圆满的解

---

①恩斯特·卡西尔:《人论》,上海译文出版社,1985年版,第3页。

决。再次,思维与存在的关系问题,仅仅是在人与自然关系里的一个有限的问题,并仅仅在非常有限的领域里才是有效的,只有人的问题才是更根本、更核心的并具全局性的问题。最后,从历史上看,人的问题,确实是历代哲学所探索的最核心的问题和最高的目的。这不是用逻辑的、政治的诡辩所能驳倒的,这是数千年来的历史发展事实。我说的一切,不是为了再树立一个"基本问题"、什么"精髓"、"第一原理"之类,这些东西历来都属于形而上学、经院哲学的范畴。我说这些思想,主要是为了破除思想僵化的教条。

理性统治世界,理性最高标准,这是欧洲思想史的一个重要传统。马克思正是针对这种传统,批判地指出:"但是,人的本质并不是单个人所固有的抽象物。在其现实性上,它是一切社会关系的总和。"马克思的话,常常被我们的教科书编撰者们当作是对人的本质的一个经典定义,并解释说,人的本质就是人的社会性,就是人的各种社会关系总和的集中表现,并随社会历史的发展而不断改变的。这种解释,越解释就越不像一个定义。实际上,马克思针对欧洲思想史的理性传统指出,人不是可以用理性分析、逻辑概括,就可以寻求到本质的存在物,人的本质也不是单个人所固有的某种理论概念,如爱、善、仁、类等。因为撇开历史的进程,抛弃人的现实存在,把人假定为一种没有任何现实联系的孤立的抽象的个体,这种思想家制造的"单个的"抽象的人是不存在的;或者把人理解为类存在物,那也是虚假的共性。要探讨人的本质,只能到人本身的存在方式和存在状态中去寻找,因此,马克思只是给我们指出了研究人及其本质的现实道路和正确的历史唯物的方法。这条现实的道路,就是客观存在方式和存在状态,离开这一现实基础,要认识人及其本质是不可能的。

我们看一看马克思在《德意志意识形态》中批判费尔巴哈和青年黑格尔派的论述,就会更清楚马克思的本意。他说:"任何人类历史的第一个前提,无疑是有生命的个人的存在。这些个人使自己和动物区别开来的第一个历史行动,并不是在于他们有思想,而是在于他们开始生产自己所必需的生活资料。"换言之,人作为人的第一个历史行动就是生产必需的生活资料,生活资料的生产方式决定着他们的生活方式。"个人是什么样的",个人之间的交往形式以及分工、劳动组合、所有制、政治国家等,都是由生产方式决定的。因此,马克思说:"每个个人和每一代当作现成的东西承受下来的生产力、资金和社会交往形式的总和,是哲学家们想象为'实体'和'人的本质'的东西的现实基础。"由此可见,马克思主义创始者不是像西欧大多数思想家那样从理性出发来解释人,也不是像中国古代思想家那样从道德理念仁或善出发来规范人,而是从人的现实存在状态和存在方式出发来阐述人及其一切社会关系。人的现实存在状态和存在方式就是社会实践。实践过程既是人对物质世界的改造和把握,也是人运用物质资料塑造自己、改造自己和发展自己社会关系的过程,因此,人本身就是一种社会实践性的存在。马克思主义者正是在社会实践基础上吸收和总结了古代中国哲学和西方哲学关于人的研究,全面阐述了人的本质、人的价值以及人在世界中的地位等问题。

第一,人是社会实践的主体,而且是有理性的、有意识、有目的的实践主体。理性和实践的结合,使人的实践具有了自觉能动性、计划性、目的性和创造性的活力,从而使人成为把握、改造、创造世界的真正主宰。这种理性不是排斥情感、意志和激情的,正如毛泽东所说,理解了的就会更加深切的感觉,情感、意志、激情等使人的实践更加显示着生命的活力。因此,马克思主义者不是像西方哲学那样,离开实践去谈抽象的理性及理性的万能,而是把理性限定在实践基础上,使它真正成为发自源泉的活水,成为真正现实的力量。

第二,人是社会的生产力和生产关系的缔造者,因而也是自己的社会关系和自己本身的缔造者。人创造着自己时代的生产力,因而也就创造着和这种生产力相适应的生产关系以及一切社会关系,同时也创造着社会关系的一切规范,如法律法规、道德伦理规范、政治秩序原则以及各种文化形式,包括宗教信仰等等,从而创造了一整套属于人的世界,即人化的世界——整个社会,人正是借助这个人化的世界(社会)才得以生存、繁衍和发展,因此也就肯定了自身,缔造了自身,所以说,人是自己创造的人化世界的主人。人的主体性地位,深深扎根于人的实践之中。因此,劳动及其过程与结果,直接体现着人的本质力量发挥的程度。正如马克思所说:"工业的历史和工业的已经产生的对象性存在,是一本打开了的关于人的本质力量的书。"马克思主义不是像中国古代思想家那样,在各个时代总是先确定某种道德理念,如仁、善、义等等,并用它来规范社会和规范人;而是相反,从人的物质生活实践出发,来引申出人们的观念和道德。马克思主义"不是在每个时代中寻找某种范畴,而是始终站在现实历史的基础上,不是从观念出发来解释实践,而是从物质实践出发来解释观念的东西。"①

第三,人是自己的主人,是自己本质的塑造者。人在创造着人化世界的同时,也创造着自己本身,创造着自己的本质。因为,人的本质并不是单个人所固有的抽象物,也不是人生来就具有的先天属性;人的本质是人在社会实践中后天获得的,正如毛泽东所说,一个人的能力有大小,但只要是一个脱离了低级趣味的人——不为个人名利、不为狭隘集团得失、只为人民利益而奋斗的人,就是一个高尚的人、伟大的人。一个人为了人民与国家的事业和理想,鞠躬尽瘁,死而后已,就是一位具有崇高精神和浩然正气的人。一个人为国家和民族的强

---

① 《马克思恩格斯全集》第 42 卷,人民出版社,1979 年版,第 43 页。

盛,不畏劳苦,勇于攀登,探索理论真理及科技发现,就是一位值得敬重的人。那些踩着别人向上爬,投机取巧,以权谋私,甚至不惜采取各种犯罪手段,谋私利、敛横财、图享乐的人,都是一些卑鄙无耻的人,甚至是被人民和历史所唾弃的人。由此可见,一个人的本质、价值及人生的意义,是由人的实践行为、思想品德取向和社会关系的选择定势共同决定的。但是,人只有在现实的、感性的对象性存在中,才能直接地表现自己的本质和生命价值。正是在社会实践中,即在改造世界的对象性活动中,"我直接证实和实现了我的真正的本质,即我的人的本质,我的社会本质。"正是在对象性的活动中,"人不仅像在意识中那样理智地复现自己,而且能动地现实地复现自己,从而在他所创造的世界中直观自身。"①也就是说,人只有通过改造对象世界的实践活动,才能直接地现实地实现自己和确证自己。

由此可见,马克思深刻地揭示和论证了社会实践才是人的一切本质力量的源泉和基础:无论是理性力量,还是道德力量,或是文化信仰以及各种非理性力量,离开社会实践的基础作用,都是一句空话。但是,由此并不能得出结论说实践就是人的本质或称"人的一般本质",因为,实践只是人的活动,人才是实践的主体;实践作为人的存在方式,仅仅是人表征和确证自己的本质力量的标志;实践作为在某种价值观念和理性原则指导下的自觉的创造性的活动,直接表征和确证的却是人支配、改造客观世界的主导地位和对客观世界的超越,即对象性存在的创造。同样,也不能像有人所说的那样,社会关系总和构成人的本质,因为,社会关系及其总和都只是人类实践活动的结果和产物,这些结果和产物不足以构成人的本质的根源。此外,恩斯特·卡西尔所说的文化及文化符号等,也只是人的本质力量的自觉

---

①《马克思恩格斯全集》第 42 卷,人民出版社,1979 年版,第 97 页。

表现,并不是人的本质本身。

　　总之,把上述几方面概括起来,我们可以说,人,就是有理性、有意识、有目的的,通过实践改造自然、改造社会,并创造着社会关系,创造着人本身的社会主体。笔者认为,这就是人类几千年上下求索要寻找的"认识你自己"的答案。当然,这个答案不是一个一旦表述出来就永远不变的理论的抽象的结论,而是随着社会实践的深化和历史的进步仍然需要不断补充、不断丰富、不断发展的一个引导。

附 录

张学军著作目录

一、著作类

1.《西欧哲学史稿》,河北人民出版社,1985年,主编并撰写绪论和第五章。

2.《新时期的科学方法论》,福建人民出版社,1987年,参编,撰写部分条目。

3.《坚持四项基本原则,反对资产阶级自由化(论文集)》,甘肃人民出版社,1991年,编委、审稿人之一。

4.《行动的指南》(专著),甘肃人民出版社,1990年,第三作者。

5.《中国社会主义问题研究》(专著),甘肃人民出版社,1991年,参加统稿,并撰写第六篇,获1991年年度中宣部"五个一工程"奖。

6.《德国古典哲学简介》1978年甘肃师范大学印,参加全国外国哲学研讨会交流。

7.《西方哲学名著介绍》上下册,华东师范大学出版社,1985年,编委、统稿人之一,并撰写《未来形而上学导论》序言。

二、论文类

1.《论实践是检验真理的唯一标准》,载《甘肃师范大学学报》1978年第4期。

2.《思想解放的伟大战士布鲁诺》,载《甘肃师范大学学报》1979

年第 2 期。

3.《没有现代化大生产，就没有巩固的社会主义》，载《甘肃师范大学学报》1979 年第 3 期。

4.《十八世纪法国唯物主义的战斗无神论》，载《甘肃师范大学学报》1980 年第 3 期。

5.《理论为什么不能检验真理》，载《甘肃日报》理论专栏，1978年 6 月 9 日。

6.《科学预见与实践》，载《甘肃日报》理论专栏，1979 年 9 月 6 日。

7.《烈焰焚毁不了真理》，载《理论与实践》(辽宁省政府刊物)1980 年第 6 期。

8.《试探黑格尔辩证法的意蕴》，载《国内哲学动态》(中科院刊物)1981 年第 6 期。

9.《黑格尔哲学秘密初探》，载《甘肃师范大学学报》1981 年第 4期，人大报刊资料复印，《中国哲学年鉴》辑目。

10.《马克思对黑格尔历史观的批判继承和发展》，载《西北师院学报》1983 年第 2 期。

11.《解放思想、实事求是的典范》，载《西北师院学报》1983 年第3 期。

12.《马克思对异化论的批判》，载《西北师院学报》1984 年第 1期。

13.《文明是人对自己本质的自觉》，载《西北师院学报》1987 年第 2 期，获第一届省社科优秀成果奖。

14.《论最高类型的民主》，载《西北师院学报》1987 年第 3 期。

15.《哲学问题简答》，载《党的建设》(甘肃省委刊物)1985 年第4、5、6 期连载，主编，并撰写部分条目。

16.《当代西方哲学的基本特征》，载《西北五省高校学术讨论会论文集》陕西师范大学出版社 1988 年 5 月。

17.《论现实生产力系统的发展》,载《兰州学刊》1988 年第 5 期。

18.《市场价格不是万能的》,载《兰州学刊》1988 年第 8 月增刊。

19.《尼采哲学是一座墓穴》,载《社会科学》(甘肃),1989 年第 1 期,获 1990 年第二届省社科优秀成果奖。

20.《有计划的商品经济新解》,载《社联通讯》1988 年第 5 期。

21.《关于公与私的历史反思》,载《西北师大学报》1987 年第 1 期。

22.《论财富的个人占有》,载《社会科学》1987 年第 6 期。

23.《略论哲学的理论导向》,载《社科纵横》1989 年第 5 期。

24.《唯物辩证地理解中国国情》,载《西北师范大学学报》1990 年第 2 期。

25.《我国农业经济改革的起步和探索》,载《西北师范大学学报》1991 年第 1 期。

26.《毛泽东建党实践的启示》,载《社科纵横》1993 年第 6 期。

27.《农业经济改革的深入发展和走出困境》,载《理论之声》1991 年第 5 期。

28.《中国特色社会主义是马列真理与中国实际结合的产物》,载《学习动态》(省委刊物)1992 年第 1 期。

29.《马克思主义的本质在于创造》,载《西北师范大学学报》1992 年第 5 期。

30.《中国向何处去?》载《辉煌壮丽的史诗(论文集)》甘肃人民出版社 1992 年。

31.《马克思和精神文明》,载《纪念马克思逝世一百周年选编》1983 年西北师范大学党委宣传部邀稿、编辑。

32.《市场的奥秘》,载《时代学刊》1993 年第 6 期。

33.《人类精神家园的探寻与重建》,1996 年对《形而上学的现代困境》一书的评语。

34.《法律是统治阶级意志的表现吗？》载《西北师大学报》1999年第 5 期。

35.《信念的形成》,载《西北师范大学学报》2001 年第 6 期。

36.《马克思主义人文精神的内涵及现实意义》,载《西北师范大学学报》2003 年第 2 期。

37.《贯彻三个代表思想必须克服民本主义》,载《甘肃政法学院学报》2004 年第 4 期。

38.《认识你自己——人是什么？》,载《兰州大学学报》2001 年。

39.《社会主义和谐社会理论的重要意义》,载《甘肃省老教授2007 年论文选编》2008 年 1 月。

40.《改革开放是一场革命》,载《西北师大学报》2004 年。

41.《和谐的哲学底蕴》,载《甘肃省老教授协会 2008 年论文集》。

42.《论知识阶层的使命——学习〈马克思恩格斯恩全集〉作的"学习笔记"之一》,2009 年。

43.《略论国家观的转变——学习〈马克思恩格斯全集〉作的"学习笔记"之二》。

44.《重读马克思的阶段斗争学说——学习〈马克思恩格斯全集〉的"学习笔记"之三》。

45.《老年更要有信念——纪念国际老年人年》,载《甘肃省老教授协会论文集》。

《陇上学人文存》已出版书目

─────── · **第四辑** · ───────

《刘天怡卷》赵　伟编选　　《韩学本卷》孔　敏编选
《吴小美卷》魏韶华编选　　《初世宾卷》李勇锋编选
《张鸿勋卷》伏俊琏编选　　《陈　涌卷》郭国昌编选
《柯　杨卷》马步升编选　　《赵荫棠卷》周玉秀编选
《多识·洛桑图丹琼排卷》杨士宏编选
《才旦夏茸卷》杨士宏编选

─────── · **第五辑** · ───────

《丁汉儒卷》虎有泽编选　　《王步贵卷》孔　敏编选
《杨子明卷》史玉成编选　　《尤炳圻卷》李晓卫编选
《张文熊卷》李敬国编选　　《李　恭卷》莫　超编选
《郑汝中卷》马　德编选　　《陶景侃卷》颜华东　闫晓勇编选
《张学军卷》李朝东编选　　《刘光华卷》郝树声　侯宗辉编选